普通高校国际经济与贸易应用型本科系列规划教材

国际贸易理论与实务

第 2 版

主编 冯德连 查道中

中国科学技术大学出版社

内 容 简 介

本书分四篇,涵盖国际贸易基本理论、对外贸易政策与措施、国际市场交易方式和货物进出口业务等内容,共19章。全书从宏观到微观,层层深入,对基本理论、政策与措施的理论阐述,力求顶天,追踪前沿,简洁明了;对交易方式、进出口业务的实务训练,力求立地,注重实用,贴近实践。各章编排了导入案例、分析案例,每章末设计了复习思考题、思考案例和应用训练。全书突出新颖性、应用性、实践性和启发性。

本书主要作为应用型高等院校经济管理类专业的教学用书,也可作为在职人员学习国际贸易理论与实务知识的培训用书和自学用书。

图书在版编目(CIP)数据

国际贸易理论与实务/冯德连,查道中主编. —2 版. —合肥:中国科学技术大学出版社,2019.9

ISBN 978-7-312-04759-6

Ⅰ.国… Ⅱ.①冯… ②查… Ⅲ.①国际贸易理论—高等学校—教材 ②国际贸易—贸易实务—高等学校—教材 Ⅳ.F740

中国版本图书馆 CIP 数据核字(2019)第 170408 号

出版	中国科学技术大学出版社
	安徽省合肥市金寨路 96 号,230026
	http://press.ustc.edu.cn
	https://zgkxjsdxcbs.tmall.com
印刷	安徽省瑞隆印务有限公司
发行	中国科学技术大学出版社
经销	全国新华书店
开本	787 mm×1092 mm 1/16
印张	21.75
字数	529 千
版次	2015 年 8 月第 1 版 2019 年 9 月第 2 版
印次	2019 年 9 月第 3 次印刷
定价	52.00 元

总　序

随着经济全球化和科技革命的发展,国际服务贸易、跨境电商、跨国并购等贸易投资方式不断升级,多边主义受到冲击,国际金融市场震荡,全球贸易投资规则正面临重大变革。党的十九大报告提出"拓展对外贸易,培育贸易新业态、新模式,推进贸易强国建设""大幅度放宽市场准入,扩大服务业对外开放"。全球经济贸易和中国对外经济贸易的新发展对当前高校国际经济与贸易专业建设提出了新要求。

教材建设是高校专业建设的重要组成部分,更是一流专业建设和专业综合改革的落脚点与抓手。高校国际经济与贸易专业教材体系的改革和实践,要将教材建设与专业师资队伍建设、课程建设、实践教学建设等相融合,充分利用现代信息技术手段,建立微课、慕课等在线教学平台,逐步建设电子教材和纸质教材共享资源平台,实现多层次、连续性专业教材体系建设。要创新教材呈现方式和话语体系、实现理论体系向教材体系转化、教材体系向教学体系转化、知识体系向学生的价值体系转化,使教材更加体现科学性、前沿性,进一步增强教材针对性和实效性。

安徽省国际经济与贸易专业建设年会已连续举办七届,会议讨论内容涉及国际经济与贸易专业人才培养方案修订、专业综合教学改革、特色专业建设、前沿学术问题、教材建设等方面。每年分别由安徽省内高校相关院系承办,为安徽省国际经济与贸易专业的教学科研团队提供了一个良好的交流平台,同时展示了安徽省高校国际经济与贸易专业教学团队团结、合作的精神风貌。基于多年来安徽省国际经济与贸易专业建设研讨会成果,由中国科学技术大学出版社陆续出版了国际经济与贸易专业系列教材。该系列教材自发行以来,受到国际经济与贸易专业教师和学生的好评。

本套系列规划教材是2017年安徽省高等学校省级质量工程项目"国际经济与贸易专业应用型本科系列教材"(2017ghjc120)建设成果,项目负责人为安徽财经大学冯德连教授。其中部分教材入选2018年安徽高等学校省级质量工程一流教材建设项目。

本套系列规划教材有以下特点:

(1) 政治性和新颖性。深入学习领会习近平新时代中国特色社会主义思想和十九大报告精神,将新的研究成果带进课堂、融入教材。在原教材的基础上增加新时代中国特色社会主义经济的新思想、新观念、新趋势,增加国际经济与贸易学科和产业创新的新内容和新案例,突出新时代国际经济与贸易专业发展的新特色。力求准确阐述本学科先进理论与概念,充分吸收国内外前沿研究成果。

(2) 实践性和启发性。结合国际经济与贸易专业实践特点和专业人才培养要求,增加实践教学的内容比重,确保理论知识在专业实践中的应用。浓缩理论精华,突出理论、实践、创新三方面教学任务的相互协调,实现知识传授、能力训练和智慧启迪。充分发挥学生主动性,加强课堂师生的互动性,在课堂中让学生主体性体现出来。贯彻素质教育思想,着力培养学生的学习能力、实践能力和创新能力。

(3) 系统性。突出系列教材之间的有机协调。遵循国际经济与贸易发展的逻辑规律协调系列教材中各本教材之间的关系。各本教材内容既相对独立又具有连贯性,彼此互为补充、浑然一体。

(4) 规范性。编写体例上进一步完善和统一。各章都编写了"学习目的与要求"。每章节相关知识点关联之处设计"分析案例",使学生在轻松有趣的学习中,加深对相关知识、数据、实例和理论的理解和掌握。各章后设计有"思考题""思考案例""应用训练",检验学生学习效果。

(5) 数字性。纸质教材与数字资源相结合,提供丰富的教学资源。本系列教材通过二维码关联丰富的数字资源,为学生提供丰富的学习材料,同时为教师提供教学课件等教学资源。

本套规划教材,整合安徽省各高校国际经济与贸易专业教学实践、教学改革的经验,是安徽各高校国际经济与贸易专业教师联合编写的教学成果。我们期望,使用该套规划教材能够帮助国际经济与贸易专业的老师教学和学生学习。同时期望,使用该套规划教材的老师和同学给我们提出意见和建议,以便我们持续修订和改进。

冯德连

教育部高等学校经济与贸易类专业教学指导委员会委员

安徽财经大学副校长,二级教授,博士生导师

2019 年 8 月

第 2 版前言

2019年以来,世界经济增长动能明显减弱,美、欧、日等经济体都出现趋缓态势。国际贸易与投资低迷,增长动力不足。据国际货币基金组织(IMF)2019年4月发布的《世界经济展望》报告显示,2018年世界经济增长率为3.6%,低于2017年0.2个百分点。受国际贸易摩擦频发、全球金融波动加大、英国"硬脱欧"、地缘政治风险等因素影响,世界经济增长延续放缓走势,下行风险和不确定性增大。一是世界贸易增长不确定性增大。2018年,美国在全球范围内挑起贸易摩擦,导致主要发达经济体贸易保护主义升温。同时,受全球经济增长减缓、国际金融市场波动和发达国家货币政策收紧等因素影响,世界贸易增速大幅减慢,第四季度全球贸易萎缩0.3%。世界贸易组织(WTO)统计显示,2018年全球货物贸易量仅增长3.0%,远低于2017年4.6%的增幅,该组织《全球贸易数据与展望》报告将2019年全球贸易增长预期由此前的3.7%大幅下调至2.6%,为近3年来的最低值。二是国际直接投资降至多年新低。联合国贸易和发展会议(UNCTAD)数据显示,2018年全球外国直接投资(FDI)流量为1.2万亿美元,下降19%,为连续第三年下滑,外国直接投资规模跌至国际金融危机后最低水平。发达国家外国直接投资流入量下降40%至4510亿美元,是2004年以来的最低水平。流入发展中国家的外国直接投资保持稳定,2018年增长3%至6940亿美元。其中,东亚和东南亚是流入外资最多的地区,占2018年全球外国直接投资的1/3。三是发达国家投资保护主义盛行。美国出台《外商投资风险评估现代化方案》,对现行外国投资安全审查机制进行修订和更新,旨在进一步加强美国家安全审查机制,对外商在美国投资进行更严格的监管和限制。日本、英国和欧盟也纷纷制定审查外商投资新标准。四是贸易保护主义加剧了全球贸易发展风险。贸易保护主义持续升温,"逆全球化"趋势导致全球经贸摩擦加剧。作为全球第一大经济体,美国政府频繁采取强硬的贸易保护限制措施,强力推行"美国优先"的单边主义、保护主义贸易政策。贸易保护主义行为严重扰乱了全球贸易发展秩序,对国际贸易持续发展带来严峻挑战。

在世界经济增长放缓和贸易保护主义持续升温的外部经济环境下,中国对外贸易发展面临的环境更加复杂、不确定性更强、风险挑战更多。国内经济下行压力犹存,一些结构性问题亟待解决。实现外贸稳中提质的发展目标需要付出更多努力。同时必须看到,中国经济长期向好的基本面没有改变,外贸内生动力不断增强,高质量发展的基础持续巩固。随着支持外贸稳规模、提质量、转动力各项举措不断落地,政策效应将会持续显现。2018年,中国对外贸易稳中有进、稳中向好,货物贸易进出口规模创历史新高,质量效益进一步提升,对国民经济贡献进一步增强。货物贸易第一大国和服务贸易第二大国地位更加巩固,贸易强国进程加快推进。2019年以来,中国外贸总体平稳,结构继续优化。

针对国际和国内经济形势的变化,我们对《国际贸易理论与实务》进行了修订。本次修订主要做了以下工作:

(1) 增加了国家竞争优势理论。在第三章"西方国际贸易理论"中,增加第七节"国家竞争优势理论"。该理论又称"国家竞争优势钻石理论""钻石模型",主要解释一个国家或地区造就并保持可持续的相对优势的措施。

(2) 突出教材的政治性。在相关案例中增加了中国推动形成全面开放新格局、国务院新闻办公室2019年6月关于中美经贸磋商的中方立场、中国服务进口增长迅速、中美国际分工、美国1930年《斯姆特-霍利关税法》的历史教训、中国2001年以来大幅度降低关税水平、中国2019年制定促进中小企业健康发展的指导意见、中国知识产权进出口大幅度增长等政治性、时效性较强的内容,同时删除了部分陈旧的案例。

(3) 突出教材的新颖性。核对和更新了教材中的数据,更正了不恰当的用词。

本修订版是安徽省省级规划教材(2017ghjc120)和安徽省省级一流教材建设项目(2018yljc055)建设成果。冯德连、查道中担任主编,罗俊霞、刘伟、周净、方玲、倪飞担任副主编。参加本书编写的教师(以章次为序)有冯德连(第一、三、六、九章),查道中(第二、五章),马荣(第四章),李莉莉(第七章),项桂娥(第八章),万红先(第十章),刘伟(第十一章),李宏亮(第十二章),周净(第十三章),罗俊霞(第十四章),徐李婷(第十五章),李芳(第十六章),方玲(第十七章),倪飞(第十八章),李光辉(第十九章)。

本书的修订参考了许多专家学者的教材、著作和论文,引用了国家商务部、国家外汇管理局、国家统计局、国务院新闻办公室等官方网站的资料,得到了中国科学技术大学出版社的支持与帮助,在此一并致谢!希望各位专家学者、老师、同学提出批评和建议,以便继续修订完善。

冯德连

2019年7月1日

第1版前言

改革开放特别是加入世界贸易组织以来,我国全面参与国际竞争,积极承接国际产业转移,对外贸易取得巨大成就,外贸进出口从1978年的206亿美元扩大到2014年的4.3万亿美元,2013年、2014年连续两年位居世界第一货物贸易大国。但是,当前我国对外贸易大而不强的问题比较突出,与世界贸易强国相比仍有较大差距,支撑外贸高速发展的内外部环境已发生了深刻的变化。

从外部环境看,一是国际贸易与投资低速增长。发达经济体进口需求低迷;发展中国家贸易受到大宗商品价格疲弱、金融风险上升以及地缘政治危机的影响,贸易环境恶化。世界贸易组织(WTO)报告显示,2014年国际贸易量增长率只有2.8%,连续三年增速低于3%,也低于同期世界GDP的增长水平。联合国贸易和发展会议(UNCTAD)《2014年世界投资报告》显示,2013年全球跨国投资规模为1.45万亿美元,仅为2007年历史峰值的72%。2014年全球直接投资流入1.6万亿美元,增长11.5%。二是贸易与投资保护主义盛行。据WTO发布的第九次贸易限制措施监督报告,2012年10月至2013年5月,各成员共采取109项贸易限制措施,覆盖全球进口商品的0.5%,其中新贸易限制措施数量达到金融危机以来的最高值,以反倾销调查为主的贸易救济调查仍是贸易限制措施的主要手段。标榜"市场自由"和"政府中立"的美国,涉及本国关键利益的贸易与投资都不遗余力地加以干预。"双反""337条款""301条款""国家安全审查"等是美国常用的工具。三是发展中国家更多地参与到全球价值链的低端。发展中国家通过全球价值链以较低成本融入世界经济,并从大宗商品价格攀升中获益。但是,与发达国家仍有很大差距,很多发展中国家目前处在全球价值链低端,从事技术含量较低的活动,竞争优势容易流失,而向价值链上游攀升需要很大的努力。以农产品为例,发展中国家占全球农产品出口的市场份额从十多年前的27%提高至36%左右。四是发达国家区域经济一体化发展迅速。美欧等地区的发达国家掀起了新一轮区域经济合作浪潮,合作地域之广、合作领域之宽、合作水平之高前所未有,跨太平洋伙伴关系(TPP)和跨大西洋贸易与投资伙伴协议(TTIP)便是最好的见证。

从内部环境看,中国对外经贸形势喜忧参半。第一,对外贸易平稳增长。中国海关总署统计数据显示,2014年我国进出口总值4.3万亿美元,同比增长3.4%。进出口增速快于世界主要经济体和新兴发展中国家,占全球市场份额稳中有升,继续保持全球第一货物贸易大国地位。第二,中国成为资本净输出国。2014年中国实现全行业对外直接投资1160亿美元,加上中国企业在国(境)外利润再投资和通过第三地的投资,实际对外投资规模在1 400亿美元左右,超出中国利用外资约200亿美元。第三,"一带一路"战略提供了难得的机遇。2015年3月28日,国家发改委、外交部、商务部联合发布了《推动共建丝绸之路经济带和21世纪海上丝绸之路的愿景与行动》(简称"一带一路")。"一带一路"战略为提升我国与沿线国家的经贸合作水平提供了难得的机遇。2001~2014年,我国与沿线国家货物贸易额年均增速达22.2%,高于我国外贸平均增速4.4个百分点。同期,我国与沿线国家双边贸易额占我国贸易总额的比重从16.2%提高到26%,占比提高了近10个百分点。第四,对外经济贸易的挑战依然艰巨。我国虽然是贸易与投资大国,但还不是贸易与投资强国,劳动力、土地、资源、能源等要素成本上升,低成本优势正在转化,多数产业处于全球价值链的低端,贸易摩擦依然严峻复杂。

当前,国际经济竞争既是规则之争、话语权之争,更是发展主动权之争,形势逼人,不进则退。如果一味回避、推迟开放或满足于低水平开放,就很可能错失全球新一轮贸易投资自由化红利,外部发展空间就会受到挤压。我国必须提高开放能力,牢牢把握对外开放主动权;必须进一步巩固外贸与投资的传统竞争优势,加快培育外贸与投资的新型竞争优势。企业必须把握国际经济贸易发展趋势,熟练掌握进出口业务操作技能,抢占国际市场占有率。国际经营者必须掌握当今世界国际贸易与投资的政策和措施;必须掌握国际服务贸易、国际技术贸易、国际货物贸易的规则与技巧;必须掌握国际货物买卖合同签订、国际贸易术语、货款结算、运输、保险、仲裁、索赔方面的法律、惯例与实务。

运用"国际贸易理论与实务"课程的基本理论与方法,解释世界贸易与投资的新现象、新问题,找到适应新现象的路径、解决问题的方法、迎接挑战的策略,是我们讲授和学习该课程的重要任务。本书是为了满足应用型高等院校经济类、管理类专业学生的学习需要设计的,重点培养学生应用本课程知识分析问题、解决问题、进行实践操作的能力。本书的特点有:

(1)突出内容安排的科学性。全书分为四个部分,第一部分为国际贸易基本理论,包括国际分工与国际市场价格、西方国际贸易理论等;第二部分为对外贸易政策与措施,包括对外贸易政策、对外贸易措施、世界贸易组织、区域经济一体化等;第三部分为国际市场交易方式,包括跨国公司、中小企业国际化、国际服务贸易、国际技术贸易、国际贸易方式等;第四部分为货物进出口业务,包括国际货物买卖合同的商定、国际贸易术语和商品价格、国际货物运输与保险、国际货款的收付、国际货物买卖合同的履行等。全书从理论,到政策、措施,再到货物进出口业务,从宏观到微观,科学合理。

(2)突出教材的应用性与启发性。各章安排了导入案例、分析案例,设置了复习思考题、思考案例和应用训练。在导入案例、分析案例、思考案例、应用训练的选择上,设计密切结合实践、应用性和启发性强的案例。例如,山东出口大蒜不合格遭韩国退回、常用国际贸易术语、检验地点引发的贸易纠纷、中国构建全方位对外开放新格局、"一带一路"的对外贸易贡献等导入案例;ISO14064温室气体核证、SA8000社会责任标准、富士康的天生国际化、美国、欧盟和日本诉中国的稀土案、美国301条款、美国337条款等分析案例;中韩自由贸易区对两国经济发展的影响、FOB贸易术语的费用划分、德国与中国的高铁贸易、美国对中国出口光伏产品的反补贴裁决、奇瑞汽车的国际化等思考案例；中国自由贸易实验区、中国促进装备制造业出口的政策设计、CIF术语出口贸易货物运输保险的险别、出口商品盈亏率的计算、发盘的撤销、审证与改证、汇票的制作等应用训练。

(3)突出内容的新颖性。尽可能选用新理论、新材料、新数据。例如贸易引力模型、异质企业贸易模型、企业内生边界模型、中小企业国际化渐进理论、中小企业国际化快速理论等内容；中日韩主导液晶电视机国际市场、中国高铁演绎自主创新中国速度、2015年非洲26国签署自由贸易区协议等导入案例；品牌助力华为国际化、亚投行对于区域经济一体化的影响、中国的综合保税区等分析案例；中国各个地区的对外贸易依存度、中国区域经济一体化战略、WTO面临TPP和TTIP的冲击等应用训练。

(4)方便教师教学和学生学习。本书复习思考题参考答案、思考案例参考答案、应用训练参考答案均免费提供，可通过书后"教学资源索取单"来索取。

本书是省级规划教材。冯德连、查道中担任主编，负责组织分工安排、删改与定稿；罗俊霞、刘伟、周净、方玲、倪飞担任副主编。参加本书编写工作的人员(以章次为序)有：冯德连(第一、三、六、九章)；查道中(第二、五章)；马荣(第四章)、李莉莉(第七章)、项桂娥(第八章)、万红先(第十章)、刘伟(第十一章)、李宏亮(第十二章)、周净(第十三章)、罗俊霞(第十四章)、徐李婷(第十五章)、李芳(第十六章)、方玲(第十七章)、倪飞(第十八章)、李光辉(第十九章)。

本书的编写参考了许多专家学者的著作和论文，引用了国家商务部、国家外汇管理局、中国人民银行等官方网站的资料，在此一并致谢。希望各位老师、同学、读者多批评、多指教，以便继续修订完善。

冯德连
2015年6月18日

全书框架

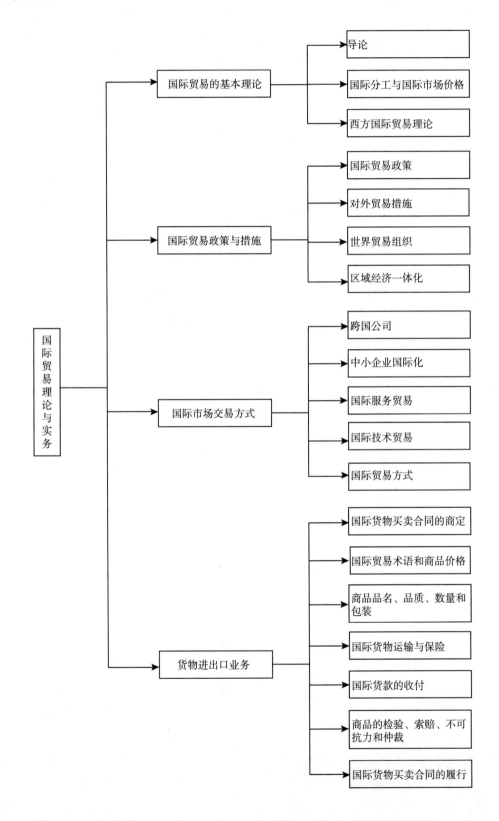

目 录

总序 ·· （ⅰ）
第2版前言 ·· （ⅲ）
第1版前言 ·· （ⅴ）

第一篇　国际贸易的基本理论

第一章　导论 ·· （3）
　第一节　国际贸易的产生与发展 ·· （4）
　第二节　国际贸易的基本概念与分类 ·· （10）
　第三节　本课程的研究内容与本书的章次安排 ··· （15）

第二章　国际分工与国际市场价格 ··· （19）
　第一节　国际分工与世界市场 ··· （20）
　第二节　国际价值与国际市场价格 ··· （24）

第三章　西方国际贸易理论 ·· （33）
　第一节　绝对优势说和比较优势说 ··· （34）
　第二节　要素禀赋理论及其发展 ·· （36）
　第三节　技术差距、产品生命周期与国际贸易 ·· （38）
　第四节　产业内贸易理论 ·· （40）
　第五节　战略性贸易理论 ·· （43）
　第六节　产品内贸易理论 ·· （45）
　第七节　国家竞争优势理论 ··· （46）

第二篇　国际贸易政策与措施

第四章　国际贸易政策 ·· （53）
　第一节　对外贸易政策的构成与演变 ·· （54）
　第二节　重商主义 ··· （59）
　第三节　自由贸易政策 ··· （60）
　第四节　保护贸易政策 ··· （64）

ix

第五章　对外贸易措施 …………………………………………………………（71）
第一节　关税措施 ………………………………………………………（72）
第二节　非关税措施 ……………………………………………………（76）
第三节　鼓励出口和经济特区措施 ……………………………………（83）
第四节　贸易条约与协定 ………………………………………………（89）

第六章　世界贸易组织 …………………………………………………………（93）
第一节　从GATT到WTO ……………………………………………（94）
第二节　WTO协定的主要内容 ………………………………………（97）
第三节　WTO的运行机制 ……………………………………………（100）

第七章　区域经济一体化 ………………………………………………………（107）
第一节　区域经济一体化概述 …………………………………………（108）
第二节　区域经济一体化的理论 ………………………………………（111）
第三节　区域经济一体化对国际贸易的影响 …………………………（113）

第三篇　国际市场交易方式

第八章　跨国公司 ………………………………………………………………（119）
第一节　跨国公司含义、类型与特征 …………………………………（120）
第二节　跨国公司直接投资理论 ………………………………………（123）

第九章　中小企业国际化 ………………………………………………………（131）
第一节　中小企业国际化的概念 ………………………………………（132）
第二节　中小企业国际化理论流派 ……………………………………（135）
第三节　中小企业国际化进入模式 ……………………………………（138）

第十章　国际服务贸易 …………………………………………………………（144）
第一节　国际服务贸易概述 ……………………………………………（145）
第二节　国际服务贸易的发展 …………………………………………（147）
第三节　服务贸易总协定 ………………………………………………（151）

第十一章　国际技术贸易 ………………………………………………………（158）
第一节　国际技术贸易概述 ……………………………………………（159）
第二节　国际技术贸易的方式 …………………………………………（163）
第三节　与贸易有关的知识产权协议 …………………………………（166）

第十二章　国际贸易方式 ………………………………………………………（169）
第一节　经销与代理 ……………………………………………………（170）
第二节　寄售与展卖 ……………………………………………………（173）
第三节　招标与投标 ……………………………………………………（174）
第四节　对销贸易与加工贸易 …………………………………………（176）

第五节　国际电子商务 ·· (178)

第四篇　货物进出口业务

第十三章　国际货物买卖合同的商定 ·· (187)
　　第一节　国际货物买卖合同的含义与生效要件 ··· (188)
　　第二节　国际货物买卖合同的形式与基本内容 ··· (189)
　　第三节　国际货物买卖合同的交易磋商 ··· (192)

第十四章　国际贸易术语和商品价格 ·· (204)
　　第一节　国际贸易术语与国际贸易惯例 ··· (205)
　　第二节　六种常用的贸易术语解释 ·· (207)
　　第三节　买卖合同中的作价方法 ··· (215)
　　第四节　佣金、折扣及价格换算 ·· (217)
　　第五节　合同中的价格条款 ·· (219)
　　第六节　出口商品的成本核算 ··· (220)

第十五章　商品品名、品质、数量和包装 ·· (224)
　　第一节　商品的品名 ··· (225)
　　第二节　商品的品质 ··· (226)
　　第三节　商品的数量 ··· (231)
　　第四节　商品的包装 ··· (234)

第十六章　国际货物运输与保险 ·· (241)
　　第一节　运输方式 ·· (242)
　　第二节　合同中的装运条款与运输单据 ··· (247)
　　第三节　海上货物运输保险的保障范围 ··· (251)
　　第四节　中国海运货物保险条款 ··· (253)
　　第五节　伦敦保险业协会货物保险条款 ··· (255)
　　第六节　买卖合同中的保险条款和货物保险基本做法 ······························· (257)

第十七章　国际货款的收付 ·· (261)
　　第一节　票据 ··· (262)
　　第二节　汇付 ··· (270)
　　第三节　托收 ··· (272)
　　第四节　信用证 ·· (276)
　　第五节　国际保理 ·· (284)
　　第六节　国际贸易结算方式的选择 ·· (287)

第十八章　商品的检验、索赔、不可抗力和仲裁 ··· (293)
　　第一节　商品的检验 ··· (294)

xi

第二节　争议和索赔 …………………………………………………………（299）
　　第三节　不可抗力 ……………………………………………………………（303）
　　第四节　国际贸易仲裁 ………………………………………………………（307）
第十九章　国际货物买卖合同的履行 ……………………………………………（314）
　　第一节　出口合同的履行 ……………………………………………………（315）
　　第二节　进口合同的履行 ……………………………………………………（321）
参考文献 ……………………………………………………………………………（329）

第一篇
国际贸易的基本理论

国际贸易理论是建立在国际分工与世界市场基础之上的,主要研究国际贸易的动因与贸易利益在各国之间的分配。可以把国际贸易理论划分为马克思主义国际贸易理论和西方国际贸易理论。

马克思主义国际贸易理论博大精深,与时俱进,主要内容有国际分工理论、国际价值理论等。国际分工是社会分工发展到一定阶段,一国经济的内部分工超越国家界限向国外延伸的结果,是国际贸易和世界市场的基础。国际分工理论是一国发展对外贸易的理论基础,国际价值理论从价值形态上论证了一国发展对外贸易的必要性。在马克思经济理论体系中,国际价值理论是最为丰富的篇章。在世界经济一体化逐渐深入的时代,新情况、新问题层出不穷,我们必须根据情况的变化,不失时机地把马克思主义国际贸易理论向前推进。

西方国际贸易理论流派繁多,探讨的多为国际贸易的动因。古典贸易理论从技术差异角度探讨国际贸易的起因与影响,而要素禀赋理论从要素禀赋差异探讨国际贸易的起因与影响,"里昂惕夫之谜"及其谜解丰富、发展了要素禀赋理论和国家竞争优势理论。20世纪70年代末,西方主流国际贸易理论出现了一系列突破,出现了产业内贸易理论、战略性贸易理论、产品内贸易理论和国家竞争优势理论。由于制度环境的差异,以及世界观和方法论的局限,这些学说不可避免地存在不足。我们应采用马克思主义的立场、观点和方法,去粗取精,弃其糟粕,吸取其科学合理的部分。

第一章 导　论

本章结构图

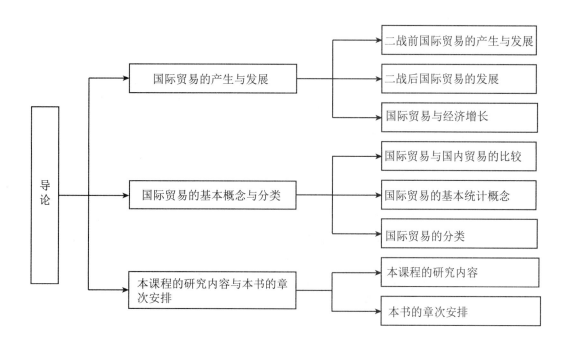

学习目标

了解国际贸易的产生与发展,熟悉国际贸易相关名词的基本概念和国际贸易的分类,了解对外贸易促进经济增长的机理。

导入案例

中国推动形成全面开放新格局

2017年10月18日,习近平总书记在中国共产党第十九次全国代表大会上做了《决胜全面建成小康社会,夺取新时代中国特色社会主义伟大胜利》的报告。报告指出:开放带来进步,封闭必然落后。中国开放的大门不会关闭,只会越开越大。要以"一带一路"建设为重点,坚持"引进来"和"走出去"并重,遵循"共商、共建、共享"原则,加强创新能力开放合作,形成陆海内外联动、东西双向互济的开放格局。拓展对外贸易,培育贸易新业态新模式,推进贸易强国建设。实行高水平的贸易和投资自由化便利化政策,全面实行准入前国民待遇加负面清单管理制度,大幅度放宽市场准入,扩大服务业对外开放,保护外商投资合法权益。凡是在我国境内注册的企业,都要一视同仁、平等对待。优化区域开放布局,加大西部开放力度。赋予自由贸易试验区更大改革自主权,探索建设自由贸易港。创新对外投资方式,促进国际产能合作,形成面向全球的贸易、投融资、生产、服务网络,加快培育国际经济合作和竞争新优势。

第一节　国际贸易的产生与发展

一、二战前国际贸易的产生与发展

（一）对外贸易的产生

对外贸易是在一定的历史条件下产生和发展起来的。对外贸易的产生,必须具备以下条件:有可供交换的剩余产品和在各自为政的社会实体之间进行产品(商品)交换。

在原始社会初期,人类处于自然分工状态,生产力极度低下,人们只能依靠集体劳动来获取有限的生活资料,然后按照平均的原则,在公社成员之间进行分配。因此,在那时,没有剩余产品,没有私有制,没有阶级和国家,也就不存在对外贸易。

在人类历史上第一次社会大分工后,原始社会的生产力得到了发展,产品开始有了少量剩余,在氏族公社、部落之间出现了剩余产品的交换。随着生产力的继续发展,手工业从农业中分离出来,形成了人类社会第二次大分工。手工业的出现,便产生了直接以交换为目的的商品生产。随着商品生产和商品交换的不断扩大,产生了货币,商品交换由物物交换变成了以货币为媒介的商品流通。随着商品流通的扩大,产生了专门从事贸易的商人,出现了第三次社会大分工。原始社会末期出现了阶级和国家,商品流通超出国界产生了对外贸易。

（二）奴隶社会的对外贸易

在奴隶社会,自然经济占统治地位,生产的目的主要是为了消费,商品生产在整个生产中微不足道,进入流通中的商品数量很少。同时,由于生产技术落后,交通工具简陋,使对外贸易的范围受到很大的限制。

在奴隶社会,对外贸易中的货物主要是奴隶和奴隶主阶级所追求的奢侈品,如宝石、装饰品、各种织物、香料等,当时欧洲希腊的雅典是贩卖奴隶的中心之一。

早在6 000多年前,埃及就形成了最早的奴隶制国家,欧洲的罗马、雅典还有腓尼基、迦太基等曾是繁荣的商业中心。我国在夏商时代已进入奴隶社会,贸易集中在黄河流域。

（三）封建社会的对外贸易

在封建社会早期,封建地租采取劳役和实物形式,进入流通领域的商品不多。到了封建社会中期,随着商品生产的发展,封建地租由劳役和实物形式转变为货币地租,商品经济得到进一步发展。在封建社会晚期,随着城市手工业的发展,商品经济和对外贸易都有了较大的发展,资本主义因素已孕育生长。

在封建社会,奢侈品仍然是对外贸易中的主要商品。西方国家以呢绒、酒等换取东方国家的丝绸、香料和宝石等。

在封建社会,贸易范围不断扩大。在欧洲封建社会的早期阶段,国际贸易中心位于地中海东部。阿拉伯民族是公元7~8世纪的贸易民族,他们贩卖非洲的象牙、中国的丝绸、远东的香料和宝石等。公元11世纪以后,随着意大利北部和波罗的海沿岸城市的兴起,国际贸易的范围扩大到地中海、北海、波罗的海和黑海沿岸。

我国在公元前2世纪的西汉时期就开辟了从新疆经中亚通往中东和欧洲的"丝绸之路"。中国的丝、茶、瓷器通过"丝绸之路"输往欧洲。明朝郑和七次率领船队下西洋,又扩大了海上贸易。

(四) 资本主义社会的对外贸易

资本主义的原始积累则很大程度上依赖于地理大发现。1487~1488年,葡萄牙航海家迪亚斯(Bartolomeu Dias)由欧洲大陆乘船而下发现了好望角;1492年意大利航海家哥伦布(Christopher Columbus)由西班牙出发,横渡大西洋发现了美洲新大陆;1497~1498年葡萄牙航海家达·伽马(Vasco da Gama)由欧洲绕道好望角到达印度;1519~1522年,葡萄牙航海家麦哲伦(Fernando de Magallanes)由欧洲横渡大西洋绕过美洲南端,再横渡太平洋,最后绕过好望角回到欧洲,完成了人类第一次环球航行。地理大发现使西欧大西洋沿岸国家的繁荣取代了昔日地中海沿岸国家的繁荣。英国的势力到17世纪远远超过了其他殖民主义国家。

对外贸易为资本主义准备了劳动力、资本和市场。

从提供劳动力来看,资本主义国家以不同的方式,从农民手中夺去土地,把农民变为除出卖劳动力以外一无所有的"自由"工人。例如,英国在15世纪前后所发生的"圈地""清地"运动,使大量农民从土地上被赶走,流离失所,沦为雇佣工人,耕地被改建成牧场,生产羊毛,出现"羊吃人"的现象。这种把耕地变为牧场的兼并农民土地的过程,也就是为工业资产阶级提供劳动力的过程。另外,对外贸易的发展促进商品经济与货币交换的发展,使其他小生产者,如手工业者发生两极分化。他们中的一部分人日益破产,被迫成为劳动力的出卖者,也为工业资产阶级提供了劳动力。

从提供货币资本来看,欧洲商业资产阶级通过对外贸易和其他手段,在16世纪到18世纪,从世界各地运回的黄金达200吨,白银12 000吨,其中大部分在欧洲转化为货币资本。

此外,对外贸易还开辟了市场。欧洲殖民主义者在16~18世纪先后发动了一系列商业战争,占领旧市场,征服新市场,不仅扩大了殖民统治,而且扩大了市场。非洲和拉丁美洲广大地区都卷入到世界市场中来。当时国际贸易的一个最残酷、最大规模的活动是欧洲各国将工业品运往非洲,交换廉价的黑奴,再运往美洲农场,换取大量的农产品及原料运回欧洲。非、美两洲航行途中被运送的黑奴存活率仅为10%~20%。连接欧、非、美三洲的贸易航线被称为"死亡贸易三角"。

18世纪中期英国资产阶级革命胜利并完成了产业革命,标志着资本主义生产方式的正式确立。随后欧洲其他国家也相继完成了产业革命,建立了资本主义制度。18世纪中期的产业革命又为资本主义生产提供了良好的物质基础,国际贸易有了空前的巨大发展。

18世纪后期至19世纪中叶是自由资本主义时期,原先局部的、地区性的交易活动转变成了全球性的国际贸易,贸易量迅速增长,贸易品种不断增加,贸易方式与支付方式也有较大进步,出现了凭样品交易方式、期货交易方式以及信贷、汇票和其他票据等新的贸易支付手段。贸易组织及其职能也有创新发展。

19世纪70年代后,资本主义进入垄断时期,主要资本主义国家的对外贸易被为数不多的垄断组织所控制,它们互相勾结,共同瓜分势力范围。资本输出开始出现并有较大发展。在贸易政策上,发达国家较以前更倾向于自由贸易为竞相采取贸易保护主义。尤其是经过20世纪30年代初期的经济大危机,各国的贸易保护政策严重阻碍了国际贸易的发展。一直到第二次世界大战以前,国际贸易格局主要是发达资本主义国家输出工业制成品,而殖民地、半殖民地、附属国则向发达国家提供各种初级产品。20世纪的前50年,发生了两次世界大战和一次世界经济大危机。这三大事件使得国际贸易停滞了半个世纪。1950年的国际贸易额大体相当于1900年的规模。

二、二战后国际贸易发展

(一)国际贸易增长速度明显超过世界经济增长速度

世界经济年平均增长速度20世纪60年代为5%,70年代为4%,80年代为3%,1948~1999年年均为3.64%。而国际贸易平均增长速度,自1965年起至20世纪80年代中期保持在10%左右。

(二)服务贸易增长速度明显超过货物贸易增长速度

"服务贸易"一词最早出现在1972年9月经济合作与发展组织(OECD)的一份名为《高级专家对贸易和有关问题的看法》的报告中,但其中包含的某些服务要素的交换却有着悠久的历史。服务的交换和贸易随着货物商品贸易的产生而问世,并随着货物商品贸易的发展而不断壮大。服务业的国际化和跨国转移成为世界经济贸易发展的重要特征。

分析案例1-1

中国服务进口增长迅速

2018年11月,中华人民共和国商务部发布《中国服务进口报告2018》。报告显示,2017年中国服务进口总额4 675.9亿美元,比1982年增长了230倍。改革开放初期,中国服务贸易处于起步阶段。1982年中国服务进口20.2亿美元,仅占世界进口的0.4%。2001年中国加入世界贸易组织时,服务进口392.7亿美元,占世界进口的比重上升至2.6%,比1982年增长了18.4倍。加入世贸组织以来,中国积极融入世界经济体系,主动进口全球优质服务。2001~2017年,中国服务进口增长11倍,年均增长16.7%,增速居世界主要经济体首位。2012年以来,中国坚持新发展理念,始终坚持开放发展。在世界贸易增长缓慢的背景下,中国服务进口占全球服务进口的比重由 2012 年的 6.3% 上升至 2017 年的 9.0%,世界排名由第 10 位跃升到第 2 位。扩大服务进口对中国自身发展的作用在哪里?报告显示,中国处于经济转型升级和高质量发展的重要时期,对研发设计、节能环保、信息技术、金融保险、第三方物流、商务咨询、品牌建设等生产性服务需求旺盛。中国将全面建成小康社会,居民生活水平不断提高,对健康医疗、文化创意等生活性服务需求快速增长。扩大服务进口有利于推动经济高质量发展,满足人民对美好生活的向往,提高中国人民的幸福感和获得感。

(三) 高科技产品的国际贸易比重不断上升

以微电子信息技术、生物工程为代表的新的科技革命和产业革命正在迅速崛起。它们的成果已经渗透到社会经济生活的各个方面,如电子银行、电子货币、电子商务以及众多的转基因生物,甚至在军事上已出现电子战。由于这种高科技成果的出现,国际贸易的商品结构正在发生重大的变化。在发达国家的出口中,高新科技产品的出口占比均在 40% 以上,并且呈现上升的趋势。

(四) 多边贸易组织的作用不断扩大

世界贸易组织(WTO)的前身是关贸总协定。在关贸总协定存在的 46 年(1948～1994 年)间,经过 8 轮(又称 8 个回合)的谈判,尤其是乌拉圭回合的谈判,大大扫除了国际贸易中的障碍,明显降低了各国的关税,使发达国家的平均关税降至 1%～3%,发展中国家的平均关税降至 13%～15%,有力地促进了国际贸易的发展。在关贸总协定的基础上,1995 年成立的世界贸易组织在促进国际贸易发展方面将更加有效。地区经济一体化组织是多边贸易组织的另一种形式,它在推动本地区贸易和投资自由化方面取得了实质性进展,特别是 20 世纪 90 年代,无论是发达国家还是发展中国家的地区经济一体化组织,其区域内的贸易和投资增长速度都超过了区域外的增长,成为推动世界贸易增长的重要因素之一。

(五) 跨国公司及其国际贸易迅猛发展

跨国公司间的贸易以及公司内部的贸易目前占整个国际贸易总额的 70% 以上。随着跨国公司的进一步发展,国际贸易越来越被它们垄断,或者说,国际贸易越来越演变为跨国公司的贸易。跨国公司一般都将贸易与投资二者同时并举,只不过不同时期有不同的侧重点而已。当遇到贸易壁垒,或母国制造成本太高时,它就更多地向外投资,以绕过贸易壁垒,或寻求产品的低成本。

分析案例 1-2

国有跨国公司

据 UNCTAD 估计,至少有 550 个国有跨国公司(State-owned TNCs,SO-TNCs)——来自发展中国家和发达国家——拥有 15 000 余个外国子公司,且所管理的国外资产超过 2 万亿美元。其中的一些位列世界上最大的跨国企业。国有跨国公司主导的 FDI 投资预计在

2013年达到1 600亿美元,实现了连续多年下降后的小幅增长。在这一水平上,尽管其数量不到所有跨国公司数量的1%,但是所管理的资产却超过全球FDI流量的11%。中国国有跨国公司何处去?总体看来,中国国有跨国公司应在国内垄断的基础上走出去,提升国际竞争力。

三、国际贸易与经济增长

(一)国际贸易是世界经济中"传递"的重要渠道

"传递"是指一个国家经济的盛衰如何对另一国产生影响。国际贸易是各国经济活动相互"传递"的重要渠道。

各国经济通过对外贸易"传递"的过程是:(1)世界市场价格变动→国内开放部门(经营对外贸易部门)价格变动→国内非开放部门价格变动;(2)国内价格变动→产量与就业变动;(3)产量与就业变动→整个经济的变动(上升或下降)。

影响"传递"的因素有:(1)一国经济的开放程度;(2)一国进口额与出口额在世界总进口额与总出口额中的比重,以及一国对某些国际性商品的供给量与需求量在该种商品的世界总供给量与总需求量中的比重;(3)双边贸易关系;(4)各国经济政策,特别是对外贸易政策。

在历史上,英国经济的迅速发展通过对外贸易的"传递",带动了美国、加拿大等国的经济发展。二战后,美国经济的发展带动了德国、韩国等国家的经济发展。随着资本和生产的国际化以及世界经济一体化,这种"传递"作用日益加强。

(二)对外贸易与经济增长关系的理论

古典经济学家亚当·斯密认为,对外贸易为一国的剩余产品提供了出路。"剩余物出口"(vent for surplus)理论认为,假定贸易前一国处于不均衡状态,存在闲置的资源或过剩的产品,该国由封闭转向贸易后,出口所带来的收益或由此而增加的进口不需要从其他部门转移生产要素,必然促进该国的经济增长。此外,分工的发展是促进生产率增长的主要因素,而分工的程度则受到市场的强烈约束。对外贸易是市场扩大的显著标志,必然能够促进分工的深化和生产率的提高,加速经济增长。他认为,对外贸易为一国的剩余产品提供了出路。

因尼斯(H. Innis)在20世纪30年代根据加拿大对外贸易和经济发展的历史得出了"大宗产品"(staple)理论。所谓大宗产品,是指原材料或自然资源密集型产品。这些产品的开发和新发现,常常导致大量的出口剩余;这些剩余由出口吸收,可以减少国内资源的闲置和失业,增加国民收入,提高储蓄与投资,从而带动整个经济的增长。

刘易斯1954年提出的二元经济模型与发展中国家有密切的联系。他把发展中的经济划分为资本主义部门(即工业部门)和非资本主义部门(即传统农业部门)。他认为,一国通过发展资本主义部门的生产并出口产品,进口非资本主义部门生产的产品,将有助于扩大资本主义部门的市场与需求,并降低工资水平,进一步增加资本主义部门的利润,促进经济增长。

第一篇 国际贸易的基本理论

第一章 导论

联系到19世纪后半期至第一次世界大战前许多国家利用对外贸易促进经济增长的事实,对外贸易是"经济增长的发动机"(engine for growth)的观点应运而生。20世纪30年代罗伯特逊(D. H. Robertson)提出了对外贸易是"经济增长的发动机"的命题。20世纪50年代诺克斯(R. Nurkse)根据自己对19世纪英国和新移民地区经济发展原因的研究,发展了这一命题。他认为,19世纪国际贸易的发展是许多国家经济增长的主要原因。理由之一是:各国按照比较优势原则进行国际贸易,通过"两优取重、两劣取轻"的办法进行专业化分工,使资源得到有效的配置,增加了产量。通过交换,各国都得到了多于自己生产的消费量。诺克斯认为,这是对外贸易的直接利益。理由之二:也是最重要的方面,对外贸易通过一系列动态转换过程,把经济增长传递到国内各个经济部门,从而带动国民经济的全面增长。这是对外贸易产生的间接动态利益。诺克斯指出,19世纪的国际贸易具有这样的性质:中心国家经济上的迅速增长,通过国际贸易传递到外围的国家。它是通过初级产品的迅速增加的需求而把增长传递到那些地方去的。诺克斯认为,19世纪的贸易不仅是简单地把一定数量的资源加以最适当的配置的手段,它尤其是经济增长的发动机。

有些经济学家提出相反的观点。20世纪50年代以来,普莱维什(R. Prebisch,1950,1959,1963)和辛格(H. W. Singer,1959)等认为,出口初级产品的国家的贸易条件有长期恶化的趋势。人们往往把"初级产品贸易条件长期恶化论"称为"普莱维什-辛格"命题(P-S Hypothesis)。

巴格沃蒂(Bhagwati,1958)通过对发展中国家出口贸易的观察和分析,发现在某种特定的情况下,一国出口供给能力的增长,会使该国的贸易条件过度恶化,使本国的福利水平反而不及经济增长前的水平,这种情况被称为"恶性增长"(immiserizing growth)。由于这种现象是由巴格沃蒂发现并命名,故亦称"巴格沃蒂效应"(Bhagwati effects)。

1970年,克拉维斯(I. B. Kravis)明确指出,对外贸易不是经济增长的"发动机",而只是经济增长的"侍女"(handmaiden)。他认为,一国的经济增长主要由国内因素决定,外部需求只构成对增长的额外刺激,这种刺激在不同国家的不同时期有不同的重要性。

20世纪70年代末期以来,人们注意到,实行外向型战略的国家或地区,实现了较高的经济增长率。巴拉萨(B. Balassa,1978)、泰勒(W. Tyler,1981)、费德(G. Feder,1982)等利用跨国家的横截面数据或单个国家的时间序列数据对出口和经济增长之间的关系做了许多回归分析,大多得出了出口能促进经济增长的结论。

20世纪80年代中期以来,以罗默(P. Romer)和卢卡斯(R. Lucas)为代表的新增长理论把创新作为推动生产率增长的核心因素。可以认为,对外贸易通过广阔的市场、更为频繁的信息交流和更为激烈的竞争能够促进创新活动,从而推动经济增长。

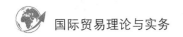

第二节 国际贸易的基本概念与分类

一、国际贸易与国内贸易的比较

(一) 国际贸易概念的界定

国际贸易(international trade)是指世界各国[①](地区)之间商品(货物和服务)交换的活动,是各国(地区)之间劳动分工的表现形式,反映出世界各国(地区)在经济上的相互依赖。

从一国(地区)的角度来看,它与世界其他国家(地区)之间的商品交换活动,称为对外贸易(foreign trade)。有的国家如英国、日本等岛国,把它称为海外贸易(oversea trade)。由于对外贸易由商品的进口和出口两部分组成,人们有时也把它称为进出口贸易。

包括货物和服务的对外贸易称为广义的对外贸易,如果不把服务包括在内则称为狭义的对外贸易。

国际贸易和对外贸易都是超越国界的商品交换活动。从这一点来讲,两者是一致的。但它们也有明显的区别,前者着眼于国际范围,后者着眼于某个国家(地区)。

(二) 与国内贸易相比,国际贸易的特点

国际贸易与国内贸易同属商品交换的范畴,都是通过商品交换活动实现商品价值的方式,交易过程大体相同,经营的目的都是取得利润或经济效益。

1. 对外贸易困难比国内贸易多

(1) 语言不同。在国际贸易中各国如使用同一种语言,不会有语言困难,但实际上各国语言差别很大。为使交易顺利进行,必须采用一种共同的语言。当今国际贸易中最通行的商业语言是英语。但英语在有些地区使用还不普遍。因此,除通晓英文外,还要掌握一些其他地区的语言。

(2) 法律、风俗习惯不同。各贸易国家的商业法律、风俗习惯、宗教、信仰并不完全一致,有的差别很大,这些都给国际贸易的顺利进行造成了很大的困难。

(3) 贸易障碍多于国内贸易。为了争夺市场,保护本国工业和市场,各国往往采取关税壁垒与非关税壁垒来限制外国商品的进口。它们对对外贸易造成了许多障碍。

(4) 市场调查困难。进行对外贸易,开拓国外市场,出口厂商必须随时掌握市场动态,了解贸易对象的资信状况。收集和分析这些资料不如国内贸易来得容易。

(5) 交易接洽困难多。因缺乏国际贸易共同法规,一旦出现贸易纠纷,不易顺利解决。

---

① 根据《国际货币基金协定》,本书所述及的"国家"为广义的概念,包含通常意义上的独立经济体。

2. 对外贸易比国内贸易复杂

（1）各国的货币与度量衡差别很大。在国际贸易中，应采用何种货币计价？两种货币如何兑换？各国度量衡不一致时如何换算？凡此种种，对外贸易都比国内贸易复杂。

（2）商业习惯复杂。各国各地市场商业习惯不同，怎样进行沟通？国际贸易中的规约与条例解释是否一致？对外贸易比国内贸易复杂，稍有不慎，便会影响贸易的进行。

（3）海关制度及其他贸易法规不同。各国都设有海关，对于货物进出口都有许多规定。货物出口，不但要在输出国家输出口岸履行报关手续，而且出口货物的种类、品质、规格、包装和商标也要符合输入国家的各种规定。

（4）国际汇兑复杂。国际贸易货款的清偿多以外汇支付，而汇价依各国采取的汇率制度、外汇管理制度而定，使国际汇兑相当复杂。

（5）货物的运输与保险。国际贸易运输，一要考虑运输工具，二要考虑运输合同的条款、运费、承运人与托运人的责任，还要办理装卸、提货手续。为避免国际贸易货物运输中的损失，还要对运输货物加以保险。

3. 国际贸易风险大

（1）信用风险。在国际贸易中，自买卖双方接洽开始，要经过报价、还价、确认而后订约，直到履约。在此期间，买卖双方的财务经营可能发生变化，有时危及履约，出现信用风险。

（2）商业风险。在国际贸易中，因货样不符、交货期晚、单证不符等，进口商往往拒收货物，从而给出口商造成了商业风险。

（3）汇兑风险。在国际贸易中，交易双方必有一方要以外币计价。如果外汇汇率不断变化，信息不灵，就会出现汇兑风险。

（4）运输风险。国际贸易货物运输里程一般超过国内贸易，在运输过程中发生的风险也随之增多。

（5）价格风险。贸易双方签约后，货价可能上涨或下跌，对买卖双方造成风险。因对外贸易多是大宗交易，故价格风险更大。

（6）政治风险。一些国家因政治变动，贸易政策法令不断修改，常常使经营贸易的厂商承担很多政治变动带来的风险。

4. 国际贸易的决策难度大

从认识论的角度来看，对外贸易决策的信息处理量和难度要大于国内贸易问题。相对于贸易人员的理性界限来说，大多数国内贸易问题的分析难度会落在人的理性边界之内，而大多数国际贸易问题的分析难度会落在理性边界之外。换句话说，贸易人员的国内贸易的决策行为更多地表现为全面分析的"选美行为"，而他们的对外贸易决策行为则更多地表现为"解决问题"的"找钥匙行为"。

在国际贸易活动中，贸易人员会更多地依靠建立在经验基础上的模糊估计，以"搜索、寻找、试试看"的"找钥匙"方式，以求发现一个虽然不是最优，却能够解决问题的、"足够好"的解决方案。

二、国际贸易的基本统计概念

统计国际贸易状况,经常需要使用下列这些基本统计概念或指标。

(一) 总贸易与专门贸易

各国在进行对外贸易统计时,所采用的统计方法存在差异,一些国家采用总贸易,而另一些国家采用专门贸易。

总贸易(general trade)以货物通过国境作为统计标准,凡进入国境的商品一律列为进口,称为总进口(general import);反之,凡是离开国境的商品一律列为出口,称为总出口(general export)。总进口额加总出口额就是总贸易额。日本、英国、加拿大、澳大利亚、俄罗斯等国家采用这种划分标准,中国也选择这种标准。

专门贸易(special trade)以货物通过关境作为统计标准,凡进入关境的一律列为进口,称为专门进口(special import);反之,凡离开关境的商品一律列为出口,称为专门出口(special export)。专门进口额加专门出口额就是专门贸易额。美国、德国、法国、意大利、瑞士等国家采用这种划分标准。

总贸易额和专门贸易额是不相等的。一是通过国境而未通过关境的贸易,如进入保税区又输出他国的货物,计入总贸易额而不计入专门贸易额。二是国境和关境往往不一致,有时国境大于关境,如一国在境内设立保税区;有时关境大于国境,如若干国家成立关税同盟。

总贸易和专门贸易说明的是不同的问题。前者说明一国在国际货物流通中所处的地位和所起的作用;后者说明一国作为生产者和消费者在国际货物贸易中具有的意义。

由于各国在编制统计时采用不同的方法,所以联合国发表的各国对外贸易额资料,一般均注明是按何种标准编制的。

(二) 贸易额与贸易量

贸易额又叫贸易值(value of trade),是一个用货币单位表示或反映贸易规模的指标。贸易额可以用本国货币加以表示,为了便于国际比较,可同时用国际通用的美元加以计量。一国的对外贸易额是一个国家在一定时期(比如一年)出口贸易额与进口贸易额的总和。由于一国的出口就是他国的进口,所以世界的国际贸易总额应该是各国出口额的总和。从理论上说各国贸易额应该等于世界贸易总额的2倍。但是由于各国都偏好夸大本国进口额而少算本国的出口额,因此都倾向于按FOB价格计算出口贸易额,按CIF计算进口贸易额,导致世界出口总额小于进口总额的现象发生。

贸易量(quantum of trade)是用进出口商品的实物计量单位表示或反映贸易规模的指标。按照实物计量单位进行统计,优点是可以剔除价格变动因素对贸易额带来的扭曲影响,更准确地反映实际贸易规模及其变动。但实物计量单位用来统计一个国家全部商品进出口情况时,又有一个缺点,即实物单位无法在不同商品间进行加总。于是,为了反映一国的贸易总量规模及其变动情况,在方法和形式上,还是要借用货币单位,即用以不变价格为基础的贸易量指数来表示,从而消除价格变动的影响。贸易量有对外贸易量与国际贸易量之分。

（三）贸易差额

一个国家（或地区）在一定时期（如一年）内，出口额与进口额之间的差额，叫贸易差额（balance of trade）。若出口额大于进口额，叫贸易出超（trade surplus）或贸易顺差（favorable balance of trade）；反之，若进口额大于出口额，叫贸易入超（trade deficit）或贸易逆差（unfavorable balance of trade）。贸易差额是衡量一国对外贸易状况乃至国民经济状况的重要指标。一般说来，贸易顺差表明一国的对外贸易处于一个相对较有利的地位，贸易逆差则表明处于较为不利的地位。但这并不是绝对的，比如长期的贸易顺差会使国内市场可供商品与服务相对于货币购买力来说变得匮乏，等于是将有用的商品换成了无用的货币，它会产生一种使国内市场价格上升的压力，所以顺差并非绝对好事；而贸易逆差若是发生于为加速经济发展而适度举借外债，引进先进技术及生产资料时，则对国家有利。但是，从长期趋势看，一国的进出口贸易应基本保持平衡。

（四）对外贸易与国际贸易货物结构

对外贸易货物结构（composition of foreign trade）是指一定时期内一国进出口贸易中各类货物的构成，即某大类或某种货物进出口贸易与整个进出口贸易额之比，以份额表示。国际贸易货物结构（composition of international trade）是指一定时期内各大类货物或某种货物在整个国际贸易中的构成，即各大类货物或某种货物贸易额与整个世界出口贸易额之比，以比重表示。为便于分析比较，世界各国均依《联合国国际贸易标准分类》（SITC）公布国际贸易和对外贸易货物结构。

对外贸易或国际贸易货物结构可以反映出一国的或世界的经济发展水平、产业结构状况和第三产业发展水平等。对外贸易或国际贸易服务结构是指一定时期内一国或世界服务进出口中各类服务的构成。

（五）对外贸易与国际贸易地理方向

对外贸易地理方向（direction of foreign trade）又称对外贸易地区分布或国别构成，指一定时期内各个国家或国家集团在一国对外贸易中所占有的地位，通常以它们在该国进、出口总额或进出口总额中的比重来表示。对外贸易地理方向指明一国出口货物和服务的去向和进口货物和服务的来源，从而反映一国与其他国家或国家集团之间经济贸易联系的程度。一国的对外贸易地理方向通常受经济互补性、国际分工的形式与贸易政策的影响。

国际贸易地理方向亦称"国际贸易地区分布"（international trade by region），用以表明世界各洲、各国或各个国家集团在国际贸易中所占的地位。计算各国在国际贸易中的比重，既可以计算各国的进、出口额在世界进、出口总额中的比重，也可以计算各国的进出口总额在国际贸易总额（世界进出口总额）中的比重。

由于对外贸易是一国与别国之间发生的货物与服务交换，因此，把对外贸易按货物与服务分类和按国家分类结合起来分析研究，即把货物与服务结构和地理方向的研究结合起来，可以查明一国出口中不同类别货物与服务的去向和进口中不同类别货物与服务的来源。

（六）对外贸易依存度

对外贸易依存度（ratio of dependence on foreign trade）是指一个国家或地区在一定时

期内的出口额和进口额之和占国内生产总值的比率,等于出口依存度与进口依存度之和。出口依存度(ratio of export dependence),又称为平均出口倾向(average propensity to export),是指一个国家或地区的出口额占国内生产总值的比率;进口依存度(ratio of import dependence),又称为平均进口倾向(average propensity to import),是指一个国家或地区的进口额占国内生产总值的比率。对外贸易依存度能够反映一个国家或地区参与国际分工的程度,也可用于衡量一国对世界经济变动的敏感性。

(七) 贸易竞争力指数

贸易竞争力指数(trade competitiveness,TC),是对产业竞争力分析时比较常用的测度指标之一,它表示一国(地区)某产业进出口贸易的差额占进出口贸易总额的比重,即:

$$TC 指数 = (出口额 - 进口额)/(出口额 + 进口额)$$

该指标越接近于 0,表示竞争力越接近于平均水平;该指数为 -1 时,表示该产业只进口不出口,越接近于 -1 表示竞争力越弱;该指数为 1 时,表示该产业只出口不进口,越接近于 1 则表示竞争力越强。

(八) 国际贸易引力模型

引力模型的思想和概念源自物理学中牛顿提出的万有引力定律:两物体之间的相互引力与两个物体的质量大小成正比,与两物体之间的距离远近成反比。将引力模型用于研究国际贸易的代表人物之一是 Tinbergen(1962),研究结论:两国双边贸易规模与它们的经济总量成正比,与两国之间的距离成反比。

三、国际贸易的分类

(一) 货物贸易与服务贸易

对外贸易按商品形式与内容的不同,分为货物贸易(goods trade)和服务贸易(service trade)。

国际贸易中的货物种类繁多,为便于统计,联合国秘书处公布的《联合国国际贸易标准分类》把国际货物贸易共分为 10 大类,分别为:食品及主要供食用的活动物(0);饮料及烟类(1);燃料以外的非食用粗原料(2);矿物燃料、润滑油及有关原料(3);动植物油脂及油脂(4);未列名化学品及有关产品(5);主要按原料分类的制成品(6);机械及运输设备(7);杂项制品(8);没有分类的其他商品(9)。在国际贸易统计中,一般把 0 到 4 类商品称为初级产品,把 5 到 8 类商品称为制成品。

按关贸总协定乌拉圭回合多边贸易谈判达成的《服务贸易总协定》,国际服务贸易是指:"从一参加方境内向任何其他参加方境内提供服务;在一参加方境内向任何其他参加方的服务消费者提供服务;一参加方在其他任何参加方境内通过提供服务的实体的介入而提供服务;一参加方的自然人在其他任何参加方境内提供服务。"服务贸易多为无形、不可储存的;服务提供与消费同时进行;其贸易额在各国国际收支表中只得到部分反映,在各国海关统计中查询不到。

世界贸易组织列出服务行业包括以下 12 个部门：商业、通信、建筑、销售、教育、环境、金融、卫生、旅游、娱乐、运输、其他。

（二）直接贸易、间接贸易和转口贸易

按是否有第三国参加，国际贸易可以分为三种。

商品生产国和商品消费国不经过第三国进行的商品交换，称为直接贸易（direct trade）。

商品生产国和商品消费国经过第三国进行的商品交换，称为间接贸易（indirect trade）。

商品生产国和商品消费国经过第三国进行的贸易，对第三国来讲，就是转口贸易（entrepot trade）。转口贸易有两种：一种是商品从生产国运到第三国后，由该国的转口商销往消费国；另一种是商品由生产国直接运往消费国，但两国并未发生直接交易关系，而是由第三国的中间商分别同生产国与消费国发生交易关系。

（三）其他

除上述分类外，国际贸易分类方法还有：

按清偿工具是货币还是货物划分，可分为自由结汇贸易（free liquidation trade or cash trade）和易货贸易（barter trade）。

按货物运输方式划分，可分为海路贸易（trade by seaway）、陆路贸易（trade by roadway）、空运贸易（trade by airway）和邮购贸易（trade by mail order）。

按相互间保持贸易收支平衡的介入国数量划分，可分为双边贸易（bilateral trade）、三角贸易（triangular trade）和多边贸易（multilateral trade）。

按参加国的经济发展水平划分，可分为水平贸易（horizontal trade）和垂直贸易（vertical trade）。

第三节 本课程的研究内容与本书的章次安排

"国际贸易理论与实务"是研究国际贸易产生、发展、贸易利益和进出口业务，揭示其中的特点和运作规律的学科。

一、本课程的研究内容

（一）国际贸易的基本理论

在历史上，曾出现三次社会大分工，但只有在国家出现和社会生产力发展到一定水平之后，才产生、形成国际分工，国际分工是国际贸易和世界市场的基础。

马克思主义经典作家一直注意研究探讨国际贸易中的各种问题与规律。马克思国际价值理论是马克思主义及其国际贸易理论的核心。西方国际贸易学家对国际贸易中的各种现象做了广泛细致的研究。一般说来，西方国际贸易理论的主流派对不同时代国际贸易影响要大于非主流派。从历史角度看，资本主义自由竞争时期的古典学派学者亚当·斯

密和大卫·李嘉图探讨了国际分工形成的原因和分工的依据,论证了国际分工和国际贸易的利益。20世纪以来瑞典经济学家赫克歇尔和俄林提出了按照生产要素禀赋进行国际分工的学说。以后,又出现了里昂惕夫之谜及其解释、产业内贸易说、战略性贸易理论。由于时代的局限,以及世界观和方法论的局限,有些学说不可避免地存在不足。我们应本着马克思主义的立场、观点和方法,去粗取精,弃其糟粕,吸取其科学合理的部分,以发展马克思主义的国际贸易理论。

(二)国际贸易政策与措施

国际贸易直接涉及各国的经济发展和财富的积累,因此,各国都制定了有利于本国对外贸易发展的政策和措施。对外贸易是随着时代的发展而不断变化的。在资本主义原始积累时期,出现了重商主义;在资本主义自由竞争时期,自由贸易政策与保护贸易政策并存;在帝国主义时期,出现了超保护贸易政策;第二次世界大战后,又出现了贸易自由化。这些贸易政策是各国经济政策和对外政策的一个组成部分。为执行国际贸易政策,各国采取了各种措施,如关税措施、非关税措施、促进出口的措施等。

WTO和地区经济一体化组织是两类重要的多边贸易条约和协定。WTO是经济全球化的产物同时也是进一步推进经济全球化的制度保证。

(三)国际市场交易方式

跨国产业内分工的发展、公司内部贸易的发展,使越来越多的中间产品成为国际贸易的内容,推动了国际贸易商品结构由初级产品或浅加工产品向制成品或深加工产品为主的格局演化。跨国公司的大发展和中小企业国际化的加速,极大地推动着贸易与投资日益融为一体。服务贸易在当今国际贸易领域蓬勃发展,其地位日益重要,服务贸易在世界贸易中所占份额逐步上升,以知识、技术密集为特征的新型服务行业正在成为推动世界经济发展的增长点。随着信息技术的发展,电子商务在国际贸易中的地位日益增强。此外,企业开展国际贸易不同程度地采用经销与代理、寄售与展卖、招标与投标、对销贸易、加工贸易、租赁贸易等国际市场交易方式。

(四)货物进出口业务

货物进出口业务通常是逐笔成交、以货币结算的单边进出口业务,其内容是围绕着国际货物贸易合同展开的。为了能够签订与履行合同,合同的各项交易条件是必须要掌握的。合同的交易条件主要有商品品名、商品品质、商品包装、商品价格、运输条件、货款收付、商品检验、索赔、不可抗力、仲裁等。把每一项交易条件都搞清楚之后,国际货物买卖合同的签订与履行也就容易掌握了。

二、本书的章次安排

本书分4个部分,共19章,如表1.1所示。

第一篇 国际贸易的基本理论

第一章 导论

表 1.1 本书的章次安排

部分	章数	内容
国际贸易的基本理论	3	导论;国际分工与国际市场价格;西方国际贸易理论
对外贸易政策与措施	4	对外贸易政策;对外贸易措施;世界贸易组织;区域经济一体化
国际市场交易方式	5	跨国公司;中小企业国际化;国际服务贸易;国际技术贸易;国际贸易方式
货物进出口业务	7	国际货物买卖合同的商定;国际贸易术语和商品价格;商品品名、品质、数量和包装;国际货物运输与保险;国际货款的收付;商品检验、索赔、不可抗力和仲裁;国际货物买卖合同的履行

◆ 内容提要

"国际贸易理论与实务"课程是研究国际贸易产生、发展、贸易利益和进出口业务,揭示其中的特点和运作规律的学科。原始社会末期出现了阶级和国家,商品流通超出国界产生了对外贸易。资本主义的原始积累则很大程度上依赖地理大发现。对外贸易为资本主义准备了劳动力、资本和市场。18世纪中期英国资产阶级革命胜利并完成了产业革命,标志着资本主义生产方式的正式确立。二战后国际贸易发展出现了一系列新特征。从历史看,国际贸易是世界经济中"传递"的重要渠道。大多数理论证明,对外贸易对经济增长具有一定的促进作用。学习国际贸易课程,必须掌握国际贸易的特征、分类、名词概念以及本课程的主要内容。

◆ 关键词

总贸易与专门贸易　对外贸易依存度　贸易竞争力指数　贸易引力模型　转口贸易

◆ 复习思考题

1. 二战后国际贸易发展的特征有哪些?
2. 谈谈你对国际贸易是世界经济中"传递"的重要渠道的理解。
3. 对外贸易促进经济增长的理论流派有哪些?
4. 简述罗伯特逊的对外贸易是"经济增长的发动机"的学说。
5. 与国内贸易相比,国际贸易的特点有哪些?

思考案例

丝绸之路精神

丝绸之路是指起始于古代中国,连接亚洲、非洲和欧洲的一条古代陆上商业贸易路线。形成于公元前2世纪与公元1世纪间,直至16世纪仍保留使用,是一条东方与西方之间进行经济、政治、文化交流的主要道路。汉武帝派张骞出使西域形成其基本干道。它以西汉时期长安为起点(东汉时为洛阳),经河西走廊到敦煌。从敦煌起分为南北两路:南路从敦煌经楼兰、于阗、莎车,穿越葱岭(今帕米尔)到大月氏、安息,往西到达条支、大秦;北路从敦煌到交河、龟兹、疏勒,穿越葱岭到大宛,往西经安息到达大秦。它的最初作用是运输中国古代出产的丝绸。因此,当德国地理学家 Ferdinand Freiherr von Richthofen 最早在19世纪70年代将之命名为丝绸之路后,即被广泛接受。2014年6月22日,中国、哈萨克斯坦和吉尔吉斯斯坦三国联合申报的陆上丝绸之路的东段"丝绸之路:长安-天山廊道的路网"成功申报为世界文化遗产。

试分析丝绸之路精神。

应用训练

中国部分地区对外贸易依存度

2017年中国部分地区GDP和对外贸易值见表1.2。试比较分析这些地区的对外贸易依存度。

表1.2 中国部分地区GDP和对外贸易值

地区	GDP(亿元)	对外贸易值(亿美元)	地区	GDP(亿元)	对外贸易值(亿美元)
全国	827 121.70	41 071.6	河南	44 552.83	776.3
北京	28 014.94	3 240.2	湖北	35 478.09	463.4
天津	18 549.19	1 129.2	湖南	33 902.96	360.3
河北	34 016.32	498.6	广东	89 705.23	10 066.8
山西	15 528.42	171.9	广西	18 523.26	578.8
内蒙古	16 096.21	138.7	海南	4 462.54	103.7
辽宁	23 409.24	996.0	重庆	19 424.73	666.0
吉林	14 944.53	185.4	四川	36 980.22	681.1
黑龙江	15 902.68	189.5	贵州	13 540.83	81.6
上海	30 632.99	4 762.0	云南	16 376.34	234.5
江苏	85 869.76	5 907.8	西藏	1 310.92	8.6
浙江	51 768.26	3 779.1	陕西	21 898.81	402.0
安徽	27 018.00	540.2	甘肃	7 459.90	48.3
福建	32 182.09	1 710.2	青海	2 624.83	6.6
江西	20 006.31	443.4	宁夏	3 443.56	50.4
山东	72 634.15	2 645.5	新疆	10 881.96	205.7

第二章 国际分工与国际市场价格

本章结构图

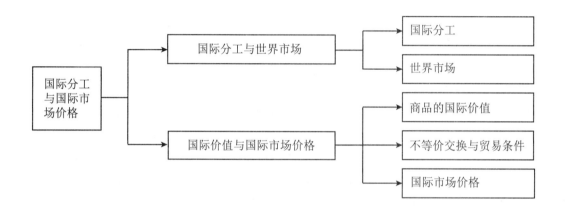

学习目标

了解国际分工与世界市场的定义及形成发展历史,掌握国际分工发展的影响因素及国际分工对国际贸易的影响;掌握当代世界市场构成及特征;理解国际价值和国际市场价格的本质内容及其影响因素;了解不等价交换的含义及成因,为后面学习国际贸易实务打下扎实的价格理论基础。

导入案例

中日韩主导液晶电视机国际市场

赛迪网 2015 年 2 月 17 日消息,2014 年液晶电视总出货量为 2.15 亿台,2014 年液晶电视品牌出货排名再次由韩系品牌三星以 22.8% 的市占率夺冠,在大尺寸液晶电视领域以积极的价格策略获得了成功的销售表现。乐金电子继续占领亚军宝座,14.9% 的市占率与前后位竞争者依旧维持相当大的差距。日本电子大厂索尼 2014 年虽然经历电视业务切割的风风雨雨,但在大型电视需求增加的风潮下,品牌价值得以发挥,成功挤下 TCL,以 6.8% 的市占率抢回第三名位置,表现颇为亮眼。日本的夏普排在第十位,市场份额为 3.4%。松下、东芝被挤出前十大品牌,中国品牌取而代之,包括 TCL、海信、创维、康佳、长虹等,均挤进前十大品牌,合计市占率达 24%。唯一一家非亚洲厂商是加州尔湾市的 Vizio,它的市场份额

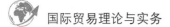

为 3.5%,排在第八位。Witsview 的研究经理 K K Chang 表示:中国的品牌厂商面临着国内市场饱和的压力,在国际市场又要面对国际重要厂商的竞争,但是它们的增长速度一直很快。

第一节　国际分工与世界市场

一、国际分工

(一)国际分工的涵义

国际分工(international division of labor),指的是世界各国(或地区)之间劳动分工和生产的国际专业化。它是社会分工发展到一定阶段,一国经济的内部分工超越国家界限向国外延伸的结果,是国际贸易和世界市场的基础。

一切分工都是生产力发展的必然结果和表现。国际分工同社会分工有相同之处,如它们都是劳动分工,都是劳动生产率提高的原因和结果。但二者也有区别:首先,形成和存在的历史时期不同,社会分工出现在原始社会末期,并存在于其他社会经济形态,国际分工形成于资本主义大机器工业时代;其次,商品交换方式不同,前者的商品交换表现为国内贸易,后者的商品交换则表现为国际贸易;最后,社会分工的发展主要取决于各国本身的生产力发展和技术进步,而国际分工则取决于世界范围内生产力的发展和生产的国际化程度。

(二)国际分工的形成与发展

国际分工是社会历史发展的产物,并处于不断演化的发展过程之中。在原始社会末期,特别是在奴隶社会和封建社会,各国的社会分工演进到国际分工的条件还不成熟,邻近国家之间出现少量的国际分工,完全只是一种偶然的局部性的现象。真正意义上的国际分工经过了萌芽、形成、发展和深化四个阶段。

1. 国际分工的萌芽阶段

从 15 世纪末和 16 世纪初地理大发现到 18 世纪 60 年代产业革命。在前资本主义社会,由于生产力水平低,商品生产不发达,只存在不发达的社会分工和不发达的地域分工。随着生产力的发展,11 世纪欧洲城市的兴起,手工业与农业进一步分离,商品经济有了较快的发展。15 世纪末至 16 世纪上半叶地理大发现以及随之而来的殖民地开拓,大大扩大了销售市场,并促进了手工业生产向工场手工业生产的过渡,使工业和产量迅速增长。那时,西欧殖民者用暴力手段和超经济的强制手段,在拉丁美洲、亚洲和非洲进行掠夺,他们开矿山,建立甘蔗、烟草等种植园,发展以奴隶劳动为基础的、面对世界市场实行专业化生产的农场制度,形成了以宗主国生产工业品和殖民地生产甘蔗、烟草等农业品为特点的早期国际分工,这种分工是典型的为宗主国服务的分工形式。

由于产业革命尚未发生,自然经济占统治地位,国际分工的广度和深度有限,国际分工的原因是自然条件不同,而不是生产力水平的不同,有明显的地域局限性。

2. 国际分工的形成阶段

18世纪60年代至19世纪中叶。在此期间,以英国为首的各主要资本主义国家先后完成了产业革命,机器大生产代替工场手工业,资本主义国际分工真正形成。这一时期的国际分工有以下特点:

首先,机器大工业的建立为国际分工形成奠定了物质基础。(1)机器大工业使生产规模和生产能力不断扩大,商品增多,一方面需要寻求国外市场,另一方面也需要开辟新的廉价的原料来源基地。(2)机器大工业带来了交通运输工具和通讯工具的变革,使得时间缩短、费用降低、联系方便。(3)机器大工业把各种类型的国家都卷入到世界经济中。

其次,这一时期的国际分工的基本格局是以英国为首的少数发达国家变为工业国,广大亚非拉国家变成农业国,以宗主国为中心按生产部门进行分工,殖民地、附属国成为销售市场和原料来源地的"垂直型"的国际分工。

总之,这一时期商品输出是资本主义国家的主要经济特征,宗主国与殖民地之间的国际分工进一步发展为工业国与农业国,宗主国与殖民地、半殖民地之间的分工。这种分工具有掠夺、剥削和不平等的性质,造成殖民地经济对宗主国的严重依附。

3. 国际分工的发展阶段

19世纪中叶到第二次世界大战以前。19世纪70年代第二次产业革命,以电的发明使用,钢铁,化学及铁路、轮船等交通运输工具以及电报电讯工具为标志的世界工业生产和世界贸易量成倍地增长。这一时期,随着自由资本主义向帝国主义的过渡,资本输出取代商品输出而占据了统治地位。发达国家通过资本输出,把资本主义生产扩大移植到亚洲、非洲和拉丁美洲,从而使资本主义国际分工的主要形式,即宗主国与殖民地半殖民地之间、工业发达国家与初级产品生产国之间的分工日益加深。这一时期的分工特征:亚非拉国家变为畸形、片面的单一经济;分工由英国一个国家为主变为以美、欧、日等资本主义国家和地区为主;世界各国的相互依赖进一步加强;世界农村与世界城市的分裂与对立进一步扩大。

4. 国际分工的深化阶段

第二次世界大战以后至今。二战后,由于以核能、电子计算机、航天航空技术和生物工程的发展为主要标志的第三次科技革命的深刻影响,跨国公司迅速发展,殖民体系瓦解,发展中国家出现,一批社会主义国家成立,使国际分工进入深化发展阶段。原有的旧国际分工体系发生改变,以宗主国与殖民地的经济联系为主的国际分工逐渐消亡。首先,在国际分工格局中,工业国与工业国的分工居于主导地位。其次,各国间工业部门内部分工逐步增强。再次,发达国家与发展中国家间的分工在发展。同时,参加国际分工国家的经济所有制形式发生了变化。最后,随着经济一体化的发展,区域性经济集团内部分工日趋加强。

(三)国际分工的类型

国际分工的类型,有各种不同的划分方法,如有新旧国际分工之分,也有按商品包含的要素密集程度的不同分为劳动密集型、资本密集型、技术密集型等。目前使用较多的,是以各国参加国际分工的方式来划分,分为垂直型、水平型和混合型三种类型。

1. 垂直型国际分工

垂直型国际分工是指经济发展水平相差悬殊的国家之间的分工。主要表现为国际上农、矿业初级产品和工业制造品的分工。工业先进国与工业落后国间的分工主要就是这种类型。19世纪建立起来的国际分工即是一种垂直型的国际分工。目前,垂直型国际分工仍然是发达国家与发展中国家之间的一种重要分工形式。

2. 水平型国际分工

水平型国际分工是指经济发展水平大体相同的国家之间的分工。发达国家相互间或发展中国家相互间的分工一般都属于此种类型。这些国家的产业结构相似,产品的技术水平接近,它们之间可以通过世界市场建立水平型、横向型的劳动分工。

3. 混合型国际分工

混合型国际分工是由"垂直型"和"水平型"两者结合的分工形式。从一个国家来看,它在国际分工体系中既有垂直型的分工,又有水平型的分工。许多经济发达国家的国际分工都属于这种类型,它们同其他发达国家的生产专业化和协作属于"水平型"分工,而对发展中国家进行的经济贸易往来则属于"垂直型"分工。

分析案例 2-1

中美国际分工

据中国国务院新闻办公室2018年9月24日发布的《关于中美经贸摩擦的事实与中方立场》白皮书显示,美国居于全球价值链的中高端,对华出口多为资本品和中间品,中国居于中低端,对美出口多为消费品和最终产品,两国发挥各自比较优势。2017年中国向美国出口前三大类商品为电机电气设备及其零附件、机械器具及零件、家具寝具灯具等,合计占比为53.5%。中国从美国进口前三大类商品为电机电气设备及其零附件、机械器具及零件、车辆及其零附件,合计占比为31.8%。机电产品在中美双边贸易中占重要比重,产业内贸易特征较为明显。中国对美出口的"高技术产品",大多只是在华完成劳动密集型加工环节,包含大量关键零部件和中间产品的进口与国际转移价值。中国是美国飞机、农产品、汽车、集成电路的重要出口市场,是美国飞机和大豆的第一大出口市场,汽车、集成电路、棉花的第二大出口市场。2017年美国出口中57%的大豆、25%的波音飞机、20%的汽车、14%的集成电路、17%的棉花都销往中国。以上可以看出,中国和美国产业分工属于混合型分工,以垂直型分工为主,兼有水平型分工。

二、世界市场

世界市场是在各国国内市场的基础上形成的,只有当各国国内市场发展到一定程度,才能使商品和劳务的交换突破国界扩大到世界范围。

(一)世界市场的含义

世界市场是世界各国相互之间在世界范围内进行商品和劳务交换的场所或领域,或是指世界商品交换关系的总和。世界市场不是各国国内市场的简单总和。它是商品货币经济在世界范围内发展的结果,同国际分工和国际贸易紧密联系在一起。世界市场由各国的国内市场和国际贸易市场组成,是联系各国商品流通领域的纽带。

(二)世界市场的形成与发展

世界市场形成与发展的过程也就是国际分工和国际贸易形成与发展的过程,也是随着社会生产力的发展而形成和发展的,同时又离不开国际分工和生产专业化的发展。国际分工的存在是世界市场产生的前提和基础,两者互为因果,互相影响,互相促进。

早在奴隶社会,自从国家形成后,就有了世界市场的雏形,但是由于自然经济占统治地位,经济不发达,生产力水平低下,形成了极具局限性的国际分工,世界市场未能获得壮大,严格意义上说是一个地区性或区域性市场。

1. 世界市场的萌芽时期

16世纪初至18世纪60年代。地理大发现奠定了世界市场形成的基础。从16世纪到18世纪中期,西欧封建制度迅速瓦解,资本主义生产关系逐步建立,工场手工业得到很大发展,商品经济活动急剧扩大,形成了统一的国内市场。欧洲殖民者利用暴力和强制手段征服非洲、拉丁美洲以及亚洲,形成宗主国与殖民地之间的国际分工,在客观上加强了世界各国的经济联系,推动着国际商品流通活动,于是,初步的世界市场开始出现。

2. 世界市场的发展时期

18世纪60年代至19世纪70年代。在此期间发生的产业革命,使机器大工业确立和资本主义生产方式开始占据统治地位,商品生产发展迅速,业已形成的世界市场迅速发展壮大。最初以英国为中心,而后美、德、法等资本主义国家的工业发展迅猛,世界市场又得到很大发展。此时不仅市场规模和容量大为扩增,而且卷入世界市场的国家也日益增多。

3. 世界市场的形成时期

19世纪80年代至20世纪30年代。19世纪80年代后,资本主义从自由竞争向垄断阶段过渡,资本输出加强,加之第二次科技革命对于社会生产力的巨大推动作用,加速了生产国际化进程,同时许多亚非拉国家广泛参与国际经济活动,这一切急剧地扩大着市场的范围、规模和容量,终于形成了统一的无所不包的世界市场。这样,发达资本主义国家在国际分工的基础上,通过资本输出和商品输出等形式,建立起以它们为中心的资本主义世界经济体系。

(三)当代世界市场的主要特征

二战以后,第三次科技革命的兴起,世界政治经济形势的巨大变化,导致世界市场也发生了许多新的重要变化,出现了一些新的特点。

1. 世界市场的基本格局出现多极化

在二战前,参加世界市场的国家除苏联外,一般都是资本主义国家,它们在世界市场上占绝对主导地位。战后涌现了一大批社会主义国家,这样,世界市场上就存在着三股主要经济力量:发达资本主义国家、社会主义国家和发展中国家。主要经济发达国家,如美、日、德在世界市场中的地位和作用也发生了明显改变,新兴工业化国家和地区以及发展中的石油输出国在世界市场中所占比重上升。

2. 世界市场的商品构成发生重大变化

世界市场上制成品交易的比重超过初级产品,且两者的差距继续拉大,到20世纪80年代,制成品交易约占60%。在工业制成品中,机电产品的贸易增长最为迅速,化工产品也保持强劲的势头。在初级产品中,原料贸易的比重下降幅度最大,食品的比重也呈下跌趋势。此外,技术贸易和高附加价值产品贸易有了迅速发展。而消费品向多样、高档、优质的方向发展,也成为世界市场上的新趋势。

3. 世界市场的范围和规模空前发展

从市场范围来看,战前主要是初级产品出口国与制成品出口国之间的垂直型贸易。而现在,发展中国家之间,尤其是发达国家之间的贸易发展得极其迅速,世界市场的范围大为扩展。从世界市场的规模看,二战后其商品流通的发展速度相当快,不仅贸易量的增长速度大大超过二战前,而且世界贸易量的增长速度也超过了生产增长的速度,世界市场的规模也迅速扩大了。

4. 世界市场的垄断和竞争更加剧烈

二战后,世界市场由卖方市场转向买方市场,垄断进一步加强,使得世界市场上的竞争更为激烈。由于跨国公司的巨大发展,区域性的经济集团组织的出现,垄断资本争夺市场的较量日趋尖锐。为了减少因出口市场单一而招致的政治、经济上的风险,许多国家的生产者广泛寻找新市场,力求市场多元化。

5. 世界市场日趋复杂

世界市场日趋复杂,具体表现在自由贸易政策和保护贸易政策并存,全球性市场和区域性市场并存。

第二节 国际价值与国际市场价格

一、商品的国际价值

(一)商品国际价值的形成

商品的国际价值量是国际间商品交换的基础。在一国范围内,商品的价值量是由该国范围内的社会必要劳动时间决定的。由于不同的国家在资源、技术和劳动等方面都具有很大的差别,各国生产同一商品的劳动生产率各不相同,同一种商品在不同国家里就有不同的国内价值量,但它却不能成为国际间商品交换的基础。在国际贸易中,世界性的商品交换使社会劳动具有国际性质。

商品的国际价值是在国别价值的基础上形成的。在世界贸易中,商品普遍地展开自己的价值。所以，真正的价值性质，是由国外贸易发展的，因为国外贸易把它里面包含的劳动当做社会的劳动来发展。因此，以国际分工为联系的世界市场的发展和形成是使内劳动具有世界劳动的价格的最重要条件。

在本质上，商品的国别价值和国际价值是完全相同的，都是由抽象的社会劳动所决定的，是一般人类劳动的凝结物。但是在量的规定性上两者又有着原则的区别：商品的国别价值是商品在一国范围内的社会价值，国别价值量取决于生产商品所耗费的社会必要劳动时间(社会必要劳动时间是指在现有的社会正常的生产条件下，在社会平均的劳动熟练程度和劳动强度下制造某种使用价值所需要的劳动时间)；商品的国际价值是世界范围的人类抽象劳动的凝结，其价值量大小并不取决于各国的社会必要劳动时间，而是决定于"世界劳动的平均单位"，这个世界劳动的平均单位就是在世界经济的一般条件下生产某种商品所需要的国际社会必要劳动时间。

由此可见，同一种商品在一国的国内市场上和在世界市场上就具有国内价值和国际价值两种不同的价值尺度：一是国内社会的必要劳动时间所决定的国民价值(国别价值、国内价值)，二是国际社会必要劳动时间所决定的国际价值。商品在国内交换时以国内价值作为衡量的尺度，而在国际交换中则以国际价值作为衡量的尺度。

（二）影响商品国际价值量变化的因素

国际价值的变动受多种因素的影响和制约，其主要影响因素有：

1. **国际社会必要劳动时间**

国际价值规律是世界范围内商品生产和交换的基本规律，由生产该商品的世界社会必要劳动时间决定，商品交换以国际价值为基础进行等价交换。

国际价值量随国际社会必要劳动时间的变化而变化，而后者是随世界各国的社会必要劳动时间变化而变化的。假如，各国的社会必要劳动时间扩大了，则国际社会必要劳动时间也随之扩大。首先，各国生产商品的社会必要劳动时间是随着劳动生产率改变而改变的，所以，商品的国际价值量受到劳动生产率的影响。劳动生产率越高，单位时间内生产的商品越多，则生产单位商品所需要社会必要劳动时间越少，单位商品的价值量便越小。由于劳动生产率又受到劳动者的熟练程度，生产资料尤其是生产工具的装备水平、生产组织状况、科学技术发展和应用程度、原材料优劣，以及各种自然条件等的影响，因此，国际价值也间接地受到这些因素的影响。其次，各国生产商品的社会必要劳动时间也由劳动强度大小决定。劳动强度是指单位时间内劳动消耗的程度。各国劳动强度变化影响世界平均劳动强度的改变，从而影响国际价值量的变化。劳动强度与国际价值量成正比例关系，劳动强度越大，意味着单位时间消耗的劳动越多，因而价值量也越大。

2. **贸易参加国的商品出口量在总出口量中所占比重**

商品的国际价值量不是国别价值量的简单平均，而是由参加国际贸易各国的出口量来加以调节的。

3. **国际分工和世界市场联系的广度和深度**

商品的国际价值量大小受到国际分工和世界市场联系的广度和深度的直接影响。国际分工和世界市场联系越广、越深,各国国内价值便更多地体现出来。

二、不等价交换与贸易条件

（一）国际贸易中的不等价交换

1. 不等价交换的含义

不等价交换问题是由马克思首先提出来的。可以把不等价交换理解为不平等交换或不等量劳动的交换。衡量国际交换的等价与否的标准或尺度应该是商品的国际价值,即世界劳动的平均单位。国际贸易中的等价交换是指按相等的国际价值进行交换,也就是说,交换的商品中所包含的国际社会必要劳动时间相等,那么这种交换就是等价的,否则就是不等价的。不等价交换表现为国际贸易中按高于或低于国际价值进行交换。

2. 不平等交换形成的原因

（1）政治方面。发达资本主义国家主要通过暴力和所谓的援助来迫使发展中国家以低于国际价值或国际价格的价格出售自己的产品,以高于国际价值或国际价格的价格购买它们的产品,使商品交换在这两类国家中不等价进行。

（2）经济方面。由于生产要素在国际间缺乏流动性,因而不存在按照各国国民经济的需要在世界范围内分配社会劳动的机制,使得由各国间劳动强度和劳动生产率差异引起的国际价格与国民（别）价值的差异普遍存在,在世界市场上按照相同国际价格进行交换,实则是不等的国民（别）价值相交换,即不等量劳动的交换。

（二）贸易条件

1. 贸易条件的概念

所谓贸易条件（terms of trade）,是一个国家以出口交换进口的条件,即两国进行贸易时的交换比例。它有两种表示法,一是用物物交换表示,即用实物形态来表示的贸易条件,它不牵涉货币因素和物价水平的变动。当出口产品能交换到更多的进口产品时,贸易条件改善,反之则贸易条件恶化。还有一种是用价格来表示的贸易条件,这种贸易条件就是一国所有的出口商品价格与所有的进口商品价格的比率。由于现实生活中参与国际交换的商品种类很多,而且价格水平也在不断变化,因此这种贸易条件通常用出口商品价格指数与进口商品价格指数之比亦即贸易条件指数来表示。

2. 贸易条件指数的种类及其意义

贸易条件指数主要有三种,它们表示不同意义的贸易条件。

（1）商品贸易条件指数

商品贸易条件指数是一定时期内一国出口商品价格指数与进口商品价格指数之比。它表示一国每出口一单位商品可以获得多少单位的进口商品。

以 P_x 代表出口商品价格指数,P_m 代表进口商品价格指数,则商品贸易条件指数 T（一般用百分数表示）为:

$$T = (P_x/P_m) \times 100$$

如果商品贸易条件指数大于100,表明同等数量的出口商品换回了比基期更多的进口商品,贸易条件得到改善;如果商品贸易条件指数小于100,则表明贸易条件恶化。可见,贸易条件的实质是国际贸易利益的分割问题。

例如,假定2010年为基准年,进出口价格指数均为100,商品贸易条件指数也是100。2015年底该国的出口价格指数下降5%,为95,进口价格指数上升10%,为110,那该国商品贸易条件指数则为:

$$T=(95/110)\times 100=86.36$$

这意味着2010年到2015年间该国的贸易条件指数下降了近14个百分点,贸易条件恶化了。

(2) 要素贸易条件指数

把商品贸易条件与要素生产率结合起来考察,可以得到要素贸易条件指数。如果只是考察贸易条件与一国出口商品生产部门的要素生产率的关系,那就是分析单项要素贸易条件状况;如果同时考察进出口商品生产部门要素生产率对贸易条件的影响,那就是分析双项要素贸易条件状况。

① 单项要素贸易条件指数,是一定时期内一国出口商品生产部门要素生产率指数与同期商品贸易条件指数的乘积。单项要素贸易条件指数的计算公式为:

$$S=(P_x/P_m)\times Z_x$$

S代表单项要素贸易条件指数,Z_x代表一国出口商品生产部门要素生产率指数。

在此公式中,P_x与Z_x的乘积表示出口部门单位要素的出口额指数,再除以进口价格指数,其经济意义就一目了然了,即单项要素贸易条件指数测度体现了该国出口商品中的每单位国内生产要素所得到的进口商品的数量。

假定该国商品贸易条件指数变化状况与前例相同,而该国出口部门的生产率从2010年的100上升到2015年的130,则该国单项要素贸易条件指数为:

$$S=(95/110)\times 130=112.27$$

这意味着体现在该国出口商品中的每单位国内生产要素所得到的进口商品的数量,2015年比2010年增加了12.27%。尽管该国的商品贸易条件恶化了,但因在这期间出口商品要素生产率提高的幅度大于商品贸易条件指数下降的幅度,从要素贸易条件看还是改善了。当然,其他贸易伙伴国与该国共同分享了它的出口部门生产率增加的部分。

由此可见,商品贸易条件下降不一定导致一国贸易利益的减少。在劳动(要素)生产率提高的基础上,一国主动地降低商品贸易条件,还可扩大市场占有率,反而有可能获得更大利益。当然,如果一国商品贸易条件下降的幅度超过了劳动生产率上升的幅度时,该国的贸易利益就会减少,随着贸易量的扩张,实际收入水平将会下降,出现所谓的"贫困化增长"。

② 双项要素贸易条件指数,不仅考虑出口商品要素生产率的变化,而且考虑进口商品要素生产率的变化。其计算公式为:

$$D=(P_x/P_m)\times (Z_x/Z_m)\times 100$$

D代表双项要素贸易条件指数,Z_m代表进口商品要素生产率指数。

假定商品贸易条件指数和出口商品要素生产率指数仍按前例,进口商品要素生产率指数2010年到2015年期间从100上升到105,则该国的双项要素贸易条件指数为:

$$D = (95/110) \times (130/105) \times 100 = 106.92$$

这说明,如果一国出口商品要素生产率指数提高的幅度大于进口商品要素生产率指数提高的幅度,就可能抵消商品贸易条件恶化而获得双项要素贸易条件的改善。这反映了进出口国的贸易竞争,实质上是劳动生产率的竞争这一现实。劳动生产率水平的高低,是影响一国分享贸易利益多少的主要因素。实际上,当生产某种商品的世界平均劳动时间不变时,一国的劳动生产率相对他国提高更快,就意味着贸易条件得到了改善。

(3) 收入贸易条件指数

收入贸易条件指数是一定时期内出口量指数与商品贸易条件指数的乘积,它表示一国用出口支付进口的能力。其计算公式为:

$$I = (P_x/P_m) \times Q_x$$

I 代表收入贸易条件指数,Q_x 代表出口量指数。式中 P_x 与 Q_x 的乘积表示一国的出口总收入指数,再除以进口价格指数,显然表示一国进口支付能力。

回到上述例子,如果商品贸易条件指数变化相同,而该国的出口量指数从 2010 年的 100 上升到 2015 年的 120,则该国的收入贸易条件指数为:

$$I = (95/110) \times 120 = 103.63$$

这说明,尽管该国商品贸易条件恶化了,但由于出口能力的提高和出口收入的增加,该国 2015 年的进口能力还是比 2010 年提高了 3.63%,也就是说收入贸易条件改善了。

三、国际市场价格

(一) 国际市场价格的形成

商品的国际价格指在一定条件下在世界市场上形成的市场价格。它是国际价值及国际使用价值的货币表现,亦即以货币表现的国际价值及国际使用价值。它是某种商品在世界市场上买卖的价格依据。

国际市场价格的形成是以世界货币的形成为前提的。世界货币是世界市场上商品交易正常进行和国际市场价格统一的基础。

国别价值转化为国别生产价格后,国际价值也相应转化为国际生产价格(是各国加权平均的生产价格),最终由国际市场供求关系来决定。价格的变动归根到底是受价值规律支配的,价值是价格变动的基础。在世界市场上,国际价格变动的基础是国际价值。国际价值转化为国际生产价格后,国际生产价格成为国际市场价格波动的中心,并由供求关系决定。

国际市场价格具备的条件:在国际贸易中心市场上经常形成的商业性的大宗商品进口和出口的交易价格;可以用自由外汇支付的价格;在国际贸易进出口业务中的商业合同价格。

(二) 国际市场价格的影响因素

商品的国际价值量是决定商品国际价格的基础,但是由于在国际市场上受供求等各种因素的影响,商品的国际价格并不总是与国际价值量相一致,它随着供求等因素的变化围绕国际价值量而上下波动。影响商品国际价格的主要因素有:

1. 国际供求关系及其变动

商品的国际市场价格是围绕国际价值上下波动的,但是,决定商品国际市场价格是由国际市场上的供求关系决定的。

2. 垄断因素

发达国家内部垄断组织往往通过对世界市场的垄断和控制,左右世界市场价格。它们采取直接或间接的方法获取最大利润。直接的方法主要有:垄断原料市场,开采原料并按垄断价格出售原料;瓜分销售市场,规定国内市场的商品销售额,规定出口份额;直接控制、调整价格,规定某种限价,低于这一价格便不出售商品,而跨国公司内部则采用划拨价格,公司内部相互约定出口、采购商品和劳务时所规定的价格。间接方法有:限制商品生产额和出口额,限制开采矿产和阻碍新工厂的建立;在市场上收买"过多"商品并出口"剩余"产品。当然垄断程度取决于生产和贸易的集中程度、进入市场障碍的大小、有无跨国公司的存在等。

3. 经济周期

市场经济国家的发展具有周期性,每个周期大体包括危机、萧条、复苏、高涨四个阶段。这种周期性的收缩和扩张,制约着供求变动,从而影响世界市场价格的变化。在危机、萧条期间,商品供过于求,价格下降;复苏、高涨阶段,商品供不应求,价格上涨。

4. 通货膨胀因素

国际贸易的发展,增强了各国经济的相互依赖和相互影响。各国的国内通货膨胀都会在不同程度上传递给其他国家,进而导致世界市场价格总水平的上升。一国如发生通货膨胀,国内货币贬值,物价上涨,会提高该国出口商品的生产费用,从而削弱这些商品在世界市场上的竞争力,导致减少出口,进而影响世界市场的商品供求和国际价格。如发生通货膨胀的国家,其出口商品在世界市场占有很大的份额,就会直接造成商品的国际市场价格的上升。

5. 国际通用货币币值和汇率变动

商品国际价值的国际通用货币升值或贬值,都会引起商品国际价格的下跌或上涨。

世界货币市场上汇率的变动会直接影响商品的国际价格。由于国际价格大多以美元计价,美元汇率的变动对国际价格的影响最为明显。

6. 各国政府和国际性组织所采取的有关政策措施

第二次世界大战以后,各国政府纷纷采取各种政策措施,如出口补贴政策、支持价格政策、外汇政策、税收政策、战略物资收购及抛售政策等,这些都不同程度地影响了商品的国际市场价格。

7. 生产费用的变动

生产费用的变动是影响世界价格的重要因素。马克思指出,在发达国家内部,在自由竞争的模式中,价值并不是价格波动的中心,价值的转化形式,即生产价格才是价格波动的中心。特别是对加工工业产品的价格来说,生产费用更具有决定性作用。

8. 科学技术的进步

科技进步使新产品的研制和试验设计费用加速增长;使许多商品单位成本和价格出现

降低的趋势；商品生命周期不断缩短。

9. 非价格价值因素

商品的质量、性能、销售渠道、售前和售后服务，订货批量、支付条件、包装装潢以及新产品开发、广告宣传、商标等。

10. 非经济因素

自然灾害、战争、政治动乱、投机活动和季节变化。

分析案例 2-2

中国钢铁业的价格比较优势

中国钢铁产量占据全球的一半，其产品具有强大的出口竞争力。中国钢铁以"白菜价"赢得全球市场，正是比较优势的结果。目前，全球钢铁产业发展非常不均衡，东南亚、中东、非洲等地发展钢铁产业的市场空间很大，钢铁企业应紧抓"丝绸之路经济带"、中非合作、中国东盟自由贸易区等发展机遇，加强与中亚、东南亚和非洲各国的沟通，以基础设施建设为抓手，采取援建、合资合作、建设境外加工和分销中心等模式推动钢铁产业发展。

试分析中国钢铁业国际化对策。

分析：钢铁企业应该充分利用钢铁议价主动权已从海外转移到中国的时机，加快钢企的海外扩张步伐。钢铁企业要充分利用好国内"白菜价"的钢材出口带来的冲击效果，加快海外布局，将钢铁行业竞争从企业层面的竞争延伸至整个供应链和产业链的竞争优势。

（三）国际市场价格种类

按照国际市场价格形成原因和变化特征，商品国际市场价格可分为以下两种。

1. 世界"自由市场"价格

世界"自由市场"价格是指在国际间不受垄断力量干扰的前提下，由国际间独立经营的出口商和进口商之间，通过交易磋商以后达成的成交价格。它完全受世界市场供求规律的支配，在交易磋商时，通常以国际上具有代表性的商品集散市场的交易价格为依据，以现货市场和期货市场为代表，还有如商品交易所、拍卖行等地点通过买卖双方公开竞争而形成的，因而能较为客观地反映商品的国际供求关系。但也有可能是在某种垄断力量控制下形成的。

联合国贸易发展会议所发表的统计中，把美国谷物交易所的小麦价格，玉米（阿根廷）的英国 CIF，大米（泰国）的曼谷 FOB，砂糖的加勒比口岸 FOB，茶叶（英国）伦敦拍卖市场价格，大豆（荷兰）的鹿特丹 CIF，钢、铅、锌、锡（英国）伦敦金属交易所价格，咖啡的纽约港交货价格等 36 种初级产品的价格列为世界"自由市场"价格。

2. 世界封闭市场价格

世界封闭市场价格是买卖双方在一定的特殊关系下形成的。此时，商品在国际间的供求关系，一般对价格不会产生实质性的影响。它包括调拨价格、垄断价格和管理价格。

（1）调拨价格。它又称转移价格，是跨国公司对其内部交易（母公司与子公司之间及子公司之间的交易)所规定的价格,旨在最大限度地减轻其全球性税赋、增加利润、转移款项、扶植子公司、控制市场竞争。

(2) 垄断价格。这是国际垄断组织参考世界市场上的供需情况,以获取最大限度的垄断超额利润为原则,凭借其经济力量和市场控制力量确定的对外交易价格,分为卖方垄断价格(高价)和买方垄断价格(低价)。

目前,经跨国公司之手进行的贸易约占国际贸易总额的80%,其中,跨国公司内部贸易约占国际贸易总额的50%。在世界市场的垄断领域里,跨国公司及其他垄断组织对其内部交易采用调拨价格,而对其外部交易则实行垄断价格。

(3) 国家垄断或管理价格。国家垄断价格或管理价格是在国家机构或超国家机构通过采取各种国内政策和对外贸易政策措施等垄断干预措施的影响下形成的。农产品和战略物资是发达资本主义国家进行国家垄断干预的最主要领域。发展中国家为了保护本国生产者的利益,也建立了一些管理机构或销售机构,或设立稳定基金,以干预或管理特定商品的市场和价格。国家对商品价格进行干预有单方面的干预,也有双边协调的干预。

国家机构对商品市场价格的单方面干预:贸易集团价格。区域性经济贸易集团内的价格,是指第二次世界大战后成立的许多区域性的经济贸易集团,其内部形成的价格,如欧盟的共同农业政策中的共同价格。

各国政府对商品市场价格的共同干预:贸易协定价格。一些国家通过签订政府间贸易协定(如易货贸易协定、国际商品协定等)来管理和干预特定商品的市场和价格,即以规定的最低价格和最高价格来稳定商品价格,这在调节初级产品市场方面起了重要的作用。一般是各国政府之间通过签订国际商品协定,利用缓冲、限额、限价、多边长期合作来干预商品价格,主要应用于发展中国家的初级产品,如20世纪60年代末期先后产生的锡协定、咖啡协定、糖协定、可可协定等。当有关商品价格降到最低价格以下时,就由缓冲基金购进或减少出口,超过最高价格时,则扩大出口数量或抛售缓冲存货。

◆ **内容提要**

国际分工是国际贸易和世界市场的基础。国际贸易是不同国家(或地区)之间进行的商品和劳务的交换活动,世界市场是世界范围内商品和劳务交换的场所或领域。没有国际分工就没有国际贸易和世界市场,国际贸易和世界市场是随着国际分工的发展而发展的。当然,国际贸易的发展,世界市场的形成和扩大,对国际分工的发展也起着有力的推动作用。决定国际贸易活动中商品价格的主要因素有国际商品的价值和供求关系状况;影响国际市场价格有多种因素,各国政府在制定对外贸易政策中必须考虑到价值规律的影响;国际贸易中存在着不等价交换,价值规律正是通过不等价交换体现出来。

◆ **关键词**

国际分工　世界市场　国际价值　贸易条件　国际市场价格

◆ **复习思考题**

1. 影响国际分工发展的因素主要有哪些?
2. 试述国际分工对国际贸易的影响。
3. 简述国别价值、国际价值的联系及不同之处。

4. 影响商品国际价值量变化的因素有哪些?
5. 影响商品国际价格的主要因素有哪些?

思考案例

欧洲空中客车公司的国际分工

1970年,法、德、英、西班牙四国为了打破美国对世界航空制造业的市场垄断,创建了空中客车公司。2003年空客在全球的交付量首次超过竞争对手,成为世界头号民用机制造商。法航负责生产含驾驶舱的机头段、中机身下半部分和发动机挂架,并负责最后总装;英航生产机翼主体;德航生产机身其余部分和垂尾;荷兰航空公司生产机翼前后缘和各活动翼面;西班牙航空公司生产客舱门、起落架门和平尾。2006年世界上最大的客机空客A380投入运营,南京金陵造船厂建造了一艘用于A380部件运输的滚装船。另外,我国沈阳航空公司等国内航空企业也参与了A380的制造。

分析:为什么西欧各国不选择单独生产空中客车,而是选择分工合作?

应用训练

国际分工陷阱

在美国市场,中国出口玩具"芭比娃娃"的零售价为9.99美元,此玩具在美国海关的进口价仅为2美元,两者相差的8美元作为"智力附加值"被美方拿走。在剩下的2美元中,1美元是运输和管理费,65美分支付原材料进口的成本,中方只得到区区35美分的加工费。由此可见,包括中国在内的发展中国家在国际分工链条中处于明显的劣势和低端,而发达国家则成为最大的赢家。这样的例子在发展中国家与发达国家的贸易中并不鲜见。随着信息和通信技术的迅猛进步,不同国家或经济体之间,在获得接入信息和通信技术的机会以及利用因特网进行各种业务活动方面,出现了明显的"数字鸿沟"。这类现象一旦被固定化和普遍化,那么,发展中国家的产业结构就有可能永远地被锁定在国际分工链条的末端,进而掉入"国际分工陷阱"。在这种情况下,发展中国家面临两难抉择。一方面,加入到全球资本主义体系中,被迫或自愿地接受发达国家制定的于己不利的规则,必将不可避免地付出惨痛的代价。另一方面,如果拒绝接受现行的国际经济规则似乎没有其他出路。即使闭门造车成为可能,其结果往往也是事倍功半。因为各国的比较优势必须在国际分工中才能得以实现。

试分析:
(1) 何谓国际分工陷阱?发展中国家为什么会掉入这个"陷阱"?
(2) 发展中国家为什么在国际分工的链条中处于末端?
(3) 发展中国家怎样才能走出产业链的低端?
(4) 你认为发展中国家怎样才能摆脱所说的"两难选择"?

第三章 西方国际贸易理论

本章结构图

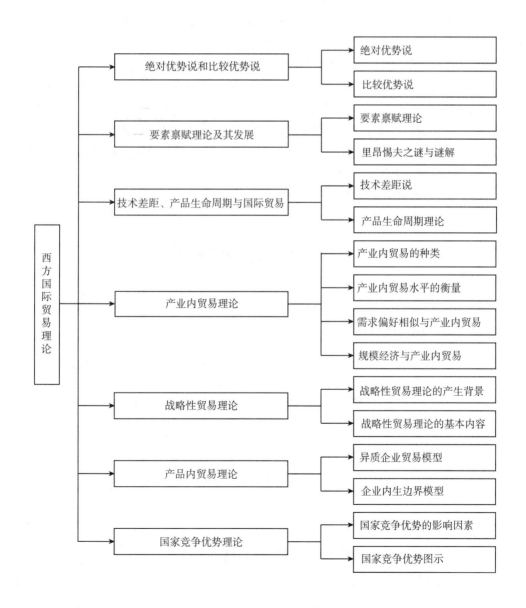

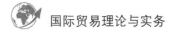

学习目标

掌握比较优势理论、要素禀赋理论、产业内贸易理论、战略性贸易理论的相关内容,熟悉里昂惕夫之谜与谜解,了解技术差距理论和产品生命周期理论与国际贸易的关系。

导入案例

斯密战胜了拿破仑

《国富论》(《The Wealth of Nations》),全名为《国民财富的性质和原因的研究》(《An Inquiry into the Nature and Causes of the Wealth of Nations》),是苏格兰经济学家、哲学家亚当·斯密的一本经济学著作。人们以"一鸣惊人"来形容《国富论》的出版,并一致公认亚当·斯密是政治经济学的创始者。亚当·斯密因此而声名显赫,被誉为"知识渊博的苏格兰才子"。据说当时英国政府的许多要人都以当"斯密的弟子"为荣。国会进行辩论或讨论法律草案时,议员们常常征引《国富论》的文句,而且一经引证,反对者大多不再反驳。《国富论》为随即兴起的英国工业革命提供了一个新的经济秩序和一种新的社会生产组织技术,英国人用它来推行自由贸易,建立全球市场,最终成就了大国之梦。人们对1815年英国击败拿破仑的滑铁卢战争,也给予了这样客观的评价:战争的胜利不仅仅是不列颠军队的胜利,也是市场经济的胜利。正是市场经济的发展为英国军队提供了强大的物质保障。因此,从某种意义上说,斯密战胜了拿破仑。

这一案例展示了国际贸易理论的力量。

第一节 绝对优势说和比较优势说

一、绝对优势说

绝对优势说(theory of absolute advantage),又称绝对成本说(theory of absolute cost)。该理论将一国内部不同职业之间、不同工种之间的分工原则推演到各国之间的分工,从而形成其国际分工理论。绝对优势说是最早的主张自由贸易的理论,由英国古典经济学派主要代表人物亚当·斯密创立。

(一)绝对优势说的产生背景

亚当·斯密(1723~1790)是英国产业革命前夕工场手工业时期的经济学家。产业革命是指从工场手工业转向机械大工业的过渡,在这一过程中封建主义和重商主义是实现这一变革的障碍。亚当·斯密代表工业资产阶级的要求,在他1776年出版的代表作《国民财富的性质和原因的研究》(简称《国富论》)一书中猛烈抨击了重商主义,鼓吹自由放任,系统地提出了绝对优势说。

（二）绝对优势说的主要内容

1. 分工可以提高劳动生产率，增加国民财富

斯密认为，交换是出于利己心并为达到利己目的而进行的活动，是人类的一种天然倾向。人类的交换倾向产生分工，社会劳动生产率的巨大进步是分工的结果。他以制针业为例说明其观点。根据斯密所举的例子，分工前，一个粗工每天至多能制造 20 枚针；分工后，平均每人每天可制造 4 800 枚针，每个工人的劳动生产率提高了几百倍。由此可见，分工可以提高劳动生产率，增加国民财富。

2. 分工的原则是成本的绝对优势

在某一种商品的生产上，如果一个国家在劳动生产率上占有绝对优势，或其生产所消耗的劳动成本绝对低于另一个国家，如果各个国家都从事自己占有绝对优势商品的生产，然后进行交换，那么双方都可以通过交换从中获得绝对的利益，从而整个世界也可以获得分工的好处。

亚当·斯密的绝对优势说只能解释现在世界贸易中的一小部分贸易，很多情况是绝对优势说解释不了的，如发达国家与发展中国家之间的一些贸易。在所有产品的生产上，发展中国家的劳动生产率很可能都低于发达国家，但它们之间仍在进行贸易。就是发达国家之间也是如此，它们的劳动生产率可能非常相近，但它们之间也仍在发生大量的贸易，对此绝对优势说也是无法解释的。

二、比较优势说

由于两个国家刚好具有不同商品生产的绝对优势的情况是极为偶然的，比较优势说（theory of comparative advantage）适时而出。

（一）比较优势说的产生背景

1815 年英国政府为维护土地贵族阶级利益而修订实行了"谷物法"。"谷物法"颁布后，英国粮价上涨，地租猛增，它对地主贵族有利，但严重地损害了产业资产阶级的利益。昂贵的谷物，使工人货币工资被迫提高，成本增加，利润减少，削弱了工业品的竞争能力；同时，昂贵的谷物，也扩大了英国各阶层的吃粮开支，而减少了对工业品的消费。"谷物法"还招致外国以高关税阻止英国工业品对他们的出口。大卫·李嘉图在 1817 年出版的《政治经济学及赋税原理》一书中提出了著名的比较优势说。他认为，英国不仅要从外国进口粮食，而且要大量进口，因为英国在纺织品生产上所占的优势比在粮食生产上优势还大。故英国应专门发展纺织品生产，以其出口换取粮食，取得比较利益，提高商品生产数量。

（二）李嘉图比较优势说的基本内容

现以两个国家为例。李嘉图认为，如果两个国家的生产力水平不等，甲国在任何产品的生产上其成本都低于乙国，劳动生产率都高于乙国，处于绝对的优势；而乙国则相反，在任何产品的生产上其劳动生产率都低于甲国,处于绝对的劣势。这时,甲、乙两国仍然可以根据"两优取强、两劣取弱"的原则进行分工,并通过国际贸易获得好处。

比较优势说在历史上起过进步作用,它为自由贸易政策提供了理论基础,推动了当时英国的资本积累和生产力的发展。在这个理论影响下,"谷物法"废除了。这是19世纪英国自由贸易政策所取得的最伟大的胜利。比较优势说分析和揭示了国际贸易所具有的互利性。比较优势说证明各国通过出口相对成本比较低的产品,进口相对成本比较高的产品就可以实现贸易互利。这是该学说在研究国际分工方面的主要贡献。但是,比较优势说的许多假设过于苛刻,不符合经济现实。

第二节 要素禀赋理论及其发展

一、要素禀赋理论

要素禀赋理论首先由赫克歇尔(Heckcher)提出,后经其学生俄林(Ohlin)加以完善和发展。俄林是当代著名的瑞典经济学家,现代瑞典学派的重要代表,当代资产阶级国际贸易学说的开拓者,1977年诺贝尔奖获得者。其国际贸易学说主要阐发于《地区间贸易和国际贸易》一书。

(一)要素禀赋理论产生的背景

1929年,资本主义世界爆发了历史上最严重的一次经济危机,并持续5年之久。这次危机促使帝国主义争夺国外市场的斗争大大加剧,导致了激烈的关税战和贸易战,各国都力图加强对外倾销本国的商品,同时一再提高进口税率,建立新的关税壁垒,用以限制或者禁止外国商品的进口,有的国家还通过签订协议,采用使进口开支限于出口收入的对外贸易清算制度,以维护本国垄断资本的利益。瑞典是个经济发达的小国,国内市场狭小,一向对外国市场依赖很大,因而人们对新的保护主义深感不安。正是在这种历史背景下,俄林出版了《地区间贸易和国际贸易》一书,以生产要素自然禀赋理论为立论基础,深入探讨了国际贸易产生的更深一层次原因,阐述了国际分工的好处和自由贸易的必要性。由于这种学说既迎合了瑞典民族的需要,又适合国际资产阶级的口味,结果一出笼就受到各界人士的热烈欢迎,并誉其为现代国际贸易理论的新开端。

(二)H-O定理和H-O-S定理

1. H-O定理

H-O定理是赫克歇尔-俄林定理(Heckcher-Ohlin Theory)的简称。假定只有劳动力和资本两种生产要素,假定只有X、Y两种商品,且X商品是劳动密集型商品,Y商品是资本密集型商品。要素密集是通过对两种商品生产中投入的资本-劳动比率进行比较而确定的,资本-劳动比率(K/L)高的为资本密集型商品,资本-劳动比率低的为劳动密集型商品。还假定只有两个国家 A、B，且 A 国资本丰裕，B 国劳动力丰裕。资本丰裕的 A 国在资本密集型商品上具有相对优势，劳动力丰裕的 B 国在劳动力密集型商品上具有相对优势，一个国家在进行国际贸易时出口密集使用其相对丰裕和便宜的生产要素的商品，而进口密集使用其相对缺乏和昂贵的生产要素的商品。

2. H-O-S 定理

H-O-S 定理是赫克歇尔-俄林-萨缪尔森定理（Heckcher-Ohlin-Samuelson Theory）的简称，又称为"要素价格均等化说"（factor-price equalization theory）。该定理是俄林研究国际贸易对要素价格的影响而得出的著名结论。俄林认为，在开放经济中，国际间因生产要素自然禀赋不同而引起的生产要素价格差异将通过两条途径而逐步缩小，即要素价格将趋于均等。第一条途径是生产要素的国际移动，它导致要素价格的直接均等化；第二条途径是商品的国际移动，它导致要素价格的间接均等化。国际贸易最终会使所有生产要素在所有地区都趋于相等。同时，俄林认为要素价格完全相同几乎是不可能的，这只是一种趋势。但是萨缪尔森用数学的方法证明：在特定的条件下，要素价格均等不仅仅是一种趋势，国际贸易将使不同国家间同质生产要素的相对和绝对收益必然相等。

赫克歇尔－俄林的要素禀赋理论被认为是现代国际贸易的理论基础，它继承了古典的比较优势理论，又有新的发展。

二、里昂惕夫之谜与谜解

（一）里昂惕夫之谜

里昂惕夫（Wassily W. Leontief）是出生于俄国的当代著名美国经济学家，投入产出经济学的创始人，诺贝尔经济学奖获得者。其代表作为《投入产出经济学》，该书中有两篇内容主要是研究国际贸易的，分别是《国内生产和对外贸易：美国地位的再审查》（1953）和《要素比例和美国的贸易结构：进一步的理论和经济分析》（1956）。

根据 H-O 定理，美国是个资本相对丰富、劳动力相对缺乏的国家，按理说它应该出口资本密集型产品，进口劳动密集型产品。但是，里昂惕夫用投入产出分析法对美国 1947 年 200 种进出口商品的要素（资本和劳动力）结构进行了对比分析，计算出每百万美元进口替代商品和出口商品所使用的资本和劳动量，得出的结果却与俄林所说的不同。1947 年进口替代商品的人均资本量与出口商品的人均资本量相比是 1.30，即高出 30%，而 1951 年的这一比率为 1.06，即高出 6%。尽管这两个数字不同，但结论基本相同。美国出口商品中含有较少的资本和较多的劳动，进口替代商品中含有较多的资本和较少的劳动，这种现象与 H-O 定理相反，就成了难解的谜，即里昂惕夫之谜。

（二）对里昂惕夫之谜的解释

1. 熟练劳动学说

熟练劳动学说又称人类技能说（human skill theory）和劳动效率说，最早由里昂惕夫自己提出ום里昂惕夫在解释其谜时,认为"谜"的产生是由于美国工人的劳动效率比其他国家工人高所造成的。他认为美国工人的劳动效率大约是其他国家工人的三倍。因此,在劳动以效率单位衡量的条件下,美国就成为劳动要素相对丰富、资本相对稀缺的国家。

美国经济学家基辛(D. B. Kessing)对这一学说进行了认真研究,他利用美国1960年的人口普查资料,将美国企业职工区分为熟练劳动与非熟练劳动两大类,其中熟练劳动指科学家、工程师、厂长或经理、技术员、制图员、机械工人、电工、办事员、推销员、其他专业人员和熟练的手工操作工人等,非熟练劳动指不熟练和半熟练工人。他还根据这种熟练劳动和非熟练的分类对14个国家进口商品的构成进行了分析,得出了资本较丰富的国家倾向出口熟练劳动密集型商品,资本较缺乏的国家倾向出口非熟练劳动密集商品的结论。在出口商品中,美国熟练工人比重最高,非熟练劳动比重最低;印度的熟练劳动比重最低,非熟练劳动比重最高。在进口商品中,情况完全相反,美国的熟练劳动比重最低,非熟练劳动比重最高;印度的熟练劳动比重最高,非熟练劳动比重最低。这表明,发达国家在生产含有较多熟练劳动的商品方面具有比较优势。不发达国家在生产含有较少熟练劳动的商品方面具有比较优势。换言之,熟练劳动程度不同是引发国际贸易的重要原因之一。

2. 研究开发要素说

研究开发要素说主要是由基辛、格鲁伯(W. H. Gruber)、梅达(W. D. Mehta)和维农(R. Vernon)等人提出来的。基辛在《劳动技能与国际贸易:用单一方法评价各种贸易》一文中,通过对商品生产所需的资本量、自然资源量、熟练劳动量、规模利益和研究开发等5种竞争力要素进行比较分析,得出了一个重要结论:研究开发要素是5种竞争力要素中最强有力的一个要素。在飞机、汽车、钢铁和电器设备等18个产业部门中,美国出口额占10个主要工业国(美国、英国、西德、法国、意大利、日本、比利时、荷兰、瑞典和加拿大)出口总额比重较大的部门,一般来说,其专门从事研究开发的就业人数占全部就业人数的比重也较大,例如飞机、办公设备、药品、器具、化学制品、电气设备等产业就是如此。而出口额占10国总出口额比重较小的产业,其专门从事研究开发的就业人数占全部就业总人数的比重也较小,如纺织品、钢铁、运输、机械、纸及纸类制品等产业。由此可以推断:出口比重高和国际竞争能力强的产业部门,就是那些从事研究开发等高质量劳动较多的部门。基辛的观点,得到了格鲁伯、梅达和维农的赞同。

第三节　技术差距、产品生命周期与国际贸易

一、技术差距说

技术差距理论(technological gap theory)又称技术差距模型(technological gap model),

是把技术作为独立于劳动和资本的第三种生产要素，探讨技术差距或技术变动对国际贸易影响的理论。由于技术变动包含了时间因素，技术差距理论被看成是对H-O理论的动态扩展。技术差距理论产生于1961年，代表人物为美国学者M. V. 波斯纳（Michael V. Posner），他在《国际贸易与技术变化》一文中提出了国际贸易的技术差距模型。该理论认为，技术实际上是一种生产要素，并且实际的科技水准一直在提高，但是在各个国家的发展水准不一样，这种技术上的差距可以使技术领先的国家具有技术上的比较优势，从而出口技术密集型产品。随着技术被进口国的模仿，这种比较优势消失，由此引起的贸易也就结束了。

技术差距论认为，工业化国家之间的工业品贸易，有很大一部分实际上是以技术差距的存在为基础进行的。通过引入模仿时滞（imitation lag）的概念来解释国家之间发生贸易的可能性。在创新国（innovation country）和模仿国（imitation country）的两国模型中，创新国一种新产品成功后，在模仿国掌握这种技术之前，具有技术领先优势，可以向模仿国出口这种技术领先的产品。随着专利权的转让、技术合作、对外投资或国际贸易的发展，创新国的领先技术流传到国外，模仿国开始利用自己的低劳动成本优势，自行生产这种商品并减少进口。创新国逐渐失去该产品的出口市场，因技术差距而产生的国际贸易量逐渐缩小，最终被模仿国掌握，技术差距消失，以技术差距为基础的贸易也随之消失。

1963年，哥·登·道格拉斯（Gordon Douglas）运用模仿时滞的概念，解释了美国电影业的出口模式。即一旦某个国家在给定产品上处于技术领先的优势，该国将在相关产品上继续保持这种技术领先的优势。1966年，盖·瑞·胡佛鲍尔（G. C. Hufbauer）利用模仿时滞的概念，解释了合成材料产业的贸易模式。即一个国家在合成材料出口市场的份额，可以用该国的模仿时滞和市场规模来解释。当他按照各国的模仿时滞对国家进行排序时发现，模仿时滞短的国家最新引进新合成材料技术，并开始向生产和模仿时滞长的国家出口，随着技术的传播，模仿时滞长的国家也逐步开始生产这种合成材料，并逐步取代模仿时滞短的国家的出口地位。对技术差距理论的经验研究，支援了技术差距论的观点，即技术是解释国家贸易模式的最重要的因素。

二、产品生命周期理论

产品生命周期理论（product life cycle theory）是由美国经济学家维农于1966年在《生命周期中的国际投资与国际贸易》论文中提出的，他认为产品和生物一样具有生命周期，并把产品的整个生命周期划分为三个阶段：新生期、成长期和成熟期。1968年，美国另一位销售学者威尔士（L. T. Wells）在当年的《销售杂志》上发表了《国际贸易中有一个产品生命周期吗》一文，就维农提出的新产品生命周期说进行了进一步研究。三个时期与国际贸易的关系见表3.1。

表3.1　技术变化与国际贸易形式

时　期	新生期	成长期	成熟期
技术	产品的技术还未成型	技术已确定，并被普遍采用	产品已实现了标准化
投入	研究与开发密集型	资本（物质资本＋管理、营销所需的人力资本）密集型	非熟练劳动与半熟练劳动密集型
比较优势的国家	创新国（少数先进国家）	其他发达国家	发展中国家
贸易形式	贸易主要发生在少数先进国家与其他发达国家之间	产品将主要由发达国家输出到发展中国家	产品主要由发展中国家向发达国家输出

产品生命周期理论使得比较优势、生产要素禀赋说从静态发展为动态，把管理、科技、外部经济因素等引入了贸易模型，比传统理论进了一步。但是由于经济生活中存在着各种不确定性因素，各国面临的产业发展方向和环境不同，因此，产品生命周期的循环并不是国际贸易的普遍和必然现象。而且这种动态创新与模仿者的地位还有着某种程度的固定。产品生命周期理论与国际投资、技术转让等生产要素的国际移动结合起来，不仅对国际贸易，而且对其他国际经济领域有着很大的影响。

第四节　产业内贸易理论

1975年格鲁贝尔和劳埃德合著了题为《产业内贸易：异质产品国际贸易的理论及测量》一书，系统地论述了产业内贸易的理论，提出了产业内同类产品贸易增长特点和原因，对产业内贸易理论的研究做出了开创性的贡献。格鲁贝尔等人认为，在当代国际贸易中的产品结构上，主要有产业间贸易和产业内贸易两大类，前者是指不同产业间的贸易，后者指产业内部同类产品之间的贸易，即一个国家同时出口和进口同类产品。

一、产业内贸易的种类

产业内贸易主要有两类，一是相同商品的产业内贸易，二是差异商品的产业内贸易。

（一）相同商品的产业内贸易

相同商品的产业内贸易是指完全可以替代的商品之间的贸易。这类商品具有很高的需求交叉弹性（cross elasticity of demand），消费者对这些商品的偏好完全相同。通常这类商品是以产业间贸易的形式出现的，但在以下几种情况会发生产业内贸易：

1. 边境交叉贸易

例如水泥、砖和玻璃等建筑材料，其成品运输成本在总成本中的比重很大，因此，这类商品的生产布局是以市场为指向的，工厂应尽可能靠近市场。

2. 季节性贸易

有的商品生产具有很强的季节性，为了解决供需矛盾也会产生产业内贸易。

3. 转口贸易

同类商品同时反映在转口国的进口项目和出口项目中,当然也就成了产业内贸易。

4. 跨国公司的内部贸易

有些学者把跨国公司内部的"垂直贸易"计算为产业内贸易。

5. 相互倾销

相互倾销理论即"相互倾销贸易理论",是布兰德(Brander)和克鲁格曼(Krugman)在其著名的论文《国际贸易的相互倾销模型》中提出的。不完全竞争市场结构中,具有垄断厂商的国家之间即使在产品技术等各方面没有差异的情况下,也会产生产业内贸易。

(二)差异商品的产业内贸易

差异商品的产业内贸易是指相似但不完全相同、也不能完全相互替代的商品之间的贸易。它的交叉需求弹性小于前一类商品。商品差异分为两种类型:

1. 水平差异

同一类商品具有一些相同的属性,但是这些属性的不同组合会使商品产生差异,这就是水平差异。这一类差异在烟草、化妆品和制鞋等行业比较普遍。这种差异的产生是由于消费和生产两方面的因素引起的。从消费方面看,随着收入的增加,人们对商品的需求越来越多样化;从生产方面看,厂商为了在竞争中开拓或者扩大其销售市场,常常生产出有别于其他竞争对手的产品以赢得自己的顾客。同时,企业为了防止新的企业进入,也要努力增加其产品的花色品种。

2. 垂直差异

垂直差异是指产品质量上的差异。这类差异在汽车行业比较普遍。

分析案例 3-1

中国外贸竞争新优势

改革开放以来,我国外贸总量在国际市场份额不断上升,出口额占世界的比重由 2000 年的 3.87% 提高到 2018 年的 12%,成为第一货物贸易大国。但我们应该看到,外贸的大发展是在经济全球化的大背景下靠内外生力量实现的,目前的出口总量还不能全面、准确地反映我国产业真实的国际竞争力和企业的创新能力。同美、欧、日等发达国家和地区相比,我国产业和企业的国际竞争能力还有相当的差距,我国外贸持续多年的高增长,走的是一条靠低成本大规模快速扩张,以价格为主要竞争手段的粗放式增长路子。外贸传统竞争优势主要是依靠要素的低成本,包括劳动力成本、土地、资源和环境成本。1995~1999 年,我国制造业工人年平均劳动力成本为 729 美元,是美国的 1/40,泰国的 1/4。外贸的发展依靠拼规模、拼价格、拼体力、拼汗水,缺乏核心竞争力、缺乏营销体系、缺乏品牌影响力,在国际分工中仍处于价值链中低端环节,增长的质量和效益还不高,许多深层次的问题亟待解决,出口的基础还不牢固,要从贸易大国走向贸易强国还有很长的路要走。新的时期,在我们发展面临的内外部环境发生深刻变化的情况下,要保持外贸持续健康发展,必须加快培育以技术、品牌、服务、质量为核心的竞争新优势。那么,中国外贸传统竞争优势和新优势应如何理解?

显然,中国外贸传统竞争优势的实质是比较成本优势,而新优势则是垂直差异优势。

二、产业内贸易水平的衡量

产业内贸易的发展水平可以用产业内贸易指数(intra-industry trade index)来衡量,它是由格鲁贝尔(Grubel)和劳埃德(Lloyd)于1975年在《产业内贸易:差别产品的国际贸易理论和衡量》一文中提出的。它的计算公式为:

$$T = 1 - \frac{|X-M|}{X+M}$$

其中 T 表示产业内贸易指数,X 和 M 分别表示某一种特定产业或某一类商品的出口额和进口额,分子上的两条竖线表示对 $X-M$ 的差取绝对值。T 的取值范围为0到1。当一个国家只有进口或只有出口(即不存在产业内贸易)时,$T=0$;当某一类商品的进口等于出口(即产业内贸易达到最大)时,$T=1$。

格鲁贝尔和劳埃德计算了1967年10个工业化国家不同产业的产业内贸易指数,发现这10个国家原油和润滑油产业的产业内贸易指数为0.30,与之相关的化工工业为0.66,10个国家所有产业的混合加权平均产业内贸易指数为0.48。这就意味着在1967年这10个国家的贸易额中有一半是由同一产业差别商品的交易引起的。而且随着时间的推移,产业内贸易依存度还在不断上升。

三、需求偏好相似与产业内贸易

需求偏好相似理论(theory of preference similarity)又称为重叠需求理论(overlapping demand theory),是由瑞典经济学家林德(B. Linder)在1961年发表的《贸易和转移支付》一书中提出的。该理论主要从需求的角度分析国际贸易的原因,认为产业内贸易是由需求偏好相似导致的。基本观点:国际贸易是国内贸易的延伸,在本国消费或投资生产的产品才能够成为潜在的出口产品;两个国家的消费者需求偏好越相似,一国的产品也就越容易打入另一个国家的市场,因而这两个国家之间的贸易量就越大。

四、规模经济与产业内贸易

大规模的生产可以充分利用自然资源、交通运输及通信设施等良好环境,提高厂房、设备的利用率和劳动生产率,从而达到降低成本的目的。

20世纪70年代,格雷和戴维斯等人对发达国家之间的产业内贸易进行了实证研究,从中发现,产业内贸易主要发生在要素禀赋相似的国家,产生的原因是规模经济(economies of scale)和产品差异(product differentiation)之间的相互作用。这是因为:一方面,规模经济导致了各国产业内专业化的产生,从而使得以产业内专业化为基础的产业内贸易得以迅速发展;另一个方面,规模经济和产品差异之间有着密切的联系。正是由于规模经济的作用,使得生产同类产品的众多企业优胜劣汰,最后由一个或少数几个大型厂家垄断了某种产品的生产,这些企业逐渐成为出口商。

为区别规模经济不变、完全竞争假定下的传统贸易理论,以规模经济和非完全竞争市场为两大支柱的国际贸易理论体系,被称为新贸易理论。

产业内贸易理论所提出的规模经济优势,不是指一国的产业规模,而是指从事国际贸易主体的企业规模。通过企业创造出口优势,这是分析国际贸易竞争条件的新角度。

第五节 战略性贸易理论

战略性贸易理论是20世纪80年代初期由伯兰特(J. Brander)和斯本塞(B. Spencer)等人首次提出的,后来经过巴格瓦蒂(Bhagwati)和克鲁格曼(Krugman)等人的进一步研究,现已形成比较完善的理论体系。

一、战略性贸易理论的产生背景

传统国际贸易理论认为,市场竞争是完全的而且不存在规模经济,在这一理论假设基础上,传统国际贸易理论提出了不干预的自由贸易思想。但20世纪80年代初,克鲁格曼等人对传统贸易理论提出了质疑和挑战。他们研究发现,市场中不完全竞争是普遍现象,完全竞争才是特例。而且,产业领域也存在规模经济递增的现象,并不像传统理论认为的那样规模经济不变。正是在这一全新的理论基础上,战略性贸易理论正式确立了其学术地位。

1981年,伯兰特和斯本塞发表了一篇题为《潜在进入条件下的关税与外国垄断租金的提取》的论文,率先提出了在面临外国寡头垄断的条件下,进口国政府可以利用征收关税的方法,从外国寡头厂商那里提取部分垄断租金的观点。这篇论文被多数学者认为是战略性贸易理论的开端。1983年,伯兰特和斯本塞针对许多国家为争夺国际市场而对国内厂商的研究与开发进行补贴的情况,提出了在不完全竞争国际市场上用研究与开发补贴或出口补贴等"产业战略"政策进行政策干预的论点。1984年,他们还继续对不完全竞争条件下的关税保护问题做了进一步研究,完善了他们用关税夺取外国垄断租金的论点。

同年,克鲁格曼提出了在市场由寡头垄断并可分割、存在规模经济效应的前提下,一国政府通过贸易保护(关税或配额)全部或部分关闭本国市场,赋予本国厂商在特定市场上的特权地位,受保护厂商的销售会增加,边际成本会下降,而外国企业的销售会减少,边际成本会上升,这样本国的保护措施会增强本国厂商在第三国市场上的竞争力,从而扩大本国出口的论点。

1985年,伯兰特和斯本塞发表了另一篇有影响的论文,对不完全竞争条件下出口补贴为什么会成为一种有吸引力的政策进行了分析。他们认为,由于出口补贴能够改善本国厂商在同外国厂商的非合作竞争中的相对地位,从而能够扩大它的市场份额,提高本国福利水平。

战略性贸易理论认为,在规模经济和不完全市场竞争的条件下,一国政府可以通过关税、配额等进口保护政策和出口补贴、研究与开发补贴等促进出口政策,来加强本国厂商的竞争地位,扩大本国厂商的国际市场份额,从而实现垄断利润由外国向本国的转移,增加本国的国民净福利。在上述情况下,是政府的贸易政策影响了本国厂商及其外国竞争对手的决策行动,从而改变了竞争的格局,使不完全竞争产业特别是寡头产业中的超额利润向本国发生转移,政府的贸易政策起到了与寡头厂商的战略行动(如投资于生产能力或研究与开发等)相同的作用,因此把它称为战略性贸易理论。

二、战略性贸易理论的基本内容

(一)利润转移理论

利润转移理论主要包括以下三个论点:

1. 用出口补贴为本国寡头厂商争夺市场份额

这种论点认为,向在第三国市场上同外国竞争者进行古诺双头博弈的国内厂商提供补贴,可以帮助国内厂商扩大国际市场份额,增加本国福利。古诺博弈的特征是:均衡产量水平由两个厂商反应曲线的交叉点所决定,这一水平对这两个厂商来说是最优的,在国家层次来说是次优。因此,通过补贴降低国内厂商的边际成本,使厂商有更高的反应曲线,获得更大的国际市场份额,增加国内利润而减少国外利润。由于利润更高,国家福利减去补贴以后仍有所增加,而补贴本身只不过是一种转移支付。这一论点的关键在于这样一种信念:补贴使国内厂商采取进取性市场战略,从而迫使外国竞争对手做出相应的让步,这是战略性贸易政策理论中影响最大、也是被引证最多的一种论点。

分析案例3-2

波音与空客贸易争端的由来

1970年,为了打破美国垄断世界航空制造业的市场格局,欧洲四国联合创建了空中客车公司。2003年空中客车在全球的交付量首次超过竞争对手美国波音公司,一跃成为世界最大的民用飞机制造商。继成功推出空客A380之后,正在积极筹划生产性能更为先进的空客A350。但是这一计划需要数十亿美元的研发投入,深受金融危机影响的空客公司陷入了融资难题。欧盟各国为了支持空客公司的发展纷纷出台优惠贷款等措施,补贴空客公司。与此同时,美国波音公司的发展不顺利。2004年10月,美国政府代表波音公司将欧盟告上世贸组织的商业争端解决机制,欧盟随即以牙还牙,状告美国为波音公司提供补贴,双方的法律较量由此展开。那么,战略性贸易政策的不足是什么?

显然,战略性贸易政策容易引发贸易争端。

2. 用关税来抽取外国寡头厂商垄断利润

这种论点认为,在存在潜在进入的情况下,使用关税来抽取一家外国厂商正在享受的垄断利润是合理的。如果没有任何潜在的进入,关税只会扩大国内价格与国外价格的差距,是一项使福利恶化的措施。但如果存在国内厂商的潜在进入,则这种进入的威胁限制了外国厂商的定价反应,使它们执行一种吸收部分关税的定价,以阻止这类进入的战略。只要关税被部分地吸收,价格上涨的幅度就会低于关税的幅度,消费者剩余的损失就会大大被征收到的关税所抵消而有盈余。在特殊情况下如果外国公司将关税全部吸收,则既可以拿走经济租金,又不会造成额外的扭曲。但这里有一个重要的质的差异,即提取租金的理论不要求一个国家是能够对贸易条件产生影响的大国,而最优关税理论却有这一要求。只要有外国寡头供应商在国内市场上,即使是一个贸易小国也可以利用进口关税来改善国家福利。这种结果在最优关税理论中是不可能的。

3. 以进口保护作为促进出口的手段

这种论点认为,一个受保护的国内市场,为具有规模经济特征的本国厂商提供了一种相对于外国厂商的规模优势,使其能够增加在国内市场和没有保护的外国市场的份额,从而把利润从外国厂商转移到本国厂商,使本国福利增加。这一理论以静态的规模经济为依据,将暂时的进口保护变成了促进出口的机制,它的一个重要前提是国内市场大,足以实现所需要的规模经济。这一观点被认为是对传统幼稚产业论的发展。

(二)外部经济理论

与利润转移理论相对应的还有一个"外部经济"理论。该理论认为,某些产业或厂商能够产生巨大的外部经济,促进相关产业的发展和出口扩张,但由于外部经济不能够完全被有关厂商所占有,这些产业或厂商就不能发展到社会最优状态,如果政府能够对这些产业或厂商提供适当的支持和保护,则能够促进这些产业和相关产业的发展,提高其国家竞争优势,获得长远的战略利益。

(三)对战略性贸易理论的评价

传统国际贸易理论都假定,自由竞争或完全竞争是国际贸易的基本前提,然而现实中完全竞争的情况几乎不存在。在现实经济中,一些主要商品的贸易一般都由几家大公司或几个国家控制。战略性贸易理论概括了寡头垄断市场结构下厂商参与国际贸易的形式,这是对传统国际贸易理论的突破。战略性贸易理论从理论上阐述了政府干预外贸、刺激本国出口的基本动力,但是容易导致贸易报复。

第六节 产品内贸易理论

产品内贸易理论假定企业异质性(heterogeneities of firms),即企业之间存在着生产率方面的差异,将沉没成本与生产率异质性结合起来用以解释国际贸易现象。这一理论成为新新贸易理论。传统贸易理论从国家和产业层面研究贸易的产生及其影响,新新贸易理论是从企业这个微观层面来研究贸易的基本问题。

一、异质企业贸易模型

Melitz(2003)建立了异质企业的贸易模型,并认为生产率较高的企业将出口,生产率中等的企业仅在国内生产、销售,生产率最低的企业在国内市场即被淘汰出局。低生产率企业的退出和出口收益向高生产率企业的集中将提高这个产业的总生产率。Helpman、Melitz和Yeaple(2004)把Melitz模型进一步深化,分析了劳动生产率的差别与出口固定成本对企业的国际进入决策的影响。出口企业的固定成本比不出口企业高,FDI企业的固定成本比出口企业更高。结论是,生产率最高的企业既在国内经营又在国外直接投资,生产率次之的企业既在国内经营又出口,生产率再次之的仅在国内生产并销售,生产率最低的企业将退出这个行业。Egger和Kreickemeier(2012)研究发现,企业劳动者的管理才能会影响企业的生产率水平,进而影响出口行为,管理人员比例大的企业更倾向于出口。Holmes和Stevens(2012)的研究发现,规模大的企业会更多出口,能够开展更远距离的贸易。

二、企业内生边界模型

企业在做出FDI与外包的国际化选择时必须权衡两种成本:FDI存在较高的固定成本与管理成本,外包存在交易成本。Antras(2003)提出了企业内生边界模型,把不完全契约和产权加入到不完全竞争和产品差异化的标准化贸易模型中,勾画了跨国公司边界和国际生产区位,认为资本密集型产品倾向于企业内贸易,采取一体化模式;劳动密集型产品倾向于企业间贸易,采取外包模式。Antras和Helpman(2004)在分析企业的全球采购行为时认为,企业生产率差异与全球采购方式密切相关,高生产率的最终产品生产商选择在国外购买中间产品;中等生产率的最终产品生产商选择在本国购买中间产品;生产率较低的企业通常自己生产中间产品。

第七节 国家竞争优势理论

国家竞争优势又称"国家竞争优势钻石理论""钻石模型",由哈佛大学商学院教授迈克尔·波特(Michael E. Porter)在其代表作《国家竞争优势》中提出,主要解释一个国家或地区造就并保持可持续的相对优势的措施。

一、国家竞争优势的影响因素

国家竞争优势理论认为,一国竞争优势的构建主要取决于6个因素,即4种本国的决定因素和2种外部力量。4种本国的决定因素包括:生产要素,需求因素,相关与支持产业,公司的战略、结构以及竞争。2种外部力量是机遇和政府。

(一)生产要素

包括人力资源、自然资源、知识资源、资本资源、基础设施。生产要素可以分为初级要素和高级要素两类。初级要素是指一个国家先天拥有的自然资源和地理位置等。高级要素则是指社会和个人通过投资和发展而创造的因素。一个国家若要取得竞争优势,高级要素比初级要素更重要。

(二) 需求因素

国内需求对竞争优势的影响主要通过三个方面进行：一是本国市场上有关产业的产品需求大于海外市场,则产业拥有规模经济效应。二是本国市场消费者需求层次高,则对相关产业取得国际竞争优势有利。老练、挑剔的消费者对本国公司产生一种促进改进产品质量、性能和服务等方面的压力,能够激发该国企业提升竞争优势。道理很简单,如果能满足最难缠的顾客,满足其他客户要求就很容易。例如,日本消费者在汽车消费上的挑剔、欧洲严格的环保要求,促使日本和欧洲汽车质量提升。三是本国消费需求具有超前性(预期性需求),可以成为本国企业的一种优势,因为先进的产品需要前卫的需求来支持。

(三) 相关与支持产业

一个国家的某个产业要想获得持久的竞争优势,就必须在国内获得在国际上有竞争力的相关产业和供应商的支持。以德国印刷机行业为例,德国印刷机国际竞争力显著,离不开德国造纸业、油墨业、制版业、机械制造业的优势。

(四) 公司的战略、结构与竞争

创造与持续产业竞争优势的关联因素是国内市场强有力的竞争对手。在波特研究的10个国家中,强有力的国内竞争对手普遍存在于具有国际竞争力的产业中。成功的产业必须在国内市场激烈竞争中胜出,海外市场则是国内竞争力的延伸。在政府的保护下国内没有竞争对手的"超级明星企业"通常不具有国际竞争能力。

(五) 机遇

包括重要发明、技术突破、生产要素供求状况的重大变动(如石油危机)、市场需求的剧增、政府的重大决策,以及其他突发事件。

(六) 政府

政府通过政策调节来创造竞争优势。从事产业竞争的是企业,而非政府,竞争优势的创造必然反映到企业上。政府可以为企业创造新的机会和压力。

二、国家竞争优势图示

波特提出的解释国家在国际市场上取得竞争优势的菱形模型,也称为"钻石模型",是分析国际竞争优势的重要工具。国家竞争优势的6个因素画在图上像一块钻石,故称为钻石模型。如图3.1所示。

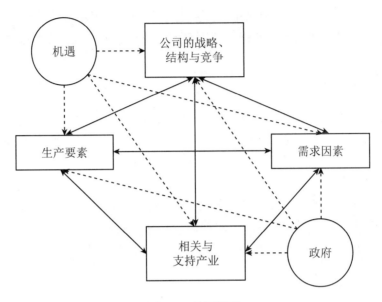

图 3.1　钻石模型

◆ **内容提要**

绝对优势说和比较优势说为自由贸易政策提供了理论基础,推动了当时英国的资本积累和生产力的发展。要素禀赋理论是现代国际贸易的理论基础,继承和发展了古典贸易理论。里昂惕夫之谜及谜解、技术差距学说、产品生命周期理论进一步丰富了国际贸易理论。产业内贸易理论从产品差异、需求偏好、规模经济等视角解释了二战后产业内贸易现象。战略性贸易政策理论有两个分支,即利润转移理论和外部经济理论。产品内贸易理论假定企业异质性,将沉没成本与生产率异质性结合起来用以解释国际贸易现象。

◆ **关键词**

H-O 定理　　H-O-S 定理　　里昂惕夫之谜　　产品生命周期　　异质企业贸易模型　　企业内生边界模型

◆ **复习思考题**

1. 传统贸易理论、新贸易理论和新新贸易理论的区别有哪些?
2. 绝对优势说与比较优势说的共同点、不同点是什么?
3. 要素禀赋理论与产业内贸易理论的不同点有哪些?
4. 产业内贸易理论的基本观点有哪些?
5. 战略性贸易理论的基本观点与不足之处有哪些?
6. 产品内贸易理论和国家竞争优势理论的基本观点有哪些?

思考案例

美国对汽车、计算机和半导体产业的补贴政策

2018 年 9 月 24 日,国务院新闻办公室发表《关于中美经贸摩擦的事实与中方立场》白皮书。书中写到,美国联邦和州政府均有对汽车的扶持政策,并向大型汽车企业提供巨额救助和变相补贴。国际金融危机期间,美国政府在"不良资产援助计划"下设立"汽车产业资助计划"(AIFP),为大型汽车企业提供了近800亿美元的资金救助。2007年,美国能源部依据《2007年能源独立和安全法案》第136条款制定了"先进技术汽车制造贷款项目",美国国会对该项目的授权贷款总额达到250亿美元。特斯拉公司自2000年以来得到美国联邦和州(地方)政府超过35亿美元的补贴。美国对计算机和半导体制造产业早就在执行由政府引导的产业政策。20世纪80年代,美国政府对美国半导体制造技术战略联盟拨款10亿美元,以创造具有"超前竞争性"的技术,保持美国技术领先地位,避免过度依赖外国供应商。苹果公司研发的几乎所有产品,包括鼠标、显示器、操作系统、触摸屏等,都得到了美国政府部门的支持,甚至有些直接萌芽于政府实验室。

试用战略性贸易理论分析美国补贴汽车、计算机和半导体产业的原因。

应用训练

中国促进装备制造业出口的政策设计

2014年中国装备制造业出口交货值达到68 000亿元,占全部工业产品出口总额的56.8%。我国装备制造业门类齐全,体系较为完善,对外贸易和投资结构在不断改善。目前国际产能和装备制造走出去具有一定的优势和条件。优势主要有三点:一是部分领域在全球形成了比较优势。比如在机械装备领域,电力装备的制造总量大约占世界的61%,造船工业的总量占世界的41%,机床占世界的38%以上,具备了更大的范围、更宽的领域走出去的现实可能性。二是培育了一批具有国际竞争优势的大型企业。

2014年统计数据显示,在装备制造业中,我国有56家企业进入世界500强。许多企业如中车、华为、中船重工、三一、中联重科等都处在全球领先的位置。三是国家相关部门高度重视装备制造和产能走出去的战略合作。

请根据学过的西方国际贸易理论,设计我国装备制造业出口促进政策。

第二篇
国际贸易政策与措施

　　自由贸易政策和保护贸易政策的问题是经济学中最古老和最能引起争论的问题之一。自欧洲重商主义以来，自由贸易与保护贸易之争从未停止过。持世界主义观点的人认为，自由贸易能够实现帕累托最优。但是，国家的存在必然产生民族利益，一国在不违背世界经济规则的条件下总是追求民族利益最大化。现实的国际贸易既不是纯粹的自由贸易，也不是完全的保护贸易。自由贸易是人们不断追求而不可企及的理想目标，而形形色色的保护贸易政策却是国际经济关系的现实。

　　一国采取何种对外贸易政策，取决于时代背景、国家经济实力、国家战略等因素。资本主义自由竞争时期，英国带头实行自由贸易政策，而美国、德国等国家采取了保护贸易政策。资本主义垄断时期，超保护贸易政策盛行。第二次世界大战后，资本主义国家出现了世界范围内的贸易自由化。到了20世纪70年代中后期，兴起了新贸易保护主义。发展中国家的对外贸易政策的演进趋势大致是，从初级产品出口导向、进口替代，转向出口导向。

　　对于实行自由贸易政策的国家来讲，对外贸易措施就是零干预；而实行保护贸易政策的国家，对外贸易措施主要是奖出限入。限入的措施主要有进口关税、非关税壁垒等，而奖出措施就是形形色色的鼓励出口策略，如出口补贴、出口信贷、外汇倾销、保税区、出口加工区等。此外，贸易条约与协定是世界各国推行管理贸易政策的主要措施之一。世界贸易组织和区域经济一体化组织是两类重要的多边贸易条约和协定，对世界经济和各国对外贸易政策的影响是巨大的和深远的。

第四章 国际贸易政策

本章结构图

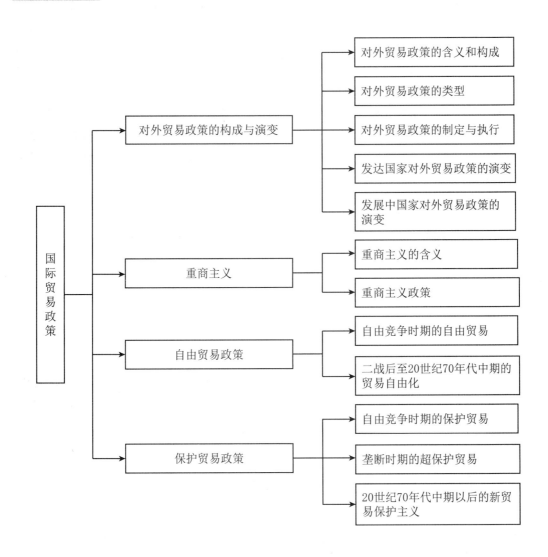

学习目标

了解世界各国对外贸易政策的类型与制定外贸政策的历史、经济背景及演进过程;理解对外贸易政策的内容和类型;掌握第二次世界大战后出现的贸易自由化与新贸易保护主义。

导入案例

美国 1930 年《斯姆特-霍利关税法》的历史教训

1930年,为保护国内市场,美国总统胡佛签署《斯姆特-霍利关税法》。该法修订了"关税目录中的两万多个税则,税率几乎全都提高"。据估算,该法"使总体实际税率达到了应税进口商品价值的60%"。该法颁布后,"在美国国内乃至国际上引起的评论、争议和漫骂比有史以来任何关税措施都多"。在美国国内,有1 028位经济学家签署了反对请愿书;在国际上美国实行高关税的措施遭到了30多个国家的强烈反对,许多国家第一时间对美国实施了关税报复措施。美国的进口额从1929年的44亿美元骤降67%至1933年的14.5亿美元,出口额则跌得更惨,从1929年的51.6亿美元骤降68%至1933年的16.5亿美元,超过同期50%的GDP降幅。在此期间,全球贸易整体税率大幅跃升,加深了世界经济危机,"而这场世界经济灾难在德国孕育出了希特勒的纳粹统治,在日本则催生了对外扩张的军国主义"。历史的教训不能忘记,历史的悲剧更不应重演。

第一节 对外贸易政策的构成与演变

一、对外贸易政策的含义和构成

(一)对外贸易政策的含义

对外贸易政策是一国政府在一定时期内为实现一定的政策目的而对进出口贸易所制定和实行的政策。它是一国总的经济政策的组成部分,规定了该国对外贸易活动的指导方针和原则,是为该国经济基础和政策服务的。

(二)对外贸易政策的构成

一般来说,对外贸易政策包括三个方面内容。

1. 对外贸易总政策

对外贸易总政策即一国根据本国国民经济的整体状况及发展战略,并根据其在世界经济总体格局中所处地位而制定的政策,通常会在一个较长时期内加以贯彻执行。比方说一国某一时期实行的是相对自由的贸易政策或倾向于保护性的贸易政策。它是一国对外经济关系的基本政策,是整个对外贸易活动的立足点。

2. 进出口商品政策

进出口商品政策是以对外贸易总政策为基础，根据本国的经济结构和国内市场的供求状况而制定的政策，主要表现为对不同的进出口商品给予不同的待遇。如使用关税或非关税壁垒来限制某些商品进口，有意识地扶植某些出口部门以扩大本国此种商品的出口。

3. 对外贸易国别政策

对外贸易国别政策即区别对待政策，指一国根据对外贸易总政策，结合国际经济格局及社会政治、经济和外交关系，对不同的国家和地区制定的不同政策。

国际贸易政策三个方面的内容是相辅相成、不可分割的。进出口商品政策和国别政策离不开对外贸易总政策的指导，而对外贸易总政策也只有通过具体的进出口商品政策和国别政策才能体现出来。各国对外贸易政策因各国经济体制、发展水平、产品竞争力等不同而各有所不同，并随着经济实力的变化而不断变化，但其对外贸易政策的基本目的大体上是一致的，主要有：保护本国市场，扩大本国产品的出口市场，促进本国产业结构的改善，积累资金及维护本国对外的政治关系。

分析案例 4-1

美国 301 条款

2010 年 9 月 9 日，美钢铁工人联合会对中国清洁能源的相关政策措施提出 301 调查申请。在申请书中，美钢铁工人联合会搜集了近六千页材料，指控中方在清洁能源领域共 70 项政策措施，主要包括五类：一是限制外国公司获得关键原材料（如稀土和其他矿物质）；二是以出口实绩或当地含量为条件的禁止性补贴；三是对进口货物和外国企业的歧视性做法，包括对风力、太阳能工厂实施国产化率要求，对国内风力公司的优待，排除承揽减排项目的外国公司使用碳权，对国有企业供应商实施国产化率要求；四是强制要求外国投资者转让技术；五是为发展绿色科技提供扭曲贸易的国内补贴。申请人称，上述政策和措施违反世贸组织相关规定，提请美贸易代表办公室将这些政策和措施诉诸世贸组织。2010 年 10 月 15 日，美贸易代表办公室宣布对中国清洁能源政策措施发起 301 调查。2010 年 11 月 15 日，中国政府、中国机电产品进出口商会、中华全国工商联合会新能源商会以及中国光伏产业联盟分别向美贸易代表办公室提交评论意见，驳斥美申请书中的不实指控。2010 年 12 月 22 日，美宣布该调查的最终决定，称中国《风力发电设备产业化专项资金管理暂行办法》中的补贴内容涉嫌违反世贸组织《补贴与反补贴措施协定》规定的禁止性补贴，并提起世贸组织争端解决机制项下磋商请求。

何谓美国 301 条款？如何评价该条款？

分析：美国《1974 年贸易改革法》第 301 节授权美国贸易代表（USTR）及总统应申诉或自行决定就外国政府不合理或不公正的贸易做法进行调查，并采取制裁措施，301 调查由此得名，也称 301 条款。该法历经多次修改，最近一次修改为《1988 年综合贸易与竞争法》。301 调查分为三类，即针对外国政府不合理或不公正的贸易做法的一般 301 调查，针对外国政府知识产权保护不力的特别 301 调查，针对重点国家不合理或不公正的贸易做法的超级301调查。其中,超级301条款为"暂时性"条款,须立法特别授权,仅在1989~1990年和1994~1997年间生效。1999年,欧共体将美国301调查条款诉至世界贸易组织争端解决机构。专家组因美国政府于1995年向美国国会提交的一份行政声明而最终判定301条款未与世贸组织规则不一致。该行政声明主要内容为,美国政府表示,如调查事项涉及世界贸易组织协议,美国贸易代表将援引世界贸易组织争端解决程序,报复应寻求该程序下的授权。

分析案例4-2

美国337条款

2015年4月30日,美国太平洋生物科学实验室依据《美国1930年关税法》第337节规定,向美国国际贸易委员会指控美国、中国、韩国等企业对美出口、在美进口或在美销售的电子皮肤护理仪、护理刷、充电器及包含该产品的套装产品侵犯了其在美注册有效的专利和商业外观,请求美国国际贸易委员会发布普遍排除与禁止令。中国大陆3家企业涉案。

如何理解美国337条款?

分析:根据美国《1930年关税法》,美国国际贸易委员会可以对进口贸易中的不公平行为发起调查并采取制裁措施。由于其所依据的是《1930年关税法》第337节的规定,因此,此类调查一般称为"337调查"或"337条款"。根据美国《1930年关税法》第337节的规定,337调查的对象为进口产品侵犯美国知识产权的行为以及进口贸易中的其他不公平竞争。实践中,涉及侵犯美国知识产权的337调查大部分都是针对专利或商标侵权行为,少数调查还涉及版权、工业设计以及集成电路布图设计侵权行为等。其他形式的不公平竞争包括侵犯商业秘密、假冒经营、虚假广告、违反反垄断法等。美国国际贸易委员会(United States International Trade Commission,USITC)负责进行337调查。

二、对外贸易政策的类型

从国际贸易产生和发展的实践来看,对外贸易政策总体上可分为两种基本类型:自由贸易政策和保护贸易政策。

(一) 自由贸易政策

自由贸易政策指国家取消进出口贸易的各种限制和障碍及进出口商品的各种特权和优待,使商品自由进出,在国内外市场上自由竞争。因而自由贸易政策也被称为"不干预"政策。

(二) 保护贸易政策

保护贸易政策指国家为保护本国商品免受外国商品的竞争,广泛利用各种限制进口的措施,同时对本国出口商品给予优待和补贴以鼓励商品出口。保护贸易政策以维护本国民族利益为目的,其实质是"奖出限入"。

三、对外贸易政策的制定与执行

（一）制定国际贸易政策应考虑的影响因素

1. 经济实力的强弱

一般来说，经济比较发达、国际竞争力较强的国家，倾向于自由贸易政策，主张在世界范围内进行自由竞争与合作，反之则采用保护贸易政策。当然，一国国际竞争力相对地位的变化，也会影响其贸易政策的选择。

2. 经济发展战略的选择

如果一国采取外向型经济发展战略，就会制定比较开放和自由的政策，一国的对外贸易依存度越高，就越主张在世界范围内实行贸易的自由。

3. 国内利益集团的影响

不同的贸易政策对不同的利益集团会产生不同的利益影响。实施自由贸易政策有利于进出口商和消费者，但会给进口竞争集团带来竞争的压力和利益的损失。而利益集团对贸易政策的走向影响很大，往往是某一利益集团在政治和经济方面占上风时，制定外贸政策的过程中就会充分考虑该集团的需要，以促进或阻碍某些特定商品的进出口来谋求该集团的最大利益。

4. 国际政治经济环境和外交政策

外贸政策和外交政策有着相互服务、相互促进的关系。在某些场合，对外贸易要服从外交的需要，而在更多的场合，外交是为外贸打通道路、提供保护的。

（二）对外贸易政策的执行

各国对外贸易政策的制定与修改是由国家立法机构进行的。最高立法机关所颁布的对外贸易各项政策，既包括一国较长时期内对外贸易政策的总方针和基本原则，也包括规定某些重要措施及给予行政机构的特定权限。

外贸政策的具体实施过程则由行政机构负责，政府部门根据有关的法令来制定具体的实施细则。例如，通过海关对进出口贸易进行监督管理；国家广泛设立各种行政机构，负责促进出口和管理进口；以政府名义参与各种与国际贸易有关的国际机构和组织，促进国际贸易、关税等各方面的协调工作。

四、发达国家对外贸易政策的演变

在资本主义生产方式准备时期，为了促进资本的原始积累，西欧各国广泛实行重商主义下的强制性的贸易保护政策，通过限制贵重金属的出口和扩大贸易顺差的办法扩大货币的积累，以增加本国的财富。英国对此实行得最为彻底。

在资本主义自由竞争时期，资本主义生产方式占据统治地位，世界经济进入了商品、资本国际化的阶段。这个时期整个世界贸易的基调是自由贸易。但由于各国工业发展的水平不一致，竞争的地位不同，各国采取的贸易政策也不同。当时的英国工业比较发达，工业水平比较高，其商品不怕别国竞争，它需要用工业制成品换取原料和粮食，因此英国带头实行自由贸易政策，而其他国家由于经济发展水平相对落后，经济发展起步较晚，大都采取了保护贸易政策。美国、德国、法国和意大利等国家工业水平落后于英国，为了保护其幼稚工业的发展，避免遭受英国的竞争，它们都采取了保护贸易政策。

在资本主义垄断时期(19世纪90年代到第二次世界大战前)，垄断加强，资本输出占据统治地位。1929~1933年资本主义经济大危机，使市场问题更加突出，这时出现了超保护贸易政策。第二次世界大战后，随着生产国际化和资本国际化的发展，出现了世界范围内的贸易自由化。

20世纪70年代中后期，在世界贸易自由化的同时，兴起了新贸易保护主义，并在此背景下出现了管理贸易政策(managed trade)，即"有组织的自由贸易"政策。

五、发展中国家对外贸易政策的演变

第二次世界大战以前，亚洲、非洲、拉丁美洲的大多数国家都是殖民地或半殖民地国家，长期以来形成了单一、畸形的经济结构，经济发展水平很低，人们生活贫困。战后它们在政治上获得独立，并开始致力于工业化和民族经济的发展。对外贸易政策大致有三个阶段。

（一）初级产品出口导向战略

初级产品出口导向战略指发展中国家通过出口农、矿等初级产品以换取外汇进口制成品，从而推动经济增长。提出该战略的发展经济学家认为，发展中国家工业基础薄弱，制成品缺乏国际竞争力，农矿产品生产在国民经济中占举足轻重的地位，所以发展中国家应根据这种实际情况，大力发展初级产品出口，使国民收入、国民投资、国民消费及政府税收都随之增加，从而推动经济增长。二战后直到20世纪60年代以来，有很多发展中国家采用这种贸易战略。

但是，初级产品出口导向战略，只能作为外向型经济的起步而在短期内采用。由于初级产品需求弹性较小，且合成替代品及生产技术的提高也使初级产品的需求大大减少，因而初级产品的出口面临贸易条件恶化的境况。片面依赖初级产品出口不但经济增长潜力有限，而且不利于发展中国家的工业化，难以享受工业化所带来的动态利益。因此，到20世纪50年代末至60年代初，很多发展中国家已开始改变这种战略。发展中国家要彻底摆脱贫穷和落后，在国际市场上与发达国家展开竞争，就必须实现工业化和现代化，其围绕工业化所采取的贸易战略可分为进口替代战略和出口替代战略。

（二）进口替代战略

所谓进口替代战略，就是在保护本国工业的前提下，通过引进必要的技术和设备，在国内建立生产能力，发展本国的工业制成品以替代同类商品进口，实现本国的工业化，带动经济增长，改善国际收支状况。进口替代战略的实施可以对发展中国家的经济发展起到积极的推动作用。

1. 有利于扶植、培育发展中国家的幼稚产业

由于进口替代战略采用贸易保护政策,为本国幼稚产业提供了一个有保护的、有利可图的市场,使其工业得以迅速成长,将潜在的比较优势转化为现实优势,有利于发展中国家建立独立的工业体系和国民经济体系。

2. 有利于发展中国家获得工业化所带来的动态利益

一国经济的工业化可以促进管理人员、技术人员的培养,发明、创新的增加,人均收入水平的提高等等,因而可以不断地为发展中国家带来动态发展的利益。

3. 有利于发展中国家引进外资

进口替代战略的贸易保护政策主要是限制工业制成品进口,因而会促使发达国家为了绕过贸易壁垒而对发展中国家进行直接投资。外资的流入,对发展中国家的经济发展会起到积极的推动作用。

从20世纪50年代开始,很多发展中国家相继采用了进口替代战略,也取得了一定的成就,但随着工业化的进一步发展,进口替代面临着一系列严重的问题。因此,很多发展中国家在实践中认识到出口工业制成品的重要性,开始转向了出口替代战略。

(三) 出口替代战略

所谓出口替代战略是指采取各种放宽贸易限制和鼓励出口的措施,大力发展工业制成品和半制成品的出口以代替传统的初级产品,以增加外汇收入,带动工业体系的建立和国民经济的持续发展。出口替代战略的贸易保护措施比较宽松,并且与鼓励出口措施相结合。与进口替代相比,出口替代战略的开放度要大一些。出口替代战略一般也经历两个阶段:第一阶段以劳动密集型制成品替代初级产品出口;第二阶段转向机器设备、电子仪器等技术密集型工业制成品。

20世纪60年代中期前后,东南亚和东亚的一些国家和地区如新加坡、韩国、中国的台湾地区,都开始实行出口替代战略。此后,巴西、墨西哥、菲律宾、马来西亚、泰国、印度、巴基斯坦、土耳其等,也先后不同程度地转向出口替代战略。

第二节 重 商 主 义

一、重商主义的含义

重商主义(mercantilism)产生于15~17世纪欧洲资本原始积累时期,这段时间,封建主义经济基础逐渐瓦解,资本主义因素迅速发展,重商主义正是在这一历史背景下产生的。

重商主义追求的目标是在国内积累货币财富,把贵重金属留在国内。具体可分为早期重商主义和晚期重商主义。

早期重商主义又称为重金主义,注重货币的差额,绝对禁止金属货币出口。为此,当时

执行重商主义政策的国家禁止货币出口,由国家垄断全部贸易,外国人来本国进行贸易时,必须将其销售货物所得的全部款项,用于购买本国的货物。

晚期重商主义又称为贸易差额论。16世纪下半期,商品货币经济迅速发展。当时的封建王朝和商业资产阶级更加需要货币。因此,对货币的流通不能过分加以限制。在贸易政策上由管理金银进出口的政策变为管制货物的进出口,通过奖励出口和限制进口的措施,保证和扩大贸易顺差,使金银流入本国。

二、重商主义政策

(一) 限制进口

对进口货物除原材料外,征收高额的进口关税,限制外国制成品尤其是奢侈品的进口。

(二) 促进出口

对出口制成品实施财政补贴,对在国外市场上出售本国产品的商人实行现金奖励,禁止本国熟练工人外流和工具设备的出口,为工厂手工业者发放贷款等。

(三) 管制短缺物资出口

禁止重要原料的出口,但许可自由进口原料,加工后再出口。

(四) 独占殖民地贸易与航运

实行独占性的殖民地贸易政策。设立独占经营的殖民地贸易公司,在殖民地经营独占性的贸易与海运,使殖民地成为本国制成品的市场和本国原料的供给地。1651年,英国通过了重要的航海法案,该法案规定,一切输往英国的货物必须用英国船只载运或原出口国船只装运,对亚洲、非洲及北美的贸易必须由英国或其殖民地的船只载运。

第三节 自由贸易政策

自由贸易形成于资本主义竞争时期,始于当时经济最发达的英国,其后随着经济发展水平的提高,其他国家也开始接受并实施自由贸易。在资本主义发展进入垄断阶段后,自由贸易发展一度受阻,这种状态一直持续到第二次世界大战,战后自由贸易又重新被推到前台,成为大多数国家一致推举的贸易政策与做法。

一、自由竞争时期的自由贸易

(一) 英国自由贸易政策的兴起

18世纪中叶以后,英国推进产业革命,大机器工业率先建立,使英国具备了支配世界经济的能力,奠定了这个工业化开拓者单独实施自由贸易政策的坚定物质基础。与此同时,国际交通运输业的革命性变革也相应地提供了便利条件,由此掀起了一个由英国主导的国际自由贸易浪潮。这次自由贸易的实践,在英国开始于19世纪初,到19世纪40年代取得突破,其后的自由贸易政策一直持续到20世纪初。在此期间,英国的贸易自由化实践主要由以下政策构成:

1. 废除谷物法

1833年英国棉纺织业资产阶级组成"反谷物法同盟"(Anti Corn Law League),而后又成立全国性反谷物法同盟,展开声势浩大的反谷物法运动。经过斗争,终于使国会于1846年通过废除谷物法的议案,并于1849年生效。马克思指出:"英国谷物法的废除是19世纪自由贸易所取得的最伟大的胜利。"

2. 关税壁垒下降

19世纪初,经过几百年的重商主义实践,英国有关关税的法令达1 000件以上,没有人了解法令的全部内容。1825年英国开始简化税法,废除旧税率,建立新税率,进口纳税项目从1841年的1 163种减少到1853年的466种,1862年更减少到44种,直到1882年的20种。所征收的关税全部是财政关税,税率大大降低,禁止出口的法令完全被废除。

3. 废除航海条例

航海条例是英国限制外国航运业竞争和垄断殖民地航运业的政策。从1824年起逐步废除,到1854年,英国的沿海贸易和殖民地贸易、航运全部对外开放,开创了一个自由贸易时代。

4. 取消特权公司

在1813年和1834年分别废止了东印度公司对中国和印度的贸易垄断权,从此对中国和印度的贸易开始开放给所有的英国人。

5. 改变殖民地贸易政策

1849年航海法废止后,殖民地已经能自由输出入商品,通过关税改革,废止了对殖民地商品的特惠税率,同时准许殖民地与外国签订贸易协定,殖民地可以与任何外国建立直接的贸易关系,英国不再加以干涉。

6. 与外国签订带有自由贸易色彩的贸易条约

1860年签订了英法"科伯登"(Cobden-Chevalier Treaty)条约。根据这一条约,英国降低对法国的葡萄酒和烧酒的进口关税,并承诺不再禁止煤炭出口,法国则保证对从英国进口的一些制成品征收不超过30%的从价税。"科伯登"条约是以自由贸易精神签订的一系列贸易条约的第一个,列有最惠国待遇条款。在19世纪60年代,英国就缔结了8个类似的条约。

(二)自由贸易政策的理论依据

英国古典学派的主要代表人物是亚当·斯密和大卫·李嘉图,他们强调经济自由,特别是自由放任主义和自由竞争的思想。自由竞争时期自由贸易理论的主要论点有以下方面:

1. 形成互利的国际分工

在自由贸易条件下,各国可以按照自然条件、比较利益或要素禀赋的状况,专门生产其优势产品,提高各国的资源配置效率。

2. 扩大国民的实际收入

在自由贸易条件下,每个国家都生产本国最擅长生产的产品,生产要素就会得到最有效的配置,通过贸易交换可以得到更多的商品,实质上提高了国民的实际收入。

3. 阻止垄断,加强竞争,提高经济效益

自由贸易使得独占或垄断无法实现,企业必须通过开发、改进技术,提高生产效率,降低成本等办法加强自身的竞争能力,扩大经济效益。

4. 提高利润率,促进资本积累

李嘉图认为,社会的发展势必导致工人的名义工资上涨,从而降低利润率,削弱产品的竞争力。为避免这一情况的出现,维持高水平的资本积累和工业扩张,只有通过国际贸易从外部输入廉价的生活必需品,降低工人的名义和实际工资水平。

(三)自由竞争时期自由贸易政策的实施效果

自由竞争时期的自由贸易理论成为英国自由贸易政策确立的有力武器。自由贸易政策促进了英国经济和对外贸易的迅速发展,使英国成为国际分工的中心国家,跃居世界经济强国。

1870年,英国在世界工业生产中所占的比重高达32%,在煤、铁、棉花消费量中,都各占世界总量的一半左右。英国在国际贸易总额中的比重上升到接近1/4,几乎相当于法、德、美各国的总和。伦敦取代了阿姆斯特丹,成为国际金融中心。

二、二战后至20世纪70年代中期的贸易自由化

第二次世界大战后,随着各国经济的恢复和发展,到20世纪50年代至70年代中期,各国相继逐渐放宽对进口的限制,实施自由化倾向的国际贸易政策。

(一)贸易自由化的表现

1. 大幅度削减关税

(1)在关税与贸易总协定成员国范围内大幅度地降低关税。1947年到20世纪70年代中期,在关税与贸易总协定的主持下,已举行了7轮多边贸易谈判,各缔约方的平均进口最惠国关税税率已从50%左右降低到5%以下。

(2)欧洲经济共同体实现了关税同盟。对内取消关税,对外通过谈判达成关税减让协议,导致关税大幅度下降。共同体章程规定,共同体内部成员之间,削减直至全部取消工业品和农产品的关税,这一目标在共同体原联盟国之间已于1969年完成。同时,共同体与欧洲自由联盟诸国达成扩大欧洲自由贸易区的协议,还与非洲、加勒比海和太平洋地区的46个发展中国家于1977年签订《洛美协定》。

（3）通过普遍优惠制的实施，发达国家对来自发展中国家和地区的制成品和半制成品的进口给予普遍的、非歧视的、非互惠的关税优惠。

2. 弱化非关税壁垒

第二次世界大战结束初期，发达国家对许多商品进口采取严格的进口限制、进口许可和外汇管制等措施，以限制商品进口。随着经济的恢复和发展，这些国家程度不同地放宽了进口数量限制，扩大了进口自由化，放宽或取消了外汇管制，实行货币自由兑换，促进了贸易自由化的发展。

到20世纪60年代初，参加关税与贸易总协定、经济合作与发展组织的成员国之间的进口数量限制已经取消了90%。到1961年，欧洲经济共同体成员国之间已取消了工业品进口数量限制，农产品进口数量限制也随着内部关税削减而逐步取消。与此同时，欧洲经济共同体对外部非成员国的某些商品的数量限制也有所放宽。此外，发达国家还相继放宽或解除了外汇管制，恢复了货币自由兑换。

（二）贸易自由化的主要特点

1. 美国成为第二次世界大战后贸易自由化的积极推行者

第二次世界大战后，美国成为世界上最强大的经济和贸易国家。为实现对外扩张，美国积极主张削减关税，取消进口数量限制，成为贸易自由化的积极推行者。

2. 各种区域性贸易集团以及关税与贸易总协定发挥了重要作用

由于它们的建议而实现的地区、国际范围内的贸易政策协调为贸易自由化的开展和发展提供了可能。

3. 第二次世界大战后贸易自由化发展不平衡

发达国家之间贸易自由化程度超过它们对发展中国家和社会主义国家的贸易自由化程度，区域经济贸易集团内部的自由化程度超过集团对外的贸易自由化程度。不同商品贸易自由化程度也不同，工业制成品的贸易自由化程度超过农产品的贸易自由化程度，机械设备的贸易自由化程度超过工业消费品的贸易自由化程度。

此外，各国经济的恢复与发展为第二次世界大战后贸易自由化提供了物质基础。第二次世界大战后贸易自由化是在国家垄断资本主义日益加强的条件下发展起来的，因而带有浓重的政府干预色彩。同时，第二次世界大战后的贸易自由化促进了世界经济的迅速发展。

第四节 保护贸易政策

一、自由竞争时期的保护贸易

(一) 保护贸易的产生背景

正当以英国为首的欧洲先进工业国家完成工业革命,开始逐步推行自由贸易政策,在世界范围内进行扩张时,美国则刚刚取得独立和统一,德国也刚结束了其封建割据的局面,开始其工业化进程。为赶上和超过先进工业国,美国和德国于19世纪先后实行严厉的保护贸易政策,使本国工业在英国等欧洲先进工业国的强大压力之下得以生存并获得发展。

(二) 保护贸易政策的主要特点

1. 保护的阶段性

贸易保护是为了达到国家最终发展目标而采取的过渡性措施。在积极发展和扶持本国工业的初期,逐步提高进口关税税率,经过一段时间的发展后,随着国内工业部门的建立和竞争能力的提高,开始逐步降低某些商品的进口关税,直至整体关税水平降低。

2. 保护的有选择性

保护的有选择性即在同一时期,对不同工业部门采取不同程度的保护措施,实行区别对待,通过实施差别税率,鼓励或限制商品的进口。

3. 贸易保护政策的执行与整个国民经济和工业发展目标相结合

与贸易保护政策相配套,采取一系列鼓励投资、鼓励发展新兴产业的金融政策和税收政策。

4. 贸易保护的主要措施

以高关税阻碍或直接禁止现在国内幼稚产业部门产品的进口;以低关税或免税鼓励复杂的机器设备、原料等国内无法生产但急需的商品进口;通过高关税和禁止出口的办法限制重要生产物资出口;向私营工业发放政府信用贷款、津贴、奖金等为其发展提供必要的资金。

(三) 保护幼稚工业学说

美国建国后,第一任财政部长汉密尔顿(A. Hamilton)于1791年12月在其《制造业报告》中提出,为使美国经济自立,应当保护美国的幼稚工业,其主要的方式是提高进口商品的关税。受其启发,德国人李斯特提出了保护幼稚工业贸易政策的理论。

李斯特的幼稚产业保护说是一种根据国家产业发展阶段,着眼于培育生产力,对有发展前途的产业实施暂时的有限度保护的一种贸易学说。其主要内容有以下方面:

1. 对古典学派自由贸易理论提出批评

主要观点有:"比较成本说"不利于德国生产力的发展;古典学派自由贸易理论忽视历史

和经济特点;实施自由贸易是有前提和条件的。李斯特指出:两个具有高度文化的国家,要在彼此自由竞争下双方共同有利,只有当两者在工业发展上处于大体上相等的地位时,才能实现。如果任何一个国家不幸在工业上、商业上还远远落后于别国,那么它即使具有发展这些事业的技术与物质手段,也必须首先加强它自己的力量,然后才能使它具备条件与比较先进的各国进行自由竞争。

2. 保护幼稚工业理论的内容

主要有5个方面:

(1) 依据经济发展时期决定贸易政策。李斯特把国民经济的发展分为5个时期,即原始未开化时期、畜牧时期、农业时期、农工业时期、农工商业时期。各国经济发展时期不同,所采取的贸易政策也应不同。处于农业时期的国家应实行自由贸易政策,以利于农产品的自由输出,并自由输入外国的工业产品,以促进本国农业的发展,并培育工业化的基础。处于农工业时期的国家,由于本国已有工业发展,但未发展到能与外国产品相竞争的地步,故必须实施保护关税制度,使它不受外国产品的打击。而处于农工商业时期的国家,由于国内工业产品已具备国际竞争能力,不再惧怕国外产品的竞争,故应实行自由贸易政策,以享受自由贸易的最大利益,刺激国内产业进一步发展。

(2) 国家干预贸易有助于经济快速发展。李斯特认为,国家是国民生活中如慈父般有力的指导者。他认为,国家的存在比个人的存在更为重要。国家的存在是个人与人类全体的安全、福利、进步以及文化等的第一条件,因此,个人的经济利益应从属于国家的真正财富的增加与维持。他认为,国家在必要时可限制国民经济活动的一部分,以维持其整体的经济利益。李斯特主张,在国家干预下实行保护幼稚工业贸易政策。

(3) 保护贸易对象与保护时间的条件。李斯特保护贸易政策的目的是促进生产力的发展。经过比较,李斯特认为:① 农业不需要保护。只有那些刚从农业阶段跃进的国家,距离工业成熟时期尚远,才适宜于保护。② 一国工业虽然幼稚,但在没有强有力的竞争者时,也不需要保护。③ 只有刚刚开始发展且有强有力的外国竞争者的幼稚工业才需要保护。李斯特提出的保护时间以30年为最高限。

(4) 保护幼稚工业的主要手段。通过禁止输入与征收高关税的办法来保护幼稚工业,以免税或征收轻微进口税的方式鼓励复杂机器进口。为保护幼稚工业,李斯特提出"对某些工业品可以实行禁止输入,或规定的税率事实上等于全部或至少部分地禁止输入"。同时,对"凡是在专门技术与机器制造方面还没有获得高度发展的国家,对于一切复杂机器的输入应当免税,或只征收轻微的进口税"。

(5) 保护必须与经济发展时期相适应。李斯特反对离开经济发展阶段笼统地采取贸易保护。他提出:"保护制度必须与国家工业发展进度相适应,只有这样,这个制度才会有利于国家的繁荣。对于保护制度的任何夸张都是有害的。"

二、垄断时期的超保护贸易

(一) 超保护贸易政策产生的背景与特点

超保护贸易政策盛行于第一次世界大战和第二次世界大战之间。在这一时期,垄断代替了自由竞争,资本主义国家实现了资本的高度积聚和集中,由此国内市场变得相对狭小,资本对市场的争夺日益激烈,不断爆发的经济危机又使市场问题进一步尖锐化,从而使贸易保护获得空前发展,出现了超保护贸易政策。

与自由竞争时期的贸易保护政策相比,超保护贸易政策有其自己的特点:① 不仅保护国内的幼稚工业,而且保护已高度发展或正出现衰退的垄断工业。② 不仅是为了培养自由竞争的能力,而且为了巩固和加强对国内外市场的垄断。③ 不仅是防御性地限制进口,而且在垄断国内市场的基础上向国外市场进攻。④ 保护措施不只限于关税和贸易条约,还广泛采用各种非关税壁垒和奖出限入的措施。

(二) 对外贸易乘数论

20 世纪 30 年代,面对资本主义世界经济增长下降,失业不断增加,凯恩斯把对外贸易和国内就业结合起来,创立了保护就业理论。后来,其追随者又充实和发展了凯恩斯的观点,从宏观角度论证了对外贸易差额对国内经济的影响,主张国家干预,实行奖出限入的政策,最终形成了凯恩斯主义的贸易保护理论。

凯恩斯认为有效需求是由消费、投资、政府开支和净出口构成的。投资作为有效需求的一个构成部分对国民收入、就业水平的影响过程可以表述为:投资增加→有效需求增加→国民收入与就业水平提高。凯恩斯的追随者马克卢普(F. Machlup)和哈罗德(R. F. Harrod)等人将凯恩斯的投资乘数引入到对外贸易分析,创立了对外贸易乘数论(foreign trade multiplier theory)。他们认为一国的出口与国内投资一样,有增加国民收入的作用,一国进口与国内储蓄一样,有减少国民收入的作用。一国出口增加先是使出口部门收入增加,消费增加,而后导致其他相关部门投资增加,生产扩大,就业增加,收入增加,消费增加……如此反复,最终国民收入的增加往往几倍于出口的增加。进口对国民收入的作用是反向的,它先是使进口替代部门投资减少,生产萎缩,收入减少,消费减少,而后影响到相关产业部门,如此下去,国民收入的减少往往是进口增加的几倍。因而可得出结论,一国出口与进口的波动将会对国民收入的变动产生倍数影响,国民收入的变动量将几倍于出口与进口的变动量。

假设投资乘数或对外贸易乘数为 K,它的计算公式为:

$$K=\frac{1}{1-\text{边际消费倾向}}$$

当边际消费倾向为 0 时,乘数为 1;当边际消费倾向为 1 时,乘数为 ∞;当边际消费倾向为 1/2 时,乘数为 2。

假设 ΔY 代表国民收入的增加额,ΔI 代表投资增加额,ΔX 代表出口增加额,ΔM 代表进口增加额,K 代表乘数,对外贸易顺差对国民收入的影响公式为:

$$\Delta Y=[\Delta I+(\Delta X-\Delta M)]\cdot K$$

当 ΔI 与 K 一定时,则贸易顺差越大,ΔY 越大;反之,如果贸易差额是逆差,则 ΔY 会缩小。因此一国越是扩大出口,限制进口,贸易顺差越大,对本国经济发展的积极作用就越大。由此凯恩斯和其追随者的对外贸易乘数论为超保护贸易政策提供了理论基础。

(三)超贸易保护政策的其他理论依据

1. 国内市场扭曲论

国内市场由于生产要素的非移动性、内部与外部经济的存在、竞争基础的差异等,使得价格机制不能充分地发挥作用,资源无法实现最佳配置。在这种条件下,只能通过政府对经济生活的干预,适当地消除市场扭曲引发的不良影响,贸易保护就是政府所采取的消除不良影响以获取资源配置的"次佳"状态的措施之一。

2. 改善贸易条件论

在一定条件下通过对进口商品征收关税或限制进口可以压低进口商品的价格,从而改善征税国家的贸易条件。

3. 维持高工资水平论

经济发展落后而劳动力相对丰富的国家工资水平较低,因而产品成本较低,如果实行自由贸易,从低工资国家进口商品势必会导致本国同类部门生产萎缩,工人失业增加,工资水平下降,从而影响到其他部门的工资水平。要改变这种状况,就应对来自这些低工资国家的商品征收高关税。

4. 增加国内就业论

一是中观层次,指通过对行业的保护,增加就业;二是宏观层次,即凯恩斯主义的观点,通过限制进口,鼓励出口,刺激国内有效需求,增加国内生产,提高就业水平。

5. 公平贸易论

不公平贸易是指通过政府的直接介入,使国内外商品进行不公平竞争的现象,如通过政府补贴使得本国商品得以在国外市场以低于正常价格的价格进行倾销,占领当地市场的行为。该观点认为,国际贸易的规则应该是公平贸易,对于通过不公正手段强行进入进口国市场的商品,就必须通过征收高额关税和限制进口的办法来消除不公平贸易对进口国带来的负面影响。公平贸易的超保护贸易采取的手段主要包括征收反倾销税、反补贴税及其他惩罚性关税,设置进口限额、贸易制裁等。

6. 改善贸易收支和国际收支论

基本思想是通过贸易保护来减少进口,减少外汇支出,增加外汇储备,以实现贸易出超或国际收支平衡。

三、20世纪70年代中期以后的新贸易保护主义

(一)新贸易保护主义的背景

20世纪70年代中期以后,随着西欧和日本经济迅速赶超美国,发达国家经济发展不平衡加剧,期间资本主义国家经历了两次经济危机进入滞胀的困境,就业压力增大,市场问题日趋严重,尤其是随着美国贸易逆差的不断加大,国内贸易保护的呼声增加,以美国为代表的新贸易保护主义因此兴起。

(二)新贸易保护主义特点

1. 被保护的商品范围不断扩大

保护对象由传统产品、农产品转向高级工业品、劳务部门及知识产权等。工业品方面,从纺织品、鞋、陶瓷、胶合板等"敏感商品"到钢铁、彩电、汽车、计算机、数控机床、半导体等皆被列入保护范围。服务贸易方面,很多发达国家在签证申请、投资条件、收入汇回等方面做出保护性限制,以培育和确保自己的优势。发达国家逐渐加强了单边、双边、多边的协调管理,使本国的知识产权得到国际保护。至于高新技术商品,更属保护范围。

2. 贸易保护措施多样化

按照有效保护设置逐步升级的关税,即对制成品、半制成品的进口税税率高于原材料等初级产品,以增强保护效果。非关税壁垒不断增加,非关税措施从20世纪70年代末的800多种增加到80年代末的2 500多种,并且各国纷纷给非关税壁垒施以法律地位,如反倾销、反补贴立法等。

3. 贸易政策措施向制度化、系统化和综合化方向发展

贸易保护制度越来越转向管理贸易政策。所谓管理贸易政策是指国家对内制定各种对外经济贸易法规条例,加强对本国进出口贸易有秩序的发展的管理;对外通过磋商,签订各种对外经济贸易协定,以协调和发展缔约国之间的经济贸易关系;是一种以协调为中心、以政府干预为主导、以磋商为手段,政府对对外贸易进行干预、协调和管理的贸易制度。

4. 从国家贸易壁垒转向区域性贸易壁垒

新贸易保护主义是贸易活动在政府的干预下,借助立法、磋商、双边和多边协调等手段,实行区域内的共同开放和区域外的共同保护。在一定程度上有利于缓解国际贸易矛盾,改善国际收支状况和保护新兴产业,但它也产生了很多不利影响,如削弱多边贸易体系,降低资源的配置效率,带有一定的歧视性、排他性和不平等性。

分析案例 4—3

国务院新闻办公室2019年6月关于中美经贸磋商的中方立场

国务院新闻办公室2019年6月2日发表的《关于中美经贸磋商的中方立场》白皮书指出,现任美国政府奉行"美国优先"政策,对外采取一系列单边主义和保护主义措施,动辄使用关税"大棒",将自身利益诉求强加于他国。美国启用尘封多年的"201调查""232调查"等手段,对各主要贸易伙伴频频出手,搅乱全球经贸格局。美国还将矛头对准中国,于2017年8月启动单边色彩浓厚的"301调查",无视中国多年来在加强知识产权保护、改善外资营商环境等方面的不懈努力和取得的巨大成绩,对中国作出诸多不客观的负面评价,采取加征关税、限制投资等经贸限制措施,挑起中美经贸摩擦。自2018年7月初以来,美国分三次对500亿美元中国输美商品加征25%的关税,对2 000亿美元中国输美商品加征10%的关税,并称自2019年1月1日起将税率提高至25%。美国还威胁要对剩余所有中国输美商品加征关税,导致两国间的经贸摩擦快速升级。中国为捍卫国家尊严和人民利益,不得不作出必

要反应,累计对1 100亿美元美国输华商品加征关税。中国始终坚持平等、互利、诚信的磋商立场。

◆ **内容提要**

对外贸易政策是一国政府在一定时期内为实现一定的政策目的而对进出口贸易所制定和实行的政策,包括对外贸易总政策、进出口商品政策、对外贸易国别政策。对外贸易政策总体上可分为自由贸易政策和保护贸易政策两种基本类型。重商主义追求的目标是在国内积累货币财富,把贵重金属留在国内,可分为早期重商主义(重金主义)和晚期重商主义(贸易差额论)。自由贸易形成于资本主义竞争时期,始于当时经济最发达的英国,其后随着经济发展水平的提高,其他国家也开始接受并实施自由贸易。保护主义贸易政策的发展经历了自由竞争时期的保护贸易、垄断时期的超保护贸易和新贸易保护主义三个阶段,每个阶段都有各自的特点和相关的理论学说。

◆ **关键词**

自由贸易政策　保护贸易政策　管理贸易政策　进口替代　出口替代　重商主义

◆ **思考题**

1. 一国制定对外政策应考虑哪些因素?
2. 幼稚工业保护论包括哪些内容?
3. 资本主义自由竞争时期自由贸易政策的理论依据是什么?
4. 对外贸易乘数论基本内容有哪些?
5. 二战后至20世纪70年代中期贸易自由化的特点有哪些?
6. 20世纪70年代中期以后新贸易保护主义的特点有哪些?

思考案例

欧盟贸易保护主义卷土重来

2013年欧盟RAPEX-CHINA非食品类商品快速警报系统对中国出口的蜡烛产品接连发出消费预警15起。其中宁波7起,占总数的46.7%,居通报榜首位,打破了连续2年零通报的局面。通报国家有意大利、西班牙、波兰等国。通报原因均为:产品形状或颜色、味道类似食品,装饰性小部件易脱落,可能在儿童使用过程中因误食造成窒息和健康危害。产品违反了欧盟指令87/357/EEC,欧盟对该类蜡烛采取了撤市召回处理。据了解,欧盟理事会早在1987年就通过了87/357/EEC指令。该指令全称为《各成员国有关危害消费者健康安全的产品(仿真产品)法律的协调与统一》,旨在预防使用某种类似食品的产品而造成的风险。欧盟要求各成员国禁止销售、进口及生产或出口仿真产品。

试分析欧盟贸易保护主义的特征和中国应对欧盟贸易保护主义的措施。

应用训练

美、欧、日汽车环保标准纠纷

近年来,在美国、西欧主要国家及日本之间,又展开了建立汽车贸易壁垒的新较量。这标志着世界汽车三大市场之间的贸易摩擦又将升级。由于日本轿车在美国和欧洲市场上长期受到顾客的欢迎,在美欧市场的份额是美欧企业在日本市场份额的几倍,欧盟在各成员一致通过新的排放标准之前,先拿日本和韩国企业开刀,即首先强制要求日韩企业先达标,否则不能向欧洲市场出口。据分析,日本轿车平均的二氧化碳排放水平比欧洲当地生产的车要高出近10%。若要达标,日本车就要平均减少31%以上的二氧化碳排放量。日本立即采取了针锋相对的策略:实施"歧视性"的《节能修正法》。新法案规定:2010年,在日本市场上销售的不同质量和用途的汽车,必须达到相应的节能标准,以减少汽车的废气排放。由于美国和欧洲生产的汽车在日本市场有近90%的排放超标,而日本车在国内市场主要是轻型和微型车,因此受此修正法案的影响没有外国企业那样大。

请分析美国、欧洲、日本针对排放标准产生纠纷的深层原因,以及对中国企业的启示。

第五章 对外贸易措施

本章结构图

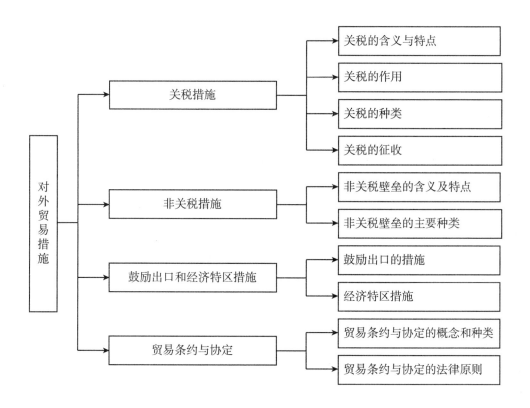

学习目标

掌握关税措施的含义、特征和作用,熟悉关税的种类和征收依据与方法;掌握非关税措施的基本概念、特点和主要非关税措施的做法及发展趋势;理解鼓励出口各种措施的含义及具体规定要求,了解出口管制的目的及内容方式;掌握经济特区的类型和作用。

71

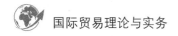

> **导入案例**
>
> **中国加入世贸第一案**
>
> 世界贸易组织于2003年3月26日裁定,美国2002年对进口钢铁征收30%的关税违反了国际贸易规则。这也是我国加入世贸组织以后第一次利用世贸组织的有关机制解决贸易争端,被称作"中国加入世贸第一案"。2002年3月,美国政府借口外国产品的进口增长损害了国内产业,提出为期三年的钢铁产品保障措施,对外国进口的14类钢铁产品征收8%至30%的额外关税。巴西、日本、中国、韩国、新西兰、瑞士和欧盟15国共21个成员联合对美国的贸易保护主义提出指控,经过长达近一年的调查,世贸组织最终裁决美国的做法违反国际贸易原则。专家小组因此认定,美国对申诉成员的多种钢铁产品征收高关税是不合法的。
>
> 美国为什么要征收额外关税?什么是关税?非关税措施有哪些?为什么说这种保障措施是不合法的?

第一节 关 税 措 施

一、关税的含义与特点

关税(customs duties;tariff)是指一国政府从本国的经济利益出发,依据本国的海关法和海关税则,进出口货物经过一国关境时,由政府设置的海关向本国进出口商课征的一种税收。

关税是世界各国普遍征收的一个税种。早在欧洲古希腊和雅典时代关税就已经出现,我国在西周时开始设立"关卡",对来自其他属地的产品征收内地关税。但统一国境关税是在第一次产业革命后,封建社会开始解体,资本主义生产方式建立以后产生的。这种关税制度一直延续至今。长期以来一直是各国最主要的国际贸易措施之一。

关税作为国家税收的一种,一方面具有和其他税赋相同的特点,即强制性、无偿性和固定性等;另一方面,关税又有其自身的特点。第一,关税是以进出境货物为征收范围。第二,关税是一种间接税。因为关税虽由进出口商交纳,但作为纳税人的进出口商可以将关税额作为成本的一部分,分摊在商品的销售价格上,当货物售出时收回这笔垫款,由此可见关税最后终将转嫁给买方或最终消费者承担。第三,关税具有涉外性,是国家对外贸易政策的重要手段。第四,关税的征收范围是以关境为界,海关是关税征收的管理机关。

二、关税的作用

(一)关税的积极作用

1. 增加本国财政收入

以增加本国财政收入为目的而征收的关税称为财政关税(revenue tariff)。

2. 保护作用

以保护本国的产业和国内市场为目的而征收的关税称为保护关税(protective tariff)。保护关税率都很高,越高越能达到保护的目的,有时高到百分之几百,成为禁止关税(prohibited duty)。

3. 涉外作用

关税与一国的对外关系有密切的联系。国别贸易政策可以通过关税税率的高低反映出来。

(二) 关税的消极作用

由于对进出口商品征收关税,提高了价格,增加了消费者的开支,加重了他们的财务负担。由于征税,减少了进出口流量,不利于国际贸易的开展。进口关税虽有保护本国生产的作用,但如果保护过度,会使有关生产企业不思进取,不积极提高经营管理水平。此外,有些商品由于征税使国内外差价过大,因而成为走私的对象。

三、关税的种类

(一) 进口税

进口税(import duty)是指进口商品进入一国关境时或者从自由港、出口加工区、保税仓库进入国内市场时,由该国海关根据海关税则对本国进口商所征收的一种关税。进口税又称正常关税(normal tariff)或进口正税,是关税中最主要的一种,是执行关税保护职能的主要工具。所谓关税壁垒(tariff barrier)是指对进口商品征收高额的关税,以此提高其成本,进而削弱其竞争力,起到限制进口的作用。一般说来,进口税税率可分为普通税率、特惠税税率、普惠制税率和最惠国税率。

(二) 出口税

出口税(export duty)是出口国家的海关在本国产品输往国外时对出口商所征收的关税。目前大多数国家对绝大部分出口商品都不征收出口税。因为征收出口税会抬高出口商品的成本和国外售价,削弱其在国外市场的竞争力,不利于扩大出口。

(三) 过境税

过境税(transit duty)又称通过税或转口税,是一国海关对通过其关境再转运第三国的外国货物所征收的关税。其目的主要是增加国家财政收入。过境税在重商主义时期盛行于欧洲各国。随着资本主义的发展,交通运输事业的发达,各国在货运方面的竞争激烈,同时,过境货物对本国生产和市场没有影响,于是,到19世纪后半期,各国相继废除了过境税。二战后,关贸总协定规定了"自由过境"的原则。目前,大多数国家对过境货物只征收少量的签证费、印花费、登记费、统计费等。

(四) 进口附加税

进口附加税(import surtax)是指进口国海关对进口的外国商品在征收进口正税之外,

出于某种特定的目的而额外加征的关税。这类进口附加税主要有反倾销税、反补贴税等。

1. 反倾销税

反倾销税(anti-dumping duty)是对于实行商品倾销的进口商品所征收的一种进口附加税。其目的在于抵制商品倾销，保护本国产品的国内市场。

世贸组织的《反倾销协议》规定，一成员要实施反倾销措施，必须遵守三个条件：首先，确定存在倾销的事实，一国产品以低于正常价格的办法挤入另一国市场；第二，确定对国内产业造成了实质损害或实质损害的威胁，或对建立国内相关产业造成实质阻碍；第三，确定倾销和损害之间存在因果关系。

正常价格(normal price)是指相同产品在出口国用于国内消费时在正常情况下的可比价格。如果没有这种国内价格，则是相同产品在正常贸易情况下向第三国出口的最高可比价格；或产品在原产国的生产成本加合理的推销费用和利润。不得因抵消倾销或出口补贴而同时对它既征收反倾销税又征收反补贴税。

2. 反补贴税

反补贴税(countervailing duty)是对于直接或间接地接受奖金或补贴的外国商品进口所征收的一种进口附加税，一般按照"补贴数额"征收。凡进口商品在生产、制造、加工、买卖、运输过程中所接受的直接间接的奖金或补贴都构成征收反补贴税的条件。不管这种奖金或补贴来自政府或同业工会，税额一般按奖金或补贴数额征收，征收的目的在于通过进口商品的价格，抵消其所享受的补贴金额，削弱其竞争力，使它不能在国内市场上低价竞争和倾销。

《关税与贸易总协定》第 6 条有关反补贴税方面的规定主要有：(1) 反补贴税是为了抵消商品于制造、生产或输出时所直接或间接接受的任何奖金或补贴而征收的一种特别关税。补贴的后果会对国内某项已建的工业造成重大损失或产生重大威胁，或在严重阻碍国内某一工业的建立时，才能征收反补贴税。反补贴税的征收不得超过"补贴数额"。(2) 对产品在原产国或输出国所征的捐税，在出口时退还或因出口而免税，进口国对这种退税或免税不得征收反补贴税。

分析案例 5-1

中国 2001 年以来大幅度降低关税水平

2001 年以来中国切实履行加入世界贸易组织承诺，同时主动通过单边降税扩大市场开放。截至 2010 年，中国货物降税承诺全部履行完毕，关税总水平由 2001 年的 15.3% 降至 9.8%。中国并未止步于履行加入世界贸易组织承诺，而是通过签订自由贸易协定等方式推进贸易投资自由化，给予最不发达国家关税特殊优惠，多次以暂定税率方式大幅自主降低进口关税水平。根据世界贸易组织数据，2015 年中国贸易加权平均关税税率已降至 4.4%，明显低于韩国、印度、印度尼西亚等新兴经济体和发展中国家，已接近美国(2.4%)和欧盟(3%)的水平；在农产品和制成品方面，中国已分别低于日本农产品和澳大利亚非农产品的实际关税水平。2018 年以来，中国进一步主动将汽车整车最惠国税率降至 15%，将汽车零部件最惠国税率从最高 25% 降至 6%；大范围降低部分日用消费品进口关税，涉及 1 449 个税目,其最惠国平均税率从 15.7% 降至 6.9%,平均降幅达 55.9%。目前,中国关税总水平已进一步降为 7.5%。中国进口关税改革趋势是什么?

分析:中国对外开放的大门不会关闭,只会越开越大。进口关税水平将进一步下降。

(五)差价税

差价税(variable levy)又称差额税。当某种国内生产的产品国内价格高于同类进口商品的价格时,为了削弱进口商品的竞争能力,保护国内工业和国内市场,按国内价格与进口价格之间的差额征收的关税,就叫差价税。由于差价税是随着国内外价格差额的变动而变动的,因此它是一种滑动关税。

四、关税的征收

(一)海关税则

各国征收关税的依据是海关税则(customs tariff),又称关税税则,是一国对进出口商品计征关税的规章和对进出口应税与免税商品加以系统分类的一览表。海关税则是关税制度的重要内容,是国家关税政策的具体体现。海关税则一般包括两个部分:一部分是海关课征关税的规章条例及说明,另一部分是关税税率表。其中,关税税率表主要包括税则号列(tariff No. 或 heading No. 或 tariff item,简称税号)、商品分类目录(description of goods)及税率(rate of duty)三部分。

1. 海关税则的商品分类

国际通用的商品分类目录有《布鲁塞尔税则目录》(Brussels Tariff Nomenclature,BTN)、《国际贸易标准分类》(Standard Intenational Trade Classification,SITC)和《协调商品名称和编码制度》(The Harmonized Commodity Description and Coding System,HS)。

2. 海关税则的分类

海关税则按税率栏目的多少可分为单式税则(single tariff)和复式税则(complex tariff);海关税则按制定方式的不同,可分为自主税则(autonomous tariff)和协定税则(conventional tariff)。

(二)关税的征收标准

关税的征收标准又称征收方法,可分为从量税、从价税和混合税。

1. 从量税

从量税(specific duty)是以进口货物的重量、数量、长度、容量和面积等计量单位为标准计征的关税。其中,重量单位是最常用的从量税计量单位。例如,美国对薄荷脑的进口征收从量税,普通税率为每磅 50 美分,最惠国税率为每磅 17 美分。

2. 从价税

从价税(ad valorem duty)是以货物价格作为征收标准的关税。从价税的税率表现为货物价格的百分值。完税价格(dutiable value)是经海关审定作为计征关税的货物价格。

3. 混合税

在税则的同一税目中订有从量税和从价税两种税率,征税时混合使用两种税率计征。混合税(mixed duty)又可分为复合税和选择税两种。

复合税(compound duty)是指征税时同时使用从量、从价两种税率计征,以两种税额之和作为该种商品的关税税额。如美国对男士开司米羊绒衫(每磅价格在18美元以上者)征收混合税,从量税为每磅37.5美分,从价税为15.5%。

选择税(alternative duty)是指对某种商品同时订有从量和从价两种税率,征税时由海关选择其中一种征税,作为该种商品的应征关税额。一般是选择税额较高的一种税率征收。

(三) 关税的征收程序

关税的征收程序即通关手续,或称报关手续,是指进出口商向海关申报进口或出口,接受海关的监督与检查,履行海关所规定的手续。通关手续通常包括申报、查验和征税放行三个基本环节。现以进口为例说明其具体程序。

1. 申报

当货物运抵进口国港口、车站或机场时,进口商应向海关提交有关单证和填写海关所发的表格。申报时需提交的单证主要有:进口报关单、提单、商业发票或海关发票、原产地证书、进口许可证或进口配额证书、品质证书和卫生检验证书等。

2. 查验

进口商提交了有关单证和填写了海关的表格后,海关按照有关法律规定,审核有关单证是否真实完整,是否符合法律规定,然后查验货物是否与单证相符。查验货物一般在码头、车站或机场的仓库等场所进行。

3. 征税放行

海关审核单证、查验货物后,照章办理收缴税款和其他费用,海关在有关单证上签章,以示放行,进口货物即此通关。一般情况下,进口商应在货物到达后在规定的时间内办理通关手续。对于易腐商品,如鲜鱼、水果等,可以在货到之前办理提货手续,将货从海关立刻提出,日后再结算进口税。如果进口商想延期提货,则可以在办理有关报关手续后将货存进保税仓库。如该货物再转出口,不需支付进口税;如运往国内市场销售,则应交纳进口税。进口税款既可用本国货币交纳,也可用外币交纳。

第二节 非关税措施

一、非关税壁垒的含义及特点

(一) 非关税壁垒

非关税壁垒(non-tariff barriers,NTBs)指一国或地区在限制进口方面采取的除关税以外的所有措施。它是相对于关税措施而言的。这种措施可以通过国家法律、法令以及各种行政措施的形式来实现,它和关税壁垒一起充当政府干预贸易的政策工具。

非关税壁垒在资本主义发展初期就已出现,但到20世纪30年代资本主义世界性经济危机爆发时,它才被作为贸易壁垒的重要组成部分盛行于世。关税是进口保护的最基本手段,但二战以后,尤其是20世纪60年代后期以来,在关贸总协定的推动下,关税总体水平大幅度下降,因而关税的保护作用越来越弱,这使得非关税壁垒的运用越来越重要和广泛。到20世纪70年代中期,非关税壁垒已成为贸易保护的主要手段。

非关税壁垒越来越趋向采用处于总协定法律原则和规定的边缘或之外的歧视性贸易措施(如自动出口限制等),从而成为"灰色区域措施"(gray area measurements),以绕开关贸总协定的直接约束。目前,越来越多的西方发达国家使用灰色区域措施,这在一定程度上构成了对国际贸易体系的威胁。

(二)非关税壁垒的特点

非关税壁垒与关税壁垒都有限制进口的作用。但是,与关税壁垒进行比较,非关税壁垒具有以下特点:

1. 灵活性和针对性强

一般来说,各国关税税率的制定必须通过立法程序,并要求具有一定的延续性。如要调整税率,需要通过繁琐的法律程序和手续,在遇到紧急情况时往往难以适应。同时关税的调整还要受到世界贸易组织或其他贸易条约或协定的约束,因此关税壁垒的灵活性很弱。而非关税壁垒的制定和实施往往采用行政程序,制定和修改都比较迅速、简单,能随时针对某个国家或某种商品采取或更换相应的限制进口措施,因此具有较大的灵活性和时效性。

2. 有效性强

关税壁垒是通过征收高额关税,提高进口商品的成本和价格,削弱其竞争能力,间接地达到限制进口的目的。当面临出口国生产成本降低或进行商品倾销、出口补贴等情况时,关税就会显得作用乏力。而有些非关税措施如进口配额,事先规定进口的数量或金额,超过量绝对不准进口,因而其限制作用是绝对的,比关税更加直接和有效。

3. 隐蔽性强

一般来说,关税税率确定后,往往以法律形式公布于众,依法执行。而非关税壁垒措施往往不公开,或者规定极为繁琐复杂的标准,使出口商难以适应,因而具有极大的隐蔽性。

4. 歧视性强

每个国家只能有一部海关税则,对所有国家的进口商品一样适用。而非关税壁垒可以针对某个国家或某种商品制定相应的措施,因而具有差别性和歧视性。1989年欧共体宣布禁止进口含有荷尔蒙的牛肉这一作法,就是针对美国作出的,美国为此采取了相应的报复措施。英国生产的糖果在法国市场上曾经长期有很好的销路,后来法国在食品卫生法中规定禁止进口含有红霉素的糖果,而英国糖果正是普遍使用红霉素染色的,这样一来,英国糖果大大失去了其在法国的市场。其结果是大大加强了非关税壁垒的差别性和歧视性。

二、非关税壁垒的主要种类

(一) 进口配额制

进口配额制(import quotas system)又称进口限额制,是一国政府在一定时期(通常为一年)之内,对某些商品的进口数量或金额加以直接的限制。在规定的期限内,配额以内的货物可以进口,超过配额不准进口,或者征收更高的关税或罚款后才能进口。它是实行进口数量限制的重要手段之一。进口配额制主要有以下两种:

1. 绝对配额

绝对配额(absolute quotas)是在一定时期内,对某些商品的进口数量或金额规定一个最高额数,达到这个额数后,便不准进口。这种进口配额在实施中,又有以下两种方式:

全球配额(global quotas;unallocated quotas):全球配额属于世界范围的绝对配额,对于来自任何国家或地区的商品一律适用。

国别配额(country quotas):是在总配额内按国别或地区分配给固定的配额,超过规定的配额便不准进口。

进口国有时为加强垄断资本在对外贸易中的垄断地位和进一步控制某些商品的进口,将某些商品的进口配额在少数进口厂商之间进行分配,称进口商配额(importer quota),日本食用肉的进口配额就是在29家大商社间分配的。

2. 关税配额

关税配额(tariff quotas)是对商品进口的绝对数额不加限制,而对在一定时期内,在规定配额以内的进口商品,给予低税、减税或免税待遇;对超过配额的进口商品则征收较高的关税,或征收附加税或罚款。按征收关税(优惠性质)的目的,可分为优惠性关税配额和非优惠性关税配额。

关税配额与绝对配额的不同之处在于,绝对配额规定一个最高进口额度,超过就不准进口,而关税配额在商品进口超过规定的最高额度后,仍允许进口,只是超过部分被课以较高关税。可见,关税配额是一种将征收关税同进口配额结合在一起的限制进口的措施。

(二) "自愿"出口配额制

"自愿"出口配额制("voluntary"export quotas)又称"自动"出口限制("voluntary" restriction of export),是出口国家或地区在进口国的要求或压力下,"自动"规定某一时期内(一般为3~5年)某些商品对该国的出口限制,在限定的配额内自行控制出口,超过配额即禁止出口。

"自愿"出口配额制和进口配额制有许多不同之处。例如,从配额的控制方面看,进口配额制由进口国直接控制进口配额来限制商品的进口,而"自愿"出口配额制则由出口国直接控制配额,限制一些商品对指定进口国家出口,因此是一种由出口国家实施的为保护进口国生产者而设计的贸易政策措施。从配额表现形式看,"自愿"出口配额制表面上好像是出口国自愿采取措施控制出口,而实际上是在进口国的强大压力下才采取的措施,并非真正出于出口国的自愿。

(三) 进口许可证制

进口许可证制(import licence system)是指进口国家规定某些商品进口必须事先领取许可证,才可进口,否则一律不准进口的制度。它实际上是进口国管理其进口贸易和控制进口的一种重要措施。

从进口许可证与进口配额的关系上看,进口许可证可以分为定额的进口许可证和无定额的进口许可证。从进口商品的许可程度看,进口许可证一般又可分为公开一般许可证(open general license,OGL)和特种商品进口许可证(specific license,SL)。

(四) 进口最低限价制

有些国家采用所谓最低限价的办法来限制进口。进口最低限价制(minimum price)就是一国政府规定某种进口商品的最低价格,凡进口货价低于规定的最低价格则征收进口附加税或禁止进口以达到限制低价商品进口的目的。

(五) 进口押金制

进口押金制(advanced deposit)又称进口存款制。在这种制度下,进口商在进口商品时,必须预先按进口金额的一定比率和规定的时间,在指定的银行无息存入一笔现金,才能进口。这样就增加了进口商的资金负担,影响了资金的周转,从而起到了限制进口的作用。例如,第二次世界大战后意大利政府曾规定某些进口商品无论从任何国家进口,必须先向中央银行交纳相当于进口货值一半的现款押金,无息冻结6个月。

(六) 外汇管制

外汇管制(foreign exchange control)是指一国政府通过法令对国际结算和外汇买卖实行限制来平衡国际收支和维持本国货币的汇价稳定的一种制度。利用外汇管制来限制进口的方式有:

1. 数量性外汇管制

即国家外汇管理机构对外汇买卖的数量直接进行限制和分配,旨在集中外汇收入,控制外汇支出,实行外汇分配,以达到限制进口商品品种、数量和国别的目的。一些国家实行数量性外汇管制时,往往规定进口商必须获得进口许可证后,方可得到所需的外汇。

2. 成本性外汇管制

即国家外汇管理机构对外汇买卖实行复汇率制度(system of multiple exchange rates),利用外汇买卖成本的差异,间接影响不同商品的进出口。所谓复汇率制也称多重汇率,是指一国货币的对外汇率不只有一个,而是有两个以上的汇率,分别适用于不同的进出口商品。其作用是,根据出口商品在国际市场上的竞争力,为不同商品规定不同的汇率以加强出口;根据保护本国市场的需要为进口商品规定不同的汇率以限制进口等或鼓励某些商品进口或出口。

3. 混合性外汇管制

即同时采用数量性和成本性的外汇管制,对外汇实行更为严格的控制,以影响控制商品进出口。

4. 利润汇出限制

即国家对外国公司在本国经营获得的利润汇出加以管制。例如,德国对美国石油公司在德国赚钱后汇给其母公司的利润按累进税制征税,高达60%。又比如有的国家通过拖延批准利润汇出时间表来限制利润汇出。

(七)各种国内税

国内税(internal taxes)是指在一国的国境内,对生产、销售、使用或消费的商品所应支付的捐税,如周转税、零售税、消费税、销售税、营业税等。一些国家往往采取国内税制度直接或间接地限制某些商品进口。这是一种比关税更灵活、更易于伪装的贸易政策手段。

(八)海关程序

海关程序(customs procedures)本来是正常的进口货物通关程序,但通过滥用却可以起到歧视和限制进口的作用,从而成为一种有效的、隐蔽的非关税壁垒措施,这可以体现在:

1. 海关对申报表格和单证作出严格要求

比如要求进口商出示商业发票、原产地证书、货运提单、保险单、进出口许可证、托运人报关清单等,缺少任何一种单证,或者任何一种单证不规范,都会使进口货物不能顺利通关。

2. 通过商品归类提高税率

海关武断地把进口商品分类在税率高的税则项下,以增加进口商品关税负担,从而限制进口。

3. 通过海关估价制度限制进口

海关估价制度(customs valuation system)原本是海关为了征收关税而确定进口商品价格的制度,但在实践中它经常被用作一种限制进口的非关税壁垒措施。

4. 从进口商品查验上限制进口

海关查验货物主要有两个目的:一是看单据是否相符,即报关单是否与合同批文、进口许可证、发票、装箱单等单证相符;二是看单货是否相符,即报关所报内容是否与实际进口货物相符。为了限制进口,查验的过程可以变得十分复杂。一些进口国家甚至改变进口关道,即让进口商品在海关人员少、仓库狭小、商品检验能力差的海关进口,拖长商品过关时间。

(九)进口和出口国家垄断

进口和出口国家垄断(state monopoly)也称国营贸易(state trade),是指在对外贸易中,对某些或全部商品的进、出口规定由国家机构直接经营,或者是把某些商品的进口或出口的专营权给予某些垄断组织。经营这些受国家专控类垄断的商品的企业,称为国营贸易企业(state trading enterprises)。国营贸易企业一般为政府所有,但也有政府委托私人企业代办。

(十)歧视性政府采购政策

歧视性政府采购政策(discriminatory government procurement policy)是指国家制定法

令,规定政府机构在采购时要优先购买本国产品的做法。有的国家虽未明文规定,但优先采购本国产品已成惯例。这种政策实际上是歧视外国产品,起到了限制进口的作用。美国从1933年开始实行、并于1954年和1962年两次修改的《购买美国货法案》(《Buy American Act》)就是一例。

(十一)技术性贸易壁垒

技术性贸易壁垒(technical barriers to trade,TBT)是指进口国在实施贸易进口管制时,以维护国家安全维护生产、消费以及人民健康为理由,保护动植物的生命和健康、保护生态环境或防止欺诈行为、保证产品质量等为由以通过颁布法律、法令、条例、规定等方式,对进口产品制定过分苛刻的技术标准、卫生检疫标准、环境标准、商品包装和标签包装,从而提高商品的技术要求,以限制进口的一种非关税措施。技术性贸易壁垒包括:

1. 技术标准

技术标准(technical standard)是指经公认机构批准的、非强制执行的、供通用或重复使用的产品或相关工艺和生产方法的规则、指南或特性的文件。有关专门术语、符号、包装、标志或标签要求也是标准的组成部分。欧盟规定,进口商品必须符合 ISO 9000 国际质量标准体系。美国的技术标准和法规更是多得不胜枚举,而且大多数技术标准要求非常苛刻,让发展中国家望尘莫及。

2. 卫生检疫规定

一些国家利用卫生检疫规定(health and sanitary regulation)来制限制商品的进口,要求卫生检疫的商品越来越多,卫生检疫规定越来越严。它主要适用于农副产品、食品、药品及化妆品等。例如,日本、加拿大、英国等要求花生黄曲霉素含量不超过百万分之二十。美国规定其他国家或地区输往美国的食品、饮料、药品及化妆品,必须符合美国的《联邦食品、药品及化妆品法》(Federal Food, Drug and Cosmetic Act)。

3. 商品包装和标签规定

一些国家对于在国内市场上销售的商品,制定了种包装和标签规定(packaging and labelling regulation)。这些规定内容复杂,手续麻烦且经常变换。进口商必须符合这些规定,否则不准进口或禁止在其市场上销售。

(十二)绿色壁垒

绿色壁垒(green barriers)也称环境壁垒,是一种新兴的非关税壁垒措施,是指一国以保护有限资源、生态环境和人类健康为名,通过制定苛刻的环境保护标准,来限制国外产品的进口。绿色壁垒的内容较为广泛,主要包括:

1. 绿色技术标准

国际标准化组织(ISO)专门技术委员会正式公布了 ISO 14000 系列标准,对企业的清洁生产、产品生命周期评价、环境标志产品、企业环境管理体系加以审核,要求企业建立环境管理体系,这是一种自愿性标准。目前,ISO 14000 已成为企业进入国际市场的绿色壁垒。主要发达国家还在空气、噪声、电磁波、废弃物等污染防治、化学品和农药管理、电力资源和动植物保护等方面制定了多项法律法规和许多产品的环境标准。

分析案例 5-2

ISO 14064 温室气体核证

2006年3月1日,国际标准化组织发布了ISO 14064标准。该标准为政府和工业界提供了一系列综合的程序方法,旨在减少温室气体排放和促进温室气体(GHG)排放交易。ISO 14064分三个标准,分别就温室气体在组织层面和项目层面的量化和报告,以及审查和核证做出详细报告。第一部分:在组织层面温室气体排放和移除的量化和报告指南性规范;第二部分:在项目层面温室气体排放减量和移除增量的量化、监测和报告指南性规范;第三部分:有关温室气体声明审定和核证指南性规范。

ISO 14064推行目的是:降低温室气体的排放和排放贸易,促进温室气体的量化、监测、报告和验证的一致性、透明度和可信性;保证组织识别和管理与温室气体相关的责任、资产和风险;促进温室气体限额或信用贸易;支持可比较的和一致的温室气体方案或程序的设计、研究和实施。

ISO 14064的推行意义是什么?

分析:随着中国企业环保意识的不断提高,企业碳核证机制受到越来越多国内知名企业的青睐与认可,成为企业提升企业社会形象和跨越技术性贸易壁垒的一张具有高含金量的通行证。

2. 绿色环境标志制度

由政府管理部门或民间团体按严格的程序和环境标准颁发"绿色通行证",并要求印于产品包装上,以向消费者表明,该产品从研制开发到生产使用,直至回收利用的整个过程均符合生态环境要求。例如,德国的"蓝色天使"、加拿大的"环境选择"、日本的"生态标志"、欧盟的"欧洲环保标志"等,要将产品出口到这些国家,必须经审查合格并拿到"绿色通行证"。

3. 绿色包装制度

绿色包装制度指能节约资源,减少废弃物,用后易于回收再用或再生,易于自然分解,不污染环境的包装。虽然这些"绿色包装"法规有利于环境保护,但却为发达国家制造"绿色壁垒"提供了可能。

4. 绿色卫生检疫制度

国家有关部门对产品是否含有毒素、污染物及添加剂等进行全面的卫生检查,防止超标产品进入国内市场。发达国家对食品的安全卫生指标十分敏感,尤其是农药残留、放射性残留、重金属含量的要求日趋严格。

(十三) 社会壁垒

社会壁垒是指以劳动者劳动环境和生存权利为借口采取的贸易保护措施。它由社会条款而来。社会条款并不是一个单独的法律文件,而是对国际公约中有关社会保障、劳动者待遇、劳工权利、劳动标准等方面规定的总称,它与公民权利和政治权利相辅相成。企业的社会责任,包括遵守商业道德、保护劳工权利、保护环境等。这已不是空洞的口号,劳工标准和环保标准,是很多跨国公司选择供货商时要考虑的重要条件。

分析案例 5-3

SA 8000 社会责任标准

2015年1月16日,国药控股星鲨制药(厦门)有限公司通过社会责任标准SA 8000认证。社会责任标准SA 8000是Social Accountability 8000 International Standard的英文简称,是全球首个道德规范国际标准。其宗旨是确保供应商所供应的产品,皆符合社会责任标准的要求。SA 8000标准适用于世界各地、任何行业、不同规模的公司。SA 8000是由美国的社会责任国际(SAI)发起并联合欧美部分跨国公司和其他一些国际组织共同制定的社会责任标准,总部设在美国。此后,惠普、IBM和戴尔等共同发表电子产业行为准则(Electronic Industry Code of Conduct,EICC),旨在在电子行业的全球供应链中,建立标准化的社会责任感行为规范。关于SA 8000的性质,多数学者都认为其具有某种贸易壁垒的特性,有的称之为"蓝色壁垒"。蓝色壁垒是指以劳动者劳动环境和生存权利为借口采取有关的贸易保护措施,是对劳动保障、劳动者待遇、劳工权利、劳动标准等方面规定的总称,它和政治权利相辅相成。

SA 8000认证的作用是什么?

分析:更大程度地符合当地法规要求,建立国际公信力,使消费者对产品建立正面情感,以及使合作伙伴对本企业建立长期信心。

第三节 鼓励出口和经济特区措施

一、鼓励出口的措施

鼓励出口的措施是指出口国政府通过经济、行政和组织等方面的措施,促进本国商品的出口,开拓和扩大国外市场。目前绝大多数国家对本国的大部分产品采取鼓励出口的政策。

(一)出口信贷

出口信贷(export credit)是一个国家的银行为了鼓励商品出口,加强商品的竞争能力,对本国出口厂商或外国进口厂商提供的贷款。这是一国的出口厂商利用本国银行的贷款扩大商品出口,特别是金额较大、期限较长,如成套设备、船舶等出口的一种重要手段。出口信贷利率一般低于相同条件资金贷放的市场利率,利差由国家补贴,并与国家信贷担保相结合。出口信贷是在WTO框架下合理使用的一种鼓励出口的手段,因而为各国普遍采用。

出口信贷按借贷关系可以分为卖方信贷和买方信贷两种。

1. 卖方信贷

卖方信贷(supplier's credit)是指出口方银行向出口商(即卖方)提供的贷款。其贷款合同由出口商与银行签订。卖方信贷通常用于那些金额大、期限长的项目。因为这类商品的购进需用很多资金,进口商一般要求延期付款,而出口商为了加速资金周转,往往需要取得银行的贷款。卖方信贷正是银行直接资助出口商向外国进口商提供延期付款,以促进商品出口的一种方式。但由于卖方信贷风险较大,手续也较繁琐,因此较少使用。

2. 买方信贷

买方信贷(buyer's credit)是指出口方银行直接向进口商(即买方)或进口方银行提供的贷款,其附加条件就是贷款必须用于购买债权国的商品,这就是所谓约束性贷款(tied loan)。买方信贷由于具有较强约束性可以较好地起到扩大出口的作用。

发达国家一般都设立专门银行来办理此项业务,如美国进出口银行、日本输出入银行、法国对外贸易银行、加拿大出口开发公司等。这些专门银行除对成套设备、大型交通工具的出口提供出口信贷外,还向本国私人商业银行提供低利率贷款或给予贷款补贴,以资助这些商业银行的出口信贷业务。我国于1994年7月1日正式成立了中国进出口银行,这是一家政策性银行,其任务主要是对国内机电产品及成套设备等资本品货物的进出口给予必要的政策性金融支持。

(二)出口信贷国家担保制

出口信贷国家担保制(export credit guarantee system)就是国家为了扩大出口,对于本国出口商或商业银行向国外进口商银行提供的信贷,由国家设立的专门机构出面担保。当外国债务人由于政治原因(如进口国发生政变、革命、暴乱、战争以及政府实行禁运、冻结资金或限制对外支付等),或由于经济原因(如进口商或借款银行因破产倒闭无力偿付、货币贬值、通货膨胀等)而拒绝付款时,这个国家机构即按照承保的数额给予补偿。

出口信贷国家担保制的担保对象主要有两种:

(1) 对出口厂商的担保。出口厂商输出商品时所需的短期或中长期信贷均可向国家担保机构申请担保。有些国家的担保机构本身不向出口厂商提供出口信贷,但可为出口厂商取得出口信贷提供有利条件。

(2) 对银行的直接担保。通常银行所提供的出口信贷均可申请担保。这种担保是担保机构直接对供款银行承担的一种责任。有些国家为了鼓励出口信贷业务的开展和提供贷款安全保障,往往给银行更为优厚的待遇。

担保的项目包括政治风险和经济风险两大类。政治风险的承包金额一般为合同金额的85%~95%,经济风险的承保金额一般为合同金额的70%~80%。担保的期限一般与贷款的期限一致。

(三)出口补贴

出口补贴(export subsidy)又称出口津贴,是一国政府为了降低出口商品的价格,增强其在国外市场的竞争力,在出口某商品时给予出口商的现金补贴或财政上的优惠待遇。出口补贴有两种形式:一是直接补贴(direct subsidy),即国家对出口厂商给予现金补贴。补贴的金额大小视出口商的实际成本与出口后获得的实际收入的差距而定。二是间接补贴(indirect subsidy),即由政府对出口商品给予种种财政上的优惠。世界贸易组织《补贴与反补贴协议》将补贴分成三类,即禁止使用的补贴(prohibited subsidy)、可诉的补贴(actionable subsidy)和不可诉的补贴(non-actionable subsidy)。

（四）商品倾销

商品倾销(dumping)是指以低于国内市场的价格甚至低于生产成本的价格,在国外市场抛售商品,打击竞争者以占领市场。按照倾销的具体目的和时间的不同,商品倾销可分为三种：

1. 偶然性倾销

偶然性倾销(sporadic dumping)通常是因为销售旺季已过,或因公司改营其他业务,在国内市场上不能售出"剩余货物",而以较低的价格在国外市场上抛售。这种倾销对进口国的同类生产当然会造成不利的影响,但由于时间短暂,进口国家通常较少采用反倾销措施。

2. 间歇性或掠夺性倾销

间歇性或掠夺性倾销(intermittent or predatory dumping)倾销是以低于国内价格甚至低于生产成本的价格在国外市场销售商品,挤垮竞争对手后再以垄断力量提高价格,以获取高额利润。这种倾销的目的是占领、垄断和掠夺国外市场,获取高额利润。这种倾销严重地损害了进口国家的利益,因而许多国家都采取反倾销税等措施进行抑制。

3. 持续性倾销

持续性倾销(persistent dumping)又称长期性倾销(long-run dumping)。这种倾销是无限期地、持续地以低于国内市场的价格在国外市场销售商品。

（五）外汇倾销

外汇倾销(foreign exchange dumping)是指一国降低本国货币对外国货币的汇价,使本国货币对外贬值,从而达到降低出口价格和扩大出口的目的。一个国家的货币贬值后,进口商品的价格就上涨,从而又起到限制进口的作用。外汇倾销是向外倾销商品和争夺国外市场的一种特殊手段。

外汇倾销必须具备一定的条件才能起到扩大出口和限制进口的作用：(1)本国货币对外贬值的幅度大于国内物价上涨的程度；(2)其他国家不同时实行同等程度的货币贬值和采取其他报复性措施的情况下方能奏效；(3)不宜在国内通货膨胀严重的背景下贸然采用。一国货币的对内价值与对外价值是互为联系、彼此影响的。一国货币汇价下跌(即对外价值下跌)迟早会推动其对内价值的下降,从而加剧严重的通货膨胀。

（六）促进出口的行政组织措施

二战后,多数国家为了促进出口贸易的扩大,在制定一系列的鼓励出口政策的同时,还不断加强出口行政组织措施。这些措施主要有：

1. 成立研究与制定出口战略的专门组织

例如,美国1978年成立了"出口委员会"(Export Council)和"跨部门的出口扩张委员会"(Inter-Agency Committee on Export Expansion),附属于总统国际政策委员会。日本、欧盟国家也有类似的组织。

2. 建立商业情报网

加强国外市场情报工作,及时向出口商提供商业信息和资料。

3. 设立贸易中心和组织贸易博览会

贸易中心是永久性设施,可提供商品陈列展览场所、办公地点和咨询服务等,而贸易博览会是流动性的展出,许多国家十分重视这项工作。

4. 组织贸易代表团出访和接待来访

许多国家为了推动和发展对外贸易,组织贸易代表团出访,其费用大部分由政府支付。此外,许多国家还设立专门机构接待来访团体。

5. 组织出口厂商的评奖活动

例如,美国设立了总统"优良"勋章和"优良"星字勋章,得奖厂商可以把奖章样式印在它们公司的文件、包装和广告上。日本政府把每年6月28日定为贸易纪念日,每年在贸易纪念日,由通商产业大臣向出口贸易成绩卓著的厂商和出口商社颁发奖状。

二、经济特区措施

(一) 经济特区的历史发展

经济特区(economic zone)是一个国家或地区划出的一定范围,实行特殊的经济政策,吸引外国企业从事贸易与出口加工工业等业务活动的区域。其目的是促进对外贸易发展,鼓励转口贸易和出口加工贸易,繁荣本地区和邻近地区的经济,增加财政收入和外汇收入。

1228年,法国南部马赛港就已在港区内开辟自由贸易区,以便让外国货物在不征收任何捐税的情况下进入港口的特定区域,然后再向外输出。15世纪末,德意志北部的几个自由市联合起来,建立自由贸易联盟,史称"汉萨同盟",为促进同盟内部的通商贸易,选定汉堡和不莱梅两地作为自由贸易区。随着资本主义的不断发展,自由港与自由贸易区不断涌现。

20世纪40年代,自由港或自由贸易区在国际贸易中担当起越来越重要的角色。第二次世界大战以后,在世界重要航线上,建立了一批新的自由港或自由贸易区,南美最大的自由贸易区——巴拿马科隆自由贸易区即是一例。

20世纪50年代末60年代初,一批新型的经济特区开始出现。爱尔兰于1959年在香农国际机场兴建的经济特区,是世界上第一个出口加工区。1965年世界上第一个以出口加工区命名的经济特区在我国台湾高雄兴建起来。

(二) 经济特区的特点

1. 以扩大出口贸易、开发经济和提高技术水平为目的

通过发展出口加工业,吸收外资和引进先进技术设备,开发本地区和邻近地区的经济,提高国内生产的技术水平。

2. 具有一个开放的投资环境

经济特区大都提供优惠待遇,同时,国家还采取财政措施等对特区的生产经营进行扶

持,并简化各种行政手续,为外商投资提供方便。

3. 具有一定的基础设施

例如,水电设施、交通运输设施、仓储设施、通信邮电设施、生活文化设施等。

4. 具有良好的社会经济条件

一般来说,经济特区都有较丰富的劳动力资源,文化教育程度较高,技术力量和管理能力也较强。

5. 具有良好的自然条件

经济特区大都设在地理位置和自然环境较好的地区,交通运输方便,资源丰富或易于获得,气候温和,风景秀丽。

(三) 世界经济特区的类型

1. 自由港和自由贸易区

自由港(free port)又称自由口岸,是世界性经济特区的最早形式,是指全部或绝大多数外国商品可以豁免关税自由进出口的港口。自由港在经济和贸易方面的基本特征是"自由",具体表现为贸易自由、金融自由、投资自由、运输自由。自由港一般具有优越的地理位置和港口条件,其开发目标和营运功能与港口本身的集散作用密切结合,以吸引外国商品扩大转口。目前世界著名的自由港有德国的汉堡、不莱梅,丹麦的哥本哈根,意大利的热那亚和里雅斯特,法国的敦刻尔克,葡萄牙的波尔,新加坡和我国香港特区。

自由贸易区(free trade zone)由自由港发展而来,它是以自由港为依托,将范围扩大到自由港的邻近地区。自由贸易区与自由港的功能基本相似,以促进对外贸易为主,也发展出口导向的加工业和工商业、金融业、旅游和其他服务业。自由贸易区一般分两种:一种是包括了港口及其所在的城市,例如香港。另一种是仅包括港口或其所在城市的一部分,有人称之为"自由港区",如德国汉堡自由贸易区是汉堡市的一部分,占地仅5.6平方英里。

自由港和自由贸易区都是划在一国关境以外,外国商品除了进港口时免缴关税外,一般还可在港区内进行改装、加工、挑选、分类、长期储存或销售,以便于本地区的经济和对外贸易的发展,增加财政收入和外汇收入。外国商品只是在进入所在国海关管辖区时才纳税。

设立自由港和自由贸易区的主要目的是为了方便转口和对进口货物进行简单加工,主要面向商业,并以转口邻近国家和地区为主要对象,多设在经济发达国家或地区。自由港以欧洲为最多,自由贸易区以美洲为最多。

2. 保税区

保税区(bonded area)又称保税仓库区(bonded warehouse),是由海关设置的或经海关批准设置的特定地区和仓库。外国商品可以免税进出保税区,在保税区内还可对商品进行储存、改装、分类、混合、展览、加工和制造等。但是,商品若从保税区内进入本国市场,则必须办理报关手续,交纳进口税。保税区制度是一些资本主义国家(如日本、荷兰)在没有设立自由港或自由贸易区的情况下设立的,它实际上起到了类似自由港和自由贸易区的作用,只是其地理范围一般相对较小。此外,有的保税区还允许在区内经营金融、保险、房地产、展销和旅游业务。

分析案例 5-4

中国的综合保税区

中国综合保税区(comprehensive bonded zone)是设立在内陆地区的具有保税港区功能的海关特殊监管区域,由海关参照有关规定对综合保税区进行管理,执行保税港区的税收和外汇政策集保税区、出口加工区、保税物流区、港口的功能于一身,可以发展国际中转、配送、采购、转口贸易和出口加工等业务。截止2018年12月,经国务院批准设立的综合保税区有96家。

中国综合保税区有哪些税收优惠政策?

分析:国外货物入区保税;货物出区进入国内销售按货物进口的有关规定办理报关,并按货物实际状态征税;国内货物入区视同出口,实行退税;区内企业之间的货物交易不征增值税和消费税。

3. 出口加工区

出口加工区(export processing zone)是指一个国家或地区在其港口、机场附近交通便利的地方,划出一定区域范围,新建和扩建码头、车站、道路、仓库和厂房等基础设施,并提供减免关税和国内税等优惠待遇,鼓励外商在区内投资设厂,生产以出口为主的制成品。

出口加工区是在自由港、自由贸易区的基础上发展起来的,但又与自由港和自由贸易区有所不同。一般说来,自由港和自由贸易区,以发展转口贸易、取得商业方面的收益为主,是面向商业的;而出口加工区,以发展出口加工工业、取得工业方面的收益为主,是面向工业的。

出口加工区的类型分为综合性和专业性两种。前者即在区内可以经营多种出口加工工业,如菲律宾的巴丹出口加工区所经营的项目包括服装、鞋类、电子或电器产品、食品、光学仪器和塑料产品等的生产加工;后者在区内只准经营某种特定的出口加工产品,例如印度在孟买的圣克鲁斯飞机场附近建立的电子工业出口加工区,专门发展电子工业的生产和增加这类产品的出口。世界出口加工区大部分是综合型出口加工区。

4. 科学工业园区

科学工业园区(science-based industrial park)又称工业科学园、科研工业区、高技术园区(hi-tech park)等,是一种科技型经济特区。是以加速新技术研制及其成果应用,服务于本国或本地区工业的现代化,并便于开拓国际市场为目的,通过多种优惠措施和方便条件,将智力、资金高度集中用于高新技术研究、试验和生产。科学工业园区主要分布在发达国家和新兴工业化国家,以美洲为最多。世界知名的科学工业园区有:美国的"硅谷",英国的"剑桥科学园区",新加坡的"肯特岗科学工业园区",日本的"筑波科学城",我国台湾的"新竹科学工业园区"等。

5. 自由边境区和过境区

自由边境区(free perimeter)过去也称为自由贸易区(free trade area),这种设置仅见于拉丁美洲少数国家,一般设在本国的一个省或几个省的边境地区。对于在区内使用的生产设备、原材料和消费品可以免税或减税进口。如从区内转运到本国其他地区出售,则须照章纳税。外国货物可在区内进行储存、展览、混合、包装、加工和制造等业务活动,其目的在于利用外国投资开发边区的经济。自由边境区与出口加工区的主要区别在于,自由边境区的进口商品加工后大多是在区内使用,只有少数用于再出口。

过境区(transit zone)又称中转贸易区,指某些沿海国家为方便内陆邻国的进出口货运,根据双边协定,开辟某些海港、河港或边境城市作为过境货物的自由中转区,对过境货物简化海关手续,免征关税或只征收小额的过境费。过境区与自由港的明显区别在于,过境货物在过境区内可短期储存或重新包装,但不得加工制造。过境区一般都提供保税仓库设施。泰国的曼谷,印度的加尔各答,阿根廷的布宜诺斯艾利斯等,都是这种以中转贸易为主的过境区。

6. 综合型经济特区

综合型经济特区是一种多行业、多功能的特殊经济区域,又称多种经营的经济特区,简称多种经营特区,是指一国在其港口或港口附近等地划出一定的范围,新建或扩建基础设施和提供减免税收等优惠待遇,吸引外国或境外企业在区内从事外贸、加工工业、农畜业、金融保险和旅游业等多种经营活动的区域。其主要特点是:特区规模大,经营范围广,它不仅重视出口工业和对外贸易,同时也经营农牧业、旅游业、金融服务业、交通运输业、邮电通信业以及其他一些行业,对区域经济的发展具有重要的意义。中国(上海)自由贸易实验区是综合型经济特区。

第四节 贸易条约与协定

一、贸易条约与协定的概念和种类

(一)贸易条约与协定的概念

贸易条约与协定(commercial treaties and agreements)是指两个或两个以上的主权国家为确定彼此间在经济、贸易关系方面的权利和义务而缔结的各种书面协议。

贸易条约与协定按照参加缔约国家的多少,可分为双边和多边贸易条约与协定,前者是两个主权国家之间所缔结的贸易条约与协定,后者是两个以上主权国家共同缔结的贸易条约与协定。

(二)贸易条约与协定的种类

1. 贸易条约

贸易条约(commercial treaty)是全面规定缔约国之间经济和贸易关系的条约,种类很多,如"通商条约""友好通商条约""通商航海条约""友好通商航海条约"等。

2. 贸易协定和贸易议定书

贸易协定(trade agreement)是缔约国家为调整和发展彼此之间的贸易关系而签订的一种书面协议。贸易议定书(trade protocol)是指缔约国就发展贸易关系中某项具体问题所达成的书面协议。

3. 支付协定

支付协定(payment agreement)是缔约国之间关于贸易和其他方面债权、债务结算办法的一种书面协议。支付协定的主要内容包括：规定清算机构、开立清算账户、规定清算项目与范围、规定清算货币和清算方法以及清算账户的差额处理等。

4. 国际商品协定

国际商品协定(international commodity agreement)是指某项商品的生产国(出口国)与消费国(进口国)就该项商品的价格、购销等问题，经过协商达成的政府间的多边贸易协定。国际商品协定的主要对象是发展中国家的初级产品。

二、贸易条约与协定的法律原则

(一) 最惠国待遇原则

1. 最惠国待遇原则的含义

最惠国待遇原则(most favored nation treatment, MFNT)是贸易条约与协定中的一项重要条款。其基本含义是：缔约国一方现在和将来所给予任何第三国的一切特权、优惠和豁免，必须同样给予缔约对方。基本要求是：使缔约一方在缔约另一方享有不低于任何第三国享有的待遇。

最惠国待遇原则按照有无条件分为两种：无条件最惠国待遇原则，即缔约国一方现在和将来所给予任何第三国的一切特权、优惠和豁免，立即无条件地、无补偿地、自动地适用于对方；有条件的最惠国待遇原则，即如果缔约国一方给予第三国的优惠是有条件的，那么另一方必须提供同样的条件，才能享受这些优惠待遇。现在的国际贸易条约与协定一般都是采用无条件的最惠国待遇原则。

2. 最惠国待遇原则适用的范围

一般包括：有关进口、出口、过境商品的关税及其他捐税；商品进口、出口、过境、存仓和换船方面的有关海关规则、手续和费用；进出口许可证发放的行政手续。

(二) 国民待遇原则

在国家间签订的贸易条约与协定中，时常规定缔约国双方相互给予国民待遇原则(principle of national treatment)。所谓国民待遇原则，就是缔约国一方保证缔约国另一方的公民、企业和船舶在本国境内经济上享受与本国公民、企业和船舶同等的待遇。国民待遇原则是法律待遇条款之一，一般适用于外国公民或企业经济权利。其范围主要包括：外国公民的私人经济权利(私人财产、所得、房产、股票)、外国产品应交的国内税、利用铁路运输和转口过境的条件、船舶在港口的待遇、商标注册、版权、专利权等等。但沿海贸易权、领海捕鱼权、土地购买权等均不包括在内。

◆ **内容提要**

各国政府出于各种不同的目的制定出不同的贸易措施,以鼓励出口,减少进口。关税是进口保护的最基本手段。到20世纪70年代中期,非关税壁垒已成为贸易保护的主要手段。非关税壁垒的主要种类措施名目繁多,内容复杂。许多国家在利用关税和非关税措施限制进口的同时,还采取各种措施对本国的出口给予鼓励。同时许多国家或地区,为了促进经济和对外贸易的发展,采取了建立经济特区的措施,目的是促进对外贸易发展,鼓励转口贸易和出口加工贸易,繁荣本地区和邻近地区的经济,增加财政收入和外汇收入。随着国际贸易的发展,贸易条约与协定不仅在数量上大为增加,在内容上也越来越复杂,并且已成为各国加强同外界联系,扩大经济贸易的重要途径。

◆ **关键词**

关税　关税配额　非关税壁垒　反倾销　外汇倾销　保税区

◆ **复习思考题**

1. 进口关税的征收有几种方法?
2. 非关税壁垒同关税壁垒相比有什么特点?
3. 什么是绿色壁垒? 其主要内容是什么?
4. 什么是技术性贸易壁垒? 其主要内容是什么?
5. 鼓励出口措施有哪些?

思考案例

美国对中国出口光伏产品的反补贴裁决

2012年3月20日,美国商务部对中国晶体硅光伏电池组件作出初裁。同一天,美国商务部作出裁决,认定中国输美化学增白剂、镀锌钢丝、钢质车轮存在倾销和补贴行为。这样,仅仅在24小时之内,美国就针对中国产品作出4次反倾销或反补贴裁决,中美贸易摩擦进一步加剧。在此4项裁决中,对中国光伏企业初步调查结果尤为值得关注,美国商务部认定中国政府存在非法出口补贴行为,补贴幅度为2.9%至4.73%。其中天合光能被认定的补贴幅度最高,为4.73%;尚德电力最低,为2.9%;其他中国企业为3.61%。上述企业将被征收同等幅度的反补贴税。

试分析本案例事件对中美两国光伏产业发展的影响。

应用训练

中国自由贸易实验区

中国(上海)自由贸易试验区(China Pilot Free Trade Zone),简称上海自由贸易区或上海自贸区,是中国政府设立在上海的区域性自由贸易园区,也是中国内地第一个自由贸易区,位于浦东境内。该试验区于2013年8月22日经国务院正式批准设立,于9月29日上午10时正式挂牌。2014年12月,上海自贸区由原先的28.78平方千米扩至120.72平方千米。上海自由贸易试验区范围涵盖上海市外高桥保税区、外高桥保税物流园区、洋山保税港区和上海浦东机场综合保税区、金桥出口加工区、张江高科技园区和陆家嘴金融贸易区等7个区域。2013年9月至2018年12月,国务院先后批复成立上海、广东、天津、福建、辽宁、浙江、河南、湖北、重庆、四川、陕西和海南12个自由贸易试验区。作为开放的前沿阵地,自由贸易试验区外商投资准入特别管理措施(负面清单)由2013年的190条措施缩减到2018年的45条,开放度高于我国加入世界贸易组织时的承诺和对外签订的自由贸易协定;不断推进贸易便利化,试点内容已经超过世界贸易组织《贸易便利化协定》中的相关规定。2018年11月23日,国务院印发的《关于支持自由贸易试验区深化改革创新若干措施的通知》指出,建设自由贸易试验区是党中央、国务院在新形势下全面深化改革和扩大开放的战略举措。

试设计中国自由贸易实验区的发展思路。

第六章 世界贸易组织

本章结构图

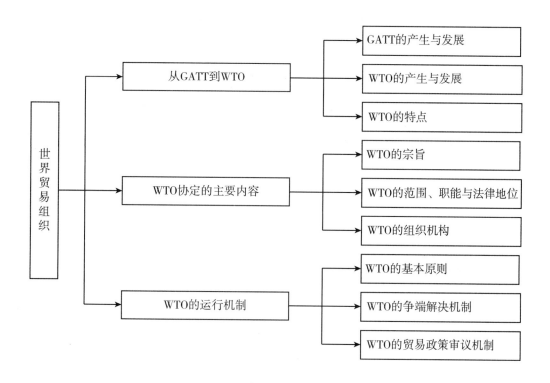

学习目标

了解关税与贸易总协定和世界贸易组织的产生与发展、联系与区别;了解世界贸易组织的宗旨、范围、法律地位;熟悉世界贸易组织的4个附件;熟练掌握世界贸易组织的基本原则,以及世界贸易组织的争端解决机制和贸易政策审议机制。

导入案例

入世十年,中国兑现入世时承诺

第110届广交会开幕式暨纪念中国加入WTO十周年论坛于2011年10月14日正式开幕。时任国务院总理温家宝出席,并发表主旨演讲。他说,加入世贸组织10年来,中国的面貌发生了重大变化,中国对外经贸关系发生了重大变化,中国在世界大家庭中的地位和作用也发生了重大变化,回首这10年历史我们可以得出重要结论:中国是说话算数的国家,兑现了加入世界贸易组织时的郑重承诺。10年来我们全面履行诺言,逐步降低进口产品的关税税率,取消所有进口配额、许可证等非关税措施,全面放开对外贸易经营权,大幅降低外贸准入门槛,中国关税的总水平由15.3%降至9.8%,远远低于发展中国家的平均水平。中国服务开放贸易部门达到一百个,接近发达国家的水平。我们在扩大市场开放的同时,还致力于提高对外开放政策的稳定性、透明度和可预见性。10年来,中央政府共清理各种法律法规和部门规章2 300多件,地方政府共清理地方性政策和法规19多万件,使国内涉外经济法律法规与我国加入世贸组织的承诺相一致。

第一节 从 GATT 到 WTO

一、GATT 的产生与发展

关税与贸易总协定(general agreement on tariff and trade,GATT)简称关贸总协定或总协定,是在美国倡议下由23个国家于1947年10月30日在日内瓦签订,并于1948年正式生效的关于调整缔约国对外经济贸易政策的相互权利、义务的国际多边协定。

(一) GATT 的产生

第二次世界大战期间,美国经济发展较快,战后初期美国在经济上处于领先地位。美国为了称霸世界,就积极策划在战后世界经济、政治领域中建立霸权地位,从国际金融、投资和贸易各方面进行对外扩张。为此,美国提出"贸易自由化"口号,首先倡议建立一个以实现贸易自由化为目标的国际贸易组织(international trade organization,ITO),把它作为与国际货币基金、国际复兴与开发银行并重的,专门协调各国对外贸易政策和国际经济贸易关系的第三个国际性的组织机构。1946年2月,联合国经济和社会理事会开始筹建该组织,并于1947年4月在日内瓦举行的第二次筹备会议上通过了"国际贸易组织宪章"草案。在这次会议上,为了尽快进行关税减让谈判,参加会议的代表将这项草案的有关关税的条文汇编成一个文件,称为关税与贸易总协定;并经过谈判达成一项"临时适用议定书",作为总协定的组成部分,于1947年10月30日在日内瓦由23个国家签署,并于1948年1月1日正式生效。在GATT主持下,从1947年到1994年已完成了8轮多边贸易谈判。

这个协定原为一个"临时规则"(interim rules)的协定,准备待各国政府批准"国际贸易组织宪章"后就取而代之。但是由于"国际贸易组织宪章"没有被有关国家的国会批准,这个总协定就成为缔约国调整对外贸易政策和措施以及国际经济关系方面的重要法律准则。

(二) GATT 的发展

GATT 在四十多年的实践中已演变成为一个事实上的专门机构。协定中的"缔约国全体"实际上是协定的最高权力机构,代表理事会和秘书处一直是协定的常设执行机关和行政事务机关,并规定了成员资格的要件和严格的加入程序。GATT 在促进国际商品贸易发展等方面起到了一定的积极作用。

二、WTO 的产生与发展

(一) WTO 产生的原因

在 1986 年 9 月乌拉圭回合发动时,没有关于建立世界贸易组织的问题,只是设立了一个关于修改和完善总协定体制职能的谈判小组。但是由于乌拉圭回合谈判不仅包括了传统的货物贸易问题,而且还涉及知识产权保护和服务贸易以及环境等新议题,这样 1947 年有关 GATT 如何有效地贯彻执行乌拉圭回合形成的各项协议的问题就自然而然地提到了多边贸易谈判的议事日程上。无论从组织结构还是从协调职能来看,总协定面对庞杂纷繁的乌拉圭回合多边谈判协议均显示出其"先天"的不足,有必要在其基础上创立一个正式的国际贸易组织,来协调、监督和执行新一轮多边贸易谈判的成果。

(二) 世界贸易组织产生与发展的过程

1990 年初,意大利首先提出建立世界贸易组织的倡议,同年 7 月,欧共体把这一倡议以 12 个成员组织的名义向乌拉圭回合体制职能小组正式提出来,随后得到加拿大、美国的支持。1990 年 12 月乌拉圭回合布鲁塞尔部长会议正式作出决定,责成体制职能小组负责"多边贸易组织协议"的谈判。该小组经过一年的谈判于 1991 年 12 月形成一份"关于建立多边贸易组织协议"草案,并成为同年底"邓克尔最后案文"的一部分。后经过两年的修改、完善和磋商,最终于 1993 年 11 月形成了目前的"多边贸易组织协议"(后易名为世界贸易组织,World Trade Organization,简称 WTO)。世界贸易组织协议于 1994 年 4 月 15 日在马拉喀什部长会议上获得通过,由 104 个参加方政府代表签署。

WTO 成立以后召开了 9 次部长级会议。第九届部长级会议于 2013 年 12 月 7 日在印度尼西亚巴厘岛闭幕,会议发表了《巴厘部长宣言》,达成"巴厘一揽子协定",主要内容涵盖贸易便利化、农业和发展等三个传统多哈回合议题。会议批准也门加入 WTO,也门成为 WTO 的第 160 个成员。

三、WTO 的特点

WTO 是在 GATT 的基础上建立起来的,并形成了一整套较为完备的国际法律规则,它与 GATT 相比,主要有以下特点:

(一) 组织结构的正式性

GATT 最初并不是一个组织,也没有常设机构,到 1960 年才有"代表理事会"(council of representatives)。世界贸易组织的成立,改变了 GATT 临时适用和非正式性的状况,根据其协定,建立起一整套的组织机构,成为具有法人地位的正式国际经济组织。从法律地位上看,它与国际货币基金组织、世界银行具有同等地位,都是国际法主体,其组织机构及有关人员，均享有外交特权和豁免权。

（二）协议的法律权威性

GATT 与世界贸易组织协议都是国际多边协定，但在法律程序和依据上有所不同。GATT 是通过行政程序，由有关国家的行政部门签订的一项临时性协定，并未经过其签字国立法机构的批准。

世界贸易组织协议则要求各国代表在草签后，还须通过立法程序，经本国立法机构批准才能生效。1994 年 4 月 15 日在马拉喀什会议上，有 7 个国家包括美国、日本因国内立法程序的限制，不能当场草签，直到 1994 年底美国等国家的议会通过后才生效，因而使世界贸易组织协议更具完整性和权威性。

（三）管辖内容的广泛性

GATT 的多边贸易体制及其制定的一整套国际贸易规则，适用于货物贸易。世界贸易组织的多边贸易体制，不仅包括已有的和经乌拉圭回合修订的货物贸易规则，而且还包括服务贸易的国际规则、与贸易有关的知识产权保护的国际规则和与贸易有关的国际投资措施规则，这一整套国际规则涉及货物贸易、服务贸易、知识产权保护和投资措施等领域，表明世界贸易组织所管辖的内容更为广泛。

（四）权利与义务的统一性

GATT 体制基本上是以 GATT 文本为主的协议，对有关缔约方权利和义务方面作了规定和安排，但在 1979 年东京回合谈判中达成的 9 个协议以及多边纺织品协议却是选择性的，成了选择性贸易协议。即这些协议可由 GATT 缔约方和非缔约方自行选择签署参加，如果不参加便无需履行该协议的义务，因而缔约方在 GATT 中的权利与义务就不尽平衡。世界贸易组织要求成员方必须无选择地以"一揽子"方式签署乌拉圭回合达成的所有协议，只是对于附件 4，成员方可以接受，也可以不接受。这一规定，加强了成员方的权利和义务的统一性和约束性，维护了多边贸易体制的完整性。

（五）争端解决机制的有效性

GATT 原有的争端解决机制存在着一些缺陷。例如，争端解决的时间拖得很长，专家小组的权限很小，监督后续行动不力等，因此这种争端解决机制不健全。世界贸易组织所实施的综合争端解决机制是一套较为完善的机制。

（六）与有关的国际经济组织决策的一致性

作为世界贸易组织的职能之一，它应协调与国际货币基金组织、世界银行的关系，以保障全球经济决策的一致性。

第二节 WTO协定的主要内容

一、WTO的宗旨

"世界贸易组织协定"(简称 WTO 协定)序言指出,世界贸易组织的宗旨为:"提高生活水平,保证充分就业,大幅度稳步提高实际收入和有效需求,扩大货物和服务的生产与贸易,按照可持续发展的目的,最优运用世界资源,保护和维护环境,并以不同经济发展水平下各自需要的方式,加强采取各种相应的措施";"需要做出积极的努力,确保发展中国家,尤其是最不发达国家在国际贸易增长中的份额,与其经济发展需要相适应。"其目标是"产生一个完整的、更具有活力的和永久性的多边贸易体系,来巩固原来关税与贸易总协定以往为贸易自由化所作的努力和乌拉圭回合多边贸易谈判的所有成果"。在"WTO 协定"的序言中,明确指出实现其宗旨与目标的途径是"通过互惠互利的安排,导致关税和其他贸易壁垒的大量减少和国际贸易关系中歧视性待遇的取消"。

二、WTO的范围、职能与法律地位

(一) 世界贸易组织的范围

根据"WTO协定",世界贸易组织的范围包括:① 向成员方就与所有协定有关的各种问题提供一般的法律框架和本协定各个附件中所包括的法律手段。② 附件1、2、3(以下统称"多边贸易协定")所包括的各项协定和有关法律文件。③ 附件4(以下统称"诸边协议")所包括的各项协定和有关法律文件,对于那些接受它们的成员国,也是本协定不可分割的一部分,并且对该成员国具有约束力。诸边协议对于那些尚未接受它们的国家,既不产生权利,也不产生义务。④《关税与贸易总协定1994》(以下称"GATT 1994")被列为本协定附件1A,以从法律上区别于1947年10月30日的《关税与贸易总协定》(以下简称"GATT 1947"),后者是《联合国贸易与发展会议第二次筹备委员会最后文件》的附件,此后相继被修正、修改和完善。

WTO的4个附件见表6.1。

表6.1 WTO的4个附件一览表

附件	内容
附件1	附件1A 多边货物贸易协定 包括13项协定:GATT1994;农产品协定;关于实施卫生与植物检疫的协定;纺织品与服装协定;技术性贸易壁垒协定;与贸易有关的投资措施协定;关于实施GATT1994第六条的协定;关于实施GATT1994第七条的协定;装运前检验协定;原产地规则协定;进口许可证程序协定;补贴与反补贴措施协定;保障措施协定。

续表

附件	内容
附件1	附件1B　服务贸易总协定 附件1C　与贸易有关的知识产权协定
附件2	关于争端解决的规则与程序的谅解
附件3	贸易政策审议机制
附件4	诸边协议（或称接受才生效的贸易协定） 包括4项协定：民用航空器协定；政府采购协定；国际奶制品协定；牛肉协定

分析案例 6-1

中国加入 GPA 的机遇与挑战

《政府采购协议》（government procurement agreement，简称 GPA）是 WTO 的一项诸边协议，目标是促进成员方开放政府采购市场，扩大国际贸易。GPA 由 WTO 成员自愿签署。我国 2007 年底启动了加入 GPA 谈判。加入 GPA 谈判涉及市场开放范围和国内法律调整两个方面。其中，政府采购市场开放范围由各参加方以出价清单的形式，通过谈判确定。出价清单包括 5 个附件和 1 份总备注。其中，附件 1 至 3 是采购实体开放清单，分别载明承诺开放的中央采购实体、次中央采购实体、其他采购实体及各自开放项目的门槛价；附件 4 和 5 是采购项目开放清单，分别载明各采购实体开放的服务项目和工程项目；总备注列明了执行 GPA 规则的例外情形。中国已发布第四份出价清单。

中国加入 GPA 有何机遇与挑战？

分析：总体看来，机遇大于挑战。中国加入 GPA 有利于开拓更加广阔的海外市场和完善国内政府采购制度，但是会面临失去部分国内市场、调整国内法律和产业政策等挑战。

（二）世界贸易组织的职能

按"建立世界贸易组织协议"，世界贸易组织的职能有：制定并监督执行国际经贸规则，促进"建立世界贸易组织协议"和多边贸易协议的执行、管理和运作，并为其提供一个组织，也为诸边协议的实施、管理与运作提供框架；组织各成员进行开放市场的谈判，为成员提供谈判的场所和谈判成果执行的机构；建立成员间的争端解决机制，管理附件3《关于争端解决的规则与程序的谅解》；管理附件4《贸易政策评审机制》；为达到全球经济政策一致性，世界贸易组织将以适当的方式与国际货币基金组织及世界银行及其附属机构进行合作。

（三）世界贸易组织的法律地位

根据"建立世界贸易组织协定"规定，世界贸易组织及其有关人员具有以下的法律地位：① 世界贸易组织具有法人资格；② 世界贸易组织每个成员方向世界贸易组织提供其履行职责时所必需的特权和豁免权；③ 世界贸易组织官员和各成员方代表在其独立执行与世界贸易组织相关的职能时，享有每个成员方提供的所必需的特权与豁免权；④ 每个成员方给予世界贸易组织的官员、成员方代表的特权和豁免权等同于联合国大会于 1947 年 11 月 21 日通过的《特殊机构特权与豁免公约》所规定的特权与豁免权。

三、WTO 的组织机构

（一）部长会议

部长会议(the ministerial conference)由所有成员方的代表参加,至少每两年举行一次会议。其职责是履行世界贸易组织的职能,并为此采取必要的行动。

部长会议应一个成员方的要求,有权按照"建立世界贸易组织协定"和相关的多边贸易协议列出的特殊要求,就任何多边贸易协议的全部事务作出决定。

（二）总理事会

总理事会(the general council)由所有成员方的代表组成,根据需要召开会议。总理事会在部长会议休会期间,行使其职能。总理事会下附设争端解决机构、贸易政策机制评审机构和其他附属机构,如货物贸易理事会、服务贸易理事会、知识产权理事会。

（三）理事会

理事会(council)为总理事会附属机构。在总理事会下设货物贸易理事会、服务贸易理事会和知识产权理事会。理事会的成员从所有成员国的代表中产生。可以根据其行使职权的需要随时召开会议。

（四）委员会

部长会议下设多个委员会(committee),如贸易和发展委员会,国际收支限制委员会,预算、财政和管理委员会。他们执行由世界贸易组织协议及多边贸易协议赋予的职能,执行由总理事会赋予的额外职能。各个委员会的成员从所有成员方代表中产生。

（五）根据诸边协议设置的机构

这些机构(bodies)的职能由诸边贸易协议赋予,并在世界贸易组织体制框架内运作,且定期向总理事会通告其活动。

（六）秘书处

秘书处(the secretariat)为世界贸易组织的日常办事机构。它由部长会议任命的总干事领导。总干事的权力、职责、服务条件和任期由部长会议通过规则确定。总干事有权根据部长会议的规定,任命秘书处的官员及决定他们的职责与服务待遇。总干事和秘书处官员的责任以专司国际事务为特征。在履行职责时,总干事和秘书处工作人员均不得寻求和接受任何政府或世界贸易组织以外组织的指示。各成员方应尊重他们职责的国际性,不能对其施加有碍履行其职责的影响。

为了支持上述机构的运作,世界贸易组织每年预算约 8 300 万美元,这些预算金额,以其成员在世界贸易总额中所占份额为基础计算,由各成员分别支付。

WTO 全体成员可以参加所有理事会和委员会,但上诉机构、争端解决专家组、纺织品监督机构及诸边贸易协议委员会除外。

第三节　WTO 的运行机制

一、WTO 的基本原则

世界贸易组织的有关协议并没有专门设立章节讨论世界贸易组织的基本原则。以下基本原则的思想散见于有关协议之中。

（一）非歧视原则

非歧视（non-discriminatory）原则是世界贸易组织最为重要的原则，是世界贸易组织的基石。它是针对歧视待遇的一项缔约原则，它要求缔约双方在实施某种优惠和限制措施时，不要对缔约对方实施歧视待遇。在世界贸易组织中，非歧视原则是由最惠国待遇（most-favored-nation treatment，MFN）条款和国民待遇（national treatment principle）条款来体现的。

1. 最惠国待遇条款

世界贸易组织的最惠国待遇条款是多边的、无条件的。它要求每一个缔约方在进出口方面应该以相等的方式对待所有其他缔约方，而不应采取附加条件的歧视待遇。这种最惠国待遇的实施不得以任何政治或经济要求为先决条件。

2. 国民待遇条款

世界贸易组织的国民待遇条款要求每一成员对任何其他成员的产品进入其国内市场时在国内税费等经济权利方面应与本国产品享受同等待遇，不应受到歧视。

（二）市场开放原则

世界贸易组织的一个重要目标是通过谈判逐步实现更大程度的贸易自由化，促进开放贸易体制的形成。世界贸易组织的一系列协定、协议都要求成员分阶段逐步实行贸易自由化，以此扩大市场准入水平，促进市场的合理竞争和适度保护。这就形成了世界贸易组织的市场开放原则。

世界贸易组织的市场开放原则主要表现在以下方面：

1. 通过关税减让约束成员方的关税

GATT1994 要求各成员方通过谈判降低各自的关税水平，并将这些减让的税目列入各自的关税减让表，使其"约束"起来。已约束的税率 3 年内不许提升；3 年后如果提升，还要同当初进行对等关税减让的成员方协商，取得同意，并且要用其他产品的相当水平的关税减让来补偿提升关税所造成的损失。

2. 一般取消数量限制

一般取消数量限制是 GATT 1994 的一个基本条款。

实行数量限制就是采用行政手段限制外国产品与本国工业进行竞争,因而被 GATT 1994 所禁止。在某种例外情况下,GATT 1994 也允许采取这种数量限制,但在采用时,必须遵守非歧视原则,不得厚此薄彼。

世界贸易组织在一般取消数量限制方面也取得了很大进展。首先,逐步减小配额和许可证。通过"纺织品与服装协议",逐步取消纺织品和服装贸易中的数量限制。第二,从取消数量限制向取消其他非关税壁垒延伸。第三,把一般取消数量限制原则扩大到其他有关协定,如服务贸易总协定,该协定在市场准入部分规定:不应限制服务提供者的数量,不应采用数量配额方式要求限制服务的总量等。

3. 开放服务市场,稳定服务贸易发展

在服务贸易中,稳定服务贸易发展原则是通过具体承诺义务实现的。各成员方通过谈判,按不同的服务部门作出承诺,并明确列入各成员方的市场准入减让表,作为服务贸易总协定不可分割的部分,具有约束力。各成员方可根据本国立法,在减让表中列入对其他各成员服务提供者进入本国市场的限制条件。按照服务贸易总协定,各成员方就各自承担义务的计划安排、实施框架、承担义务的生效日期作出说明,使国际服务贸易首次受到约束,使之稳定的发展。

(三) 公平竞争原则

公平竞争是指在市场经济条件下,生产者和消费者按市场供求而形成的价格进行的贸易行为;反之,以人为方法低于此价格出口,使别国同类产品生产厂商受到伤害的竞争或人为地限制进口,不保护知识产权等活动称为不公平竞争行为。

GATT 1947 和世界贸易组织促进公平竞争的措施:

1. 通过反倾销、反出口补贴措施纠正因倾销和出口补贴而形成的不公平竞争

进口成员方如发现进口产品存在倾销、存在被禁止的补贴和可申诉补贴的现象,查证落实并裁决后,可以征收反倾销税、反补贴税,但税额不得高于倾销和补贴的额度。

2. 纺织品服装和农产品贸易逐步取消配额限制和出口补贴

自 GATT 建立以来,纺织品服装和农产品贸易长期背离贸易自由化原则。发达国家针对纺织品、服装设立的歧视性数量限制,一直在《多种纤维安排》项下进行着不公平的竞争。在乌拉圭回合中,经过谈判,达成了纺织品服装协议和农产品协议,取消配额限制和出口补贴,逐步实现公平竞争。在 WTO 第九次部长级会议上,一些较贫困的国家,如非洲的马里和布基纳法索的棉花生产商,要求美国等国减少对其棉农的补贴。世贸组织决定每年举行两次与棉花有关的讨论会,并组织农业委员会等相关机构共同讨论市场准入、国家支持和棉花出口的竞争力问题。

3. 加强对知识产权的保护

知识产权的保护是基于法律所赋予的发明创造者对自身成果所享有的专有权利。在乌拉圭回合中,经过各成员方的努力,达成了"与贸易有关的知识产权的协定",就假冒、仿制、剽窃、盗用等侵权的不公平竞争行为作出了排除措施。

(四) 贸易政策法规透明度原则

透明度原则是世界贸易组织的重要原则。它体现在世界贸易组织的主要协定、协议中。根据该原则，世界贸易组织成员有义务将有效实施的现行贸易政策法规公布于世。因此，这个原则也被称为贸易政策法规透明度原则。

透明度原则规定各成员应公正、合理、统一地实施上述的有关法规、条例、判决和决定。公正性和合理性要求成员对法规的实施应履行非歧视原则。统一性要求在成员方领土范围内管理贸易的有关法规不应有差别待遇，即地方政府颁布的有关上述事项的法规不应与中央政府统一颁布的有关政策法规有任何抵触。

(五) 可预见性原则

外国公司、投资者和政府应相信贸易壁垒（包括关税、非关税壁垒和其他措施）不会随意增加。在WTO中，越来越多的关税税率和市场开放承诺得到约束。

(六) 对发展中成员的优惠待遇原则

根据GATT第四部分"贸易与发展"和东京回合达成的"授权条款"，对发展中成员的贸易与发展应尽量给予关税和其他方面的特殊优待。

世界贸易组织在其负责实施管理的协议与协定中采取以下措施：

1. 允许发展中成员方的关税总水平高于发达成员方

乌拉圭回合开始时，发达缔约方的关税总水平为6.3%，发展中缔约方的总水平为15%；乌拉圭回合协议与协定实施后，发达成员方的关税总水平将从6.3%降到3.8%左右，而发展中成员方的关税总水平将从15%下降到12%左右。

2. 允许发展中成员方继续享受普遍优惠制

发展中成员方享受发达成员方根据联合国贸易与发展会议决议，给予发展中国家以"普遍、非歧视和非互惠"为特点的关税优惠。

3. 过渡期安排

在向世界贸易组织负责实施管理的贸易协议与协定的靠拢中，世界贸易组织中的发展中成员方的过渡期长于发达成员方。

4. 其他措施

允许发展中成员方在一定限度内可对其出口实行补贴。发展中成员相互进行关税减让时可以不把达成的减让给予发达成员方。

二、WTO的争端解决机制

(一) 争端解决机制的目的

世界贸易组织《关于争端解决规则与程序的谅解》(Understanding on Rules and Procedures Governing the Settlement of Disputes,DSU)指出："世界贸易组织的争端解决制度是

保障多边贸易体制的可靠性和可预见性的核心因素。"

世界贸易组织成员承诺,不应采取单边行动以对抗其发现的违反贸易规则的事件,而应在多边争端解决制度下寻求救济,并遵守其规则与裁决。

世界贸易组织争端解决机制是 DSU 协议运用司法管辖和外交磋商相结合的平衡体制。目的在于"确保对争端有积极的解决办法"。因此,对于成员之间的争端问题,它鼓励寻求与世界贸易组织规定相一致的、各方均可接受的解决办法。

(二) 争端解决的程序

WTO 争端解决程序包括磋商、专家组审理、上诉和执行等基本阶段。世界贸易组织成员如有争端,应先行协商,在一方提出要求后的 30 天内,必须开始协商。如 60 天后未获解决,一方可申请成立专家组(panel)。只有当争端解决机构(dispute settlement body, DSB)全体反对时,专家组才不能成立。专家组应当在 6 个月内完成审理,特殊情况下可以延长至 9 个月;当事方对专家组做出的裁决可以提出上诉,由 WTO 常设的上诉机构进行审理;世贸成员有义务执行上诉机构作出的裁决。这意味着在世界贸易组织体制下比 1947 年 GATT 更容易成立专家组,因为在原 GATT 体制下,可以"协商未果"为借口拖延专家组的成立。

分析案例 6-2

美国、欧盟和日本诉中国的稀土案

2012 年 3 月,美国、欧盟、日本将我国稀土、钨、钼相关产品的出口关税、出口配额以及出口配额管理和分配措施诉诸 WTO 争端解决机制。2014 年 3 月 26 日,WTO 公布专家组报告。专家组裁决指出,中方涉案产品的出口关税、出口配额措施不符合有关世贸规则和中方加入 WTO 的承诺。4 月,美方和中方先后提出上诉。8 月 7 日,WTO 公布上诉机构报告。上诉机构未支持美方的上诉请求,在世贸规则部分条款的法律解释上支持了中方的上诉请求,但仍然维持专家组的裁决。本案对中国有何积极意义?

本案虽然最终裁决我国出口管理措施不符合 WTO 规则,但在案件应诉过程中,我国在部分条款的法律解释上得到支持;同时我国国内相关部门积极行动,制定《国务院关于促进稀土行业持续健康发展的若干意见》,不断提高稀土行业集约化经营和可持续发展水平,稀土行业转变发展方式取得了积极成效。

(三) 争端解决的原则

1. 协调解决争端原则

《关于争端解决规则与程序的谅解》(下简称《谅解》)规定,每个成员保证对另一成员提出的有关问题应给予考虑,并就此提供充分的磋商机会。

2. 斡旋、调解和调停原则

世界贸易组织争端解决机制中的调解程序主要规定在《谅解》第 5 条"斡旋、调解和调停"中。斡旋是第三方以各种方式促成当事方进行谈判的行为;而调停则是以第三方的中立身份直接参与有关当事方的谈判。在处理国际争端时,调解是将争端提交一个委员会或调解机构,该调解机构的任务是阐明事实,提出报告,提出解决争端的建议,以设法使争端各方达成一致。斡旋、调解和调停可以在任何时候进行,也可以在任何时候终止。

3. 多边原则

世界贸易组织成员承诺,不针对其认为违反贸易规则的事件采取单边行动,而诉诸多边争端解决机制,并遵守其规则与裁决。世界贸易组织鼓励各成员在遇到争端时,应尽量采用多边机制来进行解决。

4. 程序上的协商一致原则

世界贸易组织的争端解决机构在作出决定时,同原 GATT 一样,遵循协商一致的原则。在这方面,世界贸易组织的争端解决机制比 GATT 的机制更完善,它引入了"协商一致(consensus)"和"反向一致(negative consensus)"的概念。前一概念在争端解决机构作出决定的会议上,倘若没有成员就拟议的决定正式提出反对意见,则应认为争端解决机构就提交的争端事项作出决定时,意见是一致的。而后一概念则是指所有参加争端解决机构的成员对某一问题或程序均持反对意见,否则该事项通过。也就是说,在争端解决机构审议有关事项时,只要不是所有参加成员协商一致反对,则视为通过。反向一致原则主要适用于四个方面,即专家小组的成立、专家小组报告的通过、上诉机构报告的通过、对报复授权请求的通过。

5. 对发展中成员方程序特殊原则

《谅解》第 12 条(专家小组程序)、第 21 条、第 27 条等条文都规定了一些照顾发展中成员方的原则和措施。

三、WTO 的贸易政策审议机制

(一) 贸易政策审议的目的

贸易政策审议机制(trade policy review mechanism,TPRM)是对成员贸易政策进行定期审议的场所。其审议具有双重目的。首先,了解成员在多大程度上遵守和实施多边协议的规则和承诺。通过定期审议,世界贸易组织作为监督者,要确保规则的实施,以避免贸易摩擦。其次,提供更大的透明度,更好地了解成员的贸易政策和措施。

(二) 贸易政策审议的内容、对象和期限

1. 审议内容

成员方的贸易政策与措施;贸易政策的背景。作为审议基础的文件:由接受审议的成员准备的全面报告;由秘书处根据自己的职权准备的报告,报告中包括有关成员提供的情况及通过访问该成员得到的其他有关情况。

2. 审议的对象与期限

所有成员方均要接受政策定期审议。在世界贸易市场份额中居前 4 名的成员每 2 年审议一次,居前 5～20 名的成员每 4 年审议一次,其他成员每 6 年审议一次,最不发达国家成

员可以有更长的审议间隔时间。

（三）贸易政策审议机构

贸易政策审议机构(trade policy review body, TPRB)就是WTO总理事会的兼职机构。总理事会承担贸易政策审议机构工作。在审议结束后，公布国别报告和秘书处准备的报告以及讨论的记录。

◆ **内容提要**

GATT是在美国倡议下由23个国家于1947年10月30日在日内瓦签订，并于1948年正式生效的关于调整缔约国对外经济贸易政策的相互权利、义务的国际多边协定，对世界商品贸易的发展具有一定的积极作用。WTO是在GATT的基础上建立起来的，并形成了一整套较为完备的国际法律规则。与GATT相比，WTO具有组织结构的正式性、协议的法律权威性、管辖内容的广泛性、权利与义务的统一性、争端解决机制的有效性、与有关的国际经济组织决策的一致性。WTO协定的主要内容有宗旨、范围、职能与法律地位、组织机构等；基本原则有非歧视、市场开放、公平竞争、透明度、可预见性和对发展中成员方的优惠待遇。WTO的主要机制是争端解决机制和贸易政策审议机制。

◆ **关键词**

GATT　WTO　非歧视原则　透明度原则　反向一致

◆ **复习思考题**

1. WTO有哪些基本原则？最核心的原则是什么？
2. WTO的争端解决机制的原则有哪些？
3. 发展中国家对发达国家农业出口补贴的态度是什么？
4. 发达成员方对发展中成员方服务贸易政策的态度是什么？
5. 为什么说中国已成为WTO争端解决机制的核心参加方？

思考案例

中国诉美国关税法修订世贸争端案

2014年3月27日，WTO公布了中国诉美国关税法修订世贸争端案的专家组报告，裁决美25起反倾销反补贴措施违反WTO规则，但认为美关税法修订案未违反WTO规则。中美双方分别于4月8日和17日，就专家组关于美关税法修订案和美对华发起的25起反倾销反补贴措施的裁决提出上诉。2014年7月7日公布了中国诉美国关税法修订WTO争端案上诉机构报告，报告驳回了美方上诉请求，支持了中方在双重救济方面的主张。报告认为美国商务部在2006年至2012年间对华发起的25起反倾销反补贴调查中未能进行避免双重救济的税额调整，违反WTO规则。

分析：

(1) 什么是双重救济？

(2) 报告认为美国商务部违背了WTO的哪些条款？

> **应用训练**

世贸组织改革的基本原则和行动领域

世贸组织自成立以来,在推动全球贸易发展、保障充分就业、促进经济增长和提高生活水平等方面作出了重要贡献。但是,世贸组织面临前所未有的生存危机。当前,单边主义和保护主义做法日益严重,多边主义和自由贸易体制受到冲击。阻挠上诉机构成员遴选程序启动的做法导致上诉机构面临2019年底陷入瘫痪的风险,严重影响争端解决机制的有效运行。滥用国家安全例外的措施、不符合世贸组织规则的单边措施以及对现有贸易救济措施的误用和滥用,破坏了以规则为基础、自由、开放的国际贸易秩序,影响了世贸组织成员特别是发展中成员的利益。上述做法损害了世贸组织的权威性和有效性,导致世贸组织面临前所未有的生存危机。同时,世贸组织并不完美,尚未完全实现《马拉喀什建立世界贸易组织协定》确定的目标——谈判功能方面,多哈回合谈判启动已逾17年,但在农业、发展和规则等议题上进展缓慢,反映21世纪国际经济贸易现实的电子商务、投资便利化等新议题没有得到及时处理;同时,全球双边和区域贸易协定在推进贸易自由化便利化上进展和成果显著。审议和监督功能方面,贸易政策透明度有待加强,世贸组织机构运行效率亟待提高。2019年5月13日,中国向世贸组织正式提交《中国关于世贸组织改革的立场文件》。

你认为,世贸组织改革的基本原则和行动领域有哪些?

第七章 区域经济一体化

本章结构图

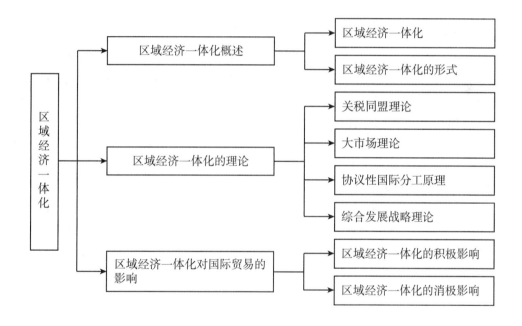

学习目标

了解区域经济一体化的基本含义、发展历程、组织形式及对国际贸易的影响;认识欧盟、北美自由贸易区、亚太经济合作组织及其他区域经济一体化组织;重点掌握区域经济一体化理论及其对国际经济贸易的影响。

导入案例

2018年非洲44国签署非洲大陆自由贸易区协议

2015年6月10日,非洲26个国家的领导人在埃及签署协议,决定建立"三合一自由贸易区"(TFTA),新建立的TFTA将把现有的"南部非洲发展共同体"(SADC)"东非共同体"(EAC)和"东部和南部非洲共同市场"(COMESA)三个贸易体联合起来,形成一个新的单一贸易区。2018年3月21日,非洲44个国家在卢旺达首都基加利举行的非洲联盟首脑特别会议上签署成立非洲大陆自由贸易区协议（AFCFTA）。AFCFTA 旨在通过加强人员、资本、货物和服务的自由流动，促进农业发展、粮食安全、工业化和结构性经济转型，从而深化非洲经济一体化。AFCFTA 设想将市场整合与工业和基础设施发展相结合，以解决非洲的生产能力问题。AFCFTA 将使非洲成为世界贸易组织成立以来按成员国数量计最大的自由贸易区。

第一节　区域经济一体化概述

一、区域经济一体化

（一）区域经济一体化的含义

"一体化"（integration）一词最早是在经济学中使用，主要是用来表示一种产业组织状况及其变化，即主要是指厂商通过协定、卡特尔、托拉斯、兼并等方式联合而成的工业组织。近十年来，由它派生出来的术语很多，如区域经济一体化、地区经济一体化、国际经济一体化、世界经济一体化、全球经济一体化等。

区域经济一体化（regional economic integration），又称为地区经济一体化或区域集团化，是指区域内两个或两个以上的国家或地区为了维护共同的经济和政治利益，通过制定共同的经济贸易政策等措施，消除相互之间阻碍要素流动的壁垒，实现各成员方的产品甚至生产要素在本地区内的自由流动，从而达到资源优化配置，促进经济贸易发展，把各国（或各地区）的经济融合起来形成一个区域性经济联合体的过程。区域经济合作往往要求参加一体化的国家或地区让渡部分国家主权，由一体化合作组织共同行使这一部分主权，实行经济的国家干预和调节。

（二）区域经济一体化的发展进程

区域经济一体化的雏形可以追溯到 1921 年，当时的比利时与卢森堡结成经济同盟，后来荷兰加入，组成"比荷卢经济同盟"。1932 年，英国与英联邦成员国组成英帝国特惠区，成员国彼此之间相互减让关税，但对非英联邦成员的国家仍维持着原来较高的关税，形成了一种特惠关税区。经济一体化的迅速发展，始于第二次世界大战之后，并形成三个明显的发展阶段。

1. 第一次阶段发生在 20 世纪 50～60 年代

尽管区域经济一体化的雏形可以追溯到 1921 年成立的比利时和卢森堡经济同盟及 1948 年的比荷卢同盟，但区域经济一体化真正形成并迅速发展，始于第二次世界大战后。第二次世界大战后，世界经济领域发生了一系列重大变化，世界政治经济发展不平衡，大批发展中国家出现，区域经济一体化组织出现第一次发展高潮。

2. 20 世纪七八十年代初期区域经济一体化发展处于停滞不前的状态

20 世纪 70 年代西方国家经济处于"滞胀"状态，区域经济一体化也一度处于停滞不前的状态。在这一时期,欧洲经济共同体原定的一体化计划并未完全实现,而发展中国家的一体化尝试没有一个取得完全成功。以欧洲经济共同体为例,两次石油危机、布雷顿森林体系崩溃、全球经济衰退、日美贸易摩擦上升等因素使其成员国遭受巨大打击,各成员国纷纷实施非关税壁垒措施进行贸易保护,导致第一阶段关税同盟的效应几乎丧失殆尽,欧共体国家经济增长速度急剧下降。

3. 20 世纪 80 年代中期以来区域经济一体化的第二次发展高潮

20 世纪 80 年代中期以来,特别是进入 90 年代后,世界政治经济形势发生了深刻变化,西方发达国家在抑制通货膨胀、控制失业率方面取得成功,经济的发展推动着区域经济联合,区域经济一体化的趋势明显加强。这次高潮的出现是以 1985 年欧共体关于建立统一市场"白皮书"的通过为契机,该"白皮书"规定了 1992 年统一大市场建设的内容与日程。欧共体的这一突破性进展,产生了强大的示范效应,极大地推动了其他地区经济一体化的建设。

二、区域经济一体化的形式

区域经济一体化的表现形式是各种经济贸易集团的建立。每一种经济贸易集团在其建立后经历若干个发展阶段逐步走向完善。不同经济集团的内部组织形式、各成员之间权利和义务关系、经济一体化的进程等都有明显的区别。

(一)优惠贸易安排

优惠贸易安排(preferential trade arrangements)即在成员国间,通过协定或其他形式,对全部商品或一部分商品给予特别的关税优惠,也有可能包含小部分商品完全免税的情况。这是经济一体化中最低级和最松散的一种形式。

典型的有 1932 年英国与一些大英帝国以前的殖民地国家之间实行的英联邦特惠制。成员方之间减免关税,但对非成员国仍维持较高的关税,形成了一种优惠贸易集团。另外,第二次世界大战后建立的东盟等也属于此类。

(二)自由贸易区

自由贸易区(free trade zone)即由签订有自由贸易协定的国家组成一个贸易区,在区内各成员国之间废除关税和其他贸易壁垒(如数量限制),实现区内商品的完全自由流动,但每个成员方对非成员国的贸易壁垒不发生变化,仍维持各自的贸易政策。

自由贸易区是一种松散的经济一体化形式,其基本特点是用关税措施突出了成员国与非成员国之间的差别待遇。例如,1960 年成立的欧洲自由贸易联盟和 1994 年 1 月 1 日建立的北美自由贸易区就是典型的自由贸易区形式的区域经济一体化。

自由贸易区可以吸引外资设厂,发展出口加工企业,允许和鼓励外资设立大的商业企业、金融机构等促进区内经济综合、全面地发展。自由贸易区的局限在于,它会导致商品流向的扭曲和避税。如果没有其他措施作为补充,第三国很可能将货物先运进一体化组织中实行较低关税或贸易壁垒的成员国,然后再将货物转运到实行高贸易壁垒的成员国。为了避免出现这种商品流向的扭曲,自由贸易区组织均制订"原产地原则",规定只有自由贸易区成员国的"原产地产品"才享受成员国之间给予的自由贸易待遇。理论上,凡是制成品在成员国境内生产的价值额占到产品价值总额的 50% 以上时，该产品应视为原产地产品。一般而言，第三国进口品越是与自由贸易区成员国生产的产品相竞争，对成员国境内生产品的增加值含量越高。原产地原则的涵义表明了自由贸易区对非成员国的某种排他性。现实中比较典型的自由贸易区是北美自由贸易区。

（三）关税同盟

关税同盟（customs union）即成员国之间完全取消关税或其他壁垒，同时协调其相互之间的贸易政策，建立对外的统一关税。这在自由贸易区的基础上又更进了一步，开始带有超国家的性质。同自由贸易区相比，关税同盟的一体化程度更高，不仅包括自由贸易区的基本内容，而且对外统一了关税税率。结盟的目的在于使成员方的商品在统一关税的保护下，在内部市场上排除了非成员方商品的竞争，典型的有 1958 年成立的欧洲经济共同体（简称"欧共体"）。

（四）共同市场

共同市场（common market）即成员国在关税同盟的基础上进一步消除对生产要素流动的限制，使成员国之间不仅实现贸易自由化，而且实现技术、资本、劳动力等生产要素的自由流动，并制定共同的经济政策。这无疑给资金的合理流向、资源的配置、市场的扩大等带来了好处。区域内贸易自由化程度大大高于关税同盟。20 世纪 70 年代初期的欧洲经济共同体已基本上达到这一阶段。

（五）经济同盟

经济同盟（economic union）即在共同市场的基础上又进了一步，成员国之间不但实现商品和生产要素的自由流动，建立起对外的共同关税，而且还要在共同市场的基础上，制定、执行和协调统一对外的某些共同的货币金融政策、财政政策和社会政策；通过实行统一的经济与社会政策，逐步消除政策方面的差异，使一体化的范围从商品生产、交换扩大到分配等领域；协调各成员国的经济发展，并使之形成一个庞大的经济实体。经济联盟是目前现实中存在的最高级的区域经济一体化形式。典型的如目前的欧洲联盟。

（六）完全经济一体化

完全经济一体化（complete economic integration）这是经济一体化的最高阶段。成员国在经济、金融、财政等政策上完全统一，在国家经济决策中采取同一立场，区域内商品、资本、人员等完全自由流动，使用共同货币。

完全经济一体化是关于成员间贸易壁垒的撤除和各种合作互助关系的建立。贸易壁垒的撤除被称为一体化中"消极"的一面，合作关系的建立则被称为"积极的"一面，因为合作的建立往往要求参加者改变现有的制度或机构，或建立新的制度和机构以使一体化地区的市场能适当而有效率地运转。在一体化的各种形式中，较初级的形式，如自由贸易区等主要是消极的一面，而较高级的形式，如经济同盟等则更充分地体现了积极的一面。消极的形式比较易于达到，因为消除关税和数量限制易于做到，特别是在经过长期的多边贸易谈判后许多国家的关税水平本来就已经很低。积极的形式不易做到，因为它要求采取某种形式的共同行动,而且要求在关税以外的领域合作,而金融、货币和雇佣等方面的合作往往涉及国家主权的协调等更深一层次的问题。但对一体化的形式的划分只能是大体上的,实际上每个组织都不可能是标准的某种形式。

第二节　区域经济一体化的理论

一、关税同盟理论

对关税同盟理论研究最有影响的是美国经济学范纳(Jacok Viner)和李普西(K. G. Lipsey)。按照范纳和李普西的关税同盟理论,完全形态的关税同盟应具备以下三个特征:完全取消各成员国间的关税;对来自成员国以外的国家和地区的进口商品设置统一的关税;通过协商方式在成员国之间分配关税收入。这种自由贸易和保护贸易相结合的结构,使得关税同盟对整个世界经济福利的影响呈现双重性,即贸易创造和贸易转移并存。

（一）关税同盟的静态效应

所谓关税同盟的静态效应,是指假定在经济资源总量不变、技术条件没有改进的情况下,关税同盟对集团内外国家、经济发展以及物质福利的影响。关税同盟的静态效应主要有贸易创造效应和贸易转移效应。

1. 贸易创造效应

贸易创造效应(trade creating effect)是指由于关税同盟内实行自由贸易后,产品从成本较高的国内生产转往成本较低的成员国生产,从成员国的进口量增加,新的贸易得以"创造"。此外,一国由原先从同盟外国家的高价购买转而从结盟成员国的低价购买也属于贸易创造。

2. 贸易转移效应

假定缔结关税同盟前某关税同盟国不生产某种商品而采取自由贸易的立场,无税(或关税很低)地从世界上生产效率最高、成本最低的国家进口产品;关税同盟建立后,由于同盟内成员国的零关税,其同盟成员国改从同盟内生产效率最高的国家进口。如果同盟内生产效率最高的国家不是世界上生产效率最高的国家,则进口成本较同盟成立增加,消费开支扩大,使同盟国的社会福利水平下降,这就是贸易转移效应(trade diversion effect)。

3. 其他静态福利效应

第一,关税同盟使得各成员国的海关人员、边境巡逻人员等减少而引起的行政费用的减少。第二,贸易转移型关税同盟通过减少对同盟成员国之外的世界上其他国家的进口需求和出口供给,有可能使同盟成员国共同的贸易条件得到改善。第三,任何一个关税同盟,在国际贸易投票中以一个整体来行动,较之任何一个独立行动的国家来说,可能具有更强大的讨价还价的能力。第四,关税同盟建立后,可减少走私。由于关税同盟的建立,商品可在同盟成员国之间自由移动,在同盟内消除了走私产生的根源,这样,不仅可以减少查禁走私的费用支出,还有助于提高全社会的道德水平。

(二) 关税同盟的动态效应

所谓关税同盟的动态效应,是指关税同盟对成员国贸易以及经济增长的推动作用。关税同盟的动态效应表现在以下方面:

1. 资源配置更加优化

关税同盟的建立使成员国间的市场竞争加剧,专业化分工向广度和深度拓展,使生产要素和资源配置更加优化。

2. 有利于获得规模经济利益

关税同盟建立后,成员国国内市场向统一的大市场转换,自由市场扩大,从而使成员国获取转移与规模经济效益。

3. 有利于扩大投资

关税同盟的建立、市场的扩大、投资环境的大大改善,会吸引成员国厂商扩大投资,也能吸引非成员国的资本向同盟成员国转移。

4. 有利于技术进步

关税同盟建立以后,由于生产要素可在成员国间自由移动,市场趋于统一并且竞争加剧,投资规模扩大,促进了研究与开发的扩大,技术进步提高,加速了各成员国经济的发展。

分析案例 7-1

中国-东盟自由贸易区

中国-东盟自由贸易区(China and ASEAN Free Trade Area, CAFTA),是中国与东盟10国组建的自由贸易区。2002年11月,第六次中国-东盟领导人会议在柬埔寨首都金边举行,中国领导人和东盟10国领导人签署了《中国与东盟全面经济合作框架协议》,决定到2010年建成中国-东盟自由贸易区。这标志着中国-东盟建立自由贸易区的进程正式启动。2010年1月1日,拥有19亿人口、GDP接近6万亿美元、发展中国家间最大的自由贸易区——中国-东盟自由贸易区正式建立。中国-东盟自由贸易区是我国组建的第一个自由贸易区,是我国实施自由贸易区战略的重要环节。中国-东盟自由贸易区的建立会促进区内自由贸易的发展,带来明显的贸易创造效应、投资效应、竞争效应等动态效应。中国-东盟自由贸易区合作潜力巨大,我国应明确中国在东亚区域经济一体化中的定位,进一步拓展合作领域,提高合作水平,积极推动中国-东盟自由贸易区建设。可以加强互补产业的交流与合作,加强与东盟在金融、服务、投资、文化、信息产业等多领域的合作与高科技领域的研发合作,支持中小企业到东盟国家投资,促进共同发展。

试说明,我国参与中国-东盟自由贸易区建设的对策?

分析:我国与东盟存在着地理、文化、经济等有利因素,合作潜力巨大。双方应进一步增进互信、扩大共识,建立健全合作机制,努力提高合作水平,增强区域金融合作,完善金融体系,增强贸易结构的互补性。

二、大市场理论

大市场理论的代表人物西托夫斯基(T. Scitovsky)和德纽(J. F. Deniau)认为:以前各国之间推行狭隘的只顾本国利益的贸易保护政策,把市场分割得狭小而又缺乏适度的弹性,这样只能为本国生产厂商提供狭窄的市场,无法实现规模经济和大批量生产的利益。

大市场理论的核心是:(1) 通过国内市场向统一的大市场延伸,扩大市场范围获取规模经济利益,从而实现技术利益;(2) 通过市场的扩大,创造激烈的竞争环境,进而达到实现规模经济和技术利益的目的。大市场理论的代表人物是西托夫斯基和德纽。

三、协议性国际分工原理

协议性国际分工原理是由日本小岛清提出的。

所谓协议性国际分工,是指一国放弃某种商品的生产并把国内市场提供给另一国,而另一国则放弃另外一种商品的生产并把国内市场提供给对方,即两国达成相互提供市场的协议,实行协议性国际分工。协议性分工不能指望通过价格机制自动地实现,而必须通过当事国的某种协议来加以实现,也就是通过经济一体化的制度把协议性分工组织化。如拉美中部共同市场统一产业政策,由国家间的计划决定的分工,就是典型的协议性国际分工。

四、综合发展战略理论

综合发展战略理论是由鲍里斯·塞泽尔基在《南南合作的挑战》一书中系统提出来的。该理论认为,经济一体化是发展中国家的一种发展战略,要求有强有力的共同机构和政治意志来保护较不发达国家的优势。所以,有效的政府干预对于经济一体化是很重要的,发展中国家的经济一体化是变革世界经济格局、建立国际经济新秩序的要素。

第三节 区域经济一体化对国际贸易的影响

区域经济一体化的根本特征是"对内自由贸易、对外保护贸易",因此它对多边贸易体制和全球经济的影响必然是双重的,既有一定的积极影响,同时又具有一定的消极影响。随着经济全球化的不断发展,区域经济一体化的消极影响将会变得越来越突出。

一、区域经济一体化的积极影响

(一) 区域经济一体化有助于自由贸易思想的发展

区域经济一体化在区域内奉行自由贸易原则,清除各种贸易壁垒。自由贸易政策实施所带来的各种好处将有助于成员国增强自由贸易意识,同时区域内部保护贸易的约束机制对于成员国内部贸易保护主张起到一定的遏制作用。

无论哪种形式的区域经济一体化组织,都是以减免关税和减少贸易限制为基础的。在一体化程度高的组织内部甚至取消了关税和非关税壁垒,消除了区域内的关界,逐步实现以区域内的进口替代本国产品的优势。这必然在不同程度上减少了贸易障碍,从而大大促进了区域内成员方对外贸易的自由化。

(二)促进了集团内部国际分工、技术合作和产业结构优化组合

经济一体化的建立有助于成员国之间科技的协调和合作。如在欧共体共同机构的推动和组织下,成员国在许多单纯依靠本国力量难以胜任的重大科研项目,如原子能利用、航空、航天技术、大型电子计算机等高精尖技术领域进行合作。

经济一体化给区域内企业提供了重新组织和提高竞争能力的机会和客观条件。通过兼并或企业间的合作,促进了企业效率的提高,同时加速了产业结构调整,实现了产业结构的高级化和优化。

(三)增强和提高了经济贸易集团在世界贸易中的地位和谈判力量

以欧共体为例,1958年6个成员组织工业生产不及美国的一半,出口贸易与美国相近。但到1979年时,欧洲共同体9国国内生产总值已达23 800亿美元,超过了美国的23 480亿美元,出口贸易额是美国的2倍以上。同时,在关贸总协定多边贸易谈判,欧共体以统一的声音同其他缔约方谈判,不仅大大增强了自己的谈判实力,也敢于同任何一个大国或贸易集团抗衡,达到维护自身贸易利益的目的。

二、区域经济一体化的消极影响

(一)"内外有别"的政策明显背离WTO的非歧视原则

区域性经济集团都实行对内自由贸易、对外保护贸易的贸易政策,这种"内外有别"的政策明显背离多边贸易体制的非歧视原则,形成保护主义的贸易壁垒。

如欧共体对美国的贸易占其贸易总额的比重由1985年的11.4%下降到1987年8.6%;欧共体对发展中国家的贸易占其贸易总额的比重由30.3%下降到1987年的20.4%。而且,由于区域集团的形成,贸易壁垒将更为隐蔽和强大,这无疑增加了一些非成员方特别是一些发展中国家的贸易难度,从而加剧了国际间贸易的不平衡。

(二)对发展中国家经济贸易发展的不利影响

一方面,工业发达国家间的关税,特别是非关税壁垒严重地影响了发展中国家本来就缺乏竞争能力的商品或服务的出口。另一方面,国际资本大量流入区域性经济贸易集团内部,以寻求安全的"避风港"和突破集团内部的贸易壁垒。这样,广大的发展中国家发展经济贸易急需的资本不能引进,加剧了其国内资金短缺的矛盾,阻碍了其经济贸易的发展和竞争力的提高,使南北经济差距进一步扩大。

分析案例 7-2

亚投行对于区域经济一体化的影响

亚洲基础设施投资银行(Asian Infrastructure Investment Bank, AIIB),简称亚投行,是一个政府间性质的亚洲区域多边开发机构,重点支持基础设施建设,成立宗旨在促进亚洲区域的建设互联互通化和经济一体化的进程,并且加强中国及其他亚洲国家和地区的合作,总部设在北京。亚投行法定资本1 000亿美元。2013年10月2日,中国国家主席习近平提出筹建倡议,2014年10月24日,包括中国、印度、新加坡等在内21个首批意向创始成员国的财长和授权代表在北京签约,共同决定成立亚洲基础设施投资银行。截至2015年4月15日,亚投行意向创始成员国确定为57个,其中域内国家37个、域外国家20个。2015年12月25日,亚投行正式成立。截止2019年4月22日,亚投行成员增至97个。涵盖了除美、日和加拿大之外的主要西方国家,以及亚欧区域的大部分国家,成员遍及五大洲。其他国家和地区今后仍可以作为普通成员加入亚投行。

亚投行对于区域经济一体化有何影响?

分析:亚投行对促进亚洲国家经济发展与区域经济一体化具有重要意义。创建亚投行,通过公共部门与私人部门的合作,有效弥补了亚洲地区基础设施建设的资金缺口,推进了亚洲区域经济一体化建设。

◆内容提要

第二次世界大战之后,经济一体化迅速发展。区域经济一体化的形式有优惠贸易安排、自由贸易区、关税同盟、共同市场、经济同盟、完全经济一体化等。区域经济一体化的理论主要有关税同盟理论、大市场理论、协议性国际分工原理、综合发展战略理论等。区域经济一体化的根本特征是"对内自由贸易、对外保护贸易",它对多边贸易体制和全球经济的影响必然是双重的,既有一定的积极影响,同时又有一定的消极影响。

◆关键词

经济一体化 关税同盟 共同市场 欧盟

◆复习思考题

1. 区域经济一体化可分为哪些形式?
2. 试分析自由贸易区与关税同盟的区别。
3. 请说明区域经济一体化与经济全球化的关系。
4. 分析区域经济一体化对国际贸易的影响。

思考案例

中韩自由贸易协定

2015年6月1日,中国商务部部长高虎城和韩国产业通商资源部长官尹相直在韩国首尔分别代表两国政府正式签署《中华人民共和国政府和大韩民国政府自由贸易协定》。中韩自贸协定是我国迄今为止对外签署的覆盖议题范围最广、涉及国别贸易额最大的自贸协定,对中韩双方而言是一个互利、双赢的协定,实现了"利益大体平衡、全面、高水平"的目标。根据协定,在开放水平方面,双方货物贸易自由化比例均超过税目90%、贸易额85%。协定范围涵盖货物贸易、服务贸易、投资和规则共17个领域,包含了电子商务、竞争政策、政府采购、环境等"21世纪经贸议题"。同时,双方承诺在协定签署生效后将以负面清单模式继续开展服务贸易谈判,并基于准入前国民待遇和负面清单模式开展投资谈判。2017年12月14日,中韩两国签署了《关于启动中韩自贸协定第二阶段谈判的谅解备忘录》,中韩自贸协定第二阶段谈判正式启动。2019年3月29日,中国-韩国自由贸易协定第二阶段第四轮谈判在北京举行。双方就服务贸易和投资展开进一步磋商,推动谈判取得稳步进展。

试问:中韩自贸协定对两国经济发展有何影响?

应用训练

中国区域经济一体化战略

中共中央政治局2014年12月5日就加快自由贸易区建设进行第十九次集体学习。中国将以更加积极有为的行动,推进更高水平的对外开放,加快实施自由贸易区战略,加快构建开放型经济新体制,以对外开放的主动赢得经济发展的主动、赢得国际竞争的主动。截至目前,中国已签署的自贸协定达16个,涉及24个国家和地区,分别是中国与东盟、新加坡、巴基斯坦、智利、秘鲁、马尔代夫、澳大利亚、格鲁吉亚、韩国、哥斯达黎加、冰岛和瑞士的自贸协定,内地与香港、澳门的更紧密经贸关系安排(CEPA)。中国正在谈判的自贸协定还有6个,涉及20多个国家和地区,主要有中国与海湾合作委员会、以色列、毛里求斯、摩尔多瓦、斯里兰卡和挪威的自贸协定,以及中日韩自贸协定、《区域全面经济合作伙伴关系》(RCEP)。

试分析我国自由贸易区战略的指导思想与战略思路。

第三篇
国际市场交易方式

　　国际市场交易方式是企业进行跨国交易的各种方式的统称。国际市场交易有国际要素交易、国际服务交易、国际技术交易等。

　　国际要素交易以国际直接投资最为普遍,也最为活跃。跨国公司是国际直接投资的主体。跨国公司对外直接投资理论主要有垄断优势论、内部化理论、边际产业扩张理论、国际生产折衷理论等。中小企业是世界经济创新活动的主要力量之一,也是世界经济增长的主要引擎。中小企业国际化是中小企业积极参与国际分工,由国内企业发展为跨国公司的过程。其方式主要有直接或间接出口、对外技术转让、国外各种合同安排、国外合资合营、海外子公司和分公司等。中小企业国际化理论主要有渐进国际化理论和快速国际化理论。

　　第二次世界大战以后,国际服务贸易与技术贸易在当今国际贸易领域蓬勃发展,地位日益重要。国际服务贸易的增长速度超过国际货物贸易的增长速度,以知识、技术密集为特征的新型服务行业正在成为推动世界经济发展的增长点。世界贸易组织协定的《服务贸易总协定》和《与贸易有关的知识产权协定》规范了国际服务贸易与技术贸易。

　　随着"互联网+"的发展,电子商务日益成为21世纪带动经济增长的发动机。国际电子商务正冲击着传统贸易方式,但是,国际交易还不可能被电子商务所替代。企业开展国际贸易不同程度地采用经销与代理、寄售与展卖、招标与投标、对销贸易、加工贸易等方式。

第八章 跨国公司

本章结构图

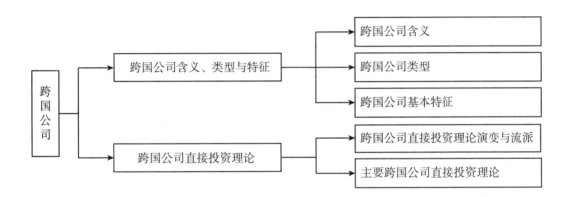

学习目标

理解跨国公司的含义、特征和基本类型;熟悉并掌握垄断优势理论、产品生命周期理论、内部化理论等主要跨国公司直接投资理论的产生、基本观点和理论不足。

导入案例

巴斯夫积极履行社会责任

巴斯夫是全球领先的化工公司,在世界上80个国家或地区设有子公司。公司的业务包括化学品、塑料、功能性解决方案、农业解决方案以及石油和天然气。2013年巴斯夫全球销售额近740亿欧元,今天巴斯夫已经成为中国化工业领先的外国投资者之一。从20世纪90年代至今,巴斯夫在华投资已达23亿欧元,拥有23个全资子公司和10个合资公司,雇员超过6 000人。同时公司在大中华区建有7个研发中心,拥有100多名研发人员。巴斯夫用创新和可持续发展策略指引公司的业务活动,在追求经济效益的同时注重保护环境,并积极履行企业社会责任。对巴斯夫而言,经济利益并不凌驾于安全、健康和环保利益之上。作为全球领先的化工公司,巴斯夫积极落实"责任关怀"体系的要求,通过实行严格的安全生产管理,制定扎实的污染防治举措,为这个行业的健康持续发展树立了标杆。

第一节 跨国公司含义、类型与特征

一、跨国公司含义

跨国公司是资本主义进入垄断时期的产物，有着较为悠久的发展历史。据联合国贸易发展会议公布的有关数据显示，全世界跨国公司已达 6.5 万家，其境外分支机构约为 80 万家。这些跨国公司的经营活动几乎扩展到了世界各国的所有领域，目前其产值已占世界总产值的 1/3 以上，其内部和相互贸易已占世界贸易额的 60% 以上，其对外直接投资占全球对外直接投资的 90% 左右。这些"巨无霸"已经成为推动和支持全球经济发展的重要力量。

跨国公司(transnational corporation)又称多国公司或多国企业(multinational corporations or enterprises，简称 MNC 或 MNE)、国际公司或国际企业(international corporations)、超国家公司或企业(supranational corporations or enterprises)、环球公司或企业(global corporations or enterprises)等，是一种在多个国家进行直接投资，并设立分支机构或子公司，从事全球性生产、销售或其他经营活动的国际企业组织。

在欧美一些国家，长期以来人们通常把跨越国界从事经营活动的企业叫做多国公司(multinational corporation)，也有人把这种企业称为国际公司或环球公司。直到 1974 年，联合国经济及社会理事会第 57 次会议的有关决议文件中，才正式采用了"跨国公司"这一名称。在 1974 年联合国秘书会长指定的"知名人士小组"会议上提出："跨国公司是指在两个或两个以上国家内控制工厂、矿山、销售机构及其他资产的公司制企业。"

经过十多年的激烈争论，1983 年在联合国跨国公司中心发表的第三次调查报告《世界发展中的跨国公司》中，世界各国对跨国公司定义的三个基本要素取得了一致的意见，它们是：第一，跨国公司是指一个工商企业，组成这个企业的实体在两个或两个以上的国家经营业务，而不论其采取何种法律经营形式，也不论其在哪一经济部门从事经营活动；第二，这种企业在一个中央决策体系下做出企业经营决策，因而具有共同的政策，该政策反映企业的全球战略目标；第三，这种企业通过参股或其他方式形成关系，使其中一个实体或几个实体对其他的实体有可能实施重大影响，并与其他实体分享资源、信息和分担责任。

1986 年联合国《跨国公司行为守则》(United Nations Code of Conduct on Transnational Corporations)中对跨国公司的定义是："本守则中使用的跨国公司一词系指在两国或更多国家之间组成的公营、私营或混合所有制的企业实体，不论此等实体的法律形式和活动领域如何；该企业在一个决策体系下运营，通过一个或一个以上的决策中心使企业内部协调一致的政策和共同的战略得以实现；该企业中各个实体通过所有权或其他方式结合在一起，从而使其中的一个或多个实体得以对其他实体的活动实施有效的影响，特别是与别的实体分享知识、资源和分担责任。"

随着经济全球化的继续向前推进，跨国公司取得了令人瞩目的成就，无论从其公司规模，还是从其营业收入来看，都达到了令人瞠目结舌的地步。表 8.1 列出了 2013 年度《财富》杂志公布的全球排名前 20 位的跨国公司名录和其营业收入。

表 8.1 2018 年度财富世界 500 强企业榜单前 20 名

排名	公司名称	营业收入(百万美元)	利润(百万美元)	国家
1	沃尔玛	500 343.0	9 862.0	美国
2	国家电网公司	348 903.1	9 533.4	中国
3	中国石油化工集团公司	326 953.0	1 537.8	中国
4	中国石油天然气集团公司	326 007.6	−690.5	中国
5	荷兰皇家壳牌石油公司	311 870.0	12 977.0	荷兰
6	丰田汽车公司	265 172.0	22 510.1	日本
7	大众公司	260 028.4	13 107.3	德国
8	英国石油公司	244 582.0	3 389.0	英国
9	埃克森美孚	244 363.0	19 710.0	美国
10	伯克希尔-哈撒韦公司	242 137.0	44 940.0	美国
11	苹果公司	229 234.0	48 351.0	美国
12	三星电子	211 940.2	36 575.4	韩国
13	麦克森公司	208 357.0	67.0	美国
14	嘉能可(GLENCORE)	205 476.0	5 777.0	瑞士
15	联合健康集团	201 159.0	10 558.0	美国
16	戴姆勒股份公司	185 235.4	11 863.9	德国
17	CVS Health 公司	184 765.0	6 622.0	美国
18	亚马逊	177 866.0	3 033.0	美国
19	EXOR 集团	161 676.5	1 569.1	荷兰
20	美国电话电报公司	160 546.0	29 450.0	美国

二、跨国公司类型

(一)按照公司经营目的分类

1. 保障原材料型企业

保障原材料的供应是企业生存和发展的基础,公司以开发资源为主要目的的投资是历史上早期的投资方式,现代跨国公司的先驱——特权殖民地贸易公司,对其殖民地及海外市场的直接投资就始于种植业、采矿业等资源型产业。目前,由于经济的迅速发展,对各种资源,特别是石油、金属矿石的需求和依赖日益增加,为了保障企业或国家的资源供给,跨国公司对这类资源的争夺日益激烈。在国家的鼓励和支持下,很多国家的大型能源或材料生产企业纷纷在海外购买、生产、加工石油、铁矿石等矿产,例如中石油、中石化、皇家壳牌、中国铝业、铜陵有色等。

2. 开拓市场型企业

企业为了扩大产品在国际市场上的销售规模,积极开拓海外市场,在海外市场建设子公司、分公司或者将销售、研发等部门,在全球市场进行配置,以扩大企业在国际市场上的生产和销售规模。例如,诺基亚、宝洁、雀巢等企业。

3. 提高效益型企业

由于各国在原材料、劳动力等各种生产要素上的价格是不同的,特别是劳动力价格上,各国存在很大的差异。很多发达国家的企业为了降低企业的人力成本,倾向于将企业的生产部门迁到劳动力成本较低的国家或地区去,以提高企业的生产效益。

4. 规避贸易壁垒型企业

在新的贸易保护主义日益抬头的情况下,企业顺利规避各种关税与非关税壁垒对于确保这些企业的发展和盈利显得额外重要。因此,很多企业为了规避东道国设置的各种关税与非关税壁垒,倾向于选择在东道国直接投资建厂或设置分支机构。

(二) 按照公司经营内容分类

1. 制造型企业

该类跨国公司主要从事产品的生产制造,并将其生产的产品在世界市场范围内进行销售。如美国宝洁、日本丰田等企业。

2. 贸易型企业

该类跨国公司主要以贸易为主,集贸易、投资和金融服务于一身的集团化、多元化企业。最典型的代表是日本综合商社。

3. 资源型企业

资源型企业专注于采矿业、石油开采业和大型基础设施的开发工作。它在全世界范围内寻找资源、投资开发。例如,中石油、中石化、埃克森美孚等类型的企业。

4. 服务型企业

该类企业主要以提供服务为主,涉及技术、信息咨询、贸易、金融、运输等行业,例如IBM、摩根大通、中国工商银行。

(三) 按照公司内部的经营结构分类

1. 横向型跨国公司

这类公司的母公司和子公司之间没有太多的专业分工,生产相同或类似的产品,从事同类经营业务。这类公司由于母公司与子公司之间的密切协作,能够扩大企业规模,通过内部贸易的方式获取规模效益。这类公司在跨国公司发展早期所占比例较大,约占全部跨国公司的一半,目前随着垂直型和混合型跨国企业的发展,这类企业所占的比重日益降低,但仍占有重要地位。

2. 垂直型跨国公司

这类企业的母公司与子公司之间各自生产不同的产品，经营不同的业务，但是这些产品的生产相互衔接，有着密切的联系。例如，壳牌石油公司在不同的国家设置工厂从事石油的勘探、开采、加工、冶炼，以及化肥、药品的生产业务。垂直型跨国公司一般来说具有投资大、规模大、生产分工复杂的特点。该类跨国公司兴起于20世纪20年代，并于20世纪60年代得到迅速发展，是目前西方国家跨国公司的重要类型。

3. 混合型跨国公司

混合型跨国公司的母公司与子公司制造不同的产品，经营不同的业务，甚至有的业务彼此互不衔接，不存在任何联系。混合型跨国公司实行多样化经营策略，通过生产和资本的集中，能够为公司带来一定的规模效应。但是在实践中发现，有些此类型的企业由于经营业务过多，显得非常臃肿，效率低下，因而出现了削减经营范围的倾向。

三、跨国公司基本特征

（一）经营管理的国际化

跨国公司不仅仅在世界各国（地区）进行直接投资，而且在从事国际生产的同时，也要求企业的组织机构、管理体制、决策乃至人员的配置都应从世界范围内考虑。现在有一种观点已经越来越得到认可，即跨国公司并不特别属于某一个国家，把"无国籍"作为跨国公司的特征及其发展趋势。

（二）内部经营一体化

跨国公司一般实行集中决策、分散经营的管理体制，但是为了实现跨国公司的总体目标，就需要实行公司内部一体化策略。即在公司内部实行统一指挥，彼此密切配合、相互合作，形成一个整体，以符合公司的整体利益。

（三）经营战略的全球化

实行全球战略是指跨国公司将战略目标和战略部署全球化，为了获取最大的利润，从世界范围来考虑原材料、劳动力、产品销售，充分利用东道国和各地区的有利条件，从公司的整体利益着眼，做出全面安排。

第二节　跨国公司直接投资理论

一、跨国公司直接投资理论演变与流派

（一）跨国公司直接投资理论演变

随着国际直接投资的不断增加，以及跨国公司的持续发展，这种经济现象引起了经济学

家的广泛关注。众多经济学家开始从理论角度研究、阐述跨国公司,出现了相对独立的跨国公司理论。从理论的发展阶段来看,跨国公司理论的发展可以分为三个阶段:第一个阶段是20世纪60年代以前的新古典国际资本流动理论阶段;第二个阶段是20世纪60年代初到70年代中期的主要解释国际直接投资的经济理论;第三个阶段是20世纪70年代中期以来,从研究国际直接投资转向对国际直接投资主体——跨国公司进行研究的经济理论。严格地讲,只有第三阶段提出的理论,才能算是真正的跨国公司直接投资理论。

(二)跨国公司直接投资理论流派

经济学家对跨国公司理论的研究,从不同的研究角度,形成了不同的理论学派。20世纪60年代以来的跨国公司理论学派很多,按其分析方法或理论依据的不同,可以将其分为4大类:

(1)以产业组织理论为基础形成的跨国公司理论。如加拿大学者海默(Stephen H. Hymer)提出的垄断优势理论和尼克博肯(F. T. Kinckerbockley)提出的寡占反应理论。

(2)以贸易理论与工业区位理论为基础形成的理论。如美国经济学家弗农(R. Veron)提出的产品周期理论和日本经济学家小岛清(Kiyoshi)提出的边际产业扩张理论。

(3)内部化理论。如英国教授巴克列(P. J. Buckley)和卡森(M. C. Casson)提出的市场内部化理论。

(4)折衷理论。如英国里丁大学教授邓宁(John Harry Dunning)提出的以国际生产折衷理论为代表的综合理论。

二、主要跨国公司直接投资理论

(一)垄断优势理论

1. 理论的提出与基本观点

垄断优势理论(monopolistic advantage theory)由美国学者海默于20世纪60年代在其博士论文《国内企业的国际经营:关于对外直接投资的研究》(《International Operations of National Firms: a Study of Direct Foreign Investment》)中首先提出,并经其导师查尔斯·金德尔伯格(Charles P. Kindleberger)完善,最终形成了这样一套关于跨国公司对外直接投资理论。海默首开跨国公司对外直接投资研究的先河,因此也被称为"跨国公司理论之父"。

垄断优势理论的核心内容在于认为,由于市场的不完全性,跨国公司在国内获得企业专有优势,并通过直接投资在国外生产加以利用和控制。其基本观点如下:

(1)市场具有不完全性。海默认为,市场不完全体现在以下4个方面:① 商品市场不完全,即商品的特异化、商标、特殊的市场技能以及价格联盟等;② 要素市场不完全,表现为获得资本的难易程度不同以及技术水平差异等;③ 规模经济引起的市场不完全,即企业由于大幅度增加产量而获得规模收益递增;④ 政府干预形成的市场不完全,如关税、税收、利率与汇率等政策。海默认为,市场不完全是企业对外直接投资的基础,因为在完全竞争市场条件下,企业不具备支配市场的力量,它们生产同样的产品,同样地获得生产要素,因此对外直接投资不会给企业带来任何特别利益,而在市场不完全条件下,企业则有可能在国内获得垄断优势,并通过对外直接投资在国外生产并加以利用。

(2) 跨国公司进行国际直接投资的主要原因在于拥有垄断优势。海默认为,一个企业之所以要对外直接投资,是因为它有比东道国同类企业有利的垄断优势,从而在国外进行生产可以赚取更多的利润。这种垄断优势可以划分为4类:① 市场垄断优势。如产品性能差别、特殊销售技巧、控制市场价格的能力等。② 生产垄断优势。如经营管理技能、融通资金的能力优势、掌握的技术专利与专有技术。③ 规模经济优势。即通过横向一体化或纵向一体化,在供、产、销各环节的衔接上提高效率。④ 信息与网络优势。

海默的研究主要以美国的跨国公司为研究对象,在海默看来正是由于存在市场不完全性和跨国公司在市场、生产要素等方面的垄断,才使跨国公司在东道国能够排斥来自东道国国内企业的竞争,维持垄断高价以获取超额利润。这就是跨国公司进行国际直接投资的主要原因。

2. 对垄断优势理论的评价

(1) 理论贡献。垄断优势论从理论上开创了以国际直接投资为对象的新研究领域,使国际直接投资的理论研究开始成为独立学科。这一理论既解释了跨国公司为了在更大范围内发挥垄断优势而进行横向投资,也解释了跨国公司为了维护垄断地位而将部分工序(尤其劳动密集型工序)转移到国外生产的纵向投资,因而对跨国公司对外直接投资理论的发展产生很大影响。

(2) 理论的不足。垄断优势理论的不足之处在于它缺乏普遍意义,由于研究依据的是20世纪60年代初对西欧大量投资的美国跨国公司的统计资料,因此对美国跨国公司对外直接投资的动因有很好的解释力,但却无法解释20世纪60年代后期日益增多的发展中国家跨国公司的对外直接投资,因为发展中国家的企业并不比发达国家有更强的垄断优势。而且,该理论偏重于静态研究,忽略了时间因素和区位因素在对外直接投资中的动态作用。

分析案例 8-1

品牌助力华为国际化

全球品牌咨询公司"Interbrand"公布了2018年全球最佳品牌榜单的TOP100,其中,苹果、谷歌和亚马逊分列三强。作为中国品牌"华为"位列第68位,品牌价值76亿美元,这是华为连续5年上榜全球前100的最佳品牌。2019年3月29日,华为在深圳总部发布了2018年全年财报。2018年华为全球销售收入7 212亿元,净利润593亿元。研发费用1 015亿元,占收入的14.1%。近十年研发费用4 800亿元。2018年度华为向世界知识产权组织(WIPO)提交了5 405份专利申请,在全球所有企业中排名第一。在欧盟委员会公布的《2018年欧盟工业研发投资排名》中,华为研发经费投入排在世界第5名。基于在性能、摄影、人工智能、通信、设计等领域的多项创新,华为的消费终端产品竞争力和产品体验大幅提升,智能手机份额稳居全球前三名。从华为在全球市场的布局情况来看,华为在中国收入达到3 722亿元,欧洲中东非洲收入2 045亿元,亚太收入为819亿元,收入中最低的是美洲市场为479亿元。

案例表明,品牌和技术是华为国际化的垄断优势之一。

(二) 内部化理论

1. 理论的提出与基本观点

跨国公司日益扩大的内部贸易引起了研究跨国公司理论学者的注意,并对这一跨国公司中普遍存在的现象进行解释。1976年英国教授巴克列和卡森在《跨国公司的未来》(《The Future of The Multinational Enterprises》)一书中运用交易成本理论和垄断优势理论,正式提出了市场内部化理论。内部化理论的渊源可以追溯到英国学者罗纳德·科斯(R. H. Coase)于1937年发表的《企业的性质》(《The Nature of The Firm》)一文中的产权经济学理论。科斯认为由于市场失效,市场不完全将使企业的交易成本大大增加,包括签订合同的签约费用、信息收集费用以及签订合同后发生的各种费用等。企业为了避免这些额外增加的成本,便产生了"内部化"即以企业内部市场取代不完全的外部市场的倾向。

内部化理论(the theory of internalization)又被称为市场内部化理论,其基本思想是:市场是不完全的,各种交易障碍和机制的缺陷妨碍了许多交易及大量贸易利益的取得。跨国公司可以通过对外直接投资,将交易活动改在公司所属的企业间进行,从而形成一个内部市场,部分取代外部市场,借以克服市场交易障碍和机制缺陷,以获取更大的贸易利益。其基本观点如下:

(1) 外部市场不完全与内部化市场的形成。内部化理论从外部市场不完全与企业内部资源配置的关系来说明对外直接投资的动因。该理论的出发点是市场不完全,认为市场不完全不仅在最终产品市场上存在,在中间产品市场上也同样存在,这里的中间产品除了通常意义上的原材料和零部件外,更重要的是指专有技术、专利、管理及销售技术等"知识中间产品"。这些与知识有关的中间产品由于市场不完全,存在定价困难,从而使交易成本增加,当交易成本过高时,企业就倾向于通过对外直接投资开辟内部市场,将原本通过外部市场进行的交易转化为内部所属企业间的交易以降低交易成本。

(2) 知识产品的特性是内部化市场形成的重要原因。根据内部化理论,企业通过对外直接投资形成内部市场,在全球范围内组织生产与协调分工,以避免外部市场不完全对其经营产生的影响。同时,在"知识产品"的研发与获得越来越昂贵,知识产权保护越来越困难的情况下,企业内部交易可以有效地防止技术迅速扩散,保护企业的知识财富。而且,在不确定性不断增加的市场环境下,内部交易使企业能够根据自己的需要进行内部资金、产品和生产要素的调拨,从而保证效益最优化。

(3) 内部化的收益与成本。内部化理论认为通过外部市场所进行的交易会导致附加成本的增加,市场结构的选择是决定交易成本大小的因素。而企业内部资源的转移可使交易成本最小化,这就是形成内部市场的基本动机。由此引出建立内部化市场的4个特定因素,即:① 行业特定因素(industrial specific factor),主要包括中间产品的特性、外部市场结构、企业的规模经济特征以及行业特点等;② 区位特定因素(region specific factor),是指有关区域内社会文化差异、综合投资环境以及自然地理特征等;③ 国别特定因素(country specific factor),是指有关国家的政治体制、法律架构与财政经济状况等;④ 企业特定因素(firm specific factor),是指企业的组织结构、管理水平、生产和销售技术以及企业文化等。

2. 对内部化理论的评价

（1）理论的贡献。内部化理论从内部市场形成的角度阐述了对外直接投资理论,对跨国公司的内在形成机理有比较普遍的解释力,与其他对外直接投资理论相比,它适用于不同发展水平的国家,包括发达国家和落后国家,因而在跨国公司理论研究具有相当于"通论"和"一般理论"的地位,大大推进了对外直接投资理论的发展。更为重要的是,该理论强调了知识产品内部一体化市场的形成,更加符合当今国际生产的现实状况。

（2）理论的不足。内部化理论的不足之处是该理论过分注重企业经营决策的内部因素,却忽略了对影响企业运作的各种外部因素的分析,对跨国公司的国际分工和生产缺乏总体认识,对对外直接投资的区位选择等宏观因素也缺乏把握。

分析案例 8-2

麦当劳在澳大利亚被指不合理避税

据新华网悉尼 2015 年 5 月 20 日电,国际快餐业巨头麦当劳日前被指利用澳大利亚税收系统漏洞将利润从澳大利亚转移到新加坡,从而在 2009 至 2013 年避税 4.97 亿澳元（约合 3.93 亿美元）。据澳大利亚媒体,过去 5 年,麦当劳在澳大利亚运营过程中出现了"不寻常的高额跨企业支付"。麦当劳通常收取销售额的 5% 作为特许使用费,但澳大利亚麦当劳向麦当劳亚太总部支付了 3.766 亿澳元（约合 2.979 亿美元）"服务费",达到销售额的 9%。2009 年至 2013 年,麦当劳利用上述方法在主要市场避税 18 亿美元。澳大利亚政府试图打击澳境内跨国企业的避税行为。澳国库部长乔·霍基表示将重点加强对 30 家跨国企业的监管,包括谷歌、苹果、微软等。

（三）边际产业扩张理论

1. **理论的提出与基本观点**

20 世纪 60 年代,随着日本经济的高速发展,日本对外直接投资的情况与美国不同。第一,美国的海外企业大多分布在制造业部门,从事海外投资的企业多处于国内具有比较优势的行业或部门;而日本对外直接投资主要分布在自然资源开发和劳动力密集型行业,这些行业是日本即将失去或已经失去比较优势的行业。第二,美国从事对外直接投资的多是拥有先进技术的大型企业;而日本的对外直接投资以中小企业为主,所转让的技术也多为适用技术,比较符合当地的生产要素结构及水平。

对此,日本学者小岛清根据日本国情,发展了国际直接投资理论。1978 年,在其代表作《对外直接投资》一书中系统地阐述了他的对外直接投资理论——边际产业扩张理论。即对外直接投资应该从本国已经处于或即将处于比较劣势的产业,即边际产业开始,并依次进行,投向在这些产业拥有潜在比较优势的国家。

2. **对该理论的评价**

小岛清理论被认为注重从宏观动态角度来研究跨国公司的对外直接投资行为,是发展中国家对外直接投资理论的典范,揭示了发展中国家的对外直接投资的原因和行业特点。缺陷在于,其动态分析仅限于日本及少数欧洲国家的情况,不具有普遍性。

(四) 国际生产折衷理论

1. 理论的提出与基本观点

英国里丁大学教授邓宁在 1977 年撰写的《经济活动的贸易区位与多国企业：一种折衷理论的探索》(《Trade Location of Economic Activities and the MNE: A Search For An Eclectic Approach》)中提出了国际生产折衷理论(the eclectic theory of international production)。其基本观点：

邓宁认为，跨国公司的国际经营是由该企业的企业优势、内部化优势和区位优势共同决定的。一个国家的企业进行对外直接投资必须具备以下三种优势：

(1) 所有权优势(ownership specific advantage)，又称垄断优势(monopolistic advantage)，是指企业所独有的优势。所有权特定优势具体包括：① 资产性所有权优势，指在有形资产与无形资产上的优势，前者指对生产设备、厂房、资金、能源及原材料等的垄断优势，后者指在专利、专有技术、商标与商誉、技术开发创新能力、管理以及营销技术等方面的优势；② 交易性所有权优势，指企业在全球范围内跨国经营、合理调配各种资源、规避各种风险，从而全面降低企业的交易成本所获得的优势。

邓宁认为，企业开展对外直接投资必然具备上述所有权特定优势，但具有这些优势并不一定会导致企业进行对外直接投资，也就是说，所有权特定优势只是企业对外直接投资的必要条件，而不是充分条件。企业仅仅具有所有权特定优势，而不具备内部化优势和区位优势时，可以采取许可贸易方式。

(2) 内部化优势(internalization advantage)，是指拥有所有权特定优势的企业，为了避免外部市场不完全对企业利益的影响而将企业优势保持在企业内部的能力。内部交易比非股权交易更节省交易成本，尤其是对于那些价值难以确定的技术和知识产品，而且内部化将交易活动的所有环节都纳入企业统一管理，使企业的生产销售和资源配置趋于稳定，企业的所有权特定优势得以充分发挥。

但邓宁同样认为，内部化优势和所有权特定优势一样，也只是企业对外直接投资的必要条件，而不是充分条件，同时具有所有权特定优势和内部化优势的企业也不一定选择进行对外直接投资，因为它也可以在国内扩大生产规模再行出口。

(3) 区位优势(location specific advantage)，是指某一国外市场相对于企业母国市场在市场环境方面对企业生产经营的有利程度，也就是东道国的投资环境因素上具有的优势条件，具体包括：当地的外资政策、经济发展水平、市场规模、基础设施、资源禀赋、劳动力及其成本等。如果某一国外市场，相对于企业母国市场，在市场环境方面特别有利于企业的生产经营，那么这一市场就会对企业的跨国经营产生非常大的吸引力。

邓宁认为，在企业具有了所有权特定优势和内部化优势这两个必要条件的前提下，又在某一东道国具有区位优势时，该企业就具备了对外直接投资的必要条件和充分条件，对外直接投资就成为企业的最佳选择。

2. 对该理论的评价

邓宁的折衷理论在理论渊源上融合了以往各种学说的精华，并加以归纳与总结，使理论更加丰富,较以往的各种理论更全面地解释了企业国际经营的动因,从而形成了一个具有普遍性的理论体系。但是,该理论的不足之处在于,它过于注重对企业内部要素的研究,忽略了企业所处的特定社会政治、经济条件对企业经营决策的影响。

◆ **内容提要**

跨国公司是一种在多个国家进行直接投资,并设立分支机构或子公司,从事全球性生产、销售或其他经营活动的国际企业组织。跨国公司按照公司经营目的、公司经营内容和公司内部的经营结构等分类方式进行分类,具有经营管理的国际化、内部经营一体化、经营战略的全球化等特征。跨国公司直接投资理论包括垄断优势理论、内部化理论、边际产业扩张理论和国际生产折衷理论等内容。

◆ **关键词**

跨国公司　直接投资　垄断优势　内部化　区位优势

◆ **复习思考题**

1. 简述跨国公司的含义、特征。
2. 简述跨国公司理论主要流派。
3. 请对垄断优势理论进行评析。
4. 请对产品生命周期理论进行评析。
5. 请对内部化理论进行评析。
6. 什么是跨国公司内部贸易?跨国公司内部贸易的主要目的是什么?

思考案例

拉法基在中国的经营之道

1833年,拉法基家族在法国南部的阿尔代什省创立了拉法基公司,170多年后,它成为全球建筑材料领域的领导者,其各大业务分支机构均处于世界领先地位——水泥和骨料位居世界第一,混凝土和石膏位居世界第三。拉法基集团在中国最早的投资始于1994年,而今拉法基在中国的业务涵盖水泥、石膏板、骨料和混凝土业务等,拥有员工16 000余人。拉法基始终致力于在中国市场的长期发展,并奉行拉法基集团本土化和全球化并重的多地区经营模式,及其产品在市场所在地生产和销售,以适应当地市场的需求,同时通过全球化确保集团的长期发展战略。自1994年进入中国市场以来,拉法基在中国的本土化经营取得了极大的成功,不仅将资金、技术和先进的管理经验带入了中国,还将其在全球范围内积极投身可持续发展的理念和实践带入中国,在尊重当地文化并为社区作贡献的前提下谋求共同发展。公司在创造利润、对股东利益负责的同时,还积极承担对员工、对社会和环境的社会责任,包括遵守商业道德、生产安全、职业健康、保护劳动者的合法权益、节约资源等。经过二十多年的运营,公司本土化的管理在中国市场上获得了丰富的经验并得到当地社会的广泛认可,先后获得最受欢迎的水泥企业、环保友好企业、建材行业重点企业等称号。拉法基公司的目标是成为员工和客户首选的公司,以及社区最受欢迎的伙伴。

分析:跨国公司在国际化的同时,如何通过其在东道国的本土化来实现其全球经营战略目标?

应用训练

凯雷入股徐工机械未果

2005年10月25日,徐工科技公告称,徐工集团当日与凯雷徐工机械实业有限公司(凯雷徐工),签署"股权买卖及股本认购协议"和"合资合同",其中,凯雷徐工是凯雷亚洲投资基金(Carlyle Asia Partners,L.P.)在开曼群岛注册的全资子公司。根据协议,凯雷徐工以相当于人民币20.69亿元的等额美元,购买徐工集团所持82.11%徐工机械的股权;同时,徐工机械在现有12.53亿元注册资本基础上增资人民币24.16亿元,增资部分全部由凯雷徐工认购。为此,凯雷徐工需要分两次各支付6 000万美元,第二次支付的前提是,如果徐工集团2006年的经常性税息折旧及摊销前利润达到约定目标。上述股权转让和增资完成后,变身为中外合资经营企业的徐工机械投资总额为42亿元,注册资本约14.95亿元人民币,徐工凯雷将拥有徐工机械85%的股权,剩余部分由徐工集团持有。然而,一年之后,由于并购过程中遭遇重重阻力,凯雷徐工将持股比例从原先的85%下降至50%。但这次凯雷的让步仍旧因为控股权的问题未能获得监管部门的认可。

请结合所学知识并查阅相关资料回答凯雷收购徐工失败的主要原因是什么。

第九章 中小企业国际化

本章结构图

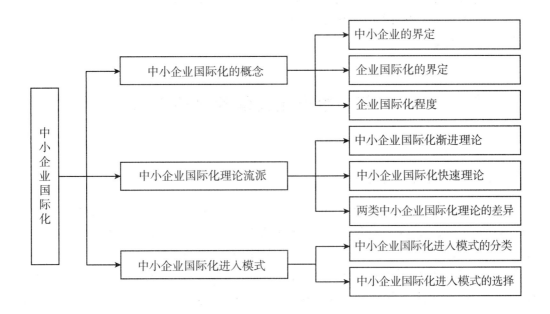

学习目标

了解中小企业的界定和企业国际化的界定,熟悉企业国际化程度的衡量指标类型;掌握中小企业国际化渐进理论和快速理论的流派;掌握中小企业国际化进入模式的分类与选择方法。

导入案例

APEC 呼吁各经济体促进中小企业发展

亚太经合组织(APEC)第 21 次中小企业部长会议于 2014 年 9 月 5 日在南京召开。会议强调,APEC 各经济体应分享经验,鼓励增强中小企业创新能力,改善中小企业创新政策环境,以创新促进中小企业发展。中国工业和信息化部部长苗圩在会后新闻发布会上表示,此次会议围绕"创新与可持续发展"主题,针对"增强中小企业创新能力""改善中小企业创新政策环境""推动中小企业创新发展"等三个议题深入讨论交流,达成了一系列重要共识。会议发表了《第21次APEC中小企业部长会议部长联合声明》和《关于促进中小企业创新发展的南京宣言》。部长们一致认为,中小企业不仅是亚太地区创新活动的主要力量之一,也是经济增长的主要引擎。面对复杂、瞬息万变且竞争激烈的市场环境,创新发展对激发中小企业内生动力、提升企业可持续发展水平至关重要。敦促各经济体采取进一步措施促进中小企业融资创新、降低中小企业市场准入门槛和消除监管障碍。会议重申信息技术对推动中小企业发展的重要意义,支持中国就建立"APEC中小企业信息化促进中心"开展可行性研究;鼓励各经济体采用多种方式支持亚太地区中小企业的技术交流与合作;会议同意加强亚太地区金融机构的合作,鼓励中国国家开发银行与各经济体相关金融机构研究建立合作机制及设立专项贷款,为各经济体中小企业创新与合作提供融资支持。《关于促进中小企业创新发展的南京宣言》呼吁各经济体在自愿的基础上采取更加有力的措施,推动中小企业创新发展。倡议各经济体增强中小企业的创新能力、改善中小企业创新的政策环境、推动中小企业创新与可持续发展。

第一节 中小企业国际化的概念

一、中小企业的界定

中小企业(small and medium enterprises,SME)是指规模较小,或处于创业阶段或成长阶段的企业。一般而言,世界各国对中小企业的界定有定量和定性两种方法。定量方法包括从雇员人数、资产额以及营业额三方面进行界定,这也是各国界定中小企业的普遍做法。定性标准又称为质量界定标准或地位界定标准,其核心特点包括独立所有、自主经营和较小的市场份额,定性标准多为欧美国家所采用,且采用定性标准的国家也同时全部兼用定量标准。

为贯彻落实《中华人民共和国中小企业促进法》和《国务院关于进一步促进中小企业发展的若干意见》(国发[2009]36号),工业和信息化部、国家统计局、发展改革委、财政部研究制定了《关于印发中小企业划型标准规定的通知》(工信部联企业[2011]300号)。文件规定,中小企业划分为中型、小型、微型三种类型,具体标准根据企业从业人员、营业收入、资产总额等指标,结合行业特点制定。适用的行业包括:农林牧渔业,工业(包括采矿业、制造业、电力、热力、燃气及水生产和供应业),建筑业,批发业,零售业,交通运输业(不含铁路运输业),仓储业,邮政业,住宿业,餐饮业,信息传输业(包括电信、互联网和相关服务),软件和信息技术服务业,房地产开发经营,物业管理,租赁和商务服务业,其他未列明行业。以工业为例,从业人员1 000人以下或营业收入40 000万元以下的为中小微型企业。其中,从业人员300人及以上,且营业收入2 000万元及以上的为中型企业;从业人员20人及以上,且营业收入300万元及以上的为小型企业;从业人员20人以下或营业收入300万元以下的为微型企业。

二、企业国际化的界定

企业国际化有外向国际化和内向国际化之分。芬兰学者 Welch 和 Luostatinen(1993)发表的题为《国际化中的内外向联系》一文中,认为"企业内向国际化过程会影响其外向国际化的发展,企业内向国际化的效果将决定其外向国际化的成功"。Luostatinen 和 Hellman(1994)认为,内向国际化业务通常发生在外向国际化业务之前,例如设备和原材料的进口在生产之前就已发生。

鲁桐(2003)认为,从发展方向上看,企业国际化可以区分为内向国际化和外向国际化两个方面,企业外向国际化是其内向国际化充分发展的结果,且从动态的角度看,内向国际化和外向国际化贯穿于企业国际化的整个过程中,两者是相互促进、相互影响的。鲁桐对中国中小制造业的国际化发展的两个方面进行了具体的划分,见表9.1。

表 9.1　中国制造业的国际化发展模式

	方式	功能
内向国际化	引进国外先进设备	提高生产技术水平
	进口零部件和元器件	提高产品档次和质量
	加工装备	改进生产流程
	技术合作	跟踪国际技术发展方向
	合资企业	提高管理水平,利用外商的资金、技术、市场和信息
外向国际化	贴牌生产	全面提升产品质量,改善工艺流程
	直接出口(海外出口子公司、海外专卖店)	建立销售渠道,树立品牌形象
	建立海外办事处	收集海外市场信息,把握行业发展趋势
	海外技术合作、建立海外研究与开发中心	技术领先

资料来源:鲁桐.中国企业跨国经营战略[M].北京:经济管理出版社,2003:60.

本章主要讲解中小企业外向国际化。中小企业外向国际化是中小企业积极参与国际分工,由国内企业发展为跨国公司的过程。其方式主要有直接或间接出口、对外技术转让、国外各种合同安排、国外合资合营、海外子公司和分公司等。

三、企业国际化程度

Grant(1987)认为,国际化程度(degree of internationalization,DOI)反映的是企业国外市场的运营规模与国内运营规模的相对大小,以及在战略方面的重要性。Hitt 等学者(1997)把国际化程度定义为企业跨越国界进入不同市场和区域的扩张程度。企业国际化程度衡量企业国外市场的涉入深度,往往能够间接地反映企业国际市场涉入能力的大小。国际化程度的衡量指标有多种类型。

(一)企业国际化指数

1. UNCTAD 跨国化指数(transnationality index)

UNCTAD 在《世界投资报告 1995》中提出,取三个指标(国外销售占总销售的比重、国外资产占总资产的比重和国外雇员占雇员总人数的比重)的平均值。

2. Sullivan 企业国际化程度指数(degree of internationalization scale)

由 Sullivan(1994,1996)提出,由 5 个指标组成,即国外销售占总销售的比重、国外资产占总资产的比重、国外分支机构比重、高管国际经验和国际经营的心理离散程度。

(二)多维度图形

1. Welch 和 Luostrinen 的六要素模型(1988)

该模型从企业向国际市场提供的产品、国外生产经营方法、目标市场的选择、组织结构、融资方法和人员素质等 6 个方面考察企业的跨国经营,如图 9.1 所示。

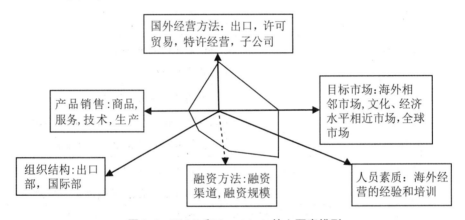

图 9.1 Welch 和 Luostrinen 的六要素模型

2. 鲁桐的国际化蛛网模型(2000)

我国学者鲁桐提出企业国际化在 6 个侧面得到充分地反映,每一个侧面由若干个因素决定,如图 9.2 所示。

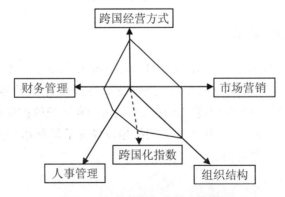

图 9.2 鲁桐的国际化蛛网模型图

第二节 中小企业国际化理论流派

一、中小企业国际化渐进理论

中小企业受自身资源的限制,包括资金、人才、技术和知识等的限制,往往都是先在国内发展,待企业经营状况稳定后,再考虑开展国际化经营活动,且进行跨国经营活动时,国外市场也是根据"心理距离接近"原则进行选择的。该类理论是以中小企业资源匮乏为基础的,中小企业缺乏资金、国际化人才、先进的技术及国际市场的知识和经验,因而它们的国际化成长必须是个渐进的过程,这样才能控制风险,使企业得以生存和发展。

(一) Uppsala 国际化模型

20 世纪 70 年代,瑞典 Uppsala 大学的 Johanson 和 Wiedersheim-Paul(1975)、Johanson 和 Vahlne(1977)以企业行为理论方法为基础,提出了能解释企业的市场选择和企业进入国外市场方式的 Uppsala 国际化模型,通常也被称为企业国际化过程模型(the process model of internationalization)。

Johanson 和 Wiedersheim-Paul(1975)把企业国际化过程划分为四个阶段。阶段一:没有稳定的出口活动;阶段二:通过制造商的代理出口;阶段三:设立国外销售处;阶段四:国际生产。由于企业获得的资源、市场知识和信息的逐渐增加,企业国际化程度由低向高依次进行。

Uppsala 国际化模型中最重要的概念是"心理距离"。"心理距离"这一概念最早由 Beckerman(1956)在其论文《欧洲内部贸易的距离和形式》中使用。北欧学者认为企业面临不同的外国市场时,选择国外市场的次序遵循心理距离由近及远的原则。所谓"心理距离"是指妨碍或干扰企业与市场之间信息流动的因素。Lee 与 Swift 认为心理距离等同于文化距离。Lee(1998)将文化距离定义为国际化的商人根据语言、商业惯例习俗、法律政治体系,以及市场基础设施所感知或理解的母国与国外目标市场的社会文化距离。Swift(1999)认为心理距离是一系列相关文化因素的结果,在这其中感知与理解起着决定作用。

(二) 出口行为理论

Uppsala 国际化模型以后,许多学者沿着这一思想,对企业的出口和直接投资活动进行考察,提出了出口行为理论(export behavior theories)。

Bilkey 和 Tesar(1977)[①]的国际化六阶段理论:① 缺乏出口意愿阶段:厂商对出口活动毫无意愿;② 愿意出口但不积极阶段:厂商被动参与承接国外来的订单;③ 积极出口阶段:厂商对出口进行较完整的可行性分析;④ 尝试出口阶段:厂商尝试性将出口经验发展至相

---

① Bilkey W J,Tesar G. The Export Behavior of Smaller-Sized Wisconsin Manufacturing Firms[J] Journal of International Business Studies,1977(8):93-98.

似的国家;⑤ 出口累计阶段:成为富有经验的出口商;⑥ 出口扩张阶段:努力开拓全球市场。

Cavusgil(1980)的国际化五阶段理论:① 国内营销阶段:产品国内生产与销售;② 前出口阶段:企业寻求信息并评估潜在出口市场,出现不规则的出口活动;③ 试验性卷入阶段:获得出口经验,企业主要从事间接出口;④ 积极投入阶段:以直接出口方式向其他国家出口更多的商品;⑤ 国际战略阶段:以全球市场为目标制定企业战略规划。

Le Heron(1980)国际化五阶段论:① 剩余产品出口;② 改变产品出口;③ 设计产品针对新市场;④ 技术进步或新市场;⑤ 国外生产。

Vozikis 和 Mescon(1985)国际化三阶段论:① 对出口活动不积极,但有被动接受的订单;② 探索出口的可行性,针对一个或几个市场出口;③ 在一些市场成为有经验的出口商和探索新市场的出口。

出口行为理论对国际化阶段的划分有不同的理解,但都认为,企业的跨国经营是渐进发展的。出口行为理论强调企业的国际化是一个连续的发展过程。这一点与北欧学派的企业国际化阶段理论有共同之处。

(三) 站点模型

站点模型是由 Yip 等学者(2000)[1]提出的。站点模型包括 6 个步骤,如图 9.3 所示,作者定义为:"就好像在路上,这些站点的次序是有规律的……且企业必须追随这个路径。"

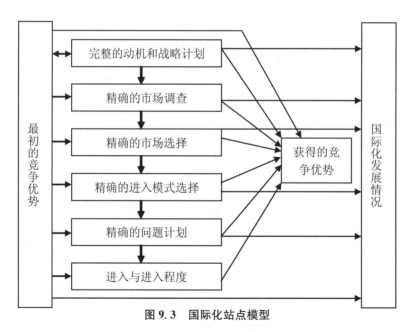

图 9.3 国际化站点模型

二、中小企业国际化快速理论

随着经济全球化和科技的发展,企业间的网络关系日益复杂,联系也日益便捷,信息知

---

[1] Yip G S, Biscarri, Javier Gomez, et al. The Role of the Internationalization Process in the Performance of Newly Internationalizing Firm [J]. Journal of International Marketing, 2000(8):10-35.

识的获得也变得相对简单,特别是更多复合型人才的出现,使企业成立初就拥有较多的国外市场知识,导致企业在成立初或成立后不久(一般以3年为限)就有能力开展国际化经营活动,实现国际化成长。该类理论以外部环境的变化和科技的发展为基础,认为企业间的网络关系、科技的进步、高级复合型人才的大量出现等因素可以消除中小企业的资源限制,使中小企业在初始就可获得国际市场的知识和经验,因而可以实现快速国际化成长。

(一)BG出现模型

天生国际化(born global)是渐进国际化的对称,是企业成立不久就进行国际化的企业。Lampa和Nilsson的BG出现模型由Kristiantand大学的Petra Lampa和Lisa Nilsson(2004)在总结前人研究成果的基础上提出,如图9.4所示。

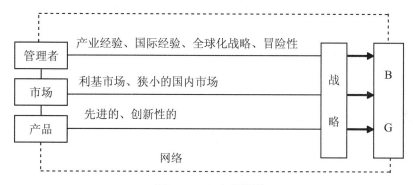

图9.4 BG出现模型

管理者、市场和产品是影响企业国际化过程的三个主要因素,对这三大因素进行独立分析,以清晰地显示每个因素的哪些具体特征导致了BG的出现。

分析案例9-1

富士康的天生国际化

富士康成立于1974年,已从只能生产黑白电视机旋钮的作坊发展成为全球最大的电子产业科技制造服务商。现阶段富士康主要客户包括个人电脑领域品牌(如戴尔、惠普、联想、索尼、苹果等)、消费电子领域品牌(如索尼、松下、苹果、夏普、任天堂等)、通信领域品牌(如苹果、诺基亚、华为、中兴等),其关键成功因素是一直坚持代工模式,做3C领域领先企业的协力厂商。通过专注于代工,富士康得到了国际大客户的广泛认可。富士康致力于提供"全方位成本优势",创造出独特的eCMMS(E-enable Component,Module,Move and Service)营运模式,即电子化的组件、模块、流通、服务整合营运模式。在全球运营体系中,快速组装出货,且提供设计、生产、售后服务,最大限度发挥了速度、品质、成本、服务的整合优势,提升了产品竞争力和客户满意度。通过eCMMS营运模式,垂直整合产业链的上、中、下游,制造能力得以大幅提升,成本得以大幅降低。全球各制造中心均可快速复制形成产能,从而构筑了富士康代工模式的核心竞争力。通过eCMMS营运模式,富士康通常可以在12天内开发出客户所需模具,32天内开始大量生产。围绕以客户为中心的代工模式,富士康建立了完善的生产与服务标准及规范,采用6sigma、高级产品质量规划(advanced product quality planning,APQP)及产品部件检验流程(production part approval process,PPAP)体系,与富士康生产系统结合形成富士康质量管理系统。

富士康的天生国际化给我国中小制造业国际化的启示是什么?

我们可以认为,海外代工可以依托客户的品牌,快速进入国际市场。"东风好借力,送我上青云",海外代工正是遵循了"借力"的理念。而要做好代工,则需中小企业在制造、服务、质量、人才等方面练好内功。

(二) 基于企业家精神的中小企业国际化理论

把企业家精神和企业国际化研究结合起来,就形成了国际企业家精神(international entrepreneurship)。Knight 和 Cavusgil(1996)认为企业在成立之初就进行国际化就是因为特殊企业家精神的存在。McDougall 和 Oviatt(2000)把国际企业家精神定义为"为了在组织中创造价值而跨越国界的创新(innovative)、主动设计(proactive)和风险寻求(risk-seeking)行为的结合"。他们在 2003 年进一步指出,国际企业家精神是为了创造未来的产品和服务而跨越国界机会的识别、评价、开发和利用。Kropp、Lindsay 和 Shoham(2008)以企业家的角度考察天生国际化企业,通过对南非的企业中 539 个样本的数据分析,得出结论:企业家创业定位中的冒险精神和创新意识对国际新创企业的新市场进入决策有积极的影响。Oviatt 和 McDougall(1995)调查发现,天生国际化企业的创立者或者管理者,都具备海外经历或者国际经营经验。

三、两类中小企业国际化理论的差异

两类理论主要有 5 个方面的差异,见表 9.2。

表 9.2 渐进理论与快速理论的比较

	渐进理论	快速理论
理论前提	中小企业资源有限,要控制风险	一些因素可以消除中小企业的资源限制
资源利用	利用自身的资源	利用外部资源
国际化战略	强调计划性	无计划性
理论依据	强调"心理距离"接近原则	不考虑心理距离远近
理论结论	国际化成长是渐进的	快速国际化成长

第三节 中小企业国际化进入模式

中小企业国际化进入模式就是中小企业进入国际市场的方式(market entry mode,MEM)。Melin(1992)认为,进入模式是企业和国外合作者进行交易的方式,Root(1994)认为进入模式是一种制度安排,即企业将产品、技术、管理经验和其他资源进行跨国界转移的方式。

一、中小企业国际化进入模式的分类

(一) 两分法

Gomes-Casseres(1990)、Pan 和 Tse(2000)[①]描述了国际市场进入模式的层级模型(hierarchical model),把国际化进入模式分为两类,见图 9.5。

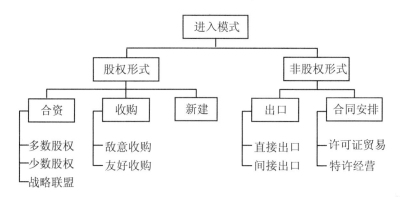

图 9.5 国际市场进入模式的层级模型

(二) 三分法或四分法

John Dunning(1976)在《贸易经济活动的区位和跨国企业的一种折衷主义方法的探索》一文中提出,企业将经营业务向海外转移是所有权特定优势(ownership)、区位优势(location)以及内部化优势(internalization)共同作用的结果,他把企业进入国际市场方式分为出口、技术转让和对外直接投资三种类型。

鲁桐(2003)等学者把国际市场进入方式分为三种。贸易式进入:包括间接出口和直接出口。契约式进入:是一种非股权安排,包括许可证贸易、特许经营、管理合同、交钥匙工程等。投资式进入:是一种股权安排,包括收购与新建。

综合各种划分方法,可以把将企业国际化进入模式分为间接出口、直接出口、许可证贸易、合资、收购或新建等方式。

二、中小企业国际化进入模式的选择

(一) 进入模式的比较

Okoroafo(1991)认为,国际市场进入模式在风险(risk)、收益(return)、控制水平(control)、一体化程度(integration)等方面是不同的,见表 9.3。

[①] Pan Y, Tse D K. The Hierarchical Model of Market Entry Modes [J]. Journal of International Business Studies, 2000, 31(1):535-554.

表 9.3　Okoroafo 对国际市场进入模式的比较

	出口	合同安排	合资	收购	新建
风险	低	低	中	高	高
收益	低	低	中	高	高
控制水平	中	低	中	高	高
一体化程度	微不足道	微不足道	低	中	高

Miller(1998)的研究表明,国际市场进入模式的所有权与控制程度越高,风险也越大,如图 9.6 所示,进入模式的演进趋势是从低控制程度、低风险走向高控制程度、高风险。

企业国际市场进入方式在单位可变成本、经营灵活性、市场份额、资产规模等方面也有差异。单位可变成本往往与单位固定成本成反比,经营灵活性与资产专用性有关。

国际市场进入模式的差异可以用图 9.6 表示。

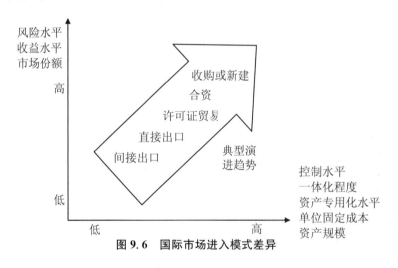

图 9.6　国际市场进入模式差异

(二)进入模式的选择方法

1. 决策过程模型(the decision making process model, DMP)

该模型由 Root(1994)提出,Young(1989)、Kumar 和 Subramaniam(1997)等学者进行了进一步研究。该模型认为,进入模式的决策是多阶段的过程,需要考虑进入的目标市场、影响进入模式和决策过程的因素、目前的环境和与此相联系的利润、风险和成本,最终选择合适的进入方式。

Root(1994)总结了影响进入决策的企业内部因素和外部因素。其中,企业内部因素包括企业特征和产品特征,如企业规模、所在产业、国外经验、技术水平等;外部因素包括企业所在国的整体环境特征和东道国环境特征,如文化差异、政府政策与管制和商业惯例等。

对于中小企业而言,决策者的个人属性,如教育背景、国籍、外语能力、国外旅行次数以及国外生活与国外工作经历等,对国际化进入模式决策的影响更大。决策过程模型如图9.7所示。

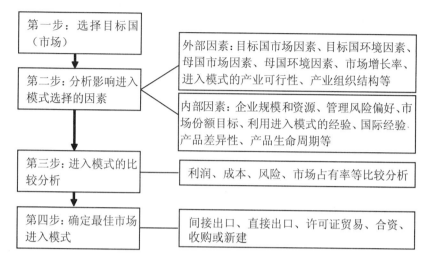

图 9.7 进入模式的决策过程模型

分析案例 9-2

2019年中国制定促进中小企业健康发展的指导意见

2019年4月,中共中央办公厅、国务院办公厅印发了《关于促进中小企业健康发展的指导意见》,要求各地区各部门以供给侧结构性改革为主线,以提高发展质量和效益为中心,按照竞争中性原则,打造公平便捷营商环境,进一步激发中小企业活力和发展动力;支持对外合作与交流;优化海关流程、简化办事手续,降低企业通关成本;深化双多边合作,加强在促进政策、贸易投资、科技创新等领域的中小企业交流与合作;支持有条件的地方建设中外中小企业合作区。鼓励中小企业服务机构、协会等探索在条件成熟的国家和地区设立"中小企业中心";继续办好中国国际中小企业博览会,支持中小企业参加境内外展览展销活动。

何为竞争中性?为什么要强调竞争中性原则?

竞争中性是指各类所有制企业在要素获取、准入许可、经营运行、政府采购和招投标等方面平等竞争。一方面竞争中性的精神与我国经济政策具有内在的一致性。党的十八大提出,保证各种所有制经济依法平等的使用生产要素,公平参与市场竞争,同等受到法律保护。2018年中央经济工作会议指出,要强化竞争政策的基础性地位,创造公平竞争的制度环境。另一方面,竞争中性的表述体现出与国际规则的融合、接轨,更符合国际惯例。竞争中性将有效提高生产分配效率,并促进政府在监管过程中的公平公正。

2. 净现值模型(the net present value model,NPV)

该模型建立在传统的利润最大化假设基础上。设定:R 为企业使用其特有优势(无形资产)所生产出来的最终产品的销售收入,C 为母国总成本,C^* 为目标国总成本,M 为出口营销成本,A 表示用直接投资方式进入目标国市场的附加成本(例如,环境差异成本),D 为企业转让无形资产的耗散费用,t 表示时间,r 为贴现率。

这样,不同国际市场进入模式的企业净现值分别为:

$$NPV_E = \sum \frac{\text{销售收入} - \text{母国总成本} - \text{出口营销成本}}{(1+r)^t} = \sum \frac{R_t - C_t - M_t}{(1+r)^t}$$

$$NPV_{FDI} = \sum \frac{\text{销售收入} - \text{目标国总成本} - FDI\text{附加成本}}{(1+r)^t} = \sum \frac{R_t - C_t^* - A_t}{(1+r)^t}$$

$$NPV_L = \sum \frac{\text{销售收入} - \text{目标国总成本} - \text{无形资产耗散费用}}{(1+r)^t} = \sum \frac{R_t - C_t^* - D_t}{(1+r)^t}$$

$NPV_E > \max(NPV_{FDI}, NPV_L)$,则企业将选择出口模式;

$NPV_{FDI} > \max(NPV_E, NPV_L)$,则企业会选择对外直接投资模式;

$NPV_L > \max(NPV_E, NPV_{FDI})$,则企业就会选择许可证模式。

3. 成本模型(the cost model)

该模型由以色列学者 Seev Hirsch 提出。

(1) 选择出口模式的两个条件是:

$$C+M<C^*+A; C+M<C^*+D$$

(2) 选择直接投资模式的两个条件是:

$$C^*+A<C+M; C^*+A<C^*+D$$

(3) 选择许可证贸易的两个条件是:

$$C^*+D<C^*+A; C^*+D<C+M$$

◆ 内容提要

中小企业是指规模较小,或处于创业阶段或成长阶段的企业。中小企业外向国际化是中小企业积极参与国际分工,由国内企业发展为跨国公司的过程。其方式主要有直接或间接出口、对外技术转让、国外各种合同安排、国外合资合营、海外子公司和分公司等。企业国际化程度衡量的企业国外市场的涉入深度,往往能够间接地反映企业国际市场涉入能力的大小,可以用国际化指数、多维度图形等度量。中小企业国际化理论流派有渐进理论和快速理论之分,两者在理论前提、资源利用、国际化战略、理论依据、理论结论等方面具有差异。企业国际化进入方式有间接出口、直接出口、许可证贸易、合资、收购或新建等,可以用决策过程模型、净现值模型等进行选择。

◆ 关键词

中小企业　中小企业外向国际化　UNCTAD 跨国化指数　Sullivan 企业国际化程度指数　Uppsala 国际化模型　BG 出现模型

◆ 复习思考题

1. 简述 Welch 和 Luostrinen 的六要素模型。
2. 中小企业国际化渐进理论与快速理论的区别有哪些?
3. 简述出口行为理论。
4. 简述企业家精神的中小企业国际化理论。
5. 中小企业国际化进入模式的分类有哪些?
6. 简述中小企业国际化进入模式的比较。

第三篇 国际市场交易方式

第九章 中小企业国际化

思考案例

奇瑞汽车国际化

奇瑞汽车股份有限公司成立于1997年1月8日。公司成立22年来,始终坚持自主创新,逐步建立起完整的技术和产品研发体系,产品出口海外80余个国家和地区,打造了艾瑞泽、瑞虎、QQ和风云等知名产品品牌。同时,旗下两家合资企业拥有观致、捷豹、路虎等品牌。公司在芜湖、大连、鄂尔多斯、常熟以及在巴西、伊朗、俄罗斯等国共建有14个生产基地。"自主创新"是奇瑞发展战略的核心。截至2018年底,奇瑞汽车累计申请专利17 079多件,授权专利11 032件,位居中国汽车行业前列。打造"国际一流品牌"是奇瑞的战略发展目标。在"无内不稳,无外不强"发展理念的推动下,奇瑞从成立之初就注重开拓国内、国际两个市场,积极实施"走出去"战略,成为我国第一个将整车、CKD散件、发动机以及整车制造技术和装备出口至国外的轿车企业。通过实施产品战略、属地化战略和人才战略不断加深海外市场的深层次合作,努力将奇瑞汽车打造成为具有全球影响力的国际品牌。2018年奇瑞以全球市场为目标,进一步深化战略转型,推进全球化研发、生产及营销服务体系建设,全力推进品牌提升。2018年奇瑞(集团)累计销量达75.3万辆,其中出口达12.7万辆,连续16年位居中国乘用车出口第一位。

试根据企业国际化理论分析奇瑞汽车的国际化之路。

应用训练

APEC鼓励中小企业融入全球价值链

2015年5月23~24日,亚太经合组织(APEC)第二十一届贸易部长会议在菲律宾长滩举行。会议呼应APEC促进中小企业参与全球价值链倡议,提出支持中小企业直接出口的计划。商务部副部长王受文表示,电子商务是推动中小企业参与国际市场的重要渠道,希望能借助电子商务进一步促进中小企业从全球价值链中受益。商务部新闻发言人沈丹阳认为,全球价值链的产生过程就是由于贸易与投资合作、与服务贸易结合、服务贸易与其他方面结合,在这个过程中产生了新的价值增值。这样的合作会是1+2>2,对21个成员都有好处。王受文表示,菲方提出的《中小企业全球化长滩行动纲领》,有利于发挥中小企业活力,增强其参与全球市场的能力,希望就此加强中小企业数据库、信息交流和互享等务实合作。本次部长会提出,将在贸易便利化、电子商务、融资和制度支持等方面优先合作与行动,以解决中小微企业参与国际贸易的壁垒和共同支持中小企业的直接参与度。

试根据企业国际化理论,设计促进中国中小企业国际化的对策。

第十章　国际服务贸易

本章结构图

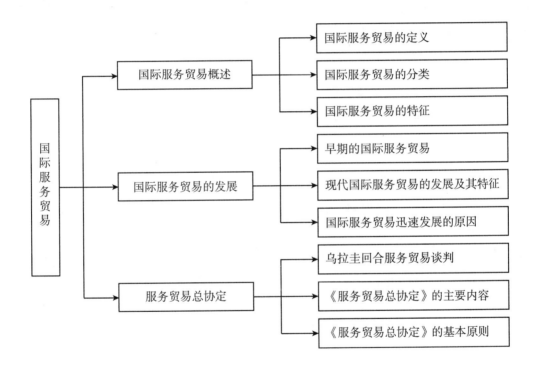

学习目标

　　了解联合国贸易与发展会议和服务贸易总协定对国际服务贸易的定义,掌握国际服务贸易的统计分类、逻辑分类、关贸总协定的分类及服务供求者位置变化的分类和国际服务贸易的四个特征;了解国际服务贸易的发展过程及特征,掌握国际服务贸易迅速发展的原因;了解发达国家、发展中国家、新兴工业化国家的服务贸易发展情况;掌握服务贸易总协定的主要内容和基本原则。

第三篇 国际市场交易方式

第十章 国际服务贸易

> **导入案例**
>
> **中国服务贸易发展呈现四大特点**
>
> 2019年5月22日,国务院新闻办公室举行2019年中国国际服务贸易交易会发布会。商务部负责人在回答记者提问时表示,当前中国的服务贸易发展面临新的机遇,全球已经进入了服务经济时代,服务业成为世界经济的一个重要增长极。目前,中国服务贸易发展呈现4个特点:第一,规模逐步增长。"十三五"以来,我国服务贸易平均增速高于全球,2018年服务贸易进出口额达到了5.24万亿元,同比增长了11.5%,已经连续5年位居世界第二。服务贸易占外贸比重从2012年的11.1%,提高到2018年的14.7%。第二,结构持续改善。知识密集型服务贸易稳步增长,2018年我国知识密集型服务进出口额达到了1.7万亿元,同比增长了20.7%,占服务贸易进出口比重达到32.4%,比上年提升了2.5个百分点。第三,开放格局进一步优化。2016年在15个省市启动了服务贸易创新发展试点,2018年6月试点进入了深化阶段,同步推进了31个服务外包示范城市,13个国家文化出口基地建设,与自贸试验区、北京服务业扩大开放综合试点协同发展,形成了全面推进服务贸易对外开放的体系。第四,市场更加多元。目前,我国已经与全球200多个国家和地区建立了服务贸易往来,2018年我国与"一带一路"沿线国家和地区服务进出口额达到了1 217亿美元,占我国服务贸易总额的15.4%。近年来,中国分别与中东欧国家和金砖国家签订了《中国-中东欧国家服务贸易合作倡议》《金砖国家服务贸易合作路线图》,已有14个国家与我国建立服务贸易双边合作机制。

第一节 国际服务贸易概述

服务作为相对于货物的一个概念,很早就有经济学家进行研究,而服务贸易一词则出现较晚,直到20世纪70年代才成为共同使用的贸易词汇。

一、国际服务贸易的定义

同服务的概念一样,到目前为止,国际上尚没有一个精确的国际服务贸易的定义。比较权威的是WTO《服务贸易总协定》的定义。该协定规定,服务贸易定义为以下四类:① 从一缔约方境内向任何其他缔约方境内提供服务;② 在一缔约方境内向任何其他缔约方的服务消费者提供服务;③ 一缔约方在其他缔约方境内通过提供服务的实体性介入而提供服务;④ 一缔约方的自然人在其他任何缔约方境内提供服务。

第一类主要是指"过境交付"(cross-border supply)。这里"过境"的是服务,一般不涉及资金与人员的过境流动。比较典型的有电信服务,或基于电信服务手段的服务(如信息咨询、卫星影视服务等)。

第二类服务贸易一般是服务的消费者(购买者)的过境移动来实现的,被称为"消费者移动"(consumer abroad)。最典型的是旅游服务,境外居民来本国旅游,本国服务供应者向他们提供服务并取得外汇收入,便形成服务贸易。属于这一类的服务贸易还有教育培训、健康服务、技术鉴定服务等。

第三类服务贸易是指在一缔约方境内设立机构,并提供服务,取得收入,因此而形成的服务贸易被称为"商业存在"(commercial presence)。这一类服务贸易涉及市场准入(market access)和直接投资(FDI),常见的贸易形式有在境外设立金融服务分支机构、律师事务所、会计师事务所、维修服务站等。

第四类服务贸易主要是缔约方的自然人(服务提供者)过境移动,在其他缔约方境内提供服务而形成的贸易,通常被称为"人员移动"(movement of personnel)。这类服务贸易中最常见的是建筑设计与工程承包及其所带动的服务人员输出。

二、国际服务贸易的分类

(一)国际服务贸易的统计分类

国际服务贸易的统计分类是根据与资本项目和经常项目是否相关为依据进行分类,具体分为两种类型:一类是同国际收支账户的资本项目相关,即同国际间的资本流动或金融资产流动相关的国际服务贸易流量,称为"要素服务贸易"(trade of factor services)流量;另一类是同国际收支账户中的经常项目相关,而同国际间资本流动或金融资产流动无直接关联的国际服务贸易流量,称为"非要素服务贸易"(trade in non-factor services)流量。

(二)服务贸易总协定(GATS)对服务贸易的分类

按《服务贸易总协定》中的"服务部门参考清单",服务贸易包括12大类,即商业性服务、销售服务、金融服务、娱乐服务、通信服务、教育服务、卫生服务、运输服务、建筑服务、环境服务、旅游服务和其他服务。这种分类主要以"行业"作为划分国际服务贸易类型的核心,其本质涉及输出入业务的范畴和供需双方业务开展的程度。

三、国际服务贸易的特征

人们从不同的角度出发,对服务贸易及其特征的理解往往不一致。与货物贸易相比,服务贸易的特征可以概括为以下4个方面:

(一)服务贸易与货物贸易的交易基础不同

关贸总协定制度下的货物贸易概念是建立在货物物理特性及原产地的基础上。然而,服务贸易的概念不是建立在服务物理特性的基础上,而是建立在服务生产与交易发生的方式和地点的基础上。理论上,服务贸易是由活劳动提供的特殊使用价值,表现的不是有形货物与货币的交换,而是活劳动或作为这种活劳动的物化产品与货币的交换。

(二)多数服务与服务贸易主体不可分离

大部分服务贸易要求服务提供者与消费者物理接近。国际服务贸易中活劳动的提供与消费大多同时进行,构成服务贸易的"无形性""不可运输性"和"不可储存性"的基础。

（三）服务贸易通常涉及生产要素的跨国界流动

服务提供活劳动的过程，通常是利用服务提供者的技能和知识完成的，其目的是使服务消费者所处的状况发生某种变化或不发生变化。国际服务贸易进行中价值实体与使用价值分开，即不同时发生转移。服务贸易中生产要素的跨国界流动构成服务贸易存在的重要条件，而不像货物贸易那样仅仅是生产要素移动的替代物，即服务本身不能成为服务贸易的替代物而存在。

（四）可以绕过海关监管

由于服务贸易上述的三个特征，特别是服务贸易的无形性，使它可以绕过海关监管。因此，各国的国际服务贸易活动较少显示在海关进出口统计中，而是显示在各国的国际收支表中。

第二节 国际服务贸易的发展

我们把国际服务贸易的发展过程大致分为两个阶段：早期的国际服务贸易和现代国际服务贸易。

一、早期的国际服务贸易

服务贸易起源于原始社会末期、奴隶社会早期。更具体地说作为第三产业的服务业产生于人类社会的第三次大分工，是随着商业的出现而产生的。起初是为国内人民提供各项服务以获得报酬来购置生存资料，随着生产国际化和国际分工协作的发展，各国经济活动相互依赖性增强，从而强化了彼此利益的渗透，服务便随着其他生产要素一道被国际化了。国际服务贸易实际上是各国政治、经济、社会发展不平衡的必然产物。

真正的国际服务贸易是从中世纪开始的。西欧国家大规模的国际服务出口始于15世纪，伴随着哥伦布1492年发现新大陆，资本主义殖民性质的大规模移民得到进一步发展。当时服务输出主要以移民的形式出现，具有强烈的殖民主义色彩。到19世纪后半叶，随着垄断资本主义的形成和发展，这样的服务输出日益扩大。据统计，在此期间欧洲移民人口每年平均输出30万人。20世纪前14年（第一次世界大战前），一年平均输出150余万人。在众多的外移人口中，尽管暂时性的服务人员输出占有一定比例，但永久性的人口迁移却占据主导地位（这种迁移与现代意义上服务人员的过境移动有着质的区别）。

上述国际间人员移动及劳务输出所形成的服务贸易，我们称之为"早期国际服务贸易"。它具有两个明显的特征：一是发达国家向"新大陆"和落后的殖民地输出，二是服务人员的主动性和自发性移动。另外需要指出的是银行、海洋运输、保险、建筑等古老的服务业，其跨国服务也古来有之，只是它们在早期的国际服务贸易中不占有主要的地位。

两次世界大战期间，战争服务成为早期服务贸易向现代服务贸易的转折。战争服务使得人员离开国土到异国从事公路、桥梁及工事的修筑，进行军需生产和运输等服务。从以往那种分散的、从事农业种植业和矿业为主的移民服务,过渡到有组织的、从事建筑业为主的多行业的临时服务流动。据统计,两次世界大战期间,共动用的各国服务性人员一度达百万之多。因此,正是这两次世界大战,成为服务移民向现代意义上的国际服务贸易发展的重要转折。

二、现代国际服务贸易的发展及其特征

第二次世界大战以前,国际服务贸易与国际货物贸易相比,无论是发展速度、规模,还是在世界经济中的地位和作用,都相形见绌。第二次世界大战以后,特别是第三次科技革命的深入发展所引起的世界经济、贸易结构的巨大变化,使世界服务贸易的发展速度加快。应当指出,现已公布的服务贸易统计数据由于各自的统计范围划分不一,很多实际已发生的服务贸易并未真实地得到反映,特别是把与商品贸易有关的服务内容划分出来极不容易,所以,一般数据都低估了实际数字。

与早期的服务贸易相比,现代国际服务贸易呈以下特征:

(一)服务贸易发展迅速,规模日益扩大

二战后,特别是20世纪80年代以来,服务贸易发展十分迅速,成为国际经贸联系中最活跃的部分。服务贸易的迅速发展首先表现为服务贸易的绝对额不断增加,占国际贸易的份额不断上升。其次表现为服务贸易的增长速度除个别年份外都远远超过同期世界经济的增长速度和货物贸易的增长速度。

(二)服务贸易领域不断扩大,结构不断优化

随着经济发展和科技进步,服务贸易领域有了开拓性的扩展,在传统服务行业提供的产品继续增长的同时,一些新兴服务行业的产品也不断充实到服务贸易中。近年来,金融、保险、通信服务、数据处理、技术服务、咨询、广告等项目的服务贸易发展迅速,远远快于传统项目的服务贸易;服务贸易的部门结构已从以劳动密集型的服务行业(如旅游、销售服务等)为主转向以资本密集型的服务行业(如运输、电信、金融等)为主,并正在向以知识密集型服务行业(如专业服务、计算机软件、数据处理等)为主转变;通信和信息技术在国际服务贸易中的广泛应用,把一系列关系国家经济命脉、主权、安全的关键领域也引入了国际交换;生产性服务在国际服务贸易中上升为主体,已成为国际化大生产的必要条件。

(三)服务贸易发展不平衡

1. 发达国家和发展中国家之间服务贸易发展不平衡

发达国家的服务业普遍较发达,在服务贸易中处于绝对优势;而发展中国家的服务业则属于幼稚行业,除了在劳动密集型的建筑、承包工程、旅游和运输等传统项目上有一定优势外,其他行业都比较落后,在服务贸易中处于次要地位。2013年美国、法国、英国、德国、日本、意大利、西班牙、荷兰、比利时、奥地利等10国的服务出口占国际服务出口总额的83.6%,进口占国际服务进口总额的80.1%。同年,进入国际服务出口前20名的发展中国家和地区只有中国、印度、中国香港、新加坡、韩国,合起来只占国际服务出口总额的15.5%;

进入国际服务进口前20名的国家和地区只有中国、新加坡、印度、俄罗斯、韩国、巴西、沙特阿拉伯,合起来占国际服务进口总额的21.9%。

分析案例 10-1

中国服务贸易逆差

中国的服务贸易逆差由来已久,反映了我国服务业相对滞后的结构性问题。2018年,我国服务贸易逆差增长268亿美元,达到2 922亿美元,引起社会各界广泛关注。实际上,自1995年开始,我国服务贸易就已连年逆差,近年来逆差规模不断扩大,2011年逆差增长曾达到98%。长期逆差反映了我国的服务贸易国际竞争力相对较低,缺乏比较优势。我国服务贸易发展相对滞后于货物贸易,服务贸易与货物贸易的比例长期偏低,我国二者比例在1∶7左右,发达国家平均水平在1∶3。特别在高附加值服务方面,我国的差距更为明显。

我国服务贸易逆差与我国居民收入水平的关系是什么?

分析:我国服务贸易逆差扩大,体现了我国居民收入水平提高所带来的消费升级。居民境外实际购买力大幅提高,出境旅游、留学、海外网上购物等成本普遍下降,需求日益旺盛。

2. 发达国家内部服务贸易发展不平衡和服务行业发展不平衡

美国是当今世界服务贸易的大国,它通过国际运输、国际旅游、金融和专业服务获取了大量国际服务贸易顺差。这对美国的经济发展、国内就业、国民生产总值产生了巨大影响,对改善美国在国际贸易中的地位,恢复其国际竞争力起了重要作用。日本是战后迅速崛起的经济强国,货物贸易连年顺差,但是,日本的服务贸易相对落后,是最大的服务贸易逆差国,在运输、旅游和其他商业性服务方面一直为逆差。再次,发展中国家内部服务业发展不平衡。新兴工业化国家和地区的服务业发展速度快,服务贸易较发达,其他国家则较落后。

(四)世界服务贸易市场呈多元化趋势

在服务进口方面,由于世界经济、技术的迅速发展,近年来服务进口国家越来越多,对国际服务贸易的需求日益增多,地理分布也日趋扩大。20世纪70年代以前,西方国家是最主要的服务输入市场。20世纪70年代后期开始,中东和北非几个主要的产油国,每年要吸收大批的劳动力,成为服务人员输入的主要市场。20世纪80年代以来,亚洲、非洲、拉美地区一些国家的经济迅速增长,对服务的需求也不断增加。20世纪进入90年代,亚洲地区已成为世界经济增长的热点,特别是以中国为代表的发展中国家普遍实施全面的开放性战略,对发达国家的高技术含量的服务需求强劲。

在服务出口方面,也呈多元化趋势。随着经济发展水平的提高,一些技术、经济实力较强的发展中国家也开始发展技术层次较高的服务出口,如1987年在海外的埃及人中有25.5%从事管理、技术工作。印度凭借科技力量,已发展成为世界上一个十分重要的计算机软件出口国,许多国际性的大计算机公司都向印度购买软件。一些发展中国家利用本国丰富的自然和人文资源大力发展国际旅游业,取得了较好的效益。还有一些发展中国家利用其地理及时差的优势,发展境外金融业务,如巴林、开曼群岛、巴哈马群岛等都已成为重要的国际金融中心。东南亚、拉美的许多国家则由于经济发展前景看好,金融市场获利潜力大而吸引了各类外国金融机构和外国投资者。

(五) 国际服务贸易保护主义盛行

由于各国服务业发展不均衡,同时,国际服务贸易市场竞争激烈,各国为了自己的利益,往往基于国家主权、文化需要、社会稳定安全等而附加各种限制性法规及政策,以保护本国服务业并促进服务出口。这种情况不仅表现在服务业不发达的发展中国家,而且在服务贸易占绝对优势的发达国家也同样如此。在服务贸易领域存在着一个巨大的并且是多重的贸易壁垒。如为保护美国的印刷业,美国的版权法禁止进口美国作者在海外印刷的作品;阿根廷、澳大利亚、加拿大等国禁止外国产的广播和电视制品;日本禁止美国公司使用私人电信网与公共数据网进行竞争;韩国、马来西亚和菲律宾不允许外国银行扩展自己的分支机构;西欧各国近年来大批辞退发展中国家的服务人员,借口是保障本国居民的就业等等。

三、国际服务贸易迅速发展的原因

服务贸易迅速发展是社会生产力和经济生活国际化发展的必然结果,是世界经济结构调整和优化的具体体现。服务贸易迅速发展的主要原因有:

(一) 服务输出的产生和发展是世界经济发展不平衡规律作用的结果

随着生产力水平的不断提高,一国的产业结构重心会依次由农业部门转向工业部门,再转向服务业。20世纪60年代初,主要发达国家都已完成了本国的工业化过程,国内经济重心开始转向服务业,服务业在就业和国民生产总值中的比重不断增加,居于绝对优势。而美国服务业是吸纳社会就业的主要渠道,2011年美国服务业的从业人员占全社会就业的80%左右,同期美国第三产业的比重接近80%;而2013年中国服务业占国内生产总值的比重近46%。从就业情况看,中国服务业就业人数占国内总就业人数的比重在38%左右。服务业在国内的壮大带动向国外的流动,国际间相互提供的服务贸易量因此大大增加,给服务贸易的发展提供了坚实的物质基础。

(二) 服务输出是社会生产力发展和产业结构调整的结果

各国和各地区之间生产力发展水平的不平衡决定了它们在整个国际经济体系中占有不同的位置,这种既有区别又有联系的国际分工促使国际服务贸易成为必要和可能。总体上,发达国家靠的是技术密集型、资本密集型服务,而发展中国家输出的是劳动密集型服务。两者各具优势,因而相互需求的量也大。

产业结构调整,使境内服务输出迅速增长。在国际间产业结构大调整中,发达国家将许多组装业向发展中国家转移,使这些国家和地区能够利用本地丰富而廉价的劳动力资源,获取巨额的外汇服务费用,形成大规模的境内服务输出。

二战后跨国公司的兴起促进了服务贸易的发展,而"企业移民"则是服务跨国流动的常见形式。"企业移民"是指发达国家或比较发达国家,包括新兴工业化国家和部分技术较先进的发展中国家和地区,把自己已淘汰的技术设备以投资的方式转移到另一国进行生产,从而带动服务人员向外输出。这些服务人员,一部分长期居住在国外,多数人则是工作一段时间后就返回国内。这些服务人员和技术、资本服务是作为一个整体向外输出的。

(三) 科学技术促进了服务贸易的繁荣

技术进步促进了服务人员的过境移动。人类社会发展至今共发生了三次重大的科学技术革命,每次科技革命都极大地推动了社会生产力的发展,同时也使服务输出产生一次次飞跃。特别是战后的第三次科技革命,加速了科技人员和其他服务的国际流动。科技进步推动了生产的自动化、机械化,对发达国家工人的文化水平要求越来越高,而发展中国家的一些科技人员和普通工人也因本国的经济落后、待遇低,希望去发达国家寻找工作来改善工作条件,提高生活水平,这就促进了科技人员以及其他服务人员的流动。同时,发达国家随着科技进步加速,急欲转移已淘汰的技术,这往往导致发达国家以企业移民的方式向发展中国家提供服务,由此促进了服务人员在全球范围内的移动。

科技的发展,带来电信服务业的迅速扩展,促进了服务业的经营范围通过贸易得以展开。电信服务业自身作为核心服务,随着计算机技术进步,它在国民经济建设和发展中起着关键性作用。

(四) 世界经济中的经济一体化促进了国际服务贸易的发展

经济一体化包括全球经济一体化和区域经济一体化,它们都起到了减少贸易壁垒,促进全球和区域内服务贸易增长的作用。欧洲联盟(EU)作为超国家性质的区域经济一体化组织在金融、货币、农业、运输等方面相互协调,旨在实现商品、货币、资本及人员的自由移动,极大地促进了区域内服务贸易的增长。世界贸易组织的成立及其执行的《服务贸易总协定》(GATS)的签字生效,更为全球范围的国际服务贸易的繁荣奠定了法律框架。

(五) 各国政府鼓励和支持服务业和服务贸易的发展

许多国家采取各种政策,鼓励和支持本国服务业和服务贸易的发展,从而推动了整个国际服务贸易的发展。如建立服务业自由贸易区,鼓励外资在某些服务业投资;大力发展电信技术,鼓励数据越境流动;提供财政支持,建立和改善服务基础设施;大力发展教育,提高人力资本素质;支持和鼓励国际间和区域内部服务部门的合作与一体化;对本国不具有优势的服务业实施一定程度的保护,为本国服务业的成长创造良好的环境;鼓励本国服务业走出国门,大力发展服务出口等。

第三节 服务贸易总协定

《服务贸易总协定》作为乌拉圭回合一揽子协议的组成部分和世界贸易组织对国际贸易秩序的管辖依据之一,于1995年1月1日与世界贸易组织同时生效。

一、乌拉圭回合服务贸易谈判

《服务贸易总协定》的产生是关贸总协定乌拉圭回合谈判的主要成果之一,它的产生大致经历了4个阶段。

(一)埃斯特角部长会议

1986年9月,在乌拉圭的埃斯特角召开了关贸总协定74国部长会议,讨论乌拉圭回合部长会议宣言,拉开了关贸总协定历史上历时最长也是最后一轮多边谈判——乌拉圭回合谈判的序幕。经过激烈的谈判,缔约各方就谈判的原则和论题达成一致,通过了埃斯特角宣言。这次会议首次将服务贸易列为关贸总协定谈判的两大部分(货物贸易谈判和服务贸易谈判)之一,并规定货物贸易谈判在关贸总协定的框架内进行,服务贸易谈判在关贸总协定的框架外进行。根据部长会议有关服务贸易谈判的决定,在埃斯特角宣言中对服务贸易作了如下规定:谈判目的是在透明度和逐步自由化条件下扩大服务贸易,确立服务贸易总体原则和纪律的多边框架;谈判手续适用关贸总协定的手续和习惯;谈判参加国的范围同货物贸易谈判参加国一样;设置管理服务贸易领域谈判的机构;在服务贸易谈判的过程中,关贸总协定秘书处要给予支持。

(二)蒙特利尔中期评审会议

1988年12月,105个参加国的代表在加拿大的蒙特利尔出席中期评审会议,旨在确定埃斯特角会议以来的谈判情况以及此后两年的谈判方向。这次会议在服务贸易方面达成一致,同意制定服务贸易的原则,主张将透明度原则、国民待遇原则、最惠国待遇原则运用于服务贸易领域。欧共体在会议上坚决主张服务贸易分阶段自由化中过程结果的相互主义原则,美国、日本则反对使用相互主义原则。会议同意,为确定服务领域谈判的部门,需制定今后谈判的日程表,由关贸总协定秘书处制定出第一次谈判部门的清单。但在这次会议后的有关服务贸易原则的确定和适用性方面,谈判陷入了僵局。

(三)布鲁塞尔部长会议

1990年7月,在前一阶段谈判的基础上,由服务贸易谈判组组长提出了服务贸易协定组长方案,后一阶段谈判以组长方案为基础。为了能在12月的布鲁塞尔部长会议上取得一致,集中谈判服务贸易协定组长方案。但是,由于布鲁塞尔部长会议上农业问题谈判的破裂,服务贸易谈判也没有很大的进展。尤其是在最惠国待遇原则、国民待遇原则等在服务领域的适用性,以及金融服务、劳动的移动等方面,谈判各方分歧严重。美国认为,在制定服务贸易规则的同时,要把服务贸易自由化措施的具体约束作为重点。在整个谈判中,除了制定一般协定外,各国的自由化约束(初期准入)的谈判是很重要的,谈判中要突出自由化的具体措施,自由化约束的谈判与协定方案的讨论要同时进行。但是,有些发展中国家认为,要通过协定方案的讨论来确定权利和义务,协定方案的讨论必须优先。经过谈判各方的激烈争论,最后同意在部长会议上优先由各国提出自由化措施的清单(市场准入)。

(四)邓克尔方案

布鲁塞尔会议以后的一年多时间内,服务贸易协定方案的谈判一直未能取得实质性进展,直到1991年12月20日,关贸总协定秘书长邓克尔提出乌拉圭回合谈判最终协商文本,即《乌拉圭回合多边贸易谈判结果最后文件草案》,也称为邓克尔方案。邓克尔方案对服务贸易谈判中意见对立的有关问题提出了调解方案：

1. 最惠国待遇问题

最惠国待遇原则应作为服务贸易协定的基本原则，但是，可以维持最惠国待遇的例外措施。具体做法是，在服务贸易协定生效之前，通过例外措施的登记；在协定生效以后，按照协定所规定的手续，在得到成员国承认之后，可以维持例外措施。

2. 金融服务问题

明确服务贸易协定在金融服务领域的适用范围，并制定了记载金融定义等内容的"金融服务附录"。其中，为了维持信用秩序，各国在保护金融消费者，确保金融体系的健全性等方面可以采取必要的措施。在服务贸易协定规定的义务外，通过成员国自己的选择，可以承担更高的自由化义务，并制定了"金融服务承诺的谅解书事项"。

3. 劳动的转移问题

制定了"提供服务自然人移动的附录"，规定自然人移动对就业、市民权、居住权、或永久就业等措施不适用。协定框架之内可进行以提供服务的所有自然人移动为对象的谈判。

4. 协定的不适用

在关贸总协定成员国之间，如果其中一方成为服务贸易协定的成员国，而另一方对协定的适用尚未作出承诺，就作为当事国之间整个协定的不适用，排除部分的不适用。

由于邓克尔文本较好地综合了谈判各方在服务贸易方面的意见，被有关各方大致认可，故此后的服务贸易协定方案的谈判，主要是在邓克尔文本的基础上，就协定文本的定义问题及技术性修正问题来进行。邓克尔文本有关服务贸易的协定没有经过重大修改，就在乌拉圭回合结束时获得通过。1994年4月15日各谈判方在摩洛哥的马拉喀什正式签署了《服务贸易总协定》。

二、《服务贸易总协定》的主要内容

《服务贸易总协定》（General Agreement on Trade in Services, GATS）由协定正文、附件、部长会议决定以及各国的减让表组成。具体有三个主要部分：① 适用于所有成员的基本义务框架结构，即《服务贸易总协定》正文29个条款。② 根据正文第29条成为《服务贸易总协定》有机组成部分的涉及各服务部门的特定问题和供应方式的附件以及第二条"豁免"的附件。③ 根据《服务贸易总协定》第20条的规定应附在《服务贸易总协定》正文之后，并成为《服务贸易总协定》重要组成部分的具体承诺表。

《服务贸易总协定》的正文包括序言和6个部分（共29条具体条款）。序言确定了各成员参加及缔结《服务贸易总协定》的目标、宗旨及总的原则。第一部分为"范围和定义"，主要是确定该协定的适用范围及服务贸易的定义。第二部分为"一般义务和纪律"，确定了各成员的一般义务、原则及其例外，主要是确立服务贸易中应共同遵循的基本原则。第三部分为"具体承诺"，规定了各成员服务部门开放的具体承诺义务与原则，其中主要是市场准入和国民待遇这两项必须通过谈判减让的实质性内容。第四部分为"逐步自由化"，主要是具体承诺谈判的进程以及承诺表的制定和修改，规定了各成员，尤其是发展中国家服务贸易逐步自由化的原则及权力。第五部分为"机构条款",主要涉及磋商和争端解决机制、服务贸易理事会和技术合作等事项。第六部分为"最后条款",主要是给出缔约方拒绝给予利益的各种情形以及若干重要概念和定义。

《服务贸易总协定》的附件共有8个,包括《关于第二条例外的附件》《关于本协定中提供服务的自然人流动的附件》《关于空运服务的附件》《关于金融服务的附件》《关于金融服务的第二附件》《关于电信服务的附件》《关于基础电信谈判的附件》和《关于海运服务谈判的附件》。

此外,还有部长会议决定,如《关于GATS机构安排的决定》《关于自然人流动问题谈判的决定》《关于金融服务的决定》《关于海运服务谈判的决定》《关于基础电信谈判的决定》《关于专业服务的决定》《关于服务贸易与环境的决定》等。

三、《服务贸易总协定》的基本原则

服务贸易总协定在许多方面沿袭了GATT的概念、定义和原则,其基本原则体现在相关的条款之中,下面我们分别简述这些原则。

(一)最惠国待遇

条款规定:"在本协定项下的任何措施方面,各成员应立即和无条给予任何其他成员的服务和服务提供者不低于其给予任何其他国家相同的服务和服务提供者的待遇。"众所周知,最惠国待遇是关税与贸易总协定一贯坚持倡导的基本原则,而原先只要求给予货物本身,现在则必须同时给予服务提供者,这与其说是一种惯例的沿用,毋宁说是一种体制的革新。或许是基于同样的理由,因为不能只对服务接受国规定条件,还必须对服务提供者规定条件,从而导致另一个比较显著的变化,最惠国待遇原本为承诺义务,而如今在服务贸易总协定中则被改造为一般义务,也就是说,如果一成员无法取消背离上述规定的措施,则可以申请最惠国待遇的例外,但必须符合豁免附件的相关条件。

(二)透明度

条款规定:"除非在紧急情况下,各成员应迅速并最迟于其生效之时,公布所有普遍适用的有关或影响本协定实施的措施。一成员为签字方的涉及或影响服务贸易的国际协定也予以公布。"这种对法律、规章、政令和惯例的透明度要求,如果说主要针对关税管理的货物贸易而言还不十分紧迫的话,那么对于没有任何边境措施只能依靠立法规范管理的服务贸易而言就是性命攸关的事情了。因此序言开宗明义,将透明度要求和逐步自由化进程并列为扩大世界服务贸易的两项基本条件。

(三)发展中国家的更多参与

条款规定:各成员国应通过谈判达成具体承诺,以这种方式来促进发展中国家逐步地参与世界贸易,具体承诺应该包括"加强其国内服务能力、效率和竞争力,特别是通过在商业基础上获得技术;改善其对销售渠道和信息网络的利用;在其具有出口利益的部门及提供方式上实现市场准入的自由化"。条款还规定发达国家应建立旨在帮助发展中国家获得有关服

务技术和市场信息的咨询联络点。这是一个反映发展中国家根本利益的重要规则,作为多边纪律能得到国际社会的首肯是意味深长的。

(四)国内法规

条款规定:"在已作出具体承诺的部门,各成员应确保所有普遍适用的影响服务贸易的措施,以合理、客观和公正的方式予以实施。"一方面,它赋予缔约方行使制定各种新法规以符合其国内政策目标的权利,事实上这种法规业已成为规范和管理境内服务贸易活动最为通行的有效手段;而另一方面,则同时要求其缔约方承担相应的义务,就是避免使这种法规对正常的国际服务贸易构成不必要的贸易壁垒和障碍,尤其是司法程序、申请许可和资格认定。

(五)市场准入

条款规定:"在服务提供方式的市场准入方面,每个成员给予其他任何成员的服务和服务提供者的待遇,不得低于其承诺表中所同意和明确的规定、限制和条件。"也就是说,在市场准入的环节和步骤上,各缔约方必须严格按照承诺表达成的规定条件来具体实施。因此条款还明文规定,各缔约方在其承诺的市场准入部门中,不得采取下列措施:无论是以数量配额、垄断和专营服务提供者的方式,还是以要求经济需求测试的方式,限制服务提供者的数量;以数量配额或要求经济需求测试的方式,限制服务或交易或资产的总值;以配额或要求经济需求测试的方式,限制服务业务或产出的总量;以数量配额或要求经济需求测试的方式限制特定服务部门可雇或受雇自然人的总数;对服务提供者法律实体形式的限制;对外国持股比例或外国投资总额的限制。

(六)国民待遇

条款规定:"在列入其承诺表的部门中,在遵照其所列条件和资格的前提下,每个成员在所有影响服务提供的措施方面,给予任何其他成员的服务和服务提供者的待遇,不得低于其本国相同服务和服务提供者的待遇。"必须强调指出的是,这一重要原则和关税与贸易总协定的相关规定有着深刻的差异,服务贸易领域的国民待遇并不拘泥于形式上的相同,而是十分关注政策的实际执行效果。也就是说,尽管某项措施存在着形式上的不一致,但是只要未曾改变双方同等的竞争条件,则照样体现国民待遇。相反,如果某项形式上相同的措施,但是对外国的服务和服务提供者构成了事实上的歧视,那么仍然是与国民待遇的原则相违背的。

◆ **内容提要**

《服务贸易总协定》从4个方面对国际服务贸易进行了权威的定义。国际服务贸易具有与货物贸易的交易基础不同、多数服务与服务贸易主体不可分离、涉及生产要素的跨国界流动、可以绕过海关监管等特征。国际服务贸易的发展过程分为早期的国际服务贸易和现代国际服务贸易。《服务贸易总协定》(GATS)由协定正文、附件、部长会议决定以及各国的减让表组成,其基本原则包括最惠国待遇、透明度、发展中国家的更多参与、国内法规、市场准入、国民待遇等内容。

◆ **关键词**

国际服务贸易 《服务贸易总协定》

◆ **复习思考题**

1. 简述国际服务贸易的统计分类。
2. 简述《服务贸易总协定》中对服务贸易的分类。
3. 简述服务贸易的特征。
4. 与早期的服务贸易相比,现代国际服务贸易有何特征?
5. 服务贸易迅速发展的原因是什么?
6. 在是否将服务贸易列为乌拉圭回合谈判的议题方面,发达国家与发展中国家有何意见分歧?
7. 简述邓克尔方案的主要内容。
8. 简述《服务贸易总协定》的主要内容和基本原则。

思考案例

WTO 美墨电信服务案

2004 年,WTO 专家组审结了美国与墨西哥之间的一起关于电信服务贸易的争端,该案是 WTO 建立以来处理的第一个关于服务贸易的争端,其争议焦点是 WTO 历来十分关注的电信服务。1997 年之前,墨西哥的国内长途和国际电信服务一直由 Telmex 公司所垄断。1997 年之后,墨西哥政府授权多个电信运营商可以提供国际电信服务,但根据墨西哥国内法,在国际电信市场上对外呼叫业务最多的运营商有权利与境外运营商谈判线路对接条件,而 Telmex 公司作为墨西哥对外呼叫业务最多的运营商,自然就享有了该项谈判权利,事实上就拥有了排除外部竞争者的权力,从而引发了希望大举进入墨西哥市场的美国电信业巨头的不满。

2000 年 8 月 17 日,美国以墨西哥的基础电信规则和增值电信规则违背了墨西哥在 GATS 中的承诺为由,向墨西哥提出磋商请求,之后,美墨双方进行了两次磋商,但未能达成共识。2002 年 4 月 17 日,根据 DSU 第 6 款,成立了专家组,因双方未能在规定期限内就专家组的组成达成一致,2002 年 8 月 26 日,WTO 总干事最终任命了以 Ernst-Ulrich Petersman 为首的三人专家组。另有澳大利亚、巴西、加拿大、欧共体、古巴、日本、印度、危地马拉、洪都拉斯和尼加拉瓜等 10 国提交了他们的书面意见。专家组分别于 2003 年 11 月 21 日和 2004 年 4 月 2 日提交了中期报告和最终报告。2004 年 6 月 1 日,经过再次磋商,墨西哥放弃了上诉,正式接受了专家组的最终报告,并最终就此电信服务争端与美国达成协议。协议中,墨西哥同意废除本国法律中引起争议的条款,并同意在 2005 年引进用于转售的国际电信服务;美国同意墨西哥继续对国际简式电信服务进行严格限制以组织非授权的电信传输。

分析这一案例对我国电信服务贸易有何启示?

第三篇　国际市场交易方式

第十章　国际服务贸易

应用训练

韩国和葡萄牙的金融服务贸易市场开放实践

1. 不成功的案例

韩国的金融业自由化改革始自20世纪80年代，实质性的发展时期在1990～1997年间，1998年的亚洲金融危机后，韩国加速了其金融业自由化的改革过程。

金融危机前，韩国没有明确制定过境交付金融服务市场开放政策，其过境交付金融服务市场开放仅仅是资本账户自由化行动的一个副产品。

20世纪90年代初期，韩国推行资本账户自由化的主要政策立场是鼓励资本进入，限制资本流出。为此，在渐进、部分的资本账户自由化改革下，仅仅容许企业和金融机构的过境交付金融服务贸易，而不允许个体居民的过境交付金融服务贸易，而且相比之下，银行在与外国客户交易方面享有更大的自由。1991年，允许企业和金融机构在海外发行证券；1995年，允许企业海外借款。整个20世纪90年代，与贸易相关的短期融资相对自由，对进口的延期付款和出口的预付款几乎没有什么限制。

为吸引外资，韩国于1991年取消了对外资银行较高资本要求的限制，允许大量外国银行进入本国市场；1992年，允许外国证券公司进入韩市场（仅允许建立分公司）；1993年，通过放松利率管制、取消信用限额要求的5年金融自由化规划。

韩国部分和渐进的金融自由化改革推迟了政府对金融业中存在的结构虚弱和市场扭曲等问题的解决；同时，谨慎规制改革严重滞后，透明度和市场纪律甚为虚弱，使金融监管政策未能保证对自由化引起挑战的及时处理；对银行海外借款的放松和对个体居民过境交付金融服务贸易的限制使得通过银行的海外借款急剧争夺。外债的过度规模加上由于金融服务贸易市场开放改革缓慢而导致的金融体系虚弱，最终使得韩国没有逃过弥漫亚洲的金融危机。

2. 成功的案例

葡萄牙在1983～1993年间，成功地实施了金融自由化改革。首先，20世纪80年代的宏观经济失衡现象为金融业自由化改革提供了良好的契机，银行体系被逐步地对内、对外开放；银行提供服务的范围也被逐步加宽。1986年，在葡萄牙加入欧盟组织后，资本移动和过境交付金融服务贸易也逐步对外开放。到20世纪90年代早期，资本控制被完全取消，过境交付金融服务贸易市场开放改革也获得了成功。与此同时，金融自由化改革也在同步进行：一方面，逐渐放松了对银行业和货币体系的管制，国有银行被私有化；另一方面，也加强了对银行的风险管理。

葡萄牙金融服务贸易市场开放的主要特征，一是改革实施在国家成为欧盟组织成员之时，这使得改革的政治压力减弱；同时，其他欧盟成员国的改革过程也为葡萄牙改革次序、步骤的选择，特别是谨慎规制的强化提供了宝贵的经验。二是资本账户和过境交付金融服务贸易的开放发生在国内市场竞争机制已经形成之后。

试根据韩国和葡萄牙的金融服务贸易市场开放改革的实践，以及WTO《服务贸易总协定》的相关原则，设计中国金融服务贸易开放的方案。

第十一章 国际技术贸易

本章结构图

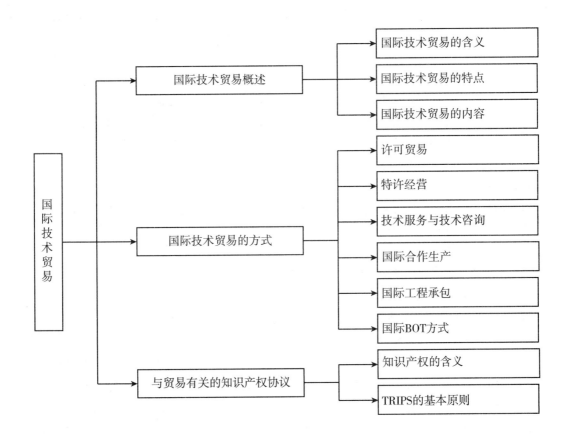

学习目标

掌握国际技术贸易的概念、内容及主要方式；熟悉知识产权的概念、特点及基本原则；了解《与贸易有关的知识产权协议》的主要内容。

第十一章 国际技术贸易

> **导入案例**
>
> ### 中国知识产权进出口大幅度增长
>
> 国际收支统计显示,1997年以来我国知识产权使用费对外支出逐年增长,2018年达358亿美元,年均增长22%,这一方面体现了我国经济发展和产业升级对先进技术的客观需求,另一方面反映了我国高度重视知识产权保护,尊重"创新"的市场价值。同时,我国知识产权使用费收入也呈现快速增长,企业创新能力提升。1997~2018年,我国知识产权使用费收入从1亿美元增加到56亿美元,年均增长25%。经过20年的发展,我国知识产权使用费收入和支出水平均大幅增长,但较高的逆差表明我国已经成为知识产权大国但还不是强国,研发与创新仍行在路上。

第一节 国际技术贸易概述

一、国际技术贸易的含义

国际技术贸易(international technology trade)是指不同国家的企业、经济组织或个人,按一般商业条件进行的技术跨越国境的转让或许可行为。

在中国,通常所说的技术贸易是指技术进出口的贸易。中国《技术进出口管理条例》第二条对此下了一个定义:"本条例所称技术进出口,是指从中华人民共和国境外向中华人民共和国境内,或者从中华人民共和国境内向中华人民共和国境外,通过贸易、投资或者经济技术合作的方式转移技术的行为。"

国际技术贸易与国际技术转让不是同一概念。国际技术转让按其有偿性可分为有偿的(商业性)技术转让和无偿的(非商业性的)技术转让。有偿的技术转让是指当事人之间通过所签订的合同,规定各自的权利和义务,由一方转让技术的使用权或授予使用权的许可,而另一方当事人则支付相应的报酬,这种基于商业条件的转让行为也称为技术贸易。凡是通过双边政府间的带有援助性的经济合作或科学技术交流等形式所进行的技术转让,都属于无偿的或非商业性的技术援助。

二、国际技术贸易的特点

同一般商品贸易相比,国际技术贸易具有以下特点:

(一)标的物不同

一般商品贸易是有形贸易,是看得见摸得着的物质产品,可以用一定的工具进行度量和检验。而技术贸易的标的是知识产品,是人们在科学实验和生产过程中创造的各种科技成果,是无形贸易。为了便于积累、使用和传播,人们往往用文字、图表等方式将技术记录下来,形成各种技术资料,但是这些技术资料只是技术的载体,并非技术本身,它只是反映技术的内容。因此,技术贸易也被称为无形贸易,是以一种无形的技术知识,即知识产权作为标的物进入市场进行的贸易活动。

(二)交易双方当事人之间的关系不同

一般商品贸易只是简单的买卖关系,钱货两清,贸易关系终结,不具有长期的合作关系。技术贸易涉及的问题远比普通商品贸易的范围广,其难度和风险也大,合同执行期一般也较长。一项技术从一方转移到另一方,往往须经过提供资料、吸收技术、消化投产,最后才完成技术贸易行为。因此,在合同期间,技术贸易双方当事人在传授和使用技术的过程中,构成长时间的合作关系。

另一方面,双方又存在竞争关系。因为技术的受让方总是希望从出让方那里获得最先进的技术,以尽快提高自己的生产能力和技术水平,而技术出让方既想通过技术转让获取更多利润,又不希望受让方成为自己的竞争对手,所以对技术受让方使用技术加以限制。因此,二者之间存在着利益冲突和竞争关系。

(三)贸易标的物的使用权与所有权不同

一般商品贸易在交易的过程中,商品的所有权随贸易过程发生转移,原所有者即失去了对该商品的所有权,无权继续使用和支配该商品,技术贸易双方当事人之间的关系并非简单的等价交换关系。技术贸易过程一般不转移技术所有权,只转移技术使用权。绝大多数情况下,技术转让后,技术所有权仍属技术所有人,因而一项技术不需要经过再生产可以出售给多个买主或多次转让。

(四)贸易标的物的作价原则不同

一般物质商品的价值量是由生产该商品的社会必要劳动时间决定的,而技术商品的价值量是由该技术发明所需的个别劳动时间直接构成。因为新技术具有先进性、新颖性,是社会唯一的,不可能形成社会平均必要劳动时间,同时新技术又具有垄断性、独占性的特点,这就决定了技术商品作价原则的特殊性,技术商品价格构成也复杂得多。

(五)受法律调整和政府管制的程度不同

一般商品贸易合同主要适用各国合同法等法律,所涉及的法律比较简单,而技术贸易涉及工业产权法、专利法、商标法、反托拉斯法和反不正当竞争法等法律及其他方面的问题。因此,技术贸易中涉及的国内法律和国际法律、公约也比货物贸易多。随着国际技术贸易的发展,不少国家相继制定了调整国际技术贸易的法律,不同程度地对技术贸易实施国家管理。另外,由于技术出口实际上是一种技术水平、制造能力和发展能力的出口,所以为了国家的安全和经济利益上的考虑,国家对技术进出口审查较严。由于在技术贸易中,技术出让方往往在技术上占优势,为了防止其凭借这种优势迫使受让方接受不合理的交易条件,也为了国内经济、社会、科技发展政策上的考虑,国家对技术引进也予以严格的管理。

(六)在贸易收支平衡表中的表示方式不同

商品贸易收支是一个国家对贸易收支平衡表中的重要项目,而一个国家的技术贸易收支一般不列入该国的国外贸易收支平衡表,而是反映在该国的国际收支平衡表中经常项目的无形贸易项目上。

三、国际技术贸易的内容

工业产权和专有技术是国际技术贸易的主要内容,其中工业产权又包括专利和商标。

(一) 专利

1. 专利的含义

专利(patent right)通常指专利权,是指由一国或地区的政府主管部门或机构,根据发明人(设计人)就其发明创造所提出的专利申请,经审查认为其专利申请符合法律规定,授予该发明人对其发明创造享有的专有权。

各国专利法中所指的专利,包括发明专利、实用新型专利和外观设计专利。根据中国《专利法》的规定,发明是指对产品、方法或者其改进所提出的新的技术方案。实用新型专利是指对产品的形状、构造或者二者结合所作出的革新方案,这种类型的发明创造性较低,审批手续简单、快捷,保护期也较短,一般在10年以内,此类发明虽小,但实用价值大,经济效益也较高,有的国家称为"二级专利"。外观设计专利是指对物体的形状、图案、色彩或其结合所做出的富有美感并能应用于工业的新设计,只设计商品外表或形态,通常不涉及产品制造和设计要求。

2. 专利权的特点

专利权是一种无形的财产权,具有专有性、无形性、地域性和时间性。

专有性也称排他性、垄断性、独占性等,它是指对同一内容的发明创造,国家只授予一项专利权;被授予专利权的人享有独占权,做出同一发明的其他人不能获得同一发明内容的专利权。发明人被授予专利权后,其在一定时期内享有独立制造、使用和销售权。如果其他人要使用,必须征得专利权人的同意。未经专利权人许可而擅自使用他人专利,就构成法律上的侵权行为。

无形性是指专利权是无形资产权,是不可计量的。

地域性即空间限制。根据《巴黎公约》的规定,专利权的地域性指一个国家依照其本国专利法授予的专利权,仅在该法律管辖的范围内有效,对其他国家没有任何约束力,外国对其专利不承担保护的义务。但同一发明可以在两个或两个以上的国家申请专利,获得批准后便可以在有关国家受到法律的保护。

时间性是指专利只有在法律规定的有效期内才有效。各国专利法对专利权的有效保护期都有各自的规定,计算保护期限的起始时间也各不相同。我国《专利法》明确规定了专利权受保护的期限,发明专利保护期为10年,实用新型、外观设计专利保护期为20年。专利有效期结束后,不得续展。超过法定期限或因故提前失效的专利,任何人可以自由使用,成为一种公共财富。

(二) 商标

1. 商标的含义

商标(trade mark)是商品生产者或经营者为了使自己生产或销售的商品,同其他生产者或经营者的商品相区别,用有色泽的文字、图形、记号或与其相结合而构成的标明在商品上面的一种特定标志。

商标权(trade mark right)也称为商标专用权,指商标注册人对其经国家商标主管机关核准注册的商标享有的专有使用权。我国《商标法》明确规定:"经商标局核准注册的商标为注册商标,包括商品商标、服务商标和集体商标、证明商标。商标注册人享有商标专有权,受法律保护。"商标专用权的内容包括使用权、禁止权、转让权和许可使用权。商标所有人依法申请商标注册,商标局依法审查核准后,法律就赋予商标注册人享有独占性的使用权利,排除其他任何单位和个人未经许可使用其注册商标的权利。

2. 商标权的特点

商标权是一种专有权。商标是其所有人的财产,商标所有人对其享有排他的使用权,并受到法律保护。其他单位和个人未经许可使用其注册商标的均属于商标侵权行为。

商标权具有时间性。在有效期内,商标权受法律保护,一般为7年,中国为10年。有效期届满前可以续展,续展次数不限。

地域性是指商标权只在授予该项权利的国家(地区)内受到保护,超出该国家管辖地域无效。如果想在其他国家得到同样的保护,商标所有人必须依法在其他国家申请注册,才能得到当地法律的保护。

(三) 专有技术

1. 专有技术的含义

专有技术(know-how)也称秘密技术或技术诀窍,是指从事生产、管理和财务等活动领域的一切符合法律规定条件的秘密知识、经验和技能,其中包括工艺流程、公式、配方、技术规范、管理和销售的技巧与经验等。

专有技术的表现形式既可以是无形的,如技术人员和高层领导所掌握的、不形成书面文件的各种经验、知识和技术;也可以是有形的,比如图纸、实验手册、技术报告等。

2. 专有技术的特点

专有技术不像专利技术那样经过法律的认可而得到保护,它是一种非法定的权利。其特征如下:

(1) 实用性。国际技术贸易中的专有技术大多数属于工业技术范畴,一旦投入到生产中去,就能迅速转化为生产力,产生经济效益的技术知识或经验积累,因此专有技术具有实用性。如果没有使用价值,专有技术就失去了转让的意义。很多国家将专有技术必须具有实用性作为向其提供法律保护的条件之一。

(2) 保密性。专有技术是不公开的,是未经法律授权的秘密技术。由于专有技术没经法律程序授权得到保护,因此,专有技术的所有者只能依靠自身的保护措施来维持其技术的专有权。如美国可口可乐公司研究出可口可乐的配方后,没有去申请专利,而是将配方分为两部分,总经理和总工程师各持其中一部分,以此为手段将可口可乐的配方从1886年保持至今。专有技术一旦为公众所知,便成为公开的技术,从而丧失其商业价值。

(3)可传授性。专有技术作为一种技术必须能以言传身教或以图纸、配方、数据等形式传授给他人,也可以通过许可贸易方式进行转让,它不是依附于个人的自身条件而存在的技术。

(4)无时效性和地域性。因为专有技术不需要进行法律程序的申请,所以专有技术并没有法律限定的有效期限。只要专有技术所有人能够保密,就可以长期拥有该项专有技术。专有技术的保密性决定了它不受地域限制,不论在哪个国家,只要该专有技术处于保密状态,就不会失去该专有技术的独占权。

第二节 国际技术贸易的方式

国际技术贸易的标的物是知识产权,一般只涉及使用权的转让,技术所有权并不随着使用权的转让而转移。国际技术贸易的方式很多,主要包括许可贸易、特许经营、技术服务与咨询、国际合作生产、国际工程承包等。

一、许可贸易

许可贸易是一项专业性、法律性很强的贸易活动,是国际技术贸易中最常见、使用最广的交易方式。许可贸易又称为许可证贸易,是指知识产权或专有技术的所有人或持有人作为许可方,通过与技术引进方签订的许可证合同,将自己所拥有或持有的技术授予引进方,允许引进方按照合同约定的条件使用该项技术,制造或销售合同产品,并由引进方支付一定数额的转让费。根据许可方授予被许可方的权利范围,许可贸易分为独占许可、普通许可、排他性许可、可转让许可和交叉许可。

(一)独占许可

独占许可是指在许可贸易合同规定的有效期限和区域内,被许可方对许可证协议下的许可标的享有独占使用、制造、进口和销售等权利;许可方不得在该时间、该地区享受这些权利,也不得把该项标的转让给合同区域内的任何第三方。

(二)普通许可

普通许可是指在许可贸易合同规定的有效期限和区域内,被许可方有权利用许可标的从事使用、制造、进口和销售等活动;许可方也可以保留这些权利;同时,许可方可以将这些权利转让给任何第三方。按照国际许可贸易惯例,如果在许可合同中没有特别指明是什么性质的许可,则视为普通许可。

(三)排他性许可

排他性许可又称为独家许可,是指在许可贸易合同规定的有效期和区域内,被许可方有权使用许可标的从事使用、制造、进口和销售等活动;许可方可以保留这些权利,但许可方不得将这项技术转让给合同区域内的任何第三方。

(四) 可转让许可

可转让许可又称分许可、再许可或从属许可,是指在许可贸易合同规定的有效期限和区域内,技术被许可方可将其得到的权利再转让给第三方的交易方式。出让可转让许可的企业大部分是跨国公司的子公司或其驻外机构,这些跨国公司由于不能直接出让许可给第三者,就将技术出让给其子公司或海外机构,然后再由这些子公司与第三者签订可转让许可技术贸易合同。

(五) 交叉许可

交叉许可又称互换许可贸易,是指在许可贸易合同规定的有效期限和区域内,合同当事各方均以其所拥有或持有的技术,按照合同所约定的条件交换技术的使用权,供对方使用,互为许可方和被许可方。交叉许可一般是在特定条件下采用的,如合作生产、合作设计、共同研究开发等项目通常会用到这种方式。

分析案例 11-1

许可合同条款案例

某省钻头厂与美国史密斯公司签订技术许可合同,从美国史密斯公司引进某种类型的地矿钻头生产专利技术,许可合同中的"鉴于"条款规定"史密斯公司拥有某地矿钻头生产专利,能够合法地向引进方授予制造某地矿钻头的生产许可证……"许可合同签订后,在双方的密切合作下,很快生产出合格的合同产品,但当该产品销往美国后,美国休斯公司提出诉讼,指控某省钻头厂的产品侵犯其专利权。

某省钻头厂是否必须应诉?

根据"鉴于"条款的规定,应责成美国史密斯公司应诉。因为"鉴于"条款主要说明双方当事人签订合同许可合同的目的和愿望、受方引进技术的目标、供方转让技术使用权的合法性和该项技术是否具有实际生产经验等。这些说明具有潜在的法律作用,即要求双方在签订许可合同时就明确做出某些法律上的保证。一旦双方因合同发生纠纷,仲裁机构或法院就可以根据这些保证,解释其他有关条款,判断是非,分清责任。本案中,供方史密斯公司对其转让的某地产钻头生产专利技术的合作性作为保证,一旦受方某省钻头厂的合同产品被第三方指控为侵权的行为,该公司即负有不可推卸的责任。

二、特许经营

特许经营是指一家已经取得成功经验的企业,将其商标、商标名称、服务标准、专利、专有技术以及经营管理方式或经验等全盘转让给另一家企业使用,由后一企业(被特许人)支付一定金额特许费的技术贸易行为。

特许经营类似许可贸易,但它的特许方与一般的特许方相比要更多地涉入对方的业务活动,从而使其符合特许方的要求。特许经营的被许可方与特许方之间仅是一种买卖关系。

被特许人的企业并不是特许人企业的分支机构或子公司,也不是独立企业的自由联合,它们都是独立经营、自负盈亏的企业。另外,各被特许方虽然拥有同一个特许经营内容,但因为相互之间并无横向关系,所以彼此存在竞争关系;而特许人的直营店属于特许方控股,与被特许方之间也存在着竞争关系。

三、技术服务与技术咨询

技术服务与技术咨询是指技术服务或技术咨询机构(受托方),利用其技术知识为雇主(委托方)解决特定的技术课题,提供服务或者咨询,并获取一定报酬的知识性服务。

技术课题涉及的范围相当广泛,包括技术培训、项目可行性研究、工程设计、招标任务书拟订与审核、工程项目监督指导、企业技术改造、生产工艺和产品改进、产品质量控制以及企业管理等。在技术贸易实践中,提供技术咨询与技术服务的主要是那些掌握丰富技术知识和科技信息的大公司,特别是一些在国际上享有盛名的工程咨询公司。通过技术咨询和技术服务,委托方可以借助服务方的技术知识,以较少的花费并在较短的时间内,掌握某种技术知识或科技信息,制定某种正确的技术方案或作出某种正确的决策,从而减少失误,少走弯路。

四、国际合作生产

国际合作生产是指分属不同国家的法人或自然人,通过订立合作生产合同,在合同有效期内,当事一方或各方提供有关生产技术,共同生产某种合同产品,并在生产过程中实现技术转让的一种合作方式。

合作生产中的一方或各方生产某种合同产品的特别技术,在合作生产过程中通过单向许可或双向的交叉许可方式,或辅以一定的技术服务咨询,从而实现国际技术转让。它通常采取的方式有:当事人双方分别生产不同的部件,由一方或双方装配成完整的成品出售;由技术较强的一方生产关键性部分和图纸,并在其指导下,由较弱的一方生产次要部件,并组装成完整产品,在本国市场或国际市场销售;由一方提供生产或设备,按各自的专业分工制造某种零部件、配套件或生产某种产品。

我国目前兴办的中外合作生产企业,主要倾向于以引进技术为主要内容,同时结合进口关键设备,与外国厂商共同从事某种产品的合作生产。根据合同技术、设备及零部件价款的支付方式,可以将合作生产分为加工装配贸易和补偿贸易等。

五、国际工程承包

国际工程承包是国际间通过招标、投标或其他途径承包兴建发包人所委托的工程建设项目,从而获得报酬的一种国际经济合作活动。承包人提供技术、管理、材料,组织过程项目的施工,并按时、按质、按量完成工程项目的建设与技术转让;发包人提供施工的必要条件,验收工程合格后支付承包价款。国际工程承包是一种综合性的国际经济合作方式,也是国际劳务合作的一种方式,多是大型建设项目,一般都伴随着大量技术转让内容。

国际工程承包主要有两种方式:一种是委托成交,即通过谈判方式,就有关条件达成协议;二是招标成交。目前国际上采用招标的方式较多。国际工程承包是一项涉及经济、技术、法律等方面的综合性劳务贸易。它具有合同金额大、周期长、风险大等特点,因而在进行国际工程承包时,必须做好充分的准备,同时还要具备高水平的技术条件及管理经验。现今,国际上流行的交钥匙合同和 BOT 建设方式中技术转让的内容十分广泛,许多国家都希望通过国际工程承包来改善本国基础设施条件和推动本国企业技术改造。

六、国际 BOT 方式

BOT 是英文"build-operate-transfer"的简称,译为"建设-运营-移交",它是政府吸引非官方资本参与基础设施建设的一种投资和融资方式。其运作过程是:政府与非官方资本签订项目特许经营协议,将基础设施项目的建设和投产后一定时间内的经营权交给非官方资本组建的投资机构,由该投资机构自行筹集资金进行项目建设和经营,在特许经营期内非官方投资机构,收回项目建设成本,并取得合理利润,经营期满后将该设施无偿移交给政府。因此,BOT 方式是一国利用外资引进大型工业技术和进行基础设施建设的一种有效的国际经济技术合作方式。

采用 BOT 方式利用外资有利于减少政府直接财政负担,大大分散政府的投资风险,同时也避免了政府的债务风险,有助于吸引先进的技术、施工和管理经验,有利于提高项目运作的效率。

BOT 方式具有以下特点:经营管理模式是在项目方政府许可的范围内,由建设方依照自己的经营管理模式来进行;合作期满后,建设方将把建成的基础设施转让给项目方的政府;项目的执行往往涉及经济和金融因素,而且涉及公共利益,并需要一个大规模的系统工程,所以项目的成功很大程度上取决于能否获得项目方政府强有力的支持;一般采用招标来选择建设方。

开展国际 BOT 方式一般要经过项目的选择、招标、合同谈判、项目建设、项目经营、项目转让等阶段。

第三节 与贸易有关的知识产权协议

一、知识产权的含义

知识产权一词产生于十七八世纪的欧洲。1967 年,《建立世界知识产权组织公约》第 2 条第(8)款将知识产权定义为"工业、科学、文化或艺术领域中的智力创造活动所产生的权利"。在法律意义上,知识产权是指人们就其智力创造的成果在一定期限和地域内所依法享有的权利。

《建立世界知识产权组织公约》规定知识产权的范围包括:与文学、艺术及科学作品有关的权利;与表演艺术家的表演活动、录音制品及广播有关的权利;与人类创造性活动的一切领域内的发明有关的权利;与科学发现有关的权利;与工业品外观设计有关的权利;与商品商标、服务商标、商号及其他商业标记有关的权利;与防治不正当竞争有关的权利;其他一切来自工业、科学及文学艺术领域的智力创造活动所产生的权利。

世界贸易组织(WTO)在《与贸易有关的知识产权协定》(agreement on trade-related aspects of intellectual property rights,TRIPS)第一条第 2 项中规定,知识产权的范围包括:版权及有关权利;商标权;地理标识权;工业品外观设计权;专利权;集成电路布图设计权;未披漏信息专有权;与控制许可合同中限制竞争行为有关的权利。

《中华人民共和国民法通则》中,知识产权包括著作权、专利权、商标权、发明权、发现权及其他科技成果权。

二、TRIPS 的基本原则

(一)国民待遇原则

《与贸易有关的知识产权协议》第 3 条,国民待遇原则是指各成员国在知识产权保护上,对其他成员国之间提供的待遇,不得低于其给予本国国民的待遇。国民待遇原则是在《巴黎公约》中首先提出的,在《与贸易有关的知识产权协议》中再次强调,各个知识产权国际公约共同遵守的基本原则。

(二)最惠国待遇原则

《与贸易有关的知识产权协议》第 4 条,最惠国待遇原则是指在知识产权保护上,某一成员提供给其他国国民的任何利益、优惠、特权或豁免,均应立即、无条件地适用于其他成员的国民。这一原则是世界贸易组织将有形贸易原则引入到知识产权保护领域的重大发展,对知识产权的国际保护产生了深远的影响。

◆**内容提要**

国际技术贸易是不同国家的企业、经济组织或个人,按一般商业条件进行的技术跨越国境的转让或许可行为,主要内容包括专利权、商标权和专有技术。国际技术贸易的方式很多,主要包括许可贸易、特许经营、技术服务与咨询、国际合作生产、国际工程承包等。知识产权是指人们就其智力创造的成果在一定期限和地域内所依法享有的权利,具有地域性、无形性、专有性、时间性等特点。

◆**关键词**

国际技术贸易　专利权　商标权　专有技术　知识产权

◆**复习思考题**

1. 什么是国际技术贸易?
2. 国际技术贸易与国际货物贸易有何区别?
3. 专有技术与专利技术的联系与不同点分别是什么?
4. 国际技术贸易的方式有哪些?
5. 知识产权的性质与特点分别是什么?
6. 《与贸易有关的知识产权协议》的基本原则是什么?

思考案例

苹果公司与三星公司的专利权之争

三星电子是韩国规模最大的企业,同时也是三星集团子公司中规模最大且在国际市场处于领先地位的企业。三星智能手机曾获全球智能手机出货桂冠。苹果公司是美国的一家高科技公司,是目前 IT 行业最受关注的企业,拥有大量的"粉丝"。2011 年,苹果公司产品与三星产品之间产生知识产权纠纷。苹果公司因为三星公司的第一代 Galaxy 手机与 iPhone 的相似程度很大,并且在向三星手机发出专利授权要约遭到三星拒绝以后,将三星告上法庭。

2012 年,三星公司提起反诉,指控苹果公司的产品 iPhone 4s 和 iPad 2 侵犯了其持有的三项专利。除美国市场之外,苹果公司和三星公司还在英国、德国、澳大利亚和韩国相互提起诉讼。

请问:

(1) 苹果公司和三星公司产生纠纷的原因是什么?

(2) 专利权侵权争夺背后的真实目的是什么?

应用训练

技术贸易合同的内容

A 国甲公司与中国乙公司签订一份合同约定:甲公司承诺提供成套设备并完成安装调试,直到双方办理验收手续;乙方承诺以分期分批方式向甲方付款;双方对对方商业、技术秘密负有保密义务。

请问,根据此合同约定是否可认为该项目不含技术、服务贸易?该合同对乙方而言,其风险何在?为降低乙公司风险,谈判过程应在合同中明确什么内容?

第十二章 国际贸易方式

本章结构图

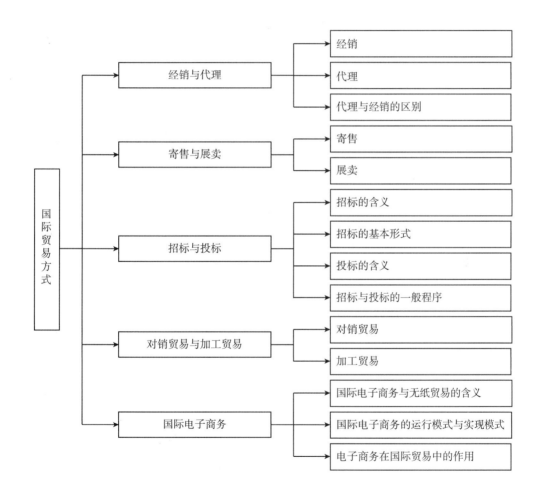

学习目标

了解国际贸易方式的多种形式；掌握不同国际贸易方式的性质和特点；熟悉各种国际贸易方式在国际交易中的具体应用；理解国际电子商务的特点、运作方法以及未来发展趋势。

导入案例

中国进出口贸易中加工贸易比重

据中国海关统计,我国 2018 年货物进出口额 305 050 亿元,其中一般贸易方式 176 352 亿元,比重 57.81%;进料加工贸易 71 925 亿元,比重 23.58%。中国货物进出口贸易中部分贸易方式的进出口额、出口额、进口额与相应的比重见表 12.1。

表 12.1 2018 年中国货物进出口贸易中部分贸易方式比重

	进出口		出口		进口	
	进出口总额(亿元)	比重(%)	出口额(亿元)	比重(%)	进口额(亿元)	比重(%)
总值	305 050	100.00	164 177	100.00	140 874	100.00
一般贸易	176 352	57.81	92 405	56.28	83 947	59.59
来料加工装配贸易	11 849	3.88	5 794	3.53	6 055	4.30
进料加工贸易	71 925	23.58	46 882	28.56	25 042	17.78
租赁贸易	285	0.09	10	0.01	275	0.20
出料加工贸易	35	0.01	15	0.01	20	0.01

第一节 经销与代理

一、经销

(一)经销的概念与类型

经销(distribution)是指进口商与出口商达成协议,承担在规定的期限内和区域内购销指定商品的义务。

根据经销商经销权限的不同,经销方式分为独家经销与一般经销两种。独家经销又称包销,是指出口商与经销商达成协议,在一定时期和规定区域内,对指定商品享有独家专营权的经销方式。一般经销又称定销,在这种方式下,经销商不享有独家经营权,供货商可在同一时间、同一区域内,委派多家经销商来经销同类商品。

(二)包销的主要内容及应用

在包销方式下,经销商与出口商达成包销协议,通过该协议,双方建立起一种稳定的长期买卖关系,其主要内容如下:

1. 双方的基本关系

包销协议明确出口商与包销商之间的关系是买卖关系,包销商应以自己的资金购入,取得商品的所有权,自行销售,自负盈亏并承担各种风险。

2. 包销的商品、地区及期限

包销协议应规定包销商品的种类或型号,并对包销商享有经营权的地理范围作出明确的规定,出口商的营销意图和包销商的销售能力所承诺的销售数量由双方协商确定。

3. 包销期限

包销协议的有效期限一般规定为1~2年,也有不规定期限,只规定终止条款或续约条款。

4. 专营权

专营权是指包销商行使专卖和专买的权利,这是包销协议的重要内容。专营权包括专卖权和专买权,前者是出口商将指定的商品在规定的地区和期限内给予包销商独家销售的权利,出口商负有不向该区域内的客户直接售货的义务;后者是包销商承担向出口商购买该项商品,而不得向第三者购买的义务。但在现代的包销业务中,专买权往往可能触犯包销区域内国家法律,难以在协议中规定。因此,包销协议不需要同时规定专卖权和专买权作为对流条件,而只需单独规定专卖权或专买权即可生效。

5. 包销的价格以及一般贸易条件

包销商品的价格可以一次性规定,也可以在订立买卖合同时按市场行情商定。一般贸易条件是指适合协议期间每一笔交易的条件,如支付方式、检验索赔、保险以及不可抗力等贸易条件,可在包销协议中予以规定,以简化日后买卖合同的内容。

6. 包销方式的应用

对出口商来说,采用包销方式的主要目的是利用包销商的资金和销售能力,在特定的区域内建立一个稳定、发展的市场。对于包销商来说,由于取得了专卖权,因而在指定商品的销售中处于有利的地位,避免了多头竞争而导致降价减利的局面,故其有较高的经营积极性,能在广告促销和售后服务中做较多的投入。但如果出口商不适当地运用包销方式,则存在包销商"包而不销"而依赖出口商,导致出口受阻的风险。同时也存在包销商利用垄断地位操纵价格,控制市场的可能。因此,对于出口商来说,选择一个合适的包销商是成功地采用包销方式的关键所在。

(三)定销的内容及与包销的区别

1. 定销的主要内容

在定销方式下,经销商不享有独家经营权,出口商可以同时委派多家经销商来经营同类产品,定销商也需要自筹资金购货,自行销售,自负盈亏,自担风险。但在实际业务中,出口商通常与定销商签订远期支付合同,从支付条件上给予定销商一定的资金融通。

2. 与包销的区别

定销与包销的主要区别在于:包销商享有独家经营的权利,而定销商不享有专营权;定销方式一般规定有一定的最低数量限额,可以避免包销方式下可能出现的"包而不销"的问题;定销还可以防止出现垄断。

二、代理

(一) 代理的概念与种类

1. 代理的概念

代理(agency)是指代理人(agent)按照委托人(principal)的授权,代表委托人与第三人订立合同或从事其他法律行为,并由委托人直接承担由此产生的权利与义务。

国际贸易中的代理主要是指销售代理,即出口商与国外的代理商签订代理协议,由出口商作为委托人,授权代理人代表出口商推销商品、签订合同,由此产生的权利与义务直接对委托人发挥效力。代理人在委托人授权范围内行事,不承担销售风险和费用,不需要垫付资金,通常按达成交易的数额提取约定比例的佣金。

2. 代理的种类

我国在进出口业务中广泛运用了代理方式。代理的种类有很多,根据不同的标准有不同的分类。根据委托人授予代理人权限的不同,可以划分为以下几种形式:

(1) 总代理(general agent)。总代理是委托人的全权代表,在指定地区内,代表委托人从事销售活动和其他范围广泛的商务活动。

(2) 独家代理(sole agent)。独家代理是在代理协议规定的时间、地区内,对指定商品享有专营权的代理人,即委托人不得在以上范围内自行或通过其他代理人进行销售。

(3) 一般代理(agent)。一般代理是指不享有独家代理专营权的代理商,委托人可同时委托若干个代理人在同一地区推销相同商品。

(二) 代理协议的主要内容

代理协议是明确出口企业与代理商之间权利与义务的一种法律条文,主要包括以下内容:

1. 协议名称及双方的基本关系

签订代理协议时应明确显示代理类型,代理人的代理范围,委托人承担的责任与义务等。

2. 代理的商品、地区和期限

委托人对代理人的授权中,应明确说明代理销售商品的类型和型号,独家代理则必须明确其业务的地理范围,并约定代理协议的有效期限或者规定终止条款。

3. 代理的权限

在上述范围内,委托人承诺所指定的独家代理为唯一同买主进行交易的中间商,若委托人与买主直接发生交易,仍应按交易金额向独家代理支付佣金。

4. 佣金条款

代理协议中必须规定佣金率、支付佣金的时间和方法。

5. 最低成交额

独家代理通常承诺最低成交数量或金额。若未能达到该数额,委托人有权中止协议或按协议规定调整佣金率。

三、代理与经销的区别

二者的主要区别如下:① 代理的双方是一种代理关系,而经销双方是一种买卖关系。② 代理是以委托人的名义销售,签订销售合同,而经销商则以自己的名义从事销售。③ 代理商的收入是佣金收入,而经销商的收入则是商品买卖的差价。

第二节 寄售与展卖

一、寄售

(一)寄售的含义

寄售(consignment)是一种委托代售的贸易方式,是指寄售人(consignor)先将准备销售的货物运往国外寄售地,委托当地代销人(consignee)按照寄售协议规定的条件代为销售,再由代销人向货主结算货款。当前世界上许多国家和地区在推销手工艺品、轻纺产品、土特产品以及小型机械设备等时,都会采用这种交易方式。

(二)寄售的特点

1. 寄售是一种先发运后销售的现货买卖方式

货物在销售前的所有权仍然属于寄售人。寄售人同代销商之间签订寄售合同,寄售人先将寄售商品运送给国外代销人,代销人出售商品后,扣除佣金及其他费用,将货款汇交寄售人。因此这也是一种先出口后售货的贸易方式。

2. 双方当事人只是委托关系

寄售人实际就是委托人、货主。代销人就是受托人、国外客户。双方是一种委托和受托的关系,而非买卖关系。委托人对商品始终拥有其所有权,并且要负担寄售期间的运费、保险费、仓储费、进口税等费用,以及承担在此期间可能发生的风险和损失。代销人只是受托负责照管商品,而不承担任何风险和费用。

二、展卖

(一)展卖的含义

展卖(fairs and sales)是利用展览会和博览会及其他交易会形式,对商品实行展销结合的一种贸易方式。

(二) 展卖的特点

展卖有利于宣传出口国家的科技成就和介绍出口商品,以扩大影响,促成交易;有利于建立和发展客户关系,广交朋友;有利于收集市场信息,开展市场调查研究,以便更有数地掌握市场动态;有利于听取国外客户意见,并通过货比货发现问题,找出差距,不断提高出口商品质量,增强竞争能力。

(三) 展卖的类型

展卖方式灵活,可由货主自己举行,也可由货主委托他人举办。

1. 国际博览会

国际博览会(international fair)是一种以国家组织形式在同一地点定期由有关国家或地区的厂商举行商品交易的贸易方式。参加者展出各种各样的产品和技术,以招揽国外客户签订贸易合同,扩大业务活动。国际博览会按内容可分为综合性博览会和专业性博览会。前者一般规模较大,展出的商品多种多样,通常有许多国家参与;后者对展出商品有一定的专业要求,通常是某项或某类工业品参加展出。国际上著名的博览会,比如莱比锡、巴黎和蒙特利尔博览会等,大多都是综合性的博览会,我国目前对出口贸易影响较大的博览会是中国进出口商品交易会,又称"广交会"。

2. 展览会

展览会(exhibition)是指举办国通过选择适当的场所,将商品集中进行展卖的贸易方式。当代的国际展览会是不定期举行的,举办地点也不确定,可在国内进行也可在国外进行,通常展示各国在产品、科技等方面取得的新成就。

3. 展销会

展销会(fairs)是指出口商自己或联合其他出口商共同在国内举办展销活动。一般是农产品、食品、纺织品等中小型展览会,也有的展销会是大型企业集团展销自己的核心产品。

第三节 招标与投标

一、招标的含义

招标(invitation to tender)是一种国际上普遍运用的、有组织的市场交易行为,是贸易中的一种工程、货物、服务的买卖方式。招标是指招标人(买方)在规定的时间、地点以某种特定的方式发布招标公告或投标邀请书,说明招标的工程、货物、服务的范围、标段(标包)划分、数量、投标人(卖方)的资格要求等,邀请特定或不特定的投标人(卖方)在规定的时间、地点按照一定的程序进行投标的行为。

二、招标的基本形式

招标的基本形式有两大类。一是公开招标又称无限竞争性竞争招标,是指招标人以招标公告的方式邀请不特定的法人或者其他组织投标。凡国有资金(含企事业单位)投资或国有资金投资占控股或者占主导地位的建设项目必须公开招标。二是邀请招标又称有限竞争性招标,是指招标人以投标邀请书的方式邀请特定的法人或其他组织投标。非国有资金(含民营、私营、外商投资)投资或非国有资金投资占控股或占主导地位且关系社会公共利益、公众安全的建设项目可以邀请招标,但招标人要求公开招标的可以公开招标。

三、投标的含义

投标(submission of tender)是与招标相对应的概念,是指投标人应招标人特定或不特定的邀请,按照招标文件规定的要求,在规定的时间和地点主动向招标人递交投标文件并以中标为目的的行为。

四、招标与投标的一般程序

国际招标、投标的一般程序,包括招标、投标、开标与评标、中标、签约等阶段。

(一)招标

在招标阶段,招标商首先发布招标公告。根据招标进行的方法,可分为公开招标和不公开招标两种。公开招标(open tendering)是指招标人在公开媒介上以招标公告的方式邀请不特定的法人或其他组织参与投标,并向符合条件的投标人中择优选择中标人的一种招标方式。不公开招标由招标人根据自己具体的业务关系和情报资料自行选定投标人,其他人无权参加投标,又称邀请招标。采用不公开招标时,一般要向选定的投标人颁发招标通知。采用公开招标时,须在权威的报纸或杂志上刊登招标广告,说明招标的项目及有关的各种交易条件,邀请各国投标人在规定期限和地点递交招标书并参加投标。然后由招标人对前来要求投标的公司、企业的历史情况、财力状况、产品质量、经营状况等方面进行资格审查。

审查合格后,由招标人向取得投标资格的投标人寄送标单,同时还要求投标人缴纳投标保证金或银行保函,保证一旦中标,一定签约否则招标人可没收该保证金。如未中标,则将保证金或保函如数退还投标人。

(二)投标

投标人首先取得招标文件,认真分析研究后(在现场实地考察),编制投标书。投标书实质上是一项有效期至规定开标日期为止的发盘,内容必须十分明确,中标后与招标人签订合同所要包含的重要内容应全部列入,并在有效期内不得撤回标书、变更标书报价或对标书内容作实质性修改。为防止投标人在投标后撤标或在中标后拒不签订合同,招标人通常都要求投标人提供一定比例或金额的投标保证金。招标人决定中标人后,未中标的投标人已缴纳的保证金即予退还。当前国际招标业务中一般以银行保函或备用信用证代替保证金。

投标书应在投标截止日期之前送达招标人或其指定的收件人,逾期无效。按照一般惯例,投标人在投标截止期之前,可以书面提出修改或撤回标书。撤回的标书在开标时不予宣读,所缴纳的保证金也不没收。

(三)开标与评标

在开标阶段,若采用公开招标,招标人应按照招标文件确定的时间和地点,邀请所有投标人到场,当众开启投标人提交的投标文件,宣布投标人的名称、投标报价及投标文件中的其他重要内容,并比较选择最有利的递价。若采用不公开招标,则由招标人在没有投标人参加的情况下自行选定中标人。开标后,对复杂的标项还要由招标人组织评标委员会进行评标,选定中标人。另外,按照国际惯例,招标人在开标后,若发现所有投标都不符合要求,可全都拒绝,宣布招标失败。

(四)中标

开标后,招标人从评标委员会推荐的中标候选人中确定中标人,并向中标人发出中标通知书,并同时将中标结果通知所有未中标的投标人。按照法律规定,部分招标项目在确定中标候选人和中标人之后还应当依法进行公示。中标既是竞争结果的确定环节,也是发生异议、投诉、举报的环节。

(五)签约

中标通知书发出后,招标人和中标人应当按照招标文件和中标人的投标文件在规定的时间内订立书面合同,中标人按合同约定履行义务,完成中标项目。

第四节 对销贸易与加工贸易

一、对销贸易

(一)对销贸易的定义

对销贸易(counter trade)又称对等贸易、反向贸易或互抵贸易,它是指在互惠的前提下,由两个或两个以上的贸易方达成协议,规定一方的进口产品可以部分或全部以相对的出口产品来支付。对销贸易是一种既卖又买、买卖互为条件的国际贸易方式。其主要目的是以进带出,开辟各自的出口市场,并求得各自的收支基本平衡。

(二)对销贸易的种类

对销贸易的形式灵活多样,归纳起来最基本的有三种:易货贸易、互购贸易、补偿贸易。

1. 易货贸易

易货贸易(barter trade)是指在买卖双方之间进行的货物或劳务等值或基本等值的直接

交换,不涉及现金的收付。易货贸易的双方当事人以一份易货合同,确定交易商品的价值,以及作为交换的商品或劳务的种类、规格、数量等内容。

易货贸易可分为直接易货和综合易货(或称一揽子易货)。直接易货是指买卖双方各以一种能为对方所接受的货物直接进行交货,两种货物的交货时间相同,价值相等。综合易货是指交易双方都承诺购买对方等值商品,从而将进出口结合在一起的贸易方式。综合易货常用于企业间的大宗交易或政府间的易货行为,企业间的综合易货常以对开信用证方式对货款进行逐笔平衡,政府间的综合易货常以记账的方式结算。

2. 互购贸易

互购贸易(counter purchase)又被称为对购(reciprocal trade)或平行交易(parallel trade),是指一方向另一方出口商品和(或)劳务的同时,承担以所得款项的一部分或全部向买方购买一定数量或金额的商品和(或)劳务的义务。采用互购贸易方式,交易双方一般要签订两份互相独立的合同,交易双方互为买主和卖主。在这种方式下,先出口的一方在售货合同中承诺用所得的外汇购买对方国家的产品。这种贸易方式在一定程度上可以克服一方支付能力不足的问题。

3. 补偿贸易

补偿贸易(compensation trade)又称产品返销(product buyback),是指交易的一方在对方提供信贷的基础上,进口设备和技术,而用向对方返销进口设备及(或)技术所生产的直接产品或相关产品或其他产品或劳务所得的价款分期偿还进口价款。补偿贸易是我国改革开放以来使用较多的一种利用外资的方式,通常与加工贸易结合在一起,即"三来一补"。补偿贸易的补偿办法主要有三种形式:

(1) 直接产品补偿(又称返销)。这是补偿贸易最基本的方法,是指设备与技术的进口方以设备与技术直接生产出来的产品来偿还提供设备与技术的一方。设备技术的进口方一般愿意采用这种方式。

(2) 间接产品补偿(又称回购)。这是指设备与技术的进口方以其他产品来偿还提供设备技术的一方。

(3) 劳务补偿。双方根据协议,通常由外商代我方购进所需的技术、设备,货款由外商垫付,我方按外商要求加工生产后,从应收的加工缴费中分期扣还给外商。

二、加工贸易

(一) 加工贸易的含义

加工贸易是指利用本国的人力、物力或技术等资源,从国外进口原料、材料、零件、样品或图纸,利用本国的生产能力和技术,加工成成品后再出口,从而获得以外汇体现的附加价值。

(二) 加工贸易的类型

加工贸易是以加工为特征的再出口业务,按照所承接的业务特点不同,常见的加工贸易方式包括：进料加工、来料加工、装配业务和协作生产。

1. 进料加工

进料加工又叫以进养出，指用外汇购入国外的原材料、辅料，利用本国的技术、设备和劳力，加工成成品后，销往国外市场。这类业务中，经营的企业以买主的身份与国外签订购买原材料的合同，又以卖主的身份签订成品的出口合同。两个合同体现为两笔交易，它们都是以所有权转移为特征的货物买卖。进料加工贸易要注意所加工的成品在国际市场上要有销路，否则，进口原料外汇很难平衡，从这一点看进料加工要承担价格风险和成品的销售风险。

2. 来料加工

来料加工通常是指加工一方由国外另一方提供原料、辅料和包装材料，按照双方商定的质量、规格、款式加工为成品，交给对方，自己收取加工费。有的是全部由对方来料，有的是一部分由对方来料，一部分由加工方采用本国原料的辅料。此外，有时对方只提出式样、规格等要求，而由加工方使用当地的原、辅料进行加工生产。这种做法常被称为"来样加工"。

3. 装配业务

装配业务是指由一方提供装配所需设备、技术和有关元件、零件，由另一方装配为成品后交货。来料加工和来料装配业务包括两个贸易进程，一是进口原料，二是产品出口。但这两个过程是同一笔贸易的两个方面，而不是两笔交易。原材料的提供者和产品的接受者是同一家企业，交易双方不存在买卖关系，而是委托加工关系，加工一方赚取的是劳务费，因而这类贸易属于劳务贸易范畴。它的好处是：加工一方可以发挥本国劳动力资源丰裕的优势，提供更多的就业机会；可以补充国内原料不足，充分发挥本国的生产潜力；可以通过引进国外的先进生产工艺，借鉴国外的先进管理经验，提高本国技术水平和产品质量，提高本国产品在国际市场的适销能力和竞争能力。当然，来料加工与装配业务只是一种初级阶段的劳务贸易，加工方只能赚取加工费，产品从原料转化为成品过程中的附加价值，基本被对方占有。由于这种贸易方式比进料加工风险小，在中国开展得比较广泛，获得了较好的经济效益。

4. 协作生产

协作生产是指一方提供部分配件或主要部件，而由另一方利用本国生产的其他配件组装成一件产品出口。商标可由双方协商确定，既可用加工方的，也可用对方的。所供配件的价款可在货款中扣除。协作生产的产品一般规定由对方销售全部或一部分，也可规定由第三方销售。

第五节　国际电子商务

信息社会是通过网络及信息的作用，使每个行为主体不断地自我组织来实现整体优化的多样化社会。电子商务、信息产业以及高科技产业既不适合建立高度集中的大型垄断性企业，也不适合高度分散、对抗性竞争的众多小企业，而是适合经营主体灵活、独立又协同合作的自组织化的生态系统。

一、国际电子商务与无纸贸易的含义

当代信息技术和通信技术的发展以及网络技术的应用,特别是 Internet 的出现,正引起国际贸易领域的一场伟大变革。一种全新的国际贸易方式——国际电子商务的出现,必将在很大限度上改变传统的贸易方式,成为当前以及未来国际贸易的主要模式。

(一)国际电子商务的含义

国际电子商务是指买卖双方利用现代信息技术和通信技术,部分或全部地完成国际贸易的交易过程。它反映的是现代信息技术所带来的国际贸易过程的电子化。通过采用电子数据交换(EDI)、电子邮件(E-mail)、电子公告牌、电子转账、安全认证等多种技术方式来实现国际贸易过程的电子化。

与传统的国际贸易方式相比,国际电子商务通过电子商务在国际贸易中的应用以及对企业外贸流程的重组,能够有效地降低企业的交易成本,提高交易效率和成交概率,从而提高企业在国际市场上的竞争力。

(二)无纸贸易的含义

无纸贸易是一种代替传统以纸质为基础的,通过网络和电子文件涵盖所有或部分贸易流程的新型国际商品贸易。它是一种在公司之间传输订单、发票等作业文件的电子化手段,即通过计算机通信网络将贸易、运输、保险、银行和海关等行业信息,用一种国际公认的标准格式,实现各有关部门或公司与企业之间的数据交换与处理,并完成以贸易为中心的全部过程。它是 20 世纪 80 年代发展起来的一种新颖的电子化贸易工具,是计算机、通信和现代管理技术相结合的产物。

二、国际电子商务的运行模式与实现模式

(一)国际电子商务运行模式

1. 点对点模式

点对点模式(point to point)是指贸易双方或者进出口一方与相关的贸易服务方之间进行的一对一的电子数据交换。这种模式的电子数据交换,只是在交易双方之间进行数据共享,通常没有经过第三方认证机构对数据传输进行认证。这是最早的电子数据交换模式。此种模式,由于没有第三方的参与,一旦出现数据交换的纠纷,不太容易确定双方的责任归属。

2. 外联网模式

外联网模式(extranet)是企业基于其与外界各方当事人之间(包括贸易伙伴和贸易服务商等)的商业往来所实施的一对多的电子商业数据交换。一般情况下,只有大的企业才有实力建立自己的外联网模式,以利于与有关的供应商、下游的经销商、物流服务商以及银行等

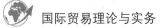

进行数据交换。目前,许多发达国家的大型跨国公司基本上都采用这种模式。

3. 增值网络模式

增值网络模式(value added network)是在社会网络增值服务体系比较健全的情况下,全社会的商业数字交换有效整合的结果。此种模式通常是在政府的推动下,建立一家或若干家统一标准的增值网络服务机构。无论是大型企业还是小型企业,都可以利用增值网络服务机构进行有效的电子商务数据交换。这一运行模式强调的是无纸贸易的社会效益,特别是为中小企业参与国际贸易,进行电子数据交换提供了非常重要的手段。许多新兴经济体,如新加坡、韩国、中国台湾和中国香港等,都是采用这一模式。

4. 单一窗口模式

单一窗口模式(single window system)指的是企业在与不同的贸易伙伴和不同的贸易相关方进行数据交换,不需分别一对一进行数据交换,而是通过单一的数据交换渠道就可以完成所有的数据传输的无纸贸易运行模式。该模式是将企业外联网模式的优势与增值网络模式的优势结合起来的效益最高的无纸贸易模式,是目前 APEC 所提倡的无纸贸易发展目标。

(二)国际电子商务实现模式

1. 企业自发驱动模式

美国和日本等一些发达国家采取的是企业驱动的模式。由于这些国家拥有数量众多的大型跨国公司,能够从无纸贸易中得到很大的收益,它们会自发地促进和执行无纸贸易。

2. 政府引导模式

在新加坡、韩国、中国台湾和中国香港等国家和地区,政府的作用非常重要。在这些国家和地区,政府在推行无纸贸易的过程中发挥着至关重要的作用,一般情况下,政府会在这些电子商务、电子政务等领域做更多的投资。

3. 政府支持模式

对于像澳大利亚、加拿大这样的国家采用的无纸贸易,称之为"政府支持型的模式"。在这些国家,政府不会直接对无纸贸易进行投资,但是一般情况下,政府都会在法律法规和贸易方面给予大力支持,尤其是对大型企业,帮助它们实现和执行无纸贸易。

三、电子商务在国际贸易中的作用

(一)物色贸易伙伴

在开展国际贸易之前,准确和清晰地物色贸易伙伴是提高企业经济效益的有效措施。电子商务作为现今企业发展中最为重要的因素,在物色贸易伙伴的时候,由于电子商务在开展中,不会因为地域和时间的因素而有所影响,因此可以在一定程度上节约大量的人力和物力。此外,企业还可以建立属于自己的网站,并利用电子商务这样一个有效的平台,来把本企业的基本信息和产品向全球的客户展现,从中获取相应的合作伙伴,也可以在其中选择自已满意的贸易伙伴来开展贸易合作关系。

(二) 网上咨询与洽谈

每一笔国际贸易都不可能洽谈一次就成功,需要合作商之间反复的沟通、咨询,这也是构成一笔国际贸易所必须具备的条件。随着现在信息化技术的不断发展,网络已经成为千家万户实现信息交流的有效手段,在国际贸易中,企业可以运用因特网来实现国际商务之间的咨询和洽谈。买卖双方可以运用邮件等手段来了解市场的动态,如果买卖双方在交流过程中,需要对产品的信息进一步地了解,可以运用远程视频来进行面对面的交流,由此可见,电子商务给国际贸易贸易带来了许多便捷服务。

(三) 网上订购与支付

电子商务可以运用网站中的信息来了解订购商品的基本情况。了解清楚后可以实现网上订购,客户可以通过网上支付完成货物的订购。当客户填写完订购单以后,系统就会用交易确认信息来保证整个订购信息,并且订购的信息具备加密,这样就可以很好地保护商家和客户之间的商业信息。除此之外,在国际贸易中网上订购可以快速、便捷地传递客户所需的无形产品,例如软件、音像等,这样就可以极大程度地节约时间和人员的开销问题。

分析案例 12-1

外贸行业米兰网的发展

米兰网(www.milanoo.cn)是香港米兰有限公司旗下的跨国在线零售 B2B2C 电子商务网站、全球时尚服装及其周边产品网上商城。米兰网总部在中国香港,在中国内地成都设有运营中心,北京、上海、深圳等地设有分中心及办事处。米兰网涵盖英语、日语、法语等多语种国际网站,正成为中国供应商外贸小单批发首选战略合作伙伴、全球一流的跨国在线零售电子商务平台。

米兰网 2008 年成立于香港,是国内首家提出"跨国在线零售 B2B2C"概念的外贸电子商务企业。在国内,米兰网与中国成千上万的生产厂家、大型批发商达成的是典型的电子商务 B2B 合作方式,而与国外消费者之间,又是典型的电子商务 B2C 在线商城直销关系。"跨国在线零售 B2B2C"电子商务模式巧妙地将全球消费市场与中国国内中小生产商供应链整体联为一体,架通中国商品通往全球市场的"电子丝绸之路",打破传统外贸诸多中间环节,让中国厂商得以直接面对海外消费者,让海外消费者足不出户就能实时选购成百上千种价廉物美的"中国制造",开启了互联网时代外贸电子商务的崭新时代。

米兰网致力帮助中国中小企业从容应对全球市场一体化趋势,以外贸电子商务小单批发兼零的方式,助国内中小企业实现产品零费用全球代销、全球推广、零成本海外宣传。让不懂外语、不懂外贸、不设任何外贸相关部门的中小企业轻松把产品直接销往全球,只需配合米兰网严格把控好产品质量和交期,以及必要的售后服务,就能不费吹灰之力坐享全球市场。

试分析米兰网作为国际电子高务平台在企业发展中的作用。

分析：作为一个系统的电子商务平台，米兰网的运行涵盖供应链管理、跨国在线营销推广、国际物流配送、网站商业策划开发、网站运行及维护、多语种客服（全球 24 小时在线呼叫中心）、在线支付等诸多环节，米兰网产品覆盖从婚纱、紧身衣、动漫服装、鞋子、手机、女包等多达 18 条产品线。可见，米兰网通过打通企业海外销售渠道，发展企业产品的全球销售，培育提升企业品牌的海外知名度。在打造企业海外知名度的同时，米兰网将通过海外宣传途径致力于提升中国制造的品质和影响力，推动中国制造向中国创造转变。

◆ **内容提要**

传统的国际贸易方式主要包括经销和代理、寄售与展卖、对销贸易和加工贸易等方式，前两种方式使得本国出口商通过国外代理商或展览会将产品出口到国外并获取利润；后两种方式可以促进外汇缺乏或经济欠发达的国家开展国际贸易。随着网络、通信和信息技术的突破性进展，Internet 在全球迅猛增长，国际贸易方式也在发生着深刻的变化。其中，一个突出的特点是，国际电子商务得到了快速发展。大量的外贸企业通过各种各样的网络平台将产品向国外输出，为国内外外贸企业带来了机遇和商机。国际电子商务可以为买卖双方迅速物色贸易伙伴，进行网上咨询与洽谈并实现网上订购与支付，从而极大地缩短了国际贸易的地理距离和国际贸易的交易时间。

◆ **关键词**

经销　寄售　招投标　加工贸易　国际电子商务　无纸贸易

◆ **复习思考题**

1. 什么是包销？它与一般经销方式有何区别？
2. 简述寄售方式的特点。
3. 简述国际招投标的一般流程。
4. 简述补偿贸易的主要形式。
5. 试分析当前国际电子商务的发展趋势。

思考案例

加工贸易边角废料内销网上公开拍卖共管机制

2018 年 12 月 29 日，海关总署发布《关于全面推广加工贸易边角废料内销网上公开拍卖共管机制的公告》（2018 年第 218 号），决定在前期试点的基础上全面推广加工贸易边角废料内销网上公开拍卖共管机制。这一机制是指经海关允许，加工贸易企业通过与海关联网的拍卖平台，委托具有法定资质的拍卖机构依法公开拍卖加工贸易边角废料，海关和相关主管部门共同对该交易行为实施管理。公告所称边角废料，包括加工贸易边角料、副产品和按照规定需要以残留价值征税的受灾保税货物，以及海关特殊监管区域内企业保税加工过程中产生的边角料、废品、残次品和副产品等保税货物。对以网上公开拍卖方式内销的边角废料，海关以拍卖价格为基础审查确定完税价格。该机制分运用"互联网＋海关"思维，借助互联网拍卖平台，通过建立科学有效的网络拍卖交易规则，为加工贸易边角废料内销提供线上公开、公平、公正的交易模式。

第三篇 国际市场交易方式
第十二章 国际贸易方式

请分析：加工贸易边角废料内销网上公开拍卖共管机制对加工贸易的促进作用。

应用训练

中国铁建投标墨西哥高铁项目搁浅

2014年11月3日上午，墨西哥通信和交通部宣布，由中国铁建牵头的国际联合体中标墨西哥城至克雷塔罗高速铁路项目。这将是中国企业在海外承建的首条时速300公里高铁，也是中国铁建继承建土耳其安伊高铁之后，在海外建设的又一条高铁项目。这一铁路计划连接首都墨西哥城和该国重要经济城市克雷塔罗，全长210公里，设计时速300公里，采用电气化双线有砟轨道，计划建设工期40个月，过渡运营维护技术服务期60个月，合同总金额约为44亿美元。中国铁建联合体将承担墨西哥高铁项目的设计、施工、装备制造、安装调试和运营维护服务，高铁列车控制系统等核心技术也均采用中国高铁成套技术。但随后在2014年11月7日，墨西哥通信交通部单方面突然宣布，取消墨西哥城至克雷塔罗高铁项目中标结果，并决定之后重新再启投标程序。2015年1月14日，墨西哥交通部公布了墨西哥城至克雷塔罗高铁项目新一轮招标的初步信息，标志着墨西哥高铁项目重新招标正式开始。但墨西哥财政部长比德加赖在1月30日表示，墨方将"无限期"搁置启动新一轮招标程序的墨西哥城至克雷塔罗高铁项目。至此，中铁建投标墨西哥高铁项目正式搁浅。

请结合本章所学知识，对本案例进行评述并思考对我国企业走出去的启示。

第四篇
货物进出口业务

货物进出口业务通常以逐笔成交、以货币结算的单边进出口业务为基础。其内容是围绕国际货物贸易合同展开的。国际货物买卖合同是营业地在不同国家的合同当事人所订立的货物买卖合同,是各种经营进出口业务的企业赖以生存与发展的基础。

交易磋商的程序可分为4个环节:邀请发盘、发盘、还盘和接受。其中,只有发盘和接受是每笔交易中不可缺少的法定环节。由于各国法律对发盘与接受的规定不同,国际货物贸易实践中产生了不同规则的冲突,即"法律冲突"。为了减少冲突,《联合国国际货物销售合同公约》应运而生。

在实际业务中,国际货物买卖合同的交易条件可分为两类:一类是主要交易条件。从我国的国际贸易实践看,主要交易条件有品名、品质、数量、包装、价格、运输、货款的收付等。另一类是一般交易条件,即卖方或买方拟定的适用于每笔交易的交易条件。在各项交易条件中,重点和难点主要有商品价格、货款收付。如何确定商品的价格和规定合同中的价格条款,是买卖双方交易磋商的焦点,可以说,货物买卖的谈判主要是价格谈判。国际货款的收付是买卖双方的基本权力和基本义务,直接影响到买卖双方的资金周转和融通,以及金融风险和费用的负担,因此,支付条款往往是买卖双方交易磋商的重要内容。

货物进出口合同的履行涉及货、证、船、款等多个程序,涉及银行、运输、海关、商检等多个部门,是复杂而重要的交易环节。

第十三章　国际货物买卖合同的商定

本章结构图

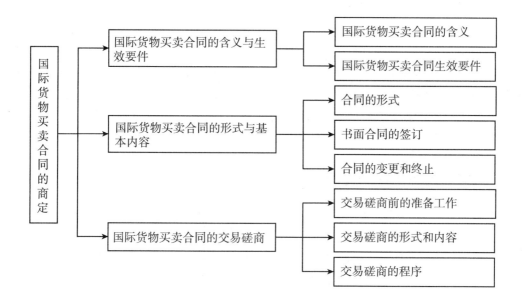

学习目标

了解进出口交易磋商前的准备工作；交易磋商的形式、内容及程序；了解国际货物买卖合同有效成立的条件；熟悉合同的形式与书面合同的签订；掌握合同成立的时间与合同生效的要件及合同的形式与基本内容；了解合同的修改和终止及签订书面合同时应注意的问题。

导入案例

有 效 接 受

中国某公司于7月16日收到法国某公司发盘："马口铁500公吨，单价545美元CFR中国口岸，8月份装运，即期L/C支付，限7月20日付到有效。"我方于17日复电："若单价500美元CFR中国口岸可接受，履约中如有争议，在中国仲裁。"法国公司当日复电："市场坚挺，价不能减，仲裁条件可接受，速复。"此时马口铁价格确实趋涨。我方于19日复电："接受你

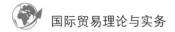

方 16 日发盘,L/C 已由中国银行开出。"结果对方退回 L/C。

请问:合同是否成立?

分析:根据《联合国国际货物销售公约》规定,合同并未成立。我方 19 日电并不是有效的接受,因为 16 日的法商发盘经我方 17 日还盘已经失效,法商不再受约束。我方应接受的是法国公司 17 日复电。

第一节　国际货物买卖合同的含义与生效要件

一、国际货物买卖合同的含义

国际货物买卖合同(contract for the international sale of goods)亦称国际货物销售合同,是指营业地处于不同国家或地区的当事人之间所订立的货物买卖契约。国际货物买卖就是通过洽商、订立和履行国际货物买卖合同来实现的。在这种合同中,卖方的基本义务是交出货物的所有权,买方的基本义务是支付货款。这是货物买卖合同区别于其他合同的一个主要特点。国际货物买卖合同的订立同其他合同一样,是双方当事人意思表示一致的结果。

二、国际货物买卖合同生效要件

如前文所述,一方的发盘经对方有效接受,合同即告成立。但合同是否具有法律效力,还要视其是否具备了一定的条件。不具法律效力的合同是不受法律保护的。至于一个合同须具备哪些条件才算有效成立,纵观各国的法律规定,主要可归纳为以下几条:

(一) 当事人必须在自愿和真实的基础上达成协议

商订合同必须是双方自愿的,任何一方都不得把自己的意志强加给对方,不得采取欺诈或胁迫的手段。《中华人民共和国合同法》第四章规定:"当事人依法享有自愿订立合同的权利,任何单位和个人不得非法干预。"第 54 条第(2)款规定:"一方以欺诈、胁迫的手段或者乘人之危,使对方在违背真实意思的情况下订立的合同,受损害方有权请求人民法院或者仲裁机构变更或者撤销。"

(二) 当事人应具有相应的行为能力

即双方当事人应具有商订国际货物买卖合同的合法资格。一般的要求是:作为自然人,应当是成年人,不是神智丧失者,且应有固定的住所。作为法人,应当是已经依法注册成立的合法组织,有关业务应当属于其法定经营范围之内,负责交易洽商与签约者应当是法人的法定代表人或其授权人。

(三) 合同的标的和内容都必须合法

合同的标的,是指交易双方买卖行为的客体,也就是说,双方买卖的商品必须符合双方国家法律的规定,这个合同才是有效的。合同的内容也是如此。

(四)必须是互为有偿的

国际货物买卖合同是双方合同,是钱货互换的交易,一方提供货物,另一方支付价金。如果一方不按规定交货,或另一方不按合同规定支付钱款,都要承担赔偿对方损失的责任。

(五)合同的形式必须符合法律规定的要求

《联合国国际货物销售合同公约》对国际货物买卖合同的形式,原则上不加以限制。无论采用书面方式还是口头方式,均不影响合同的效力。我国《合同法》第10条规定:"当事人订立合同,有书面形式、口头形式和其他形式。法律、行政法规规定采用书面形式的,应当采用书面形式。当事人约定采用书面形式的,应当采用书面形式。"

第二节 国际货物买卖合同的形式与基本内容

由前文可知,当事人签订合同时,究竟采用什么形式,应根据法律、行政法规的规定和当事人双方的意愿行事。根据国际贸易的一般习惯做法,交易双方通过口头或书面形式达成协议后,多数情况下还签订一定格式的书面合同,以利合同的履行。

一、合同的形式

书面合同既可以是有一定格式的,也可以以信件、电报、电传文件作为书面合同的形式。在国际贸易中,对书面合同的形式亦没有具体的限制,买卖双方既可采用正式的合同、确认书、协议,也可以采用备忘录等多种形式。

在我国进出口业务中,书面合同主要采用两种形式:一种是条款较完备、内容较全面的正式合同(contract),如进口合同或购买合同以及出口合同或销售合同。这种形式适合于大宗商品或成交金额较大的交易。另一种是内容较简单的确认书(confirmation),如销售确认书和购买确认书。这种格式的合同适用于金额不大,批数较多的小土特产品和轻工产品;或者已订有代理、包销等长期协议的交易。

这两种形式的合同,虽然在格式上、条款项目和内容的繁简上有所不同,但在法律上具有同等效力,对买卖双方均有约束力。

(一)合同

合同的特点在于:内容比较全面,对双方的权利、义务以及发生争议后如何处理,均有较详细的规定。大宗商品或成交金额较大的交易,多采用此种形式的合同。我国在对外贸易中使用的合同,分为销售合同(sales contract)和购买合同(purchase contract),又称出口合同(export contract)和进口合同(import contract)。这两种合同的格式和主要内容基本一致,其中包括商品的品名、品质、数量、包装、价格、装运、保险、支付、商检、索赔、仲裁、不可抗力等条款。在我国的对外贸易业务中,通常由我方填制合同正本一式两份,经双方签字后,买卖双方各自保存一份。合同有正本和副本之分,合同副本与正本同时制作,无需签字,亦无法律效力,仅供交易双方内部留作参考资料,其份数视双方需要而定。

(二) 确认书

确认书属于一种简式合同,它所包括的条款比合同简单,一般只就主要的交易条件做出规定,对买卖双方的义务描述得不是很详细。这种形式的合同适用于金额不大、批数较多的商品,或者已订有代理、包销等长期协议的交易。我国在外贸业务中使用的确认书,分为销售确认书(sales confirmation)和购买确认书(purchase confirmation),这两种确认书的格式基本一致。当达成交易时,通常也由我方填制一式两份,经双方签字后,各自保存一份。它无正本与副本之分。

上述两种形式的合同,即正式的合同和确认书,虽然在格式、内容繁简、条款项目的设立和措辞上有所不同,但在法律上具有同等效力,对买卖双方均有约束力。在我国对外贸易业务中,书面合同主要采用这两种形式。在我国进出口业务中,各企业都有印有固定格式的进出口合同或成交确认书。当面成交的,即由双方共同签署;通过函电往来成交的,由我方签署后,一般将正本一式两份送交国外成交方签署后退回一份,以备存查,并作为履行合同的依据。

二、书面合同的签订

买卖双方经过交易磋商,一方发盘被另一方有效接受,交易即达成,合同亦告成立。但在实际业务中,按照一般惯做法,买卖双方达成协议后,通常还要签订一份正式的书面合同,将各自的权利和义务用书面方式加以明确。

(一) 签订书面合同的意义

1. 合同成立的证据

这对以口头协商达成的交易尤其重要。按照法律的要求,凡是合同必须提供其成立的证据,以说明合同关系的存在,且双方当事人一旦发生争议,提交仲裁或诉讼,如果是口头协议,"空口无凭",不能提供充足证据,则很难得到法律的保护。因此,国际贸易中一般多要求签订书面合同,尽管有些国家的合同法并不否认口头合同的效力。

2. 履行合同的依据

国际货物买卖合同的履行涉及面广,环节复杂,若仅有口头协议,将会使履行合同变得十分困难。即使通过函电达成的协议,如不将分散于函电中的协议条款集中到一份文件上,也会给履行合同带来麻烦。因此,在实际业务中,双方一般都要求将各自的权利与义务用文字规定下来,作为履行合同的依据。

3. 合同生效的条件

一般情况下,合同的生效是以接受的生效为条件的,合同就成立。但有些国家的法律则规定,签订正式书面合同才是合同生效的条件。

(二) 合同的内容

书面合同的内容一般由下列三部分组成:

1. 约首

约首是指合同的序言部分,其中包括合同的名称、订约双方当事人的名称和地址(要求写明全称)。此外,在合同序言部分常常写明双方订合同的意愿和执行合同的保证。

2. 本文

本文是合同的主体部分,具体规定了买卖双方各自的权利和义务,一般通称为合同条款。如品名条款、品质条款、数量条称、价格条款、包装条款、装运条款、支付条款及商检、索赔、仲裁和不可抗力条款等。

3. 约尾

合同的约尾处一般列明合同的份数,使用的文字及其效力、订约的时间和地点及生效的时间。合同的订约地点往往要涉及合同准据法的问题,因此要谨慎对待。我国的出口合同的订约地点一般都写在我国。

三、合同的变更和终止

合同一经订立,就成为具有法律效力的文件,对双方都有约束力。我国《合同法》第八条规定:"依法成立的合同,对当事人具有法律约束力。当事人应当按照约定履行自己的义务,不得擅自变更或者解除合同。"但在实际业务中,合同签订之后,有时一方或双方当事人发现需要对合同的某些内容加以修改或补充。在此情况下,必须经过双方协商同意,才能对合同进行修改。

(一) 合同的变更

合同的变更是指在合同签订之后,尚未完全履行之前,双方当事人就合同的内容进行修改、增加或减少所达成的协议。

我国《涉外经济合同法》规定,合同的变更必须符合以下三个条件:合同的变更必须经双方当事人协商同意;变更合同的协议应当采用书面形式;经国家批准成立的合同的重大变更应当经原批准机关批准。

合同的变更,不会影响当事人要求赔偿损失的权利,无论该损失是发生在合同变更之前,由于一方的违约给另一方当事人造成的损失,还是合同中对上述损失的补救办法做出约定。

(二) 合同的终止

合同的终止是依照法律规定,合同双方当事人的权利和义务归于消失。

合同终止的三种情况:自然终止,是指因合同履行完毕的终止,它是最常见、最主要的合同终止形式。裁决或判决终止,是指因仲裁机构裁决或法院判决的终止,这也是一种常见的合同终止形式。协议终止,是指合同当事人双方协商一致同意的终止。

合同终止后的法律后果:合同终止后,不影响当事人要求赔偿的权利。有些合同虽然形式上已经履行完毕,但这种履行是否完全符合约定的条件,在合同履行后一个相当长的时间内难以确定,如工程承包合同。为了保证当事人的合法权益,我们的合同法特做了此项规定。

合同约定的解决争议的条款不因合同的终止失去效力。合同约定的解决争议的条款,主要是指合同中订立的仲裁条款,也包括合同中约定的协商或调解解决争议的条款。

合同中约定的结算和清理的条款不因合同的终止而失去效力。合同中的结算和清理条款是指在合同终止后,对合同所涉及的财产进行清算所做的规定。法律上宣告合同终止,同财产的清算结算是两回事。结算和清算是合同终止后的必然结果,只有按照合同约定的原则和程序,对财产进行的结算和清算完毕后,合同在事实上才真正终止。

第三节　国际货物买卖合同的交易磋商

交易磋商(business negotiation)是指进出口双方就商品的各项交易条件进行谈判,以期达成交易的过程;在业务中,又被称作贸易谈判。在国际贸易中,交易磋商占有十分重要的地位,是国际贸易业务活动中最重要的环节。交易磋商的重要性体现在两个方面:交易磋商是国际贸易合同的基础;交易磋商关系到交易成败和经济效益。因此,在进出口交易磋商前,外贸人员必需认真做好交易前的各项准备工作。准备工作做到比较充分和细致,在商订合同的过程中也会比较主动和顺利。

一、交易磋商前的准备工作

由于出口交易磋商前的准备工作和进口交易前的准备工作有较大区别,下面分别加以阐述。

(一) 出口交易磋商前的准备工作

1. 加强市场调研,选择适当目标市场

在出口交易磋商前,要加强对国外市场的调查研究,应通过各种途径广泛了解市场供销情况、价格动态,各国有关的贸易政策、法规、措施和习惯做法,以便从中选择适当的目标市场,并合理确定市场布局。

对国外市场的调研主要包括三方面的内容,即国别调研、商品市场调研和客户调研。国别调研主要内容包括:对交易对象国的政治、经济的总体状况的了解,如与我国外交关系如何,对象国的基本对外政策以及市场进入的难易程度,对进出口贸易有无许可证制度,关税水平如何,国内的购买能力以及外汇充裕与否等。对于外贸公司来说,应以商品市场调研和客户调研为重点。商品市场调研是以具体出口商品为对象,了解哪些市场有销售这种商品的可能性;各有关市场对该种商品花色品种、规格、质量、包装装潢等的需要和习惯爱好如何;各有关市场这类商品的容量、供求关系、价格和竞争商品情况等等。在对市场充分调研的基础上,根据国家的外贸方针政策和扩大出口市场的需要和可能,适当选择和安排市场。原则上应全盘考虑,合理布局,市场既不宜过分集中,也不宜过分分散,还应不断开拓新市场。

2. 建立和发展客户关系

客户是我们的交易对象,在出口业务中,我们的国外客户主要包括进口商、大百货公司(联销商店、超级市场)、厂商和经纪商等各种类型的商人。在交易前,应对客房的资信情况进行全面调查,分类排队,选择出成交可能性最大的合适客户。

对客户的资信调查主要包括对其政治经济背景、支付能力、经营范围、经营能力、经营作风等内容的调查。调查途径可以通过国内外银行、商会、咨询公司、我驻外商务机构等渠道进行。还可以通过实际业务的接触和交往活动,通过举办交易会、展览会、技术交流会、学术讨论会等进行了解。另外,在选择客户时,既要注意巩固老客户,也要积极物色新客户,以便在广阔的国际市场上,形成一个广泛的、有基础和活力的客户网。

3. 制定出口商品经营方案

为了更有效地做好交易前的准备工作,使对外洽商交易有所依据,一般都需要事先制定进出口商品经营方案。出口商品经营方案的内容因出口商品不同而不一,大致包括以下方面:

(1) 货源情况。其中包括国内生产能力,可供出口的数量,以及出口商品的品质、规格和包装等情况。

(2) 国外市场情况。主要指国外市场需求情况和价格变动的趋势。

(3) 出口经营情况。其中包括出口成本、创汇率、盈亏率的情况,并提出经营的具体意见和安排。

(4) 推销计划和措施。包括分国别或地区,按品种、数量或金额列明推销的计划进度,以及按推销计划采取的措施。如对客户的利用,贸易方式、收汇方式的运用,对佣金和折扣的掌握等。

4. 办理商标注册

国际贸易中的大多数商品都是有品牌和商标的。按照许多国家有关的法律规定,商标和品牌必须在其国依法注册,才能得到该国法律的承认和保护。

此外,出口交易前的准备工作还包括出口成本核算,对出口商品的广告宣传等。

(二) 进口交易磋商前的准备工作

1. 落实进口许可证和外汇

目前,我国仍实行进出口许可证管理和外汇管制,故在进口交易磋商之前,应该事先办理一系列申报审核的手续,有些商品需要先向主管部门领取准许进口的批文之后,才能向对外经贸部门申领进口许可证。对各类外贸公司来说,进口业务分为自营进口和代理进口两种情况。在自营进口业务中,申领进口许可的手续由外贸公司自办,外汇也由自己负责解决;在代理进口业务中,申领进口许可证的手续和所使用的外汇,原则上都由委托单位负责。具体办理进口业务的部门和人员,必须认真审核落实进口许可证件和外汇来源均无问题,才能同意着手办理。

2. 审核进口订货卡片

按照现行办法,在办妥许可证件和落实了用汇来源之后,用货部门应填具进口订货卡片交给负责办理进口手续的外贸公司,作为外贸公司对外订立合同和办理有关工作的依据。进口订货卡片中,包括商品名称、规格质量、包装、数量、生产国别、估价单位和金额,要求到货时间、目的港和目的地等项内容。外贸公司办理进口业务的部门收到订货卡片后,应根据平时积累的资料和当时的市场情况,对订货卡片的各项内容进行细致审核,必要时可对商品的品牌、规格和进口国别等提出修改建议,经用货部门同意后进行修改。

3. 研究制订进口商品经营方案

对于大宗进口交易应认真制订书面的进口商品经营方案,作为采购商品和安排进口业务的依据。其主要内容大致包括以下方面:

(1) 数量的掌握。根据国内需要的轻重缓急和国外市场的具体情况,适当安排订货数量和进度,在保证满足国内需要的情况下,争取在有利的时机成交,既要防止前松后紧,又要避免过分集中。

(2) 采购市场的安排。根据国别(地区)政策和国外市场条件,合理安排进口国别(地区),在选择对我方有利的市场的同时,又要避免市场过分集中。

(3) 交易对象的选择。根据国际市场的价格,并结合采购意图,拟订出价格掌握的幅度,以作为洽商交易的依据。在价格的掌握上,既要防止价格偏高造成经济损失,又要避免价格偏低而完不成采购任务。

(4) 贸易方式的运用。在经营方案中,应根据采购的数量、品种、贸易习惯做法等因素,对贸易方式的采用提出原则性的意见。最常用的是单边进口方式订购。

(5) 交易条件的掌握。交易条件应根据商品品种、特点、进口地区、成交对象和经营意图,在平等互利的基础上酌情确定和灵活掌握。

二、交易磋商的形式和内容

交易磋商在形式上可分为口头和书面两种。口头磋商主要是指在谈判桌上面对面商谈,如参加各种交易会、洽谈会以及贸易小组出访、邀请客户来华洽谈等。此外,还包括双方通过国际长途电话进行的交易磋商。口头洽谈交易有利于及时了解交易对方的态度和诚意,尤其适合于谈判内容复杂、涉及问题多的交易。书面磋商是指通过信件、电报、电传等通信方式来洽谈交易。随着现代通信技术的发展,书面洽谈也越来越简便易行,且其费用比较低廉,故是日常业务中通常采用的做法。在实践中,上述两种形式往往是结合使用的。

交易磋商的内容,涉及拟签订的买卖合同的各项条款,包括品名、品质、数量、包装、价格、装运、保险、支付以及商检、索赔、仲裁和不可抗力等。其中品名与品质、数量、包装、价格、装运和支付等 6 项交易条件,一般被认为是交易的主要条件,是每笔交易中必须逐条谈妥的。而其他交易条件,如商检、索赔、仲裁和不可抗力等,往往印成一张书面文件或者印在本公司合同的背面,作为"一般交易条件",事先送对方,经过双方协商同意后,即成为今后双方进行交易的共同基础,而不需要每次都重复商洽。"一般交易条件"协议对缩短交易洽商时间,减少费用开支等均有益处,因此,在国际贸易中广泛采用。

三、交易磋商的程序

交易磋商的程序一般包括四个环节,即询盘、发盘、还盘和接受。其中发盘和接受是达成一笔交易所不可缺少的两个基本环节。

(一) 询盘

1. 询盘的含义及性质

询盘(Inquiry)又叫询价,是指交易的一方为了购买或销售商品,向对方询问买卖该商品的有关交易条件。询盘可由卖方提出,也可由买方提出。

询盘属于一般性的业务联系,只起邀请对方发盘的作用,对交易双方没有法律上的约束力。

2. 询盘的形式

交易双方向对方发出询盘时,可采取口头形式,也可以采取书面形式。书面形式除包括书信、电报、电传外,还常采用询价单(enquiry sheet)进行询盘。

现举两例电报询盘实例如下。

买方询盘:

中国松香WW级100公吨,8月份装船,请报CIF伦敦价。

Please offer Chinese rosin ww grade 100M/T August Shipment CIF London.

卖方询盘:

可供中国松香WW级,8、9月份装船,请递盘。

We can supply Chinese rosin ww grade shipment Aug. /Sept. , Please bid.

在询盘过程中应该注意以下问题:第一,询盘虽然可以向多个交易对象发出,但不应在同一时期集中对外询盘,防止暴露我销售或购买心切。第二,询盘对任何被询盘人在法律上均无约束力,但是在交易习惯上,应该避免出现只询盘不购买或不售货的现象,容易失掉信誉。第三,询盘虽然对双方无约束力,但如果在询盘的的基础上进行了磋商,最后达成了交易,如履行时发生了争议,原询盘内容也可以成为解决争议的依据。第四,询盘不是每笔交易必经的程序,如交易双方彼此都了解情况,不需要向对方探寻成交条件或交易的可能性,则不必使用询盘。

(二) 发盘

1. 发盘的含义及性质

发盘(offer, quotation)也称报盘、发价、报价,是指买卖双方的一方(发盘人,offeror)向对方(受盘人,offeree)提出各项交易条件,并愿按照这些条件与对方达成交易,订立合同的一种肯定的表示。

发盘既是商业行为,又是法律行为,在合同法中称之为要约(condition)。一项发盘发出后,对发盘人便产生法律上的约束力,如果对方完全同意发盘内容,并按时答复,则双方合同关系成立,交易亦达成。

《联合国国际货物销售合同公约》(以下简称《公约》)对发盘的含义及性质有严格的规定。《公约》第14条第(1)款规定:"向一个或一个以上的特定的人提出订立合同的建议,如果十分确定,并且表明发盘人在得到接受时承受约束的意旨,即构成发盘。一个建议如果写明货物并且明示或暗示地规定数量和价格或规定如何确定数量和价格,即为十分确定。"《公约》还规定,凡不完全符合上列规定的,不能视为发盘,只能起邀请对方发盘的作用。

2. 发盘的形式

在实际业务中,发盘大多是由卖方提出,但在少数情况下,也可能是由买方提出,这种由买方提出的发盘称为递盘(bid)。

下面是一则电报发盘的实例。

兹发盘5 000打运动衫规格按3月15日样品每打CIF纽约85美元,标准出口包装5至6月装运,以不可撤销信用证支付,限20日复到。

Offer 5 000 dozen sport shirts sampled march 15th USD 85 Per dozen CIF New York Export standard packing May June shipment irrevocable sight L/C subject reply here 20th。

3. 发盘的构成条件

构成一项发盘一般应具备以下条件:

(1) 向一个或一个以上的特定的人提出。发盘必须向特定的人提出,只有发盘中特定的人,方可作为受盘人对有关发盘表示接受而成立合同,该特定的受盘人可以是一个,也可以是一个以上的人,可以是自然人,也可以是法人,但不可以是泛指的广大公众。因此,交易一方在报纸杂志或电视广播所做的商业广告,即使内容完整,一般也不能构成有效的发盘,而只能视为邀请发盘(invitation to make offers)。

(2) 发盘内容必须十分确定。所谓发盘内容的确定,是指发盘的条件是完整的、明确的和终局的(complete, clear and final)。

按照我国外贸实践,一项条件完整的发盘,通常应包括品名、品质、数量、包装、价格、交货和支付等主要交易条件。但是,在实际业务中,一项发盘往往不是以上述所有主要交易条件完整的形式出现。造成这种发盘的主要交易条件表面上不完整而实际上是完整的原因有三方面:① 买卖双方事先订有"一般交易条件"的协议。如在业经对方确认的"一般交易条件"中包含着某些主要交易条件,那么,发盘的内容可以简化。② 援引来往函电先前的合同。在交易磋商中,发盘人在发盘时往往援引双方之间在过去或这一次洽商过程中来往的函电,或说明某些条件与先前达成的某一合同相同,借以省略发盘的内容。③ 买卖双方在先前业务中已形成的某些习惯做法。这些习惯做法已为交易双方所熟知,双方对此具有共同理解,故发盘人在发盘中即使不列明这些条件,也不影响主要交易条件的完整性。

值得注意的是《公约》第14条第(1)款规定,一项订立合同的建议"如果写明货物并明示或暗示地规定数量和价格或规定如何确定数量和价格,即为十分确定"。据此,一项仅写明货物,规定数量和价格或如何确定数量和价格的发盘,在得到接受而成立合同时,合同的其余条件按惯例或按《公约》第三部分关于货物销售的条款来决定。上述做法虽然在法律上是

（3）表明受约束的意旨。一项发盘必须明示或默示地表明当受盘人作出接受时发盘人承受约束的意旨。所谓"承受约束"，即承担按发盘的条件与受盘人订立合同的责任。明示地表明，例如说明是"发盘""发实盘""递盘""递实盘"或规定"有效至××（日期）"等。但是否使用上述词句，并不是辨别一方当事人是否具有"得到接受时承受约束意旨"的唯一依据。"承受约束的意旨"也可以默示地表明，这就要分析对方所作出表示的整个内容，并应适当地考虑到与事实有关的一切情况，如谈判情形、当事人之间确立的任何习惯做法，惯例和当事人其后的任何行为。

（4）发盘须送达受盘人。发盘于送达受盘人时生效。发盘在未被送达受盘人之前，即使受盘人已由某一途径获悉该发盘，他仍不能接受发盘。所谓"送达（reaches）对方"，是指将发盘内容通知对方或送交对方本人，或其营业地址或通信地址，如无营业地址，则送交对方惯常居住地。

4. 实盘和虚盘

鉴于当前各国对发盘的约束力存在较大的分歧，为了避免在这个问题上产生误解，引起不必要的纠纷，我国各进出口公司根据外贸业务的经验，把发盘分为虚盘和实盘。

（1）实盘（firm offer；offer with engagement），又称有约束力的发盘。实盘是表示发盘人有肯定订立合同的意图，受盘人一旦承诺，合同即告成立。实盘的特征有三点：第一，发盘内容明确，发盘中无任何含糊其辞的字句。第二，发盘内容完整，发盘中各项主要交易条件齐全。第三，发盘无保留条件。例如：

可供 L-苹果酸 50 公吨，纯度不低于 99%，50 公斤纸板箱装，12 月份装运，每公斤 5 美元 CIF 纽约，不可撤销即期信用证付款。

Can supply 50M/T L-Malic Acid at USD 5.0/kg CIF New York, 99 PCT Min, packed in 50 kgs cartons, December shipment, irrevocable L/C at sight.

这是一个内容明确、完整无保留条件的实盘。实盘就是法律中的"要约"，必须满足构成发盘的条件。发实盘必须要承担相应的法律责任。运用实盘进行交易磋商时应注意三点：第一，实盘的含义不在于是否注明"实盘"字样，而在于是否具备上述必要条件。第二，应根据磋商交易的全部过程来判定实盘。第三，实盘的内容在有效期内，发盘人不得任意撤销或修改，并要受其约束。

需注意，我国习惯认为实盘必须具备品名、品质、数量、包装、价格、交货期、支付方式等 7 项内容才算交易条件完整，而《公约》第 14 条第 1 款规定："实盘如果写明货物并且明示或暗示地规定数量和价格或规定如何确定数量和价格，即为十分确定。"

（2）虚盘（non-firm offer, offer without engagement），是发盘人有保留地按一定条件达成交易的一种不肯定的表示。它通常没有肯定订约的表示、交易条件不完整、附有保留条件等特征。如发盘中写有"参考价"（reference price）、"以我方最后确认为准"（subject to final confirmation）、"以获得出口许可证为准"（subject to export license being approved）、"价格不经事先通知予以变动"（the price may be altered without prior notice）等。发虚盘的意图在于试探对方交易态度，吸引对方递盘，使自己保留对交易的最后决定权。虚盘对发盘人没有约束力,发盘人可以随时撤销或修改发盘内容。从法律角度上看,虚盘不是一项要约,而是一个邀请发盘。

5. 发盘的有效期

发盘的有效期是指可供受盘人作出接受的期限。凡是发盘都是有有效期的,有的明确作出规定,有的不作明确规定。明确规定有效期的发盘,从发盘被送达受盘人时开始生效,到规定的有效期满为止。不明确规定有效期的发盘,是指在一般合理时间内有效。

在实际业务中,明确规定发盘有效期的方法主要有两种:第一,规定最迟接受的期限。例如:发盘限10日复到此处(offer subject reply reaching here tenth)。第二,规定一段接受的时间。例如:发盘十天内复(offer reply in ten days)。

按《公约》规定,发盘人在电报或信件中订立的一段接受期间,从电报交发时刻或信上载明的发信日期起算。发盘人用电话、电传或其他可立即传达到对方的形式发盘,并订立一段接受期间,则从发盘到达受盘人时起算。在计算一段接受期间时,应将此间的正式假日或非营业日计算在内。但如果接受通知在接受期间的最后一天未能送达发盘人的地址,是因为正式假日或非营业日,则这段期间应顺延至下一个营业日。

对于没有明确规定有效期的发盘,应理解为在一段合理的时间内有效。但所谓"合理时间"究竟多长,国际上并无明确规定或解释。一般来说,与买卖货物的性质密切相关。凡有关买卖货物在国际市场上市价频繁波动的,发盘有效的合理时间应理解为短一些,而对市价比较稳定的货物,合理时间可理解为较长些。为了避免买卖双方对合理时间以及"即复""速复""急复"的时限理解不一而引起纠纷,发盘人在发盘时最好对有效期作明确的规定。

6. 发盘的撤回与撤销

"撤回"(withdrawal)是指一项发盘在尚未送达受盘人之前亦即尚未生效之前,由发盘人将其取消。"撤销"(revocation)则是指一项发盘在已经送达受盘人之后亦即开始生效之后,由发盘人将其取消。

发盘发出后,能否撤回及撤销呢?根据《公约》第15条第(2)款的规定:"一项发盘,即使是不可撤销的,得予撤回,如果撤回通知于发盘送达受盘人之前或同时到达受盘人。"即发盘是可以撤回的,只要发盘人以更快捷的通信方式使撤回通知早于或同时与发盘到达受盘人。

至于发盘的撤销问题,各国合同法的规定有较大分歧。英美法系国家的法律:英国法律规定,发盘一般在被接受前的任何时候得予撤销,只有经受盘人付出某种对价要求发盘人在一定有效期内保证不撤销的发盘属于例外。美国《统一商法典》规定:凡是由商人以书面形式做成的发盘,在规定的有效期内不得撤销,未规定有效期的发盘在合理时间内不得撤销,但无论如何不超过三个月。

但是,大陆法系国家的法律认为:发盘在有效期内不得撤销。《德国民法典》明文规定:订有具体有效期的发盘,在有效期内不得撤销;未规定具体有效期的发盘,按通常情况在可望得到答复以前不得撤销。

《公约》协调和折中了各国法律的不同规定,在第16条中规定:(1)在未订立合同之前,如果撤销的通知于受盘人发出接受通知之前送达受盘人,发盘可以撤销。(2)但在下列情况下,发盘不得撤销:① 发盘中写明了发盘的有效期或以其他方式表明发盘是不可撤销的;

或② 受盘人有理由信赖该发盘是不可撤销的,而且已本着对该发盘的信赖行事。

7. 发盘的失效

发盘在被接受之前并不产生法律权利,并可在一定条件下于任何时候终止。发盘在下列 4 种情况下失效:

(1) 在有效期内未被接受而过期。明确规定有效期的发盘,在有效期内如未被受盘人接受即失效;未明确规定有效期的发盘,在合理时间内未被接受亦失效。

(2) 受盘人表示拒绝或还盘。只要受盘人对发盘表示拒绝或还盘,虽然规定的有效期尚未期满,发盘也告失效。

(3) 发盘人对发盘依法撤回或撤销。

(4) 法律的实施。

发盘还可因法律的实施而终止。例如,发盘可由于发盘人或受盘人在发盘被接受前丧失行为能力,或因特定标的物的毁灭而失效。再如在发盘人发盘后,政府宣告发盘中的商品禁止进口或禁止出口,该发盘即因进口或出口禁令的实施而终止有效。

分析案例 13-1

发盘的失效

法商于 9 月 5 日向我某外贸公司发盘,供售某商品一批,有效期到 9 月 10 日,我公司于 9 月 6 日收到该项发盘,法商在发出发盘后,发现该项商品行情趋涨,遂于 9 月 6 日以加急电报致辞电我公司要求撤销其发盘。我公司于 9 月 7 日收到其撤销通知,认为不能同意其撤销发盘的要求,2 小时后,我公司回电法商,完全同意其 9 月 5 日发盘内容,法商收到我接受通知的时间是 9 月 8 日。

请问:买卖双方之间是否存在合同关系?

此案例中,买卖双方之间的合同关系成立,法商撤销其发盘无效。因为,法商向某外贸公司发盘时规定了有效期,所以在有效期内,法商是不能撤销其发盘的,而我某外贸公司表示接受的通知是在法商规定的发盘有效期内到达法商的,所以双方合同关系成立。

(三) 还盘

1. 还盘的含义

还盘(counter offer)是指受盘人不同意或不完全同意发盘人在发盘中提出的条件,为了进一步协商,对发盘人提出修改意见。还盘可以是针对价格,也可以是针对品质、数量、交货时间及地点和支付方式等交易条件。还盘的行为在买卖双方之间可以反复进行。

还盘是对发盘的拒绝,还盘一经作出,原发盘即失去效力,原发盘人亦不再受其约束。还盘等于是受盘人向原发盘人作出的一项新的发盘。还盘作出后还盘者便由原来的受盘人变成新发盘的发盘人,而原发盘的发盘人则变成新发盘的受盘人。新受盘人有权针对还盘的内容进行考虑,决定接受、拒绝或者再还盘。

2. 还盘的形式

还盘可以用口头方式或书面方式表达出来,一般与发盘采用的方式相符。

现举还盘电报数例如下：

"你10日电收悉,还价每打70美元CIF纽约"。

(Your cable 10th counter offer USD 70 Per dozen CIF New York.)

"你15日电L/C60天付款电复"。

(Your cable 15th L/C 60 days cable reply.)

（四）接受

1. 接受的含义及性质

所谓接受(acceptance)是指受盘人接到对方的发盘或还盘后,同意对方提出的条件,愿意与对方达成交易,并及时以声明或行为表示出来。

接受同发盘一样,既属于商业行为,也属于法律行为,合同法中称之为承诺。接受产生的重要法律的后果是达成交易,成立合同。

2. 接受的形式

在实际业务中,接受一般都是用函电、口头等形式表示,但在某些情况下,接受也可以用行为表示出来。《公约》第18条第(2)款规定:"如果根据该项发盘或依照当事人之间确立的习惯做法或惯例,被发盘人可以做出某种行为,例如与发运货物或支付货款有关的行为,来表示同意,而无须向发盘人发出通知,则接受于该项行为做出时生效,但该项行为必须在上一款规定的期间内做出。"可见,接受可以用行为表示,但必须注意其前提条件,即发盘中规定允许如此,或双方当事人之间业已形成这样做的惯例。

现举接受电报数例如下：

"你15日电我接受"。(Your 15th cable accepted.)

"你10日电我确认"。(Your 10th cable confirmed.)

"你10日电接受,信用证将由中国银行开出"。(Your 10th accepted ,L/C will be opened by china bank.)

3. 构成接受的必要条件

构成一项法律上有效的接受,概括起来有以下4项条件：

(1) 接受必须由受盘人作出。发盘是向特定的人作出的,因此,只有特定的人才能对发盘作出接受,而不能是第三者。由第三者作出的接受,实际上是一项新发盘,除非发盘人对该"接受"予以确认,否则合同不能成立。

(2) 接受必须表示出来。接受必须由受盘人以某种方式表示出来。如果受盘人在思想上已愿意接受对方的发盘,但保持缄默或不作出任何行为,不能构成接受。

(3) 接受必须在发盘有效期内送达发盘人。按照法律的一般要求,接受必须在发盘有效期内送达发盘人。在用信件或电报通知接受时,由于接受通知不能立即被送达发盘人,有一个接受何时生效的问题,即以接受通知发出时生效还是以送达时生效。对此,国际上不同法系的规定有着较大的分歧。

英美法系的法律认为,作为一般规则,接受必须送达发盘人才生效。但是,如果接受是用信件或电报作出时,法律例外地承认:当信件投邮或电报交发时,接受即生效。即使接受的函电在邮递途中延误或遗失，发盘人未能在发盘有效期内收到，也不影响合同的成立。当然，如发盘人在发盘中规定了接受答复到达的时限，受盘人必须将接受答复（包括用信件或电报作出者）在发盘规定的有效期内送达发盘人，接受才能生效。

大陆法系的法律则认为：接受必须送达发盘人才生效，即使用信件或电报作出表示者也不例外。如果表示接受的信件或电报在邮递途中延误或遗失，该项接受无从生效，合同亦不能成立。

《公约》规定：接受于表示同意发盘的通知送达发盘人时生效。如果接受通知在发盘的有效期内或在合理时间内，未曾送达发盘人，接受即为无效。但《公约》又规定：如果根据该项发盘或依照当事人之间确立的习惯做法或惯例，受盘人可以做出某种行为来表示接受，而无须向发盘人发出通知，则受盘人在发盘有效期内做出某种行为时，接受即生效。

（4）接受的内容必须与发盘的内容相一致。从原则上讲，接受的内容应该与发盘中提出的条件完全一致，才表明交易双方就有关的交易条件达成一致意见，即所谓"合意"（meeting of minds），这样的接受才能达成合同。如果发盘人在答复对方的发盘时虽使用了"接受"的字眼，但同时又对发盘的内容作出了某些更改，这就构成了有条件的接受（conditional acceptance），属于还盘的性质，不是有效的接受。《公约》第19条第（1）款规定："对发盘表示接受但载有增加、限制或其他变更的答复，即为拒绝该项发盘，并构成还盘。"

但是，这是否意味着受盘人在表示接受时，不能对发盘内容作丝毫的变更呢？根据《公约》的精神，接受中所作的添加或不同条件的变更，可分为两种情况：在实质上变更发盘的条件，即实质性变更（material alteration）和在实质上并不变更发盘的条件，即非实质性变更（nonmaterial alteration）。凡对货物的价格、付款、质量和数量、交货地点和时间、赔偿责任范围和解决争端等的添加、限制或更改，均视为实质上变更发盘的条件。表示接受但含有实质性，变更则构成还盘。对于非实质性变更如：要求增加提供重量单、装箱单、商检证等单据，要求增加提供装船样品或某些单据的份数等，除非发盘人在不过分迟延的时间内表示反对其间的差异外，仍构成有效接受，而使合同得以成立，并且合同的条件以该项发盘的条件以及在接受中所载的更改为准。

4. 逾期接受

接受必须在发盘规定的有效期内送达，如发盘未规定有效期，须在合理时间内送达发盘人。如果接受晚于有效期或合理时间才送达发盘人，该项接受便成为一项逾期接受（late acceptance），或称迟到的接受。逾期接受一般无效。但是，根据《公约》规定，在下列两种情况下，仍然有效：（1）如果发盘人毫不迟延地用口头或书面形式将该项逾期接受仍然有效的意见通知受盘人。（2）如果载有逾期接受的信件或其他书面文件表明，它在传递正常的情况下是能够及时送达发盘人的，那么这项逾期接受仍具有接受的效力，除非发盘人毫不迟延地用口头或书面方式通知受盘人，他认为发盘已经失效。

可见，逾期接受是否有效，主要取决于发盘人。所以，在接到逾期接受时，发盘人应及时通知受盘人，明确他对该逾期接受所持的态度。

5. 接受的撤回或修改

如前所述，接受于送达发盘人时生效。因此，接受作出后在未送达发盘人之前，如受盘人发现接受有误,或发生情况突变或其他特殊情况对其不利,受盘人得以撤回接受(withdraw an acceptance)。《公约》第 22 条规定:"接受得予撤回,如果撤回的通知于接受原应生效之前或同时送达受盘人。"但是按照英美法的投邮生效原则,接受一经投邮立即生效,合同就此成立,故不存在接受的撤回问题。

接受得予撤回,但不得撤销。接受于送达发盘人时生效,接受生效时合同即告成立。可见,撤销一项已生效的接受,无异于撤销一项已成立的合同,而合同是不得为一方当事人擅自撤销的。

◆ 内容提要

贸易洽商过程包括交易前的准备工作、贸易磋商、合同的签订、变更和终止各环节内容。在这一阶段中,每个环节的工作若出现任何问题,都有可能造成洽谈失败或给合同履行带来严重的后果。选择目标市场、选择交易对象、制定出口商品的经营方案、进行成本核算等是交易前的准备工作。交易磋商的形式有口头和书面两种。在交易磋商过程中,注重询盘、发盘、还盘和接受 4 个环节,其中发盘和接受是必不可少的两个步骤。合同订立要合法才能受到法律保护。合同条款是双方权利和义务的具体表现,要认真对待,否则无论哪方违反合同规定都要负法律责任。

◆ 关键词

发盘　接受　国际货物买卖合同　交易磋商　发盘撤回　撤销

◆ 复习思考题

1. 构成一项法律上有效的发盘必须具备哪些条件?
2. 导致发盘效力终止的原因有哪些?
3. 简述合同有效成立的条件。
4. 构成一项法律上有效的接受必须具备哪些条件?
5. 书面合同的订立有哪些主要意义?
6. 进出口交易前要做好哪些准备工作?
7. 签订贸易合同应注意哪些问题?

思考案例

合同的形式

我某公司与外商洽商进口某商品一批,经往来电传洽谈,已谈妥合同的主要交易条件,但我方在传真中表明交易于签订确认书时生效。事后对方将草拟的合同条款交我方确认,但因有关条款的措辞尚需研究,故我方未及时给对方答复。不久该商品的市场价格下跌,对方电催我方开立信用证,而我方以合同未成立为由拒绝开证。

分析:我方的做法是否有理?为什么?

应用训练

发盘的撤销

英国 A 商于 5 月 3 日向德国 B 商发出一项发盘,供售某商品一批,B 商于收到该发盘的次日(5月6日)上午答复A商,表示完全同意发盘内容。但A商在发出发盘后发现所售商品市场行情趋涨,遂于5月7日下午致电B商,要求撤销其发盘。A商于5月8日上午收到B商的接受通知。

分析:

(1) 按照英国法律,A商提出撤销发盘的要求是否合法?为什么?

(2) 若此案适用《联合国国际货物销售合同公约》,则A、B商之间是否存在合同关系?为什么?

第十四章　国际贸易术语和商品价格

本章结构图

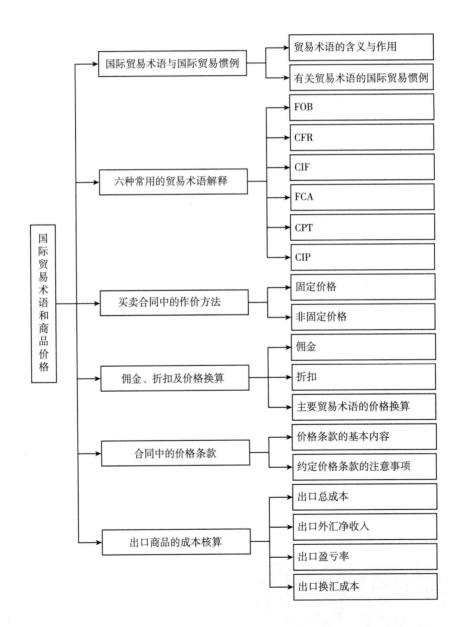

第四篇　货物进出口业务

第十四章　国际贸易术语和商品价格

学习目标

了解国际贸易术语的含义和作用、与国际贸易术语相关的国际贸易惯例间的差异，以及国际货物价格常用的作价方法；熟悉《国际贸易术语解释通则 2010》中 6 种常用贸易术语买卖双方主要义务的划分；掌握不同价格术语间的换算、佣金与折扣计算、出口商品的成本收益核算以及外贸合同中单价条款和总价条款约定。

导入案例

常用国际贸易术语

为了配合国际商会修订《国际贸易术语解释通则 2010》，2009 年我国对 792 家国内外贸企业在进出口贸易中使用各种贸易术语的比例也进行了问卷调查。根据调查结果，FOB、CFR 及 CIF 三种术语的使用比例分别为 33.94%、17.37%、26.77%，加总占比已超过 80%。相比于 FOB、CFR 及 CIF 术语，我国进出口贸易中极少使用 FCA、CPT 及 CIP 术语，其使用比例仅分别为 2.02%、0.51% 和 2.83%，有时在适用空运、陆路或多式联运运输货物时也采用 FOB 术语。《国际贸易术语解释通则 2010》生效以来，澳大利亚贸易出口到东盟时使用的 FOB、CFR 及 CIF 术语的比例分别是 15%、14% 和 28%，加总占比 57%，而 FCA、CPT 及 CIP 术语的使用情况却不容乐观，三个术语的使用比例分别是 4%、3% 和 4%。

从以上数据分析可以看出，在世界范围内传统三大术语 FOB、CFR 及 CIF 的使用都远比 FCA、CPT 及 CIP 这组术语的使用更为频繁。随着在集装箱运输的发展、内陆地区的贸易份额逐年上升，FCA、CPT 及 CIP 术语的优势会逐渐体现出来。

第一节　国际贸易术语与国际贸易惯例

一、贸易术语的含义与作用

国际货物买卖是在不同的国家之间进行的，具有线长、面广、环节多、风险大的特点。线长是指货物的运输距离长；面广是指交易中要涉及许多方面的工作；环节多是指货物从出口地到进口地要经过多道关卡，办理诸多手续；风险大是指货物受损或灭失的风险概率大。为了明确国际货物买卖合同中买卖双方应承担的责任和义务，以下几个问题是合同中必不可少的：买方完成交货的时间、地点和方式；买卖双方交接货物过程中风险转移的界限，即哪些风险由卖方承担，哪些风险由买方承担；相关进出口手续由谁负责办理，所涉及的费用由谁承担；相关货物运输合同及保险合同由谁负责；买卖双方需要交接哪些单据等。如果买卖双方在进行每一笔交易时，都要对上述问题意义进行磋商，必然耗时费力，增加谈判成本，不利于交易达成。贸易术语正是为了解决这些问题，在长期的国际货物贸易实践中逐渐产生和发展起来的。

贸易术语是由三个英文字母组成的、用以表明货物的价格构成和买卖双方各自承担的责任、风险、手续与费用的商务用语。例如"FOB(free on board)"代表"装运港船上交货"。

贸易术语的作用不仅体现在简化交易磋商的内容、节省交易时间和费用、便利贸易发展,而且贸易术语是买卖双方交易磋商的基础,履行合同义务及享受合同权利的依据,解决合同争议与纠纷的重要准则。

二、有关贸易术语的国际贸易惯例

贸易术语的出现的确给国际贸易带来了很大的便利,但在国际贸易业务实践中,因各国法律制度、习惯做法不同,国际上对各种贸易术语的理解与运作存在差异,容易引起贸易纠纷。为了避免各国在贸易术语解释上出现分歧和引起争议,有些国际组织和商业团体就贸易术语做出统一解释与规定。这些解释规定虽然没有强制约束力,但得到了广泛认可。其中,影响较大的主要有三个。

(一)《1932年华沙-牛津规则》

《1932年华沙-牛津规则》是国际法协会专门为解释CIF合同而制定的,这一规则对于CIF合同的性质、买卖双方所承担的风险、责任和费用的划分以及所有权转移的方式等问题都做了比较详细的解释。1926年,国际法协会在维也纳开会时,认为贸易术语使用过于紊乱,决定对使用最广泛的CIF加以整理。经过两年的努力,参照英国贸易习惯及判例,就CIF条件下买卖双方的权利和义务制定了22条规则,并于波兰首都华沙会议中通过,称为《1928年华沙规则》(Warsaw Rules, 1928)。后在国际商会的协助下,1930年的纽约会议、1931年的巴黎会议和1932年的牛津会议对该规则的修改,最后修订为21条,并定名为《1932华沙-牛津CIF合同规则》(Warsaw-Oxford Rules for CIF Contract 1932),简称《1932年华沙-牛津规则》(Warsaw-Oxford Rules, W. O. 1932)。

《1932年华沙-牛津规则》就CIF合同的性质和特点、CIF交易中买卖双方的责任划分以及货物所有权转移的实践作了解释,其详细程度超过其他惯例中对CIF的规定。但自1932年以来至今没有修订,难以适应国际贸易的发展,故在实际业务中使用得不多。

(二)《1990年美国对外贸易定义修正本》

1919年,美国国内商业团体以其习惯使用的FOB价格条件为基础,制定了《美国出口报价及其缩写条例》(The U.S Export Quotation and Abbreviations)。1941年在美国第27届全国对外贸易会议上对该条例进行了修订,并改称《1941年美国对外贸易定义修订本》(Revised American Foreign Trade Definitions 1941),该修订本在同年为美国商会、美国进口商协会和全国对外贸易协会所采用。1990年针对贸易环境变化,该惯例再次进行修订,通过了《1990年美国对外贸易定义修订本》(Revised American Foreign Trade Definitions 1990)。

《1990年美国对外贸易定义修订本》对Ex Point Origin、FAS、FOB、C&F、CIF和Ex Dock 6种贸易术语进行了解释。其中FOB又细分为6种情况,只有第5种情况FOB Vessel与《国际贸易术语解释通则》中的解释相近。该惯例在美国、加拿大以及其他一些拉美国家有较大影响。

（三）《国际贸易术语解释通则 2010》

《国际贸易术语解释通则》(International Rules for the Interpretation of Trade Terms，缩写为 Incoterms®)是国际商会为统一各种贸易术语的不同解释于 1936 年制定，先后于 1953 年、1967 年、1976 年、1980 年、1990 年、1999 年及 2009 年对该通则进行修订和补充。随着国际商务中电子信息使用的增加、对货物运输安全问题的进一步关注以及运输方式的变化，国际商会再次对《国际贸易术语解释通则》进行修订，并于 2010 年 7 月公布《国际贸易术语解释通则 2010》(简称《Incoterms® 2010》)，2011 年 1 月 1 日起生效。

尽管《Incoterms® 2010》已经正式生效，但这并不意味着《Incoterms®》之前版本失效。从理论上说，买卖双方在实际业务中经过协商一致，完全可以适用《Incoterms® 2000》或更早的版本。如果买卖双方在合同中适用《Incoterms® 2010》，则应在合同中做出明确表示，如"This contract is governed by Incoterms® 2010"。

《Incoterms® 2010》将 11 种贸易术语分成两类。第一类是适合于任何运输方式的贸易术语，包括 EXW、FCA、CPT、CIP、DAT、DAP、DDP，另一类是仅适用于海运和内河运输的贸易术语，包括 FAS、FOB、CFR、CIF。

第二节 六种常用的贸易术语解释

从国际贸易实践出发，在《Incoterms® 2010》中使用较多的还是仅适合于海洋和内河运输的 FOB、CFR、CIF 和适合于任何运输方式的 FCA、CPT 和 CIP。本节主要介绍这 6 种常用的贸易术语中买卖双方当事人的责任、费用与风险的划分。

一、FOB

FOB 的全称是 Free On Board(named port of shipment)，即船上交货(指定装运港)，是指卖方在指定的装运港将货物交到买方指定的船只上，或者通过取得已交付至船上货物的方式交货。货物灭失或损坏的风险交到船上时转移。该术语只适用于海洋和内河运输。

（一）卖方义务和买方义务

1. 卖方义务

在合同规定的时间或期限内，在指定装运港将货物交到买方指定的船上或者通过取得已交付至船上货物的方式交货，并及时通知买方；承担货物装到装运港船上为止的一切费用和风险；自负费用取得出口许可证或其他官方授权，办理货物出口所需的一切海关手续；提交商业发票和交货凭证以及合同要求的其他单证。

2. 买方义务

自负费用订立从指定装运港装运的运输合同，并给予卖方关于船名、装船地点和预计到达装货港口时间的充分通知；负担货物在指定装运港装上船之后的一切费用和风险；自负费用取得进口许可证或其他官方批准的证件,办理货物进口以及经由他国过境的一切海关手续;接受与合同相符的单据,受领货物,并按合同规定支付货款。

(二) 使用 FOB 的注意事项

1. 风险划分问题

《Incoterms®》将 FOB、CFR、CIF 风险划分界限由《Incoterms® 2000》的"船舷"改为《Incoterms® 2010》的"船上"。"船舷为界"表明货物在装上船之前的风险,均由卖方承担。由于在实际装船作业中,货物从吊起、移动、越过船舷到装到船上是一个连续的过程,难以从中间分割开来,因此这种修改更符合业务实际操作。在 FOB 业务中,卖方往往根据合同规定或者按双方确立的习惯做法,负责把货物装到指定装运港的船上,并提供清洁的已装船提单。当使用集装箱运输货物时,卖方通常将货物在集装箱码头移交承运人,而不是交到船上,这时不宜采用 FOB 术语,而应采用 FCA 术语。

2. 装船衔接问题

FOB 条件下卖方要负责在指定装运港将货物装上船,而由买方负责租船订舱,所以存在船货衔接问题。为了减少买方船到而卖方备货未备妥或卖方备妥货物而不见买方载货船舶的情况,买卖双方必须相互给予充分的通知。卖方应及时将备货进度、预计完成备货的时间告知买方,买方租订船舱后也应及时将船名、航次、预计到达装运港的时间通知卖方。有时双方按 FOB 价格成交,但买方又委托卖方办理租船订舱,卖方也可酌情接受,但这属于代办性质,其风险和费用仍由买方负责。

3. 装船费用的负担问题

为了说明装船费用的负担问题,买卖双方往往在 FOB 术语后加列附加条件,这就形成了 FOB 变形。它们主要有:

(1) FOB Liner Term(班轮条件)。它指装船费用按照班轮的做法来办,即卖方不负担装船的有关费用。

(2) FOB Under Tackle(吊钩下交货)。它指卖方将货物交到买方指定船只的吊钩所及之处,即吊装入舱以及其他各项费用概由买方负担。

(3) FOB Stowed(理舱费在内)。它指卖方负责将货物装入船舱,并承担包括理舱费在内的装船费用。

(4) FOB Trimmed(平舱费在内)。它指卖方负责将货物装入船舱,并承担包括平舱费在内的装船费用。

(5) FOB Trimmed and Stowed(平舱费、理舱费在内)。它指卖方负责将货物装入船舱,并承担包括平舱费及理舱费在内的装船费用。该变形主要用于大宗的散装货物。

值得注意的是,FOB 的上述变形只是为了表明装船费用由谁来负担而产生的,并不改变 FOB 的交货地点以及风险划分的界限。

4. 与《1990 美国对外贸易定义修正本》中 FOB 的区别

《1990 美国对外贸易定义修正本》中 FOB 细分为 6 种情况,只有第五种情况 FOB Vessel 与《国际贸易术语解释通则》中的解释相近。但与《Incoterms® 2010》中 FOB 仍然存在差异。根据《1990 美国对外贸易定义修正本》中对 FOB Vessel 的解释,卖方只是"在买方请求并由其负担风险费用的情况下,协助买方取得原产地及装运地国家签发的,为货物出口或在目的地进口所需的各种证件"。而在《Incoterms® 2010》中,FOB 术语下卖方"自付费用和风险取得所有的出口许可证或者其他官方授权,办理货物出口所需的一切海关手续"。为了避免纠纷,在使用 FOB 时,应该在 FOB 后面表明受哪个惯例约束。如"USD 1000.00 per metric ton FOB Guangzhou Incoterms® 2010",这样双方就不会在 FOB 解释上产生误解。

二、CFR

CFR 的全称是 Cost and Freight(named port of destination),即成本加运费(指定目的港),是指卖方在船上交货或已取得已经这样交付的货物方式交货,货物灭失或损坏的风险从货物转移至船舶之上起转移,卖方必须签订运输合同,并支付必要的成本和运费,将货物运至指定的目的港。该术语仅适用于海洋和内河运输。

(一)卖方义务和买方义务

1. 卖方义务

签订运输合同,支付将货物运至指定目的港所需的运费;在合同规定的时间或期限内,在指定装运港将货物装上船或者通过取得已交付至船上货物的方式交货,并及时通知买方;承担货物装到装运港船上为止的一切费用和风险;自负费用取得出口许可证或其他官方授权,办理货物出口所需的一切海关手续;提交商业发票和交货凭证以及合同要求的其他单证。

2. 买方义务

承担货物在指定装运港装上船之后的一切费用和风险;自负费用取得进口许可证或其他官方批准的证件,办理货物进口以及经由他国过境的一切海关手续;接受与合同相符的单据,受领货物,并按合同规定支付货款。

(二)使用 CFR 的注意事项

1. 关于装运港、目的港的名称问题

按 CFR 术语成交,虽然卖方负责签订运输合同,并支付货物运至指定目的港的运费,但卖方并非在目的港完成交货,而是在装运港完成交货,风险也随之转移,即货物中途灭失或损坏的风险以及货物装船后中途发生的事件产生的任何额外费用由买方承担。买卖双方应在合同中尽可能准确地约定装运港,明确交货地点。同时也应该精准地约定目的港,以便卖方准确核算应该支付的运费。

2. 关于卸货费用的问题

为了说明装船费用的负担问题,买卖双方往往在 CFR 术语后加列附加条件,这就形成了 CFR 变形。它们主要有:

(1) CFR 班轮条件(CFR Liner terms),指卸货费用按班轮条件处理,由卖方负担。

(2) CFR 舱底交货(CFR Ex ship's hold),指买方负担将货物从舱底吊卸到码头的费用。

(3) CFR 吊钩交货(CFR Ex tackle),指卖方负担将货物从舱底吊至卸离吊钩为止的费用。

(4) CFR 卸到岸上(CFR Landed),指卖方负担将货物卸到目的港岸上的费用。

值得注意的是,CFR 的上述变形只是为了表明卸货费用由谁来负担而产生的,并不改变 CFR 的交货地点以及风险划分的界限。

3. 关于装船通知问题

虽然就卖方而言,在使用 FOB、CFR 和 CIF 时,都应向买方发送装船通知。但就买方而言,CFR 下的装船通知具有格外重要的意义。因为此时买方只能依靠装船通知提供投保所需的业务细节,而不像使用 FOB 时,可以通过承运人了解投保所需的相关信息。因此在 CFR 术语下,卖方必须给予买方关于货物已经按合同规定交至船上的充分通知,即该装船通知在时间上是毫不延迟的,在内容上是详尽的,完全满足卖方为在目的港收取货物而采取必要措施的需要,包括及时投保、做好提货准备,及时转售货物等。《Incoterms® 2010》就卖方未能给予买方充分通知的后果并未做出规定,但根据一般国际贸易惯例及法律,卖方可因遗漏或不及时向买方发出装船通知,致使卖方未能及时办妥货运保险甚至漏保所造成的后果承担违约责任。因此,在实际业务中,买卖双方有必要在合同中明确卖方发送装船通知的时限、方式和装船通知的具体内容。

分析案例 14-1

CFR 贸易术语的装船通知

某进出口公司按 CFR 贸易术语与法国马赛进口商签订一批抽纱台布出口合同,价值 8 万美元。货物于 1 月 8 日上午装"昌盛轮"完毕,当天因经办该项业务的外销员工作繁忙,待到 9 日上班时才想起给买方发装船通知。法商收到我装船通知向当地保险公司申请投保时,该保险公司已获悉"昌盛轮"已于 9 日凌晨在海上遇难而拒绝承担。于是法商立即来电表示该批货物损失应由我进出口公司承担并同时索赔 8 000 美元,且拒不赎单。

请问:外商的索赔要求是否合理?为什么?

分析:外商索赔要求合理。《Incoterms® 2010》规定,按 CFR 条件成交,卖方必须给予买方货物已装船的充分通知。"充分"既指内容上的充分,也指时间上的充分,即卖方应及时发出装船通知,以便买方有充分的时间为风险已转移至买方的货物投保。如卖方未尽到此义务,则应对由此产生的损失负责。此时,货物虽越过船舷,损失仍应由卖方负担。

三、CIF

CIF 的全称是 Cost Insurance and Freight(named port of destination),即成本、保险费加运费(指定目的港),指卖方在船上交货或已取得已经这样交付的货物方式交货,货物灭失或损坏的风险从货物转移至船舶之上起转移,卖方必须签订运输合同,并支付必要的成本和运费,将货物运至指定的目的港,同时,卖方还要为买方在运输途中货物的灭失或损坏风险办理保险。该术语仅适用于海洋和内河运输。

(一)卖方义务和买方义务

1. 卖方义务

签订运输合同,支付将货物运至指定目的港所需的运费;签订货物运输保险合同,支付保险费;在合同规定的时间或期限内,在指定装运港将货物装上船或者通过取得已交付至船上货物的方式交货,并及时通知买方;承担货物装到装运港船上为止的一切费用和风险;自负费用取得出口许可证或其他官方授权,办理货物出口所需的一切海关手续;提交商业发票、保险单和交货凭证以及合同要求的其他单证。

2. 买方义务

承担货物在指定装运港装上船之后的一切费用和风险;自负费用取得进口许可证或其他官方批准的证件,办理货物进口以及经由他国过境的一切海关手续;接受与合同相符的单据,受领货物,并按合同规定支付货款。

(二)使用CIF的注意事项

1. 象征性交货问题

所谓象征性交货是针对实际交货而言,指卖方只要按期在约定地点完成装运,并向买方提交合同规定的包括物权凭证在内的有关单证,就算完成了交货义务,而无须保证到货。可见,在象征性交货方式下,卖方是凭单交货,买方是凭单付款。只要卖方在装运港将货物装到船上并如期向买方提交了信用证规定的全套合格单据(名称、内容和份数相符的单据),即使货物在运输途中损坏或灭失,买方也必须履行付款义务。反之,如果卖方提交的单据不符合要求,即使货物完好无损地运达目的地,仍有权拒绝付款。但是,如果卖方提交的货物不符合要求,买方即使已经付款,仍然可以根据合同的规定向卖方提出索赔。

2. 保险性质的问题

CIF下虽然由卖方负责投保并付保险费,但自货物在装运港船上起风险就由卖方转移到买方,卖方对运输途中的货物已不再拥有可保权益,因而这项保险的性质属于代办性质,是卖方代买方就货物装船后可能遭受灭失或损坏的风险取得保障,是为买方利益而投保。鉴于不同险别保险人承保的责任范围大小不同、收取的保险费多少也不同,买卖双方在合同的保险条款中应明确规定保险险别、保险金额、适用的保险条款等内容,以便于卖方按照合同的规定办理保险。但如果合同中未能就上述问题做出明确规定,就需要根据有关国际惯例来处理。根据《Incoterms® 2010》,买卖双方如无特别约定,卖方按CIF货值的110%以合同货币种投保最低险别即可。在买方提出请求并由其承担费用的前提下,可加保附加险或者选择比基本险种更高的险种。

3. 卸货费用的负担问题

为了说明装船费用的负担问题,买卖双方往往在CIF术语后加列附加条件,这就形成了CIF变形。它们主要有:

(1) CIF班轮条件(CIF Liner terms),指卸货费用按班轮条件处理,由卖方负担。

(2) CIF舱底交货(CIF Ex ship's hold),指买方负担将货物从舱底吊卸到码头的费用。

(3) CIF 吊钩交货(CIF Ex tackle)，指卖方负担将货物从舱底吊至船边卸离吊钩为止的费用。

(4) CIF 卸到岸上(CIF Landed)，指卖方负担将货物卸到目的港岸上的费用。

值得注意的是，CIF 的上述变形只是为了表明卸货费用由谁来负担而产生的，并不改变 CIF 的交货地点以及风险划分的界限。

四、FCA

FCA 的全称是 Free Carrier(named place of delivery)，即货交承运人(指定交货地点)，指卖方在卖方所在地或其他指定地点将货物交给买方指定的承运人或买方指定人，风险在交货地点转移至买方。该术语可以适用于任何运输方式。

(一) 卖方义务和买方义务

1. 卖方义务

按合同规定，将符合合同规定的货物交给卖方指定的承运人或其他人处置，并及时通知买方；承担货交承运人之前的一切风险和费用；自负费用取得出口许可证或其他官方授权，办理货物出口所需的一切海关手续；提交商业发票、保险单和交货凭证以及合同要求的其他单证。

2. 买方义务

自负费用订立自指定交货地点起运货物的运输合同，并就承运人等相关信息给予卖方充分通知；承担或交承运人之后的一切费用和风险；自负费用取得进口许可证或其他官方批准的证件，办理货物进口以及经由他国过境的一切海关手续；接受与合同相符的单据，受领货物，并按合同规定支付货款。

(二) 使用 FCA 的注意事项

1. 交货地点的问题

由于采用的运输方式不同，FCA 卖方的交货地点可能是国内的内陆(如车站、机场)或港口(如内河港口、集装箱堆场)，在 FCA 术语后面要尽可能清楚地写明指定交货地点及该地点内可能的交付点。另外，FCA 中交货地点的不同直接影响到货交承运人的方式。如果双方约定在卖方所在地交货，卖方需负责将货物装上买方指定承运人所提供的运输工具；如果双方约定在其他地点交货，卖方只需自备送货工具将货物运至该指定地点并交由买方指定的承运人处置，但不需要负责从卖方的送货工具上卸下货物。

2. 风险提前转移的问题

FCA 下卖方在货交承运人时就完成了风险的转移，相比 FOB 下风险转移时间提前，卖方可以提前完成交货义务，不需要承担货物交承运人到货物装上船这一段风险。当然，FCA 术语下也存在着货物和运输工具的衔接问题。卖方应该将承运人的相关信息通知给买方，并且买方指定的承运人必须在约定时间内接受货物。如果由于买方的原因致使卖方无法按时货交承运人，只要货物已经被特定化，那么风险界限可以前移至合同约定的交货期限届满。

3. FCA 与 FOB 的异同

FCA 与 FOB 的价格构成相同,都不包括运费,卖方交货后都需要及时向买方发出装运通知。其不同点主要在于风险划分界限及适用的运输方式。FOB 以货物在装运港装上船为风险分界点,仅适用于海洋和内河运输;FCA 以货物在指定地点交给承运人为风险分界点,适用于任何运输方式。

分析案例 14-2

FOB 与 FCA 贸易术语风险划分点

我国某内陆公司于 2 月份向日本出口 30 公吨甘草膏,价格为每公吨 1 800 美元 FOB 新港,即期信用证付款,装运期为 2 月 25 之前,货物采用集装箱装运。该出口公司在天津设有办事处,于是在 2 月上旬便将货物运到天津,由天津办事处负责装箱装船,不料货物在天津存仓后的第二天,仓库午夜着火,30 公吨甘草膏全部被焚。

30 公吨甘草膏损失由卖方还是买方承担? 如果你是案例中的卖方,你会考虑选择什么价格术语?

分析:该合同选用 FOB 价格术语,买卖风险转移点是在装运港船上。货物在指定装运港装到船上之前,由卖方承担风险;货物在指定装运港装到船上之后,由买方承担风险。此案例中货物是在天津港存仓期间所发生的货损,应由卖方承担。该公司自担风险将货物运往天津,再集装箱出口,不仅加大了自身风险,而且推迟结汇。假如按照 FCA 成交,出口公司在当地将 30 公吨甘草膏交中转站或自己装箱后将整箱交中转站,风险可以提前转移给买方。

五、CPT

CPT 的全称是 Carriage Paid To(named place of destination),即运费付至(……指定目的港),指卖方将货物在双方指定交货地交给卖方指定的承运人或其他人,风险在交货地点转移至买方,卖方必须订立运输合同并支付运至指定目的地所需的运费。该术语可以适用于任何运输方式。

(一)卖方义务和买方义务

1. 卖方义务

签订运输合同,支付将货物运至指定目的地所需的运费;在合同规定的时间或期限内,将符合合同规定的货物交给承运人处置,并及时通知买方;承担货交承运人之前的一切费用和风险;自负费用取得出口许可证或其他官方授权,办理货物出口所需的一切海关手续;提交商业发票和交货凭证以及合同要求的其他单证。

2. 买方义务

承担货交承运人之后的一切费用和风险;自负费用取得进口许可证或其他官方批准的证件,办理货物进口以及经由他国过境的一切海关手续;接受与合同相符的单据,受领货物,并按合同规定支付货款。

(二) CPT 的注意事项

1. 风险划分界限问题

CPT 下卖方在货交承运人时就完成了风险的转移，相比 CFR 下风险转移时间提前，卖方可以提前完成交货义务，不需要承担货物交承运人到货物装上船这一段风险。在多式联运情况下，卖方将货物交给第一承运人时即完成交货。

2. 明确目的地点问题

由于 CPT 适用于任何运输方式，故指定的目的地点既可以是进口国的港口，也可以是进口国内陆的某一地点，应尽可能在合同中明确规定目的地点，以便于卖方选定承运人和准确核算运费。

3. CPT 与 CFR 的异同

CPT 与 CFR 的价格构成相同，都包括运费，卖方交货后都需要及时向买方发出装运通知。其不同点主要在于风险划分界限及适用的运输方式。CFR 以货物在装运港装上船为风险分界点，仅适用于海洋和内河运输；CPT 以货物在指定地点交给承运人为风险分界点，适用于任何运输方式。

六、CIP

CIP 的全称是 Carriage and Insurance Paid To(named place of destination)，即运费和保险费付至(……指定目的地)，指卖方将货物在双方指定交货地交给卖方指定的承运人或其他人，风险在交货地点转移至买方，卖方必须订立运输合同并支付运至指定目的地所需的运费，同时，卖方还必须为买方在运输途中货物的灭失或损坏风险办理保险。该术语可以适用于任何运输方式。

(一) 卖方义务和买方义务

1. 卖方义务

签订运输合同，支付将货物运至指定目的地所需的运费；签订保险合同，支付保险费；在合同规定的时间或期限内，将符合合同规定的货物交给承运人处置，并及时通知买方；承担货交承运人之前的一切费用和风险；自负费用取得出口许可证或其他官方授权，办理货物出口所需的一切海关手续；提交商业发票、保险单和交货凭证以及合同要求的其他单证。

2. 买方义务

承担货交承运人之后的一切费用和风险；自负费用取得进口许可证或其他官方批准的证件，办理货物进口以及经由他国过境的一切海关手续；接受与合同相符的单据，受领货物，并按合同规定支付货款。

(二) CIP 的注意事项

1. 风险划分界限问题

就保险的性质、保险金额、币种的确定方法等问题而言，CIP 与 CIF 基本相同，是卖方代买方投保。合同中应明确约定保险险别、保险金额、适用的保险条款等内容，以便于卖方按照合同的规定办理保险。如果合同中未能就上述问题做出明确规定，卖方按 CIP 货值的 110% 以合同货币币种投保最低险别即可。因为 CIF 适用于任何运输方式，故在投保时可能涉及陆运、空运、邮运等多种险别，可见 CIP 所涉及的具体险别的范围远远大于 CIF。

2. 明确目的地点问题

由于 CIP 适用于任何运输方式，故指定的目的地点既可以是进口国的港口，也可以是进口国内陆的某一地点，应尽可能在合同中明确规定目的地点，以便于卖方选定承运人和准确核算运费。

3. CIP 与 CIF 的异同

CIP 与 CIF 的价格构成相同，都包括运费，卖方交货后都需要及时向买方发出装运通知。其不同点主要在于风险划分界限及适用的运输方式。CIF 以货物在装运港装上船为风险分界点，仅适用于海洋和内河运输；CIP 以货物在指定地点交给承运人为风险分界点，适用于任何运输方式。

第三节　买卖合同中的作价方法

一、固定价格

固定价格是指明确规定的具体价格。按照各国法律规定，合同价格一旦固定，就必须严格执行，任何一方都不得擅自更改。在我国进出口合同中，绝大部分都是在双方协商一致的基础上，明确规定具体价格，这也是国际贸易上的通常做法，具有明确、具体、肯定和便于核算的特点。不过由于商品市场行情的多变性，商品价格涨落不定。因此，在国际货物买卖合同中规定固定价格，就意味着买卖双方要承担从订约以至转售时价格变动的风险，甚至可能影响合同的顺利履行。为了减少价格风险，在采用固定价格时，首先要慎重选择交易对象，签订合同前必须对客户的资信进行充分的了解与调查。其次应综合分析影响商品供需的各种因素，准确对价格的变动趋势做出判断，并以此作为决定合同价格的依据。同时对于大宗交易建议订立外汇保值条款。

二、非固定价格

(一)非固定价格的种类

1. 待定价格

待定价格是指商品价格待定,买卖双方只在合同中约定未来确定价格的依据和方法。通常是在价格条款中明确规定定价时间和定价方法。例如在合同中明确规定"在装船月份前30天,按照当地商品交易所该商品的收盘价,协商议定正式价格"。待定价格的使用,主要是由于某些货物的国际市场价格变动频繁,或者交货期较远,买卖双方对市场趋势难以预测,但又有订约的意向,于是双方约定价格待定。

2. 暂定价格

暂定价格是指在合同中先确定一个价格,以后在某个时间再由双方按照当时的国际市场价格商定最后价格。在我国出口业务中,有时在于信用可靠、业务关系密切的客户洽商大宗货物的远期交易时,也会采用暂定价格的做法。例如合同中约定"单价暂定为每公吨200美元CIF纽约,以纽约商品交易所3个月期货,按装船月份平均价加5美元计算,买方按本合同规定的暂定价格开立信用证"。

3. 滑动价格

滑动价格通常是在成套设备、大型机械等交易中,从合同订立到履行交货所需要的时间较长,为了避免原材料和工资的变动带来的风险,先在合同中确定一个基础价格,在交货时或交货前一定时间,按原材料和工资变动的指数来响应调整。

在价格调整条款中,通常使用下列公式来调整价格:

$$P = P_0 \times (a + b \times \frac{M_1}{M_0} + c \times \frac{W_1}{W_0})$$

式中,P代表商品交货时的最后价格,P_0代表签订合同时约定的初步价格,M_0代表原材料的基础价格,M_1代表交货时的原材料价格,W_0代表基础工资级别,W_1代表交货时的工资,a代表管理费在价格中所占的比重,b代表原材料在价格中所占的比重,c代表工资在价格中所占的比重。

上述"价格调整条款"的基本内容是按原料价格和工资的变动来计算合同的最后价格。在通货膨胀的条件下,它实质上是出口厂商转嫁国内通货膨胀、确保利润的一种手段。这种做法已被联合国欧洲经济委员会纳入它所制订的一些"标准合同"之中,而且其应用范围已从原来的机械设备交易扩展到一些初级产品交易,因而具有一定的普遍性。由于这类条款是工资和原料价格的变动作为调整价格的依据,因此,在使用这类条款时,就必须注意工资指数和原料价格指数的选择,并在合同中予以明确。

(二)非固定价格需要注意的问题

1. 酌情确定作价标准

为减少非固定价格条款给合同带来的不稳定因素,消除双方在作价方面的矛盾,明确订立作价标准就是一个重要的、必不可少的前提,作价标准可根据不同商品酌情做出规定。例如,以某商品交易公布的价格为准,或以某国际市场价格为准等。

2. 明确规定作价时间

关于作价时间的确定,可以采用下列几种做法:

(1) 装船前作价,一般是规定在合同签订后若干天或装船前若干天作价。

(2) 装船时作价,一般是指按提单日期的行市或装船月的平均价作价。

(3) 装船后作价,一般是指在装船后若干天,甚至在船到目的地后始行作价。

(三) 非固定价格对合同成立的影响

在采用非固定价格的场合,由于双方当事人并未就价格取得一致,因此,就存在着按这种方式签订的合同是否有效的问题。目前,大多数国家的法律都认为,合同只要规定作价办法,即是有效的,有的国家法律甚至认为合同价格可留待以后由双方确立的惯常交易方式决定。《联合国国际货物销售合同公约》允许合同只规定"如何确定价格",但对"如何确定价格"却没有具体规定或作进一步的解释,为了避免争议和保证合同的顺利履行,在采用非固定价格时,应尽可能将作价办法做出明确具体的规定。

第四节 佣金、折扣及价格换算

一、佣金

(一) 佣金的含义

在国际贸易中,有些交易是通过中间代理商进行的。佣金(commission)是中间商因介绍买卖而取得的报酬。根据佣金是否在合同价格条款中显示,可分为"明佣"和"暗佣"。如果在价格条款中,明确表示佣金多少,称为"明佣"。"暗佣"是指佣金率已经约定,但是不在销售合同价格条款中显示出来。如果中间商或经纪人分别从买卖双方都获得佣金,则称为"双头佣"。

(二) 佣金的表示方法

凡价格中包含佣金的称为含佣价。含佣价的表示方法可以使用文字说明。例如,每公吨 250 美元 CIF 伦敦含佣金 3%(USD 250 per metric ton CIF London including 3% commission);也可以在贸易术语之后加佣金的缩写英文字母和所给佣金的百分率表示。例如,每公吨 200 美元 CIF C2%伦敦(USD 200 per metric ton CIF C2% London)。商品价格中所包括的佣金,除用百分比表示外,也可以用绝对数来表示,例如"每公吨付佣金 40 美元"。

在出口报价中,不包括佣金的价格称为净价。

(三) 佣金的计算方法

当出口企业以净价报价,而现在需要改报含佣价时,为了保持净价不变,应该使用下面两个基本的公式：

$$佣金 = 含佣价 \times 佣金率$$

$$含佣价 = 净价 + 佣金$$

由此可以推导出净价与含佣价之间的换算关系：

$$净价 = 含佣价 \times (1 - 佣金率)$$

$$含佣价 = \frac{净价}{1 - 佣金率}$$

在我国进出口业务中，一般是以发票金额（即含佣价）为基数计算佣金的，即发票金额乘以佣金率。例如，每公吨 200 美元 CIF C2％伦敦，发票金额为每公吨 200 美元，佣金即为每公吨 4 美元。

有时，进出口商在价格谈判中，买方可能会要求报含佣价。

例如，出口商报价"USD 100 Per kg CIF Liverpool"，现在买方要求改报 5％佣金价格。CIF C5％=100/(1－5％)=105.26 美元，其中支付给中间商的佣金为 105.26×5％=5.26 美元，因此出口商应报价为：USD 105.26 Per kg CIF C5％ Liverpool，或者"USD 100 Per kg CIF Liverpool，commission USD 5.26 Per kg"

在国际贸易中，也有按 FOB 净价为基数计算佣金的。如 CIF 买卖合同，双方洽定以 FOB 净价为基数计算佣金，就必须将 CIF 价换算成 FOB 价再行计算应付的佣金数。

例如，CIF 价格为每公吨 1 000 美元，运费为 100 美元，保险费为 10 美元，佣金率为 2.5％，则佣金为(1000－100－10)×2.5％=22.25 美元，CIF 净价=1000－22.25=977.75 美元。

（四）佣金的支付方法

佣金的支付一般有两种方法：一种是中间代理商直接开立信用证或者直接付款，则可以由中间代理商直接从货价中扣除佣金，将净价支付给出口方；另一种是在出口方收清货款之后，再按事先约定的期限和佣金率，另行付给中间代理商。第二种方法一般适合于最终买家直接支付货款给出口企业，出口企业收到包括佣金在内的货款后再支付给中间代理商。按照一般惯例，在独家代理情况下，如果委托人同约定地区的其他客户达成交易，即使未经独家代理过手，也得按约定佣金率付给独家代理佣金。

二、折扣

折扣(discount)是卖方在原价格的基础上给予买方的一定比例的价格减让。使用折扣方式减让价格，而不直接降低报价，使卖方既保持了商品的价位，又明确表明了给予买方的某种优惠，是一种促销手段、如数量折扣、清仓折扣、新产品的促销折扣等。凡在价格条款中明确规定折扣率或者折扣额的，叫做"明扣"；凡交易双方就折扣问题已经达成协议，而不在买卖合同价格条款中明确规定折扣率或者折扣额的，叫做"暗扣"。

折扣通常在合同价款中用文字明确表示出来。比如"每件 20 美元 CIF 纽约减 5％折扣"(USD 200 Per MT CIF London Less 5％ discount)。此外，折扣也可以用绝对数表示出来，例如"每公吨折扣 6 美元"(discount USD 6 Per MT)。在实际业务中，"CIFD""CIFR"也可以表示 CIF 中包括折扣。这里的"D""R"是"Discount"和"Rebate"的缩写。

折扣与佣金不同在于,折扣一般是在买方支付货款时预先予以扣除,卖方在开具发票时,应标明折扣,并在总价中将折扣减去。例如"每件 20 美元 CIF 纽约减 5％折扣"中,折扣额为 20×5％＝1 美元,买方实际支付 20－1＝19 美元,卖方按每件 19 美元开立发票。

三、主要贸易术语的价格换算

(一) FOB、CFR、CIF 价格之间的换算

CFR＝FOB＋运费

CIF＝CFR＋保险费＝FOB＋运费＋保险费

$$CIF = \frac{CFR}{1-(1+保险加成率)\times 保险费率} = \frac{FOB+运费+保险费}{1-(1+保险加成率)\times 保险费率}$$

例如,一批出口货物原报价为 USD 5 000.00 per MT CFR Hamburg,现国外客户要求改报 CIF 价格,要求按 10％投保加成率投保一切险,已知一切险的保险费率是 1.2％,则出口商应向客户 CIF 报价为:

$$CIF = \frac{CFR}{1-(1+保险加成率)\times 保险费率} = \frac{5000.00}{1-(1+10\%)\times 1.2\%} = 5\,066.88(美元)$$

(二) FCA、CPT、CIP 价格之间的换算

CPT＝FCA＋运费

CIP＝CPT＋保险费＝FCA＋运费＋保险费

$$CIP = \frac{CPT}{1-(1+保险加成率)\times 保险费率} = \frac{FCA+运费+保险费}{1-(1+保险加成率)\times 保险费率}$$

第五节　合同中的价格条款

一、价格条款的基本内容

(一) 单价

国际货物买卖合同中的单价比国内贸易的单价要复杂,它由计量单位、单位价格金额、计价货币和贸易术语 4 项内容组成。例如"USD 200 Per MT CIF London"。单价各个组成部分必须表达明确、具体,不能有误。

1. 计量单位

一般说来,计量单位应与数量条款所用的计量单位一致,并要注意使用同一度量衡制度。如计量单位为公吨,则数量和单价中均应该用公吨。

2. 单位价格金额

应按双方协商一致的价格,正确填写在书面合同中,不得有误。

3. 计价货币

不同国家(或地区)使用不同的货币,在表示计价货币时,必须明确是哪一个国家的货币。同时,单价和总金额所用的货币也必须一致。

4. 贸易术语

贸易术语一方面标明商品价格构成,另一方面也标明合同的性质。由于国际上的港口和城市同名的情况不少,所以还必须加注国别或地区名称,以防误解。

(二) 总值或总金额

总值是单价和数量的乘积。在总值项下一般也同时列明贸易术语。如果一份合同中有两种以上的不同单价,就会有两个以上金额,几个金额相加再形成总值或总金额。总值所使用的货币必须与单价所使用的货币一致。总值除用阿拉伯数字填写外,一般还用文字表示。

例如,中国大米,175美元每公吨 CIF 洛杉矶,总额 17 500 美元。(Chinese Rice, USD 175 MT CIF Los Angles, Total Amount USD 17500.)

二、约定价格条款的注意事项

第一,应在充分调查研究的基础上,根据成交商品的种类、数量、交货期限和市场行情变化等因素,灵活运用各种不同的作价方法,防止盲目定价。

第二,鉴于贸易术语是商品单价中的组成部分,且同交易双方责任、风险、费用划分有直接联系,因此,应根据运输市场情况、运价水平,酌情选择贸易术语。

第三,争取选择有利的计价货币,以免遭受币值变动带来的风险与损失,必要时可加订保值条款。

第四,根据国际贸易的习惯做法,注意佣金与折扣的合理应用,以便有效地利用中间代理商的购销渠道并扩大交易。

第五,若在买卖合同中对交货品质、数量条款规定了机动幅度,则应一并表明其机动部分的作价,以利于合同履行。

第六,合同中的价格条款是一项核心条款,它与其他相关条款尤其是运输、保险条款有着内在联系,故价格条款的内容与其他条款应当彼此衔接,不得相互矛盾。

第六节 出口商品的成本核算

为了确定合理的成交价格,外贸企业要及时分析出口商品价格的变动情况,严格按照外贸企业实际出口外汇额和出口成本进行核算,完善内部价格管理制度,提高出口效益。在出口成本核算中,要掌握一些相关指标,主要包括出口总成本、出口外汇净收入、出口盈亏额、出口盈亏率、出口换汇成本和出口创汇率等。

一、出口总成本

出口总成本是指外贸企业为出口商品支付的国内总成本,包括进货成本、国内费用。如需要缴纳出口税的商品,则出口总成本中还应该包括出口税。

进货成本通常包括增值税,很多国家为了降低出口商品成本,增强其商品在国际市场的竞争能力,往往对出口商品采取增值税全部或部分退还的做法。在实施出口退税制度的情况下,就应该将含税的采购成本的税收部分根据出口退税比率予以扣除。

国内费用一般包括银行利息、工资支出、邮电通信费用、交通费用、仓储费用、码头费用以及其他管理费用,为了计算简便一般以定额费用率形式核算。

出口商品总成本＝出口商品进货成本＋定额费用－出口退税收入＋出口税

出口退税收入＝出口商品进货成本÷(1＋增值税率)×退税率

例如:某成品每件进货成本为30元人民币,一共1 000件,其中包括13％的增值税。如果该产品的定额费用率为15％,出口退税率为9％,则该批产品的出口总成本为多少？

出口商品总成本＝[30＋30×15％－30÷(1＋13％)×9％]×1000＝32 111(元)

二、出口外汇净收入

出口外汇净收入是指出口外汇总收入扣减非贸易外汇收入后的FOB外汇收入,即出口商品按FOB价格出售所获得外汇净收入。如果合同中不是按FOB价格计价,要先转换成FOB价格。在按CFR成交时,要扣除支付给承运人的国外运费;按CIF成交时,要扣除支付给承运人的国外运费和支付给保险人的保险费;含佣价格要扣除支付给中间商的佣金费。

三、出口盈亏率

出口盈亏额表示出口一笔商品的盈余额或者亏损额。用公式表示为:

出口盈亏额＝出口外汇净收入×结汇当天外汇买入牌价－出口人民币总成本

计算结果是正数,为盈余额;结果是负数,为亏损额。

出口盈亏率是出口盈亏额与出口总成本的比值,用百分比表示,计算公式为:

$$出口盈亏率＝\frac{出口销售人民币净收入－出口总成本}{出口总成本}×100\%$$

四、出口换汇成本

出口换汇成本指商品出口净收入一个单位的外汇所需要的本国货币成本,计算公式为:

$$出口换汇成本＝\frac{出口总成本}{出口销售外汇净收入}$$

出口换汇成本与外汇买入牌价比较能直接反映出商品出口是否盈利。如果计算出的出口换汇成本低于外汇买入牌价,则出口盈余;如果计算出的出口换汇成本高于外汇买入牌价,则出口亏损。

例如，某商品出口总成本为 50 000 元人民币，出口外汇净收入为 9 000 美元，结汇当天中国银行外汇买入牌价为 100 美元：635 人民币元，则本笔交易的盈亏情况是：

出口盈亏额＝9 000×6.35－50 000＝7 150（人民币元）

出口盈亏率＝7 150÷50 000×100％＝14.3％

出口换汇成本＝50 000÷9 000＝5.56（人民币元/美元）

◆ **内容提要**

贸易术语是在长期的国际贸易实践中形成的用以表明货物的价格构成和买卖双方各自承担的责任、风险、手续与费用的商务用语。应用较为广泛的是国际商会制定的《Incoterms®》，其最新修订的《Incoterms® 2010》对 11 种贸易术语的含义及买卖双方责任进行规定；其中，FOB、CFR、CIF、FCA、CPT 和 CIF 是最常用的 6 种贸易术语。不同贸易术语价格构成也不同，同时合理使用佣金、折扣有利于提高交易可能性。在国际贸易货物买卖合同中，根据不同交易环境，选择采用固定作价或非固定作价两种方法。价格条款中要明确计量单位、单位价格金额、计价货币和贸易术语。出口成本核算指标通常包括出口总成本、出口外汇净收入、出口盈亏率、出口盈亏额和出口换汇成本。

◆ **关键词**

贸易术语　《Incoterms® 2010》　象征性交货　价格条款　佣金　出口换汇成本

◆ **复习思考题**

1. 贸易术语具有什么作用？列举与贸易术语相关的国际贸易惯例。
2. 如何理解"象征性交货"的含义？FOB、CFR 和 CIF 是属于象征性交货吗？
3. CFR 下卖方装船通知的责任具有什么特别意义？
4. 什么是"价格调整条款"？通常适用于哪些产品交易？
5. 佣金和折扣在支付方式上有什么区别？
6. 外贸合同中单价条款包含哪些内容？试举例说明。

思考案例

FOB 贸易术语的费用划分

我国某公司从美国进口特种异型钢材 200 公吨，每公吨按 900 美元 FOB Vessel New York 成交，支付方式为即期信用证，装船期为 3 月份。我方于 2 月 20 日通过中国银行开出一张 18 万美元的信用证。2 月 28 日美商来电称："信用证已收到，但金额不足，应增加 1 万美元备用，否则，有关出口税捐及各种签证费用由你方另行电汇。"我方随即回电指出："根据《Incoterms® 2010》，FOB 下卖方应负责有关的出口税捐和签证费用。"美方又回电称："根据我们的商业习惯和《美国对外贸易定义 1941 年修订本》的规定，出口税捐和签证费用应由进口方承担。"恰巧这时国际市场钢材价格上扬，我方又急需这批钢材投产，只好通过开证行将信用证金额增至 19 万美元。

请问，我方为何会造成如此被动的局面？美方的要求合理吗？

第十四章 国际贸易术语和商品价格

应用训练

出口商品成本核算

我国青岛某外贸企业向欧洲出口一批货物,CIF Rotterdam 总价为 10 万美元,用一个 40 英尺的集装箱。查询青岛至鹿特丹港口的 40 英尺包箱费为 3 000 美元,投保一切险(费率为 1%)和战争险(费率为 0.5%),投保加成率为 10%。已知该批货物的国内购入价为 600 000 元(含增值税 13%),外贸企业的定额费用率为 8%,退税率为 9%,银行外汇买入价为 1 美元兑 6.71 人民币。

试计算这笔交易的出口总成本、出口外汇净收入、出口盈亏率及出口换汇成本。

第十五章　商品品名、品质、数量和包装

本章结构图

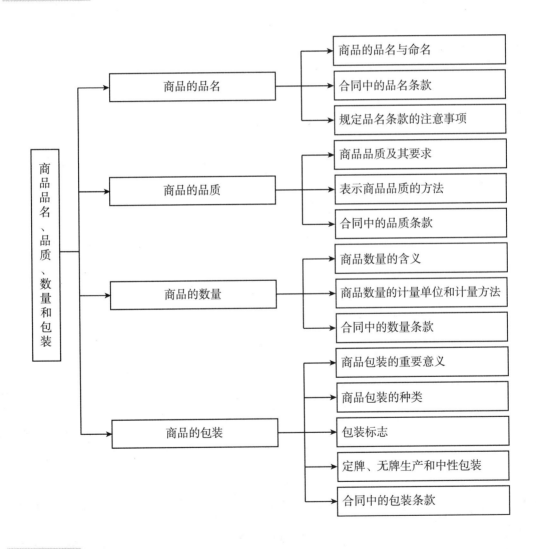

学习目标

了解国际货物名称及命名的方法、熟悉合同中的品名条款及其注意事项;掌握合同中货

第四篇 货物进出口业务
第十五章 商品品名、品质、数量和包装

物品质的表示方法,掌握合同中订立品质条款的注意事项;熟悉合同中货物数量的计量方法,掌握数量机动幅度的规定方法;熟悉货物包装的分类及包装标志的构成,掌握运输标志的设计,掌握合同中包装条款的规定。

导入案例

山东 2 200 吨出口大蒜不合格遭韩国退回

2014 年 11 月,韩国政府通过招标决定进口我国山东省兰陵县生产的大蒜 2 200 吨。中标后,兰陵县的蒜农根据标书要求进行了备货,在国内通过了收货方韩国农水产食品流通公社的质检后,由该公社打上铅封放入集装箱。这批大蒜于 12 月初从中国发往韩国釜山港口,并于 12 月中旬抵达。大蒜到港后,韩国食品医药安全处、韩国农管所对大蒜分别进行了动植物检疫和质量检验。经过检验,农管所称这批大蒜质量检验不合格,"重缺点大蒜超标",要求返送货物。重缺点大蒜是指有病虫害、带伤、形状不良及发霉、腐烂的大蒜,根据韩国政府的标书,重缺点大蒜应占所有大蒜的 5% 以下。此次大蒜贸易的代理公司韩国大农农产独孤女士向媒体解释称,发货前和到港后质检结果不同是因为质检方法不同:韩国农水产食品流通公社在质检前,每袋大蒜可先剔除出少于 3% 的整头坏蒜,再进行检验;而韩国农管所则直接在每袋中抽取四分之一的大蒜进行检验,因此检测出的重缺点大蒜比例会更高。

第一节 商品的品名

一、商品的品名与命名

(一)商品品名的含义

商品的名称(name of commodity)即品名,也叫货物名称,是指能使某种货物区别于其他货物的一种称呼或概念。品名在一定程度上体现了商品的自然属性、用途和主要的性能特征。对交易标的物的描述是构成商品说明的主要组成部分,是买卖双方交接货物的一项依据,它关系到买卖双方的权利和义务。好的商品名称能促进消费、激发消费者的购买欲望,有利于买卖合同的签订。

(二)商品的命名方法

商品的命名方法主要有:以商品的主要用途命名,例如电话机、旅游鞋、保温瓶等;以商品的主要成分或原料命名,例如羊毛衫、棉布、人参蜂王浆等;以商品产地名胜古迹、著名人物、传说命名,例如西湖龙井茶、孔府家酒等;以商品自身外观造型命名,例如平底锅、绿豆、喇叭裤等;以商品褒义词命名,例如健力宝、步步高复读机、青春宝、可口可乐等;以制作工艺命名,例如二锅头烧酒、脱脂奶粉等。

二、合同中的品名条款

国际货物买卖合同中的品名条款并无统一的格式,一般都比较简单,通常是在"商品名称"或"品名"的标题下列明交易双方成交商品的名称。

品名条款的规定主要取决于成交商品的品种和特点。就一般商品来说,有时只要列明商品的名称即可。但有些商品,往往具有不同的品种、等级和型号,在此种情况下,有时也把有关具体品种、等级或型号的概括性描述包括进去作进一步限定。

三、规定品名条款的注意事项

国际货物买卖合同中的品名条款,是合同中的主要条件之一。在规定此项条款时,应注意下列事项:商品的名称必须明确具体,避免空泛、笼统的规定;对品名不要作不切实际的描述;尽量使用国际通用名称;在一个合同中,同一种商品不要使用不同的名称;注意选用合适的品名,以利减低关税、方便进出口和节省运费开支。

分析案例 15-1

出口合同商品品名的翻译

中国某食品有限公司出口苹果酒一批。国外来证货品名为 Apple Wine,于是我方为单证一致起见,所有单据上均有"Apple Wine"。不料货到国外后遭到进口国海关的扣留罚款,因该批酒的内、外包装上均写的"Cider"字样。结果外商要求我方赔偿其罚款损失。

请问:我方对此有无责任?

分析:我方应负责赔偿。作为出口公司,理应知道所售货物的英文名称。如来证货品名与实际不符,一则要求对方改正,二则自己更改货物上的英文名称。如只考虑单证相符,而不顾货物的名称,那么就会给对方办理报关时造成麻烦。

第二节 商品的品质

一、商品品质及其要求

(一)商品品质的含义

商品品质(quality of commodity)是指商品的内在质量和外观形态的综合。内在质量指商品的物理性能、机械性能、化学成分、生物的特征、技术指标和要求等内在素质,如纺织品的色牢度、防水性能,机械商品的精密度,肉禽类商品的各种菌类含量等等。外观形态指商品的外部特征,如商品的大小、长短、造型、款式、色泽等。商品的品质不仅是国际货物买卖的主要交易条件,也是买卖双方进行交易磋商的首要条件。

（二）对商品品质的要求

1. 对出口商品品质的要求

（1）针对不同的国外市场和不同的消费者需求来确定商品品质，使之适应不同市场的消费习惯和消费水平。搞好产销结合，使出口商品适销对路。

（2）保证商品质量，提高商品信誉。商品质量必须具备使用性能，符合在产品包装上注明的用途、标准，符合产品的说明，符合实物样品所表明的质量状况。

（3）适应外国政府的法律要求。凡是不符合进口国法令规定和要求的商品，一律不准进口，有的还要就地销毁并承担相关费用。所以我们必须了解有关进口国家的政府法令和管理制度。

（4）建立企业质量和环境管理体系。ISO 9000"质量管理和质量保证"系列标准和ISO 14000"环境管理"系列标准的实施，有助于改善和提高我国企业与产品在国内外消费者、客户中的形象，降低经营及管理成本，提高我国产品的国际竞争能力。

（5）实行出口商品质量许可证制度。对符合产品标准、技术要求的出口商品颁发质量许可证，对生产出口商品的企业进行监督检查，不符合标准的企业严禁其产品出口。

2. 对进口商品品质的要求

（1）进口商品的品质、规格不得低于国内生产生活的实际需要，以免影响国家的生产建设和人民的消费与使用。

（2）不应超越国内的实际需要，避免任何提高对进口商品品质、规格的要求，以免造成不必要的浪费。

二、表示商品品质的方法

交易的货物种类繁多，加上交易习惯各不相同，表示品质的方法多种多样，概括起来，主要分为两大类：以实物表示和以文字说明表示。

（一）凭实物表示商品品质

1. 看货买卖

看货买卖是凭成交商品的实际品质进行交易的一种做法。当买卖双方采用看货成交时，买方或其代理人通常先在卖方所在地验看货物，如认为商品品质符合购买要求，即可达成交易。这种方式只要卖方交付的是验看过的商品，买方就不得对品质提出异议。

由于交易双方远隔两地，验看货物有很多不便，所以采用这种方式成交很有限。这种做法，通常适用于一些具有独特性质的商品，它们既没有相同的样品，也无法用文字说明来表示商品的品质，如特定的古玩、珠宝首饰、书画等。此外，寄售、拍卖和展卖业务中也多采用这种方式。

2. 凭样品买卖

样品（sample）通常是指从一批商品中抽取出来的或由生产、使用部门加工、设计出来的，足以反映和代表整批商品品质的少量实物。以样品表示品质的交易称为凭样品买卖

(sale by sample)。这种方式是由于有些商品本身的特点难以用文字说明规定其品质,或出于市场习惯采用的一种方法。在国际贸易中,按样品提供者的不同,可分为以下两种:

(1) 凭卖方样品买卖(sale by seller's sample)。由卖方提供的样品称为"卖方样品"。凡凭卖方样品作为交货的品质依据者,称为"凭卖方样品买卖"。一般来说,国际货物买卖中的样品,大多数由卖方提供。在凭卖方样品买卖时必须注意以下几点:

① 在将样品即原样或称标准样品送交买方的同时,应保留与送交样品质量完全一致的另一样品,即留样或称复样,以备将来生产、交货或处理质量纠纷时作核对之用。

② 卖方提供的样品要具有代表性。样品的质量既不能偏高也不能偏低,必须留有余地。

例如,品质与卖方于×日提供的样品大致相同。

Quality be similar to sample submitted by the seller.

③ 凭卖方样品成交的商品多属品质难以规格化、标准化的商品,要求交货品质与样品完全一致很难做到。所以在以凭样品表示商品品质时,一般均在合同中规定"交货品质与样品大体相符"的条款。

④ 凭样品交易容易引起纠纷,所以除不能用科学方法表示品质的商品,例如工艺品、少数轻工业品、土特产品、服装等外,一般很少采用这种方法。

(2) 凭买方样品买卖(sale by buyer's sample)。由买方提供的样品称为"买方样品"。凡凭买方样品作为交货的品质依据者,称为"凭买方样品买卖",也称"来样成交"或"来样制作"。凭买方样品买卖应注意以下问题:

① 为避免日后交货时品质上发生争议,卖方可以根据买方的来样仿制或提供相近的产品提交对方,即"回样"或称"对等样品"。如买方接受了卖方提供的对等样品,凭买方样品成交的交易就变为凭卖方样品成交。

② 为防止意外纠纷,在合同中订明:如发生由买方来样引起的工业产权等第三者权利问题时,与卖方无关,概由买方负责。

在凭样品买卖的交易中,为防止履行合同时发生不必要的纠纷,必要时可使用封样。即由第三方或由公证机关在一批商品中抽取同样品质的样品若干份,每份样品烫上火漆或铅封,由第三方或公证机关留存一份备案,其余供当事人使用。有时封样也可由出样人自封或买卖双方共同加封。

(二) 凭文字说明表示商品品质

1. 凭规格买卖

商品的规格是指用来足以反映商品品质的所要达到的若干重要指标,如成分、含量、纯度、长短、性能、尺寸等等。用规格来确定商品品质的方法称为凭规格买卖,在国际贸易中应用广泛。

2. 凭等级买卖

货物的等级是指同一类货物根据生产及长期贸易实践,按其规格上的差异,用文字、数码、符号将其按品质的优劣分为各不相同的若干等级。凭等级买卖的货物一般在订立合同时表明货物的等级即可。

3. 凭标准买卖

商品的标准是指将商品的规格和等级予以标准化。商品的标准一般由标准化组织、政府机关、行业团体、商品交易所等规定并公布。随着科学技术的发展,商品的标准不断地被修改或变动,同一组织颁布的某类商品的标准往往有不同年份的版本,版本不同,质量标准内容也不相同。在合同中援引标准时,应注明采用标准的名称及年份。

例如:利福平(甲哌利福霉素),英国药典,1993年版。

在国际贸易中,对于某些品质变化较大而难以规定统一标准的农副产品,往往采用"良好平均品质"(fair average quality,F. A. Q)和"上好可销品质"(good merchantable quality, G. M. Q)来表示交易商品的品质。

良好平均品质是指一定时期内某地出口货物的平均品质水平。在我国实际业务中,用F. A. Q来说明品质,一般是对大路货而言。采用这种方法,由于这一标准比较笼统,除在合同中注明F. A. Q字样和年份外,一般还须订明该商品的具体规格指标。

例如:2014年收获中国产花生,良好平均品质,水分最高13%,杂质最高5%,含油率最低44%。Chinese Groundnut 2014 Crop. A. Q. Moisture(max.)13% Admixture(max.)5% Oil Content(min.)44%.

上好可销品质是指卖方交货品质只需保证为上好的、适合于销售的品质即可。一般只适用于无法以样品或国际公认的标准来检验的产品,如木材或冷冻鱼类等商品。我国在国际贸易中较少使用这种表示方法。

4. 凭商标或牌名买卖

凭商标或牌名买卖是指买卖双方在交易中用商品的商标或牌号表示商品的品质。商品的牌名(brand)是指厂商所生产或销售商品的牌号,简称"品牌",以便与其他企业的同类产品区别开来。一个品牌可用于一种产品,也可用于一个企业的所有产品。商标(trade mark)是牌号的图案化,作为商品的记号,经注册登记后受法律的保护。商标是受法律保护的一个品牌或品牌的一部分,是一个法律名词。在国际贸易中,对于某些品质稳定、规格统一,并在市场上树立了良好信誉的商品,交易时只要说明牌号或商标,品质即已明确,故可凭牌名或商标买卖。例如"凤凰牌自行车""红双喜乒乓球""松下电器"等。这种方法适用于日用消费品、加工食品、耐用消费品等很多商品。

例如:C401梅林牌低糖蜜橘(罐头),每听312克。C401 Maling Brand Chinese Oranges in Light Syrup 312 gram/tin.

5. 凭产地名称买卖

凭产地名称买卖是指买卖双方在农副土特产品的交易中,以产地名称来表示商品的品质。因为有些农副土特产品受产地的自然条件及传统加工工艺的影响,在品质方面具有独特的风格或特色。对这类产品习惯上用产地的名称来说明其品质。

例如:"法国香水"(France Perfume)"中国东北大米"(Chinese Northeast Rice)"四川榨菜"(Sichuan Preserved Vegetable)"龙口粉丝"(Long Kou Vermicelli made from bran-starch)。

6. 凭说明书和图样买卖

在国际贸易中,有些机器、电子产品、仪器等商品由于结构和性能复杂,生产工艺不同,不能简单地用几个指标表示品质的全貌。对于这类商品,通常以说明书并附以图样、照片、设计图纸等来说明其具体性能和结构特点。

例如:彩色电视机质量与技术数据参照本合同所附技术协定。Color television set's quality and technical data to be in conformity with the attached technical agreement that forms a part of this contract.

在实际业务中用文字说明表示商品品质的方法被广泛应用,但常与凭样品买卖结合使用。还有一些商品,由于它们独特的性质,既无法用文字概括其质量,又没有质量完全相同的样品可作交易的依据,对此买卖双方只能看货成交,例如珠宝、玉雕、牙雕、字画等。

三、合同中的品质条款

(一)基本内容

商品的品质条款是买卖合同的基本内容。品质条款的基本内容是货物品名、规格或商标、牌名等。在凭样品买卖时一般应列明样品的编号或寄送日期,有时还加列交货品质与样品一致相符的说明;在凭标准买卖时,一般应对照所引用的标准和标准版本的年份。

(二)订立品质条款的注意事项

1. 品质机动幅度

品质机动幅度指商品的品质指标在一定的幅度内灵活掌握。设定品质机动幅度的方法有以下几种:

(1) 规定范围。是指对某些商品品质指标允许有一定的差异范围。例如漂布,幅阔47/48英寸,即布的幅阔只要在47英寸到48英寸之间均为合格。

(2) 规定极限。它是指对某些商品的品质以最大、最高、最多或最小、最低、最少来规定其上下极限。例如芝麻:含油量45%(最低),水分8%(最高),杂质1%(最高)。

(3) 规定上下差异。它是指在规定品质指标的同时,规定一定幅度的上下变化。例如羽绒,含绒量18%,上下1%。

(4) 在数字前加"大约"使商品品质规定有一定的弹性。例如每筐苹果200只,约50千克。

2. 品质公差

品质公差是指国际同行业所公认的品质的误差。在工业制成品中,对产品质量指标难免产生一定的误差,例如手表走时每天误差若干秒等。这种为国际上公认的产品品质的误差,即使在合同中不作规定,卖方交货只要在此范围内即为符合规定。如国际上同行业无公认的品质公差,或公差不明确或由于生产原因需扩大公差范围时,也可在合同中明确规定品质公差的内容。

3. 交货品质与样品大体相等或其他类似条款

在凭样品买卖时,买卖双方容易在交货品质与样品是否一致的问题上发生争议,为了避免争议和便于履行合同,卖方可要求在品质条款中加订"交货品质样品大体相符"。

4. 品质条款要有科学性和合理性

对品质条款的规定要适度,不宜规定得过高或过低。对于一些与品质无关的条件不宜订入。品质条款应明确、具体,不宜采用诸如"大约""左右""合理误差"等字样,以免在交货的品质上发生争议。

分析案例 15-2

品质条款引发的诈骗案

1997年10月,国外某商行向内地一家企业按FOB条件订购5 000吨铸铁井盖,合同总金额为305万美元。货物由买方提供图样进行生产。该合同品质条款规定:铸件表面应光洁;铸件不得有裂纹、气孔、砂眼、缩孔、夹渣和其他铸造缺陷。合同规定:(1) 订约后10天内卖方须向买方预付约人民币25万元的"反保证金",交第一批货物后5天内退还保证金。(2) 货物装运前,卖方应通知买方前往产地抽样检验,并签署质量合格确认书;若质量不符合同要求,买方有权拒收货物;不经双方一致同意,任何一方不得单方面终止合同,否则由终止合同的一方承担全部经济损失。在合同执行过程中,卖方受骗。

分析:本案是一起典型的外商利用合同中的品质条款进行诈骗的案例。铸件表面"光洁"是一个十分含糊的概念,没有具体标准和程度;"不得有裂纹、气孔等铸造缺陷"存在的隐患更大,极易使卖方陷入被动。对方的实际目标是25万元反保证金。这类合同的特点:价格诱人,工艺简单;技术标准含糊,并设有陷阱;预收保证金等后逃之夭夭,或者反咬一口。

第三节 商品的数量

一、商品数量的含义

商品数量(quantity of goods)是指以一定的度量衡表示的商品的重量、个数、长度、面积、体积、容积的量。数量是国际货物买卖合同中不可缺少的主要条件之一,数量条款是买卖双方交接货物的依据,也是处理有关数量争议的依据。

二、商品数量的计量单位和计量方法

(一) 业务中常用的度量衡制度

目前,常用的度量衡制度有米制、英制、美制及国际单位制。

(1) 米制(The Metric System),又称公制,它采用十进位制,换算方便,使用较多。

(2) 英制(The British System)，它不采用十进位制，换算不方便，使用范围逐渐减小。

(3) 美制(The U.S. System)，以英制为基础，多数计量单位的名称与英制相同，但含义有差别，主要体现在重量和容量单位中。

(4) 国际单位制(The International System of Units，简称SI)，是在米制的基础上发展起来的，它有利于计量单位的统一和计量制度的标准化。我国法定计量单位是国际单位制。在实际业务中，除非另有规定，均应使用法定计量单位。

(二) 计量单位

(1) 重量单位。按重量计算是国际贸易中广泛使用的一种。常用的重量单位有：千克(kilogram, kg)、公吨(metric ton or M/T)、长吨(long ton or L/T)、短吨(short ton)、磅(pound or lb)、盎司(ounce or oz)。1M/T=1 000kg，1L/T=1 016kg，1S/T=907kg。一般适用于农副产品、矿产品和部分工业制成品，例如羊毛、棉花、矿砂、钢铁、油类、药品等。对黄金、白银等贵重商品通常采用克或盎司来计量，钻石则采用克拉计量。

(2) 数量单位。常用的数量单位有：只(piece or pc)、件(package or pkg)、双(pair)、套(set)、打(dozen or doz)、罗(gross or rm)、卷(rou or coil)、袋(bag)、箱(case)、桶(barrel or drum)等。一般适用于大多数工业制成品、土特产品及杂货，例如汽车、电视机、纸张、水果、服装等。

(3) 长度单位。常用长度单位有：米(meter or m)、英尺(foot or ft)、码(yard or yd)等。钢丝绳、钢管、电线、电缆、布匹、丝绸等商品在国际货物买卖中经常使用长度单位。

(4) 面积单位。常用的面积单位有：平方米(square meter)、平方英尺(square foot)、平方码(square yard)等。一般适用于玻璃、木板、地毯、纺织品、皮革制品等。

(5) 体积单位。常用的体积单位有：立方米(cubic meter)、立方英尺(cubic foot)、立方码(cubic yard)等。国际货物买卖中，有些木材及化学气体、天然气的交易，采用体积单位。一般适用于木材、化学气体等。

(6) 容积单位。常用容积单位有：公升(liter)、加仑(gallon or gal)、蒲式耳(bushel)。有些农副产品，如小麦等在国际货物买卖中常使用容积单位。

(三) 计量重量的方法

(1) 毛重(gross weight)指商品本身的重量加上包装物的重量。对于有些商品，由于价值较低，可以忽略包装物的重量，如粮食、饲料等产品以毛重作为计算价格的基础，称作"以毛作净"(gross for net)。

(2) 净重(net weight)指毛重扣除包装(皮重)的重量，即货物的实际重量。国际货物买卖中，大都采用以净重计量。业务中，如果按重量计量或计价，但未规定采用何种方法计算重量和价格时，根据惯例，应按净重计量。要得出净重就要从毛重中扣除皮重，国际贸易中计算皮重的方法有：

① 实际皮重(real tare)或(actual tare)，即该批货物的所有包装材料的重量。

② 平均皮重(average tare)，即用若干件包装的实际重量，然后求出包装的平均重量。由于包装材料的规格化和标准化采用平均皮重的做法已很普遍，所以也称为标准皮重。

③ 约定皮重(computed tare)，指按事先约定的单位包装重量，乘以总件数，求得的皮重。

④ 习惯皮重(customary tare)，是指有些比较规格化的包装，其重量已被公认，就不需要对包装逐件过秤，按公认的皮重乘以总件数计算。例如装运粮食的机制麻袋，每条习惯皮重2.5磅。

(3) 法定重量(legal weight)是指货物和销售包装加在一起的重量。销售包装是指直接接触货物的包装，如纸袋、小瓶、小盒等。南美有些国家的海关法规定，在征收从量税时，商品的重量以法定重量计算的。扣除上述货物包装的重量，即净重。

(4) 公量(conditioned weight)指先用科学的方法从产品中抽出所含的实际水分，然后加入标准水分而求得的重量。这种方法主要用于羊毛、生丝、棉纱、棉花等易吸潮湿，重量不太稳定的产品。

公量是以货物的标准回潮率计算的，回潮率是指水分与干量的比，也称法定回潮率。货物中实际水分与干量的比称为实际回潮率。计算公式为：

公量＝干量＋标准含水量＝实际重量×(1＋标准回潮率)/(1＋实际回潮率)

例：出口羊毛10公吨，买卖双方约定标准回潮率为11%，实际回潮率则从10公吨货物中抽取部分样品进行测定。假设抽取10千克样品，用科学方法去掉货物中的水分后，净剩8千克羊毛，试计算这批羊毛的公量。

解：公量＝实际重量×(1＋标准回潮率)/(1＋实际回潮率)
　　　　＝10×(1＋11%)/(1＋25%)
　　　　＝8.888(公吨)

(5) 理论重量(theoretical weight)指对某些固定规格、固定尺寸、重量大致相等的货物，以其单个重量乘以件数(或张数)而推算出来的重量，如马口铁、钢板等。

三、合同中的数量条款

(一) 数量条款的内容

合同中的数量条款，主要包括成交货物的数量和计量单位，如果按重量计量，则应列明计算重量的方法。

合同中数量条款的签订，一般应明确规定买卖货物的具体数量，至少应约定确定数量的方法，以作为买卖双方交接货物的数量依据，否则不能构成合同。出口商品的成交数量主要要考虑到国外市场的供求状况、价格动态、国外客户的资信状况、经营能力、国内资源供应情况等因素。进口商品的成交数量一般应考虑到国内实际需要、支付能力和市场行情变化等因素。

(二) 订立数量条款的注意事项

在实际履约业务中，由于商品特性及包装、运输等条件的限制，难以做到实际交货数量与合同规定数量完全一致。为避免日后争议，可列明数量机动幅度。

(1) 规定数量机动幅度一般有两种具体做法。

第一，对合同数冠以带伸缩性的字眼，如"约""左右""近似"等，以此来说明具体交货数量可作适当机动,即多交或少交一定百分比的数量不构成违约。但目前在国际贸易中对其含义没有统一的解释,故履行时易引起纠纷,应慎重采用。

第二,在合同的数量条款中明确规定可以增减的百分比,但以不超过规定的百分比为限。这种条款一般称为溢短装条款。例如在汽油100公吨,卖方可溢短装2%,即卖方的交货数量在98M/T~102M/T之间,买方不得有异议。具体机动百分比的确定,可根据货物性质、行业交易习惯、运转方式等因素予以确定。

(2) 利用溢短装条款应注意的问题。

第一,允许溢短装比例,即允许多交或少交的百分比,多数规定为5%,具体应由商品特性、运输方式等进行确定。

第二,溢短装选择权,即约定何方有权决定多交或少交,一般规定为由卖方决定,但在买方租船接货时,为了与租船合同衔接,也可由买方决定。

第三,溢短装数量的计价方法,通常按合同价格计算。但当交货时市价下跌,多装对卖方有利,如市价上升,多装对买方有利。所以为了避免这种情况,可在合同中规定,多装或少装的部分,不按合同价格计算,按装船时或到货时的市价计算。

例如:数量:10 000公吨,2%增减,由买方选择;增减部分按合同价格计算。Quantity: 10 000M/Ts. More of less 2% at Buyers option; such excess or deficiency to be settled at contract prise.

分析案例 15-3

合同中的溢短装条款

上海某公司与日商成交出口200公吨大米。合同规定用麻袋装,每袋净重70千克,总量可以有4%的机动幅度。

试分析该批货物最多能装多少袋?最少装多少袋才不违反合同的交货数量规定?

分析:该批货物最少交货数量为 $200 \times (1-4\%) = 192$(公吨)

$192 \times 1\,000 \div 70 = 2\,743$(袋)

该批货物最多交货数量为 $200 \times (1+4\%) = 208$(公吨)

$208 \times 1\,000 \div 70 = 2\,971$(袋)

因此,该批货物交货数量应在2 743袋~2 971袋之间才不违反合同的交货数量规定。

第四节 商品的包装

一、商品包装的重要意义

除少数不必包装可直接装入运输工具中的散装货(bulk cargo, cargo in bulk)和在形态上自成件数、无需包装或略加捆扎即可成件的裸装货(nude cargo)以外,绝大多数商品都需要有适当的包装才能进行运输。

第四篇 货物进出口业务

第十五章 商品品名、品质、数量和包装

凡是需要包装的商品,只有通过包装,商品才能进入流通领域和消费领域,才能实现商品的使用价值。有些商品甚至根本离不开包装,它同包装成为不可分割的统一体。经过适当包装商品,不仅便于运输、装卸、搬运、储存、保管、清点、陈列和携带,而且不易丢失或被盗,为各方面提供了便利。

在当前国际市场竞争十分激烈的情况下,商品的包装还可作为加强对外竞销的重要手段。因为良好的包装不仅可以保护商品,而且还能宣传和美化商品,提高商品身价,吸引顾客,扩大销路,增加售价,并在一定程度上显示出口国家的科技、文化艺术水平。

二、商品包装的种类

包装可分为销售包装和运输包装两大类。

(一)销售包装

1. 销售包装的作用

销售包装(internal packing)又称内包装、小包装,是直接接触商品,随商品进入零售市场和消费领域的包装。它具有保护商品、便于储存和保管的作用;同时还具有美化商品、宣传商品、介绍商品,吸引消费者的作用。销售包装的美观感、新潮感、艺术感能引起消费者的购买欲望。作为"无声售货员",销售包装在征服消费者、扩大销量等方面有着不可低估的作用。

2. 销售包装的种类

(1) 便于陈列包装。例如,堆叠式包装、挂式包装、展开式包装。

(2) 便于识别商品包装。例如,透明包装、开窗包装和习惯性包装。

(3) 便于使用的包装。例如,携带式包装、易开包装、喷雾包装、配套包装、一次用量包装、礼品包装。

3. 销售包装的要求

(1) 包装的造型与装潢设计要有利于促销。造型装潢美观大方,富有艺术吸引力并能突出商品的特点,其图案和色彩应符合有关国家的风俗习惯和消费者爱好。

(2) 标签不能违反有关国家的标签管理条例的规定。许多国家对进口商品特别是食品和药品的标签内容有具体要求,一般都要求标明产地、重量、成分、生产者名称、生产期、保质期以及有关添加剂、化学成分或脂肪含量等的特殊说明。如不符合规定则禁止进入该国市场。

(3) 有条形码标志。条形码是由一组粗细间隔不等的平行线条及相应数字组成的标记。随着光电扫描阅读设备的使用,条形码成为销售包装上不可缺少的标记。通过条形码标记,消费者可以了解商品的原产地、生产厂家、品种规格等信息;售货员可以在数据库查询商品的单价、记录、结算等;商场可以对商品进行分类、汇总及更新库存,并及时进行分析、掌握市场动态。

(4) 包装的设计要有利于再用、再循环和最终处理,实行绿色包装标志。包装材料本身的后处理应安全方便可行,不造成环境危害,能再利用、再生和再循环,完善绿色包装标准体系,实行绿色包装标志制度。

(二)运输包装

1. 运输包装的作用

运输包装(shipping package)又称外包装、大包装,它是将货物装入特定容器,可以特定方式成件或成箱地包装。运输包装的作用:一是能有效地保护商品,防止货物在长时间和远距离的运输过程中发生损坏和散失;二是方便货物的运输、搬运、储存、检验、计数等;三是节省材料和费用。

2. 运输包装的种类

运输包装可分为单件运输包装和集合运输包装。

(1) 单件运输包装,是指货物在运输过程中作为一个计件单位的包装。

① 箱(case)。按不同材料,箱又可分为木箱、纸箱、板条箱、铁箱等。通常适用于不能挤压的货物。

② 桶(drum,cask)。桶有木桶、铁桶、塑料桶等。适用于液体、半液体、粉状、粒状货物。

③ 袋(bag)。袋有麻袋、纸袋、布袋、塑料袋等。适用于粉状、颗粒状和块状的农产品及化学原料。

④ 包(bale)。凡可以紧压的商品,例如羽毛、羊毛、棉花、布匹、生丝等,可以先经机压打包,压缩体积,然后再以棉布、麻布包裹,外加箍铁和塑料带,捆包成件。

⑤ 其他。篓、瓶、坛、罐、听、捆、卷等。

(2) 集合运输包装,也称成组化运输包装。它是把一定数量的单件包装组合成一件大的包装或装入一个大的包装容器内。常见的集合包装有:

① 集装袋和集装包(flexible containers),一般是用合成纤维或塑料编织成的大袋。集装袋和集装包有一次性使用和可回收周转使用两种。它们的容量为1~4吨,多的可达13吨。集装袋适用于盛装粉状、粒状的化工产品、矿产品、农产品及水泥等散装商品;集装包则适用于盛装已经包装好的桶、袋、箱等单件包装的商品。

② 集装箱(container),又称货柜,它是一种用金属板材、塑料、纤维板材制成的长方形的大箱。为适应各种运输方式和不同货物运输的需要,集装箱的种类越来越多。集装箱是一种现代化的运输方式,它可以保护货物品质,减少货损货差,节省包装费用,减轻劳动强度,提高装卸效率,加速车船及货物的周转。

(3) 托盘(pallet),指用木材、金属、塑料等材料制成的托板。货物可以放在托板上,然后用塑料薄膜、金属绳索等加以固定,组成一件包装。托盘下面有插口,供铲车起卸之用。托盘可装载约一吨或一平方米的货物。托盘有一次性使用和回收周转使用两种。托盘便于计数、装卸、运输、保管,降低成本,加快运输。

三、包装标志

包装标志是为了方便货物运输、装卸及储存,便于识别货物和防止货物损坏而在货物外包装上刷写的标志。制作包装标志时要注意标志的简明清晰和易于辨认;着色牢固、防止海

第十五章 商品品名、品质、数量和包装

水或雨水冲湿退脱;在每件相反的部位上刷制相同的标志以便工作人员在货物调换摆放位置时也能看到该标志;防止印刷错误,以免影响货物报关和装卸工作。包装标志主要包括运输标志、指示性标志、警告性标志及磅码产地标志等。

(一) 运输标志

运输标志(shipping mark)又称唛头,由一个简单的几何图形和一些字母、数字以及简单的文字组成。其主要作用是便于识别货物、方便运输、易于计数、查箱等,防止错发错运。唛头一般由下列内容组成:

(1) 收货人(发货人)的代号、合同号码、信用证号码,通常用一个简单图形表示,如三角形、矩形、菱形等。

(2) 目的港(目的地)的名称,表明货物最终运抵地点,通常为港口。如需转运则标明转运地点,例如,London Via Hong Kong。这里 London 是卸货港,而 Hong Kong 则是转运港。

(3) 件号。件号主要说明整批货与本件货物的关系。假如该批货只有一种规格时,货物的件号可以是一个。例如:C/NOS. 1-100。但如果一批货物有 100 箱,每一箱的包装方式和品种规格均不相同时,则可采用顺序件号的方法,即在货物包装上用 C/NOS. 1-100、C/NOS. 2-100、C/NOS. 3-100……来表示,以便理货清查短损。C/NOS. 3-100 中的 C 表示 Carton(纸箱),3-100 中的 100 表示该批货物共计 100 件,3 则表示本件是 100 件中的第三件。在业务往来函电中,有时会见到这样的写法"C/NO. 1-UP"这表明包装件数待定,装运时按实际情况确定。

此外,有的运输标志还包括原产地、许可证号和体积与重量等内容。运输标志的内容,繁简不一,由买卖双方根据商品特点和具体要求商定。

联合国欧洲经济委员会简化国际贸易程序工作组在国际标准化组织和国际货物装卸协调会的支持下,制定了一套运输标志向各国推荐使用。该标准运输标志包括:收货人或买方简称或代号;参考号,如运单号码、订单号码或发票号码;目的地;件数号码。至于根据某种需要而须在运愉包装上刷写的其他内容,如许可证号等,则不作为运箱标志必要的组成部分。具体样式如下:

```
ABC. Co……………………………收货人代号
94LAO602…………………………参考号
NEW YORK…………………………目的地
CTN/NOS. 1-1 500…………………件数号
```

在制作单据时,要把运输标志印载于发票、提单、保险单、产地证、装箱单等单据上。

(二) 指示性标志

指示性标志(indicative mark)是指针对一些易碎、易损、易变质商品的性质,用醒目的图形和简单的文字提醒有关人员在装卸、搬运和储存时应注意的事项。例如"易碎""防湿""防热""防冻""由此吊起""重心"等。

(三) 警告性标志

警告性标志(warning mark)又称危险性标志,是指对一些易燃品、易爆品、有毒品、腐蚀

性物品、放射性物品等危险品在其运输包装上清楚而明确印制的标志,以示警告。

各国对警告性标志都有统一规定。我国颁布有《危险货物包装标志》,联合国政府海事协商组织公布有《国际海运危险品标志》,目前已被国际上许多国家所采用。有的国家规定进口危险品时要在运输包装上刷写《国际海运危险品标志》,否则不准靠岸卸货。所以在出口危险品时,除刷写我国国内危险品标志外,还应刷写国际海运危险品标志。

四、定牌、无牌生产和中性包装

(一)定牌和无牌

定牌是指根据买方的要求在出口商品的包装上使用买方指定的商标、牌名。其目的是适应国外市场,利用买方的企业商誉和名牌声誉,提高商品售价。主要用于外商订货数量较大、需求比较稳定的商品。

无牌是指买方要求在我国出口的商品上不使用任何商标和牌号。其目的是避免浪费、节省广告费用、降低销售成本,达到薄利多销。主要用于半制成品和低值易耗的日用消费品。

(二)中性包装

中性包装是指在商品和内外包装上不注明生产国别的包装。中性包装分无牌中性包装和定牌中性包装。无牌中性包装是指商品和包装上既无商标、牌号,也无生产国别的包装;定牌中性包装,是指商品包装上有买方指定的商标、牌号,但不注明生产国别的包装。

采用中性包装是为了适应国际市场的特殊需要,如转口销售;打破某些进口国的关税和非关税壁垒,它是出口厂家扩大出口的一种手段。

分析案例 15-4

中性包装的应用

菲律宾某公司与上海某自行车厂洽谈进口业务,打算从我国进口"永久"自行车 1 000 辆。但要求我方改用"剑"牌商标,并在包装上不得注明"Made in China"字样。

请问:我方是否可以接受?在处理此项业务时,应注意什么问题?

分析:这是一笔中性包装交易,外方要求采用定牌中性包装,我方一般可以接受。但在处理该业务时应注意:① 要注意对方所用商标在国外是否有第三者已经注册,若有则不能接受。如果一时无法判明,则应在合同中写明"若发生工业产权争议应当由买方负责"。② 要考虑我方品牌产品在对方市场销售情况,若我方商品已在对方市场树立良好声誉,则不宜接受,否则会影响我方产品出口。

五、合同中的包装条款

(一)包装条款的基本内容

国际商品贸易合同中的包装条款一般包括包装材料、包装方式、包装费用和运输标志等内容。

第四篇　货物进出口业务
第十五章　商品品名、品质、数量和包装

1. 包装材料和包装方式

在包装条款中要订明包装材料和包装方式。一般是根据商品的性能、特点及运输方式而定,通常采用的包装方式和材料有纸箱装、木箱装、麻袋装、铁桶装等。在规定包装材料和包装方式时,还要订明用料、尺寸、每件重量以及填充物和加固条件等。在进出口贸易中,有时商品要以花色、尺寸搭配装箱或装袋出口,这就必须具体规定搭配方式及搭配量。

2. 包装费用

按国际惯例,包装费用包括在货价之内,不必在合同中另行订明。但有时买方认为卖方的包装不能满足要求而使用特殊包装,由此产生的超出正常的包装费用应由买方承担并在合同中具体规定负担的金额和支付方法。

3. 运输标志

按国际贸易惯例,运输标志由卖方设计确定,然后通知买方。但如买方要求自己设计运输标志,卖方也应接受,但必须在合同中订明买方提供运输标志的式样和内容及具体的时间,如超过时间卖方可自行决定。

(二) 订立包装条款的注意事项

对包装的规定要明确具体。一般不宜采用"海运包装""习惯包装"之类的术语,因为这些术语缺乏统一的定义和解释,容易引起纠纷。

注意有关国家对包装的特殊要求和风俗习惯。各国对包装的要求越来越严格,有的国家不允许使用玻璃和陶瓷作包装材料;有的国家禁止使用稻草、报纸作包装衬垫;同时还要符合各国的风俗习惯。

卖方交付的货物须按合同规定的方式包装。如果包装与合同不符,买方有权索赔甚至拒收货物。

◆ 内容提要

国际货物贸易合同中的品名、品质、数量和包装条款的订立,是买卖双方交接货物的依据。货物品质的表示方法有两大类:凭实物样品表示货物品质和凭文字说明表示货物品质。国际货物贸易中常用的计量单位有:按数量、重量、长度、面积、体积、容积等计算;货物计量重量的方法有:按毛重、净重、公量、理论重量、法定重量和实物重量等计量。在国际贸易中,包装可分为运输包装和销售包装。采用定牌、无牌生产和中性包装是国际贸易中常用的习惯做法。

◆ 关键词

货物品名　货物数量　货物品质　货物包装　中性包装

◆ 复习思考题

1. 表示货物品质的方法有哪些?说明其含义及在使用中应注意的问题。
2. 什么是样品、复样、对等样品?它们有何区别?
3. 什么是"定牌""无牌"和"中性包装"?

4. 运输标志由哪些内容组成？在使用中应注意哪些问题？

5. 什么是指示性、警告性标志？简述其用途和用法。

6. 请自己设计一个运输标志。

思考案例

商品品质条款引发的贸易纠纷

中国 A 公司曾向 B 外商出售一批农产品。成交前，该公司给外商寄送过样品。签约时，在合同品质条款中规定了商品的具体规格。签约后，卖方经办人员又主动电告买方，确认"成交商品与样品相似"。在货物装运前，中国进出口商品检验检疫局进行了检验并签发了品质规格合格证书。但该批货物运到目的地后，买方认为，所交货物品质比样品低，要求减价。卖方认为，合同并未规定凭样成交，而且所交货物，经检验符合约定的规格，故不同意减价。于是买方便请当地检验机构检验，出具了交货品质比样品低 7% 的证明，并据此提出了索赔要求，卖方拒赔。由于合同中未规定仲裁条款而发生争议后，双方又达不成仲裁协议，买方遂请中国仲裁机构协助处理解决此案争议。鉴于签约前卖方给买方寄送过样品。签约后，卖方又主动确认"交货与样品相似"且存样已经遗失，故在仲裁机构的协调下，由卖方赔付买方品质差价的办法了结此案。

你认为中国仲裁机构这样处理的理由为何？我方应该吸取哪些教训？

应用训练

自行车出口包装条款

上海出口公司 A 与香港公司 B 成交自行车 1 000 台，由 A 缮制合同一式两份，其中包装条款规定为"Packed in wooden case"（木箱装）。将此合同寄至 B 方，然后由 B 签回。B 签回的合同上于原包装条款后加"C. K. D."字样，但未引起 A 公司注意。此后，B 公司按合同开证、A 公司凭信用证规定制单结汇完毕。货到目的港。B 发现系整台自行车箱装，由于自行车整台进口需多交纳 20% 进口税，因此拒收货物并要求退还货款。

如果你是上海出口公司的总经理，应该吸取什么教训？

第十六章 国际货物运输与保险

本章结构图

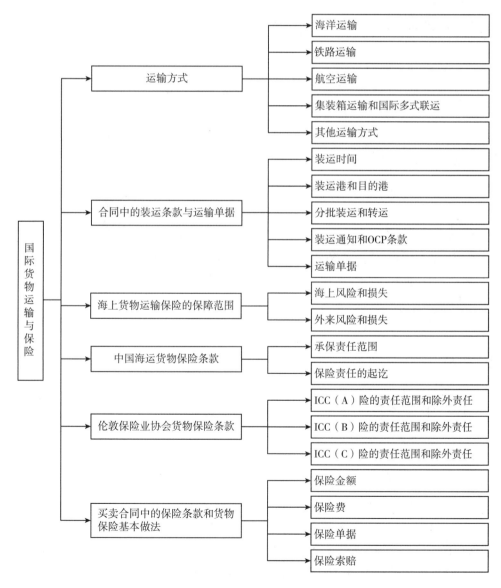

学习目标

了解国际货物运输方式的种类和特点,知道运输条款制定需注意的问题;熟练掌握海洋运输的班轮运输的概念和运费的计算;了解海运保险的保障范围,掌握海运损失类别和中国海运保险险别,掌握海运保险费的计算。

导入案例

海洋运输下的货物损失

某轮从上海港驶往新加坡,在航行中触礁,造成船底撞穿,海水涌入,部分货物遭水浸,船长为避免船舶沉没,令船强行搁浅,又使船货发生损失,由于船舶受损严重,无法继续航行。这次事件造成的损失有:1 000箱货物由于搁浅遭水浸;600箱货物由于触礁被水浸;船只由于搁浅受损;额外发生的员工薪金伙食,燃油费用。

第一节 运 输 方 式

一、海洋运输

国际贸易是世界范围的商品交换,而地球的四分之三是海洋,这决定了海上运输的重要作用。目前,80%的国际货物运输是利用海洋运输完成的。

海洋运输的优点:运量大,运费低,对货物的适应性强。

海洋运输的缺点:易受自然条件和气候等因素影响,风险较大。普通商船的航运速度相对较慢,因而,对不能经受长途长时间运输的货物和易受气候条件影响以及急需的货物,一般不宜采用海运。

(一)班轮运输

1. 班轮运输的概念

班轮运输是指按照固定的航行时间表,沿着固定的航线,按照固定的港口,收取相对固定的运费(即"四固定"),并由承运人负责装和卸,经常从事航线上各港口之间运输的营运方式。

2. 班轮运费

班轮运费主要由基本运费和附加运费构成。

(1)基本运费是指班轮公司为一般货物在航线上各基本港口间进行运输所规定的运价。基本运费的计收标准:重量吨,运价表内用"W"表示;尺码吨,运价表中用"M"表示;按毛重或体积计收,由船公司选择其中收费较高的作为计费吨,运价表中以"W/M"表示;"A. V."表示按商品价格计收,又称为从价运费;"W/M or ad val."表示在货物重量、尺码或价值三者中选择最高的一种计收;"W/M plus ad val."表示按货物重量或尺码选择其高者,再加上从价运费计算;按每件货物作为一个计费单位收费;临时议定价格。

上述计算运费的重量吨和尺码吨统称为运费吨,又称计费吨。

(2) 附加费用主要指为了在特殊情况下保持一定水平的收益,应对各种不稳定因素引起的额外成本支出,承运人就需要通过附加费的形式,按照合理分担有关费用的定价原理确定附加运费。如:燃油附加费、货币贬值附加费、绕航附加费等。

(二) 租船运输

租船运输又称不定期船运输。在租船运输业务中,没有预订的船期表,船舶经由航线和停靠的港口也不固定,须按船租双方签订的租船合同来安排,有关船舶的航线和停靠的港口、运输货物的种类以及航行时间等,都按承租人的要求,由船舶所有人确认而定,运费或租金也由双方根据租船市场行市在租船合同中加以约定。

租船运输的方式包括定程租船、定期租船和光船租船。

1. 定程租船

定程租船又称航次租船,是指由船舶所有人负责提供船舶,在指定港口之间进行一个航次或数个航次,承运指定货物的租船运输。它是最活跃、最普遍的一种租船方式,对运费的波动最敏感。

(1) 装卸时间主要规定方法有:

① 日或连续日,即每一天,连续经过、中间不存在中断,包括所有的日子,如周六、周日和假日等。

② 累计 24 小时好天气工作日,这是指在好天气情况下,不论港口习惯作业为几小时,均以累计 24 小时实际作业时间作为一个工作日。如果港口规定每天作业 8 小时,则一个工作日便跨及几天的时间。这种规定对租船人有利,而对船方不利。

③ 连续 24 小时好天气工作日(国际上运用最多),这是指在好天气情况下,可以作业的 24 小时算一个工作日,而不管实际是否作业,中间因坏天气影响而不能作业的时间应予扣除。这种方法一般适用于昼夜作业的港口。当前,国际上采用这种规定的较为普遍,我国一般都采用此种规定办法。

④ 工作日(working day),是指在港口当地,按照港口当地的习惯,进行正常装卸作业的日子。

(2) 滞期费和速遣费。滞期费是指在规定的装卸期限内,租船人未完成装卸作业,给船方造成经济损失,租船人对超过的时间应向船方支付的一定罚金。速遣费是指在规定的装卸期限内,租船人提前完成装卸作业,使船方节省了船舶在港的费用开支,船方应向租船人就节省的时间支付一定的奖金。按惯例,速遣费一般为滞期费的一半。

(3) 装卸费规定方法。主要有 5 种:

① 船方负责装卸(liner terms),又称班轮条件。

② 船方管装不管卸(free out—F.O)。

③ 船方管卸不管装(free in—F.I)。

④ 船方不负责装卸(free in and out—F.I.O)。

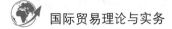

⑤ 必要时还应明确理舱费和平舱费由谁承担，如规定由租方负担，称为"船方不管装卸、理舱、平舱" FIOST/(Free in and out, stowed and trimmed)。

2. 定期租船

定期租船是指由船舶所有人将船舶出租给承租人，供其使用一定时间的租船运输。承租人也可将此期租船充作班轮或定程租船使用。

3. 光船租船

光船租船是指船舶所有人将船舶出租给承租人使用一个时期，但船舶所有人所提供的船舶是一艘空船，即无船长，又未配备船员，承租人自己要任命船长、船员，负责船只的给养和船舶营运管理所需的一切费用。这种方式实际上属于单纯的财产租赁。

二、铁路运输

铁路运输一般不受气候条件的影响，可保障全年的正常运输，而且运量较大，速度较快，有高度的连续性，运输过程中可能遭受的风险也较小。办理铁路货运手续比海洋运输简单，而且发货人和收货人可在就近的始发站和目的站办理托运和提货手续。

铁路运输可分为国际铁路货物联运和国内铁路货物运输两种。国际铁路货物联运是指在两个或两个以上国家铁路运送中，使用一份运送单据，并以连带责任办理货物的全程运送，在异国铁路向另一国铁路移交货物时，无需发、收货人参加。国内铁路货物运输是指仅在本国范围内按《国内铁路货物运输规程》的规定办理的货物运输。我国出口货物经铁路运至港口装船及进口货物卸船后经铁路运往各地，均属国内铁路运输的范畴。

三、航空运输

航空运输是一种现代化的运输方式，它与海洋运输、铁路运输相比，具有运输速度快、货运质量高，且不受地面条件的限制等优点。因此，它最适宜运送急需物资、鲜活商品、精密仪器和贵重物品。

航空运输的主要优点是速度非常快，缺点是运输费用相当高。投资额度和运输成本都比较高，固定成本方面包括开拓航线、修建机场和机场维护需要大量资金；可变成本也比较高，主要是由于燃料、飞行员薪水、飞机的维护保养等方面的支出很大。

航空运输方式主要有班机运输、包机运输、集中托运和航空快递业务。

（1）班机运输(scheduled airline)指具有固定开航时间、航线和停靠航站的飞机。通常为客货混合型飞机，货舱容量较小，运价较贵，但由于航期固定，有利于客户安排鲜活商品或急需商品的运送。

（2）包机运输(chartered carrier)是指航空公司按照约定的条件和费率，将整架飞机租给一个或若干个包机人（包机人指发货人或航空货运代理公司），从一个或几个航空站装运货物至指定目的地。包机运输适合于大宗货物运输，费率低于班机运输，但运送时间则比班机运输要长些。

（3）集中托运(consolidation)可以采用班机或包机运输方式，是指航空货运代理公司将若干批单独发运的货物集中成一批向航空公司办理托运,填写一份总运单送至同一目的地,然后由其委托当地的代理人负责分发给各个实际收货人。这种托运方式可降低运费,是航空货运代理的主要业务之一。

(4) 航空快递业务(air express service)又称航空急件传送,是目前国际航空运输中最快捷的运输方式。

它是由一个专门经营快递业务的机构与航空公司密切合作,设专人用最快的速度在货主、机场、收件人之间传送急件,特别适用于急需的药品、医疗器械、贵重物品、图纸资料、货样及单证等的传送,被称为"桌到桌运输"(desk to desk service)。

四、集装箱运输和国际多式联运

(一) 集装箱运输

1. 集装箱运输的含义

集装箱(container)是用钢、铅、胶合板、玻璃钢或这些材料混合制成的容器,是货物运输的一种辅助设备,又称为"货柜"或"货箱"。集装箱运输是指将一定数量的单件货物装入集装箱内,作为一个运送单位所进行的运输。

国际标准化组织为了统一集装箱规格,推荐13种规格的集装箱。其中20英尺和40英尺集装箱使用最普遍。

集装箱运输的优点:有利于提高装卸效率和加速船舶的周转;有利于提高运输质量和减少货损货差;有利于节省各项费用和降低货运成本;有利于简化货运手续和便利货物运输;把传统单一运输连为连贯的成组运输,从而促进了国际多式联运的发展。

2. 集装箱运输货物的交接

(1) 装箱方式有2种:

① 整箱方式(full container load,FCL)——整箱货。由发货自己在工厂或仓库进行装箱。

② 拼箱方式(less than container load,LCL)——拼箱货。货量不足一箱,由承运人在集装箱货运站负责将不同发货人的货物拼装在一个集装箱内。

(2) 集装箱运输货物的交接方式主要有4种:

① 整箱交/整箱收(FCL/FCL):(堆场到堆场)。发货人在工厂或仓库进行装箱。货物装箱后直接运交集装箱堆场等待装运,货到目的地后,收货人直接在集装箱堆场提走。

② 拼箱交/拆箱收(LCL/LCL):货运站到货运站。由承运人在集装箱货运站负责将不同发货人的货物拼装在一个集装箱内,货到目的地后,有承运人拆箱后分拨给各收货人。

③ 整箱交/拆箱收(FCL/LCL):堆场到货运站。

④ 拼箱交/整箱收(LCL/FCL):货运站到堆场。

(二) 国际多式联运

1. 国际多式联运的含义

国际多式联运(international multimodal transport)又称国际联合运输(international combined transport)是在集装箱运输的基础上产生和发展起来的,也就是说,它是以集装箱为媒介,把海、陆、空等各种单一的运输方式有机地结合起来,组成一种国际间的货物运输。它手续简便,减少中间环节,责任统一,缩短运输时间,提高货运质量,降低运输成本,加速货运周转。

2. 构成条件

多式联运经营人和托运人之间须订立一份多式联运合同,明确双方的权利、义务、责任和豁免;必须是两种或两种以上不同运输方式的连贯运输;必须使用全程多式联运单据,并由多式联运经营人负总责任;必须是全程单一的运费费率;必须是国际间的货物运输。

五、其他运输方式

(一) 公路运输

公路运输(road transport)是构成陆上运输的两种基本运输方式之一,是指以公路为运输线,利用汽车等陆路运输工具,做跨地区或跨国的移动,以完成货物位移的运输方式。它是对外贸易运输和国内货物流程的主要方式之一,既是独立的运输体系,也是车站、港口和机场物资集散的重要手段。

(二) 邮政运输

邮政运输(parcel post transport)也称邮包运输,是通过邮局寄发进出口货物的一种运输方式。

国际上邮政部门之间签订有协定和《万国邮政公约》,通过这些协定和公约,邮件的传递可以以最快的方式传递,从而形成一个全球性的邮政运输网。

其特点是手续简便、费用低、具有国际性和"门对门"运输的性质。国际邮政运输分为普通邮包和航空邮包两种。

(三) 管道运输

管道运输(pipeline transport)是输送液体和气体物资的运输方式,是一种专门由生产地向市场输送石油、煤和化学产品的运输方式,是统一运输网中干线运输的特殊组成部分。管道运输不仅运输量大、连续、迅速、经济、安全、可靠、平稳,以及投资少、占地少、费用低,并可实现自动控制。但成本大且灵活性差。

(四) 大陆桥运输

大陆桥运输(land bridge transport)是以集装箱为媒介,利用大陆上的铁路、公路为中间桥梁把大陆两端的海洋运输连接起来,组成"海-陆-海"的连贯运输。世界上著名大陆桥运输线有美国大陆桥运输线、加拿大大陆桥运输、前苏联西伯利亚大陆桥运输、中荷大陆桥。

第二节　合同中的装运条款与运输单据

一、装运时间

装运时间又称装运期、交货期或交货时间,是指卖方履行交货的时间,它是合同中的一项重要条款。在合同签订后,卖方能否按规定的装运时间交货,直接关系到买方能否及时取得货物,以满足其生产、消费或转售的需要。

(一) 装运时间的规定方法

国际贸易合同中,对装运期的规定方法一般有:第一,明确规定具体装运时间;第二,规定在收到信用证后若干天或若干月内装运。

(二) 规定装运时间应注意的问题

应该考虑货源和船源的实际情况,使船货衔接;对装运期限的规定应适度。应视不同商品租船订舱的实际情况而定;要根据不同货物和不同市场需求,规定交货期;装运时间要详细且准确,避免笼统规定。

二、装运港和目的港

装运港(port of shipment)又称装货港(loading port),是指货物起始装运的港口。目的港(port of destination)又称卸货港(unloading port),是指货物最终卸下的港口。

(一) 装运港和目的港的规定方法

在一般情况下,装运港和目的港分别规定各为一个;有时按实际业务的需要,也可分别规定两个或两个以上的装运港或目的港;在磋商交易时,如明确规定装运港或目的港有困难,可以采用选择港办法。

(二) 确定装运港(地)和目的港(地)的注意事项

要根据我国对外政策的需要来考虑,不应选择我国政府不允许往来的港口;对国外装卸港的规定应力求具体明确;不能接受内陆城市为装卸港。因为接受这一条件,我方要承担从港口到内陆城市运费和风险;必须注意装卸港口的具体条件,如有无直达班轮,港口装卸条件及运费和附加费水平等;应注意国外港口有无重名。

三、分批装运和转运

(一) 分批装运

分批装运(partial shipment)又称分期装运(shipment by instalments),是指一个合同项

下的货物分若干批或若干期装运。在大宗货物或成交数量较大的交易中,买卖双方根据交货数量、运输条件和市场销售等因素,可在合同中规定分批装运条款。

按《跟单信用证统一惯例》规定:(1)在合同中如没有规定不准分批装运的,视为可以。(2)如果信用证中规定了每批装运时间和数量,若其中任何一期未按规定装运,则本期及以后各批均失效。(3)运输单据表明同一运输工具、同一路线、同一目的地,即使其表面上注明不同的装运日期及不同的装运港,将不视作分批装运。

(二)转运

《跟单信用证统一惯例》规定,除非信用证另有规定,可准许转运(transshipment)。为了明确责任和便于安排装运,买卖双方是否同意转运以及有关转运的办法和转运费的负担等问题,应在买卖合同中订明。例如:

2014年10/11/12月份装运,允许分批和转运。

Shipment during Oct./Nov./Dec. 2014. with partial shipments and transhipment allowed.

3/4月份分两次装运,禁止转运。

During Mar./Apr. in two shipments, transhipment is prohibited.

3/4月份分两次平均装运,允许转运。

During Mar./Apr. in two equal shipments to be permitted.

3/4月份分两次每月平均装运,由香港转运。

During Mar./Apr. in two equal monthly shipments, to be transhipped at Hong Kong.

四、装运通知和OCP条款

装运通知是装运条款的一项重要内容。买卖双方按CFR或CPT条件成交时,卖方交货后,及时向买方发出装运通知,以便买方及时办理保险,否则,所运货物的风险无法规避,因此装运通知具有重要意义。

同美国进行贸易时,为了取得运费的优惠,可采用OCP条款,OCP是overland common points的缩写,意为"内陆公共点",美国把北起北达科他州、南至新墨西哥州直到东部沿海规定为OCP地区。OCP运输过程就是出口到美国的货物运到美国西部港口(如旧金山、西雅图)卸货,再通过陆路交通(主要是铁路)向东运至指定的内陆地点。按OCP运输条款达成交易,既可享受美国内陆运输的优惠费率,内陆交通点运费率比当地运费率低3%~5%,同时享受OCP海运的优惠费率,每尺码吨约低3~5美元。因此,对美贸易,采用OCP运输条款,对进出口双方均有利。

注意问题:货物最终目的地必须属于OCP地区范围;货物必须经由美国西海岸港口中转;提单上必须标明OCP字样,并且在提单目的港一栏中除填明美国西部海岸港口名称外,还要加注内陆地区的城市名称。

五、运输单据

（一）海运提单

1. 海运提单的含义

海运提单（bill of lading，B/L）是承运人或其代理人在收到承运货物时签发给托运人的一种单据，用以证明海上货物运输合同和货物已经由承运人接收或装船，以及承运人保证据以交付货物的单据。它体现了托运人和承运人的关系。

2. 海运提单的性质和作用

（1）货物收据。证明承运人已收到或接管货物。

（2）物权凭证。提单在法律上具有物权凭证的作用，承运人在货抵目的港后向提单的合法持有人交付货物。而提单也可背书（endorsement）转让，从而转让货物的使用权。提单还可用于抵押贷款。

（3）运输契约的证明。提单是承运人和托运人间的运输契约，提单条款规定了承、托双方的权利、义务、责任和豁免。

3. 海运提单的格式和内容

海运提单一般包括提单正面记载事项和提单背面印刷的运输条款。

提单正面内容有：托运人、收货人、被通知人、收货地或装运港、目的地或卸货港、船名及航次、唛头及件号、货名及件数、重量和体积、运费预付或运费到付、正本提单的份数、船公司或其代理人的签章、签发提单的地点及日期。

4. 海运提单的种类

（1）按货物是否已装船分类可分为以下两种：

已装船提单（on board B/L），是指轮船公司将货物已经装上指定船舶并经船长签收后才签发的提单。提单上载明货物"已由某轮装运"的字样和装运日期的提单。

备运海运提单（received for shipment B/L），是指承运人在收到托运货物，等待装船期间，向托运人签发的提单。待运的货物一旦装运后，在备运提单上加"已装船"字样，这样备运提单就成了"已装船提单"。

（2）按有无外表状况不良批注分类可分为以下两种：

清洁提单（clean B/L），是指货物装船时，货物的外表状况良好，对海运提单上所印就的"外表状况明显良好"（in apparent good order and condition）没有作相反的批注（superimposed clause）或附加条文的提单。信用证要求的提单均为清洁提单。银行审单时应注意审核是否为清洁提单。根据《跟单信用证统一惯例》规定，除非信用证中明确规定可以接受不清洁的条款或批注，银行只接受清洁提单。

不清洁提单（unclear B/L），是指承运人在提单上加注了有关货物及包装状况不良或存在缺陷等批注的提单。

（3）按不同的运输方式分类可分为以下三种：

直达提单(direct B/L),是指由承运人签发的,货物从起运港装船后,中途不经过换船直接运达卸货港的提单。直达提单中关于运输记载的基本内容里,仅记载有起运港和卸货港,不能带有中途转船的批语。凡信用证规定不许转运或转船者,受益人必须提供直达提单。

转船提单(transhipment B/L),是指货物在起运港装船后,船舶不直接驶往货物的目的港,需要在其他中途港口换船转运往目的港的情况下承运人所签发的提单。

联运提单(through B/L),是指有两个或两个以上承运人联合起来运送货物的方式,各承运人对自己所执行的运程负责。在货物到达转运地后,由第一程承运人或其代理人将货物交给下一运输区段的承运人或其代理人继续运往目的地。在联运方式中由第一承运人签发的包括全程在内并收取全程费用的提单称为联运提单。第一承运人虽然签发全程提单,但他也只对第一运程负责。

(4) 按提单收货人抬头的不同分类可分为以下三种:

记名提单(straight B/L)又称直交提单,即明确指明收货人,例如"pay to×××",这种提单只能由特定收货人提货,不能背书转让,国际贸易中很少使用。

不记名提单(blank B/L),是指具体规定收货人,收货人栏留空或填"来人"(bearer)、"pay to the bearer"。该种提单不需背书即可流通转让,并且凭单交货,风险大,国际贸易中很少使用。

指示提单(order B/L),是指在提单的收货人栏内填写"凭指示"(to order)或"凭××指示"(to the order of)的字样,这种提单可以通过背书转让给第三者,故又称为"可转让提单",这种提单在国际贸易中应用得非常广泛。背书有两种方法:一是由背书人在提单背面签名盖章的,称作空白背书(blank endorsed);二是由背书人签字盖章外,还列明被背书人名称的,称为记名背书(endorsed in favor of)。目前,我国习惯采用"空白抬头,空白背书"(B/L made out to order and blank endorsed)的方式。

(5) 按提单内容的繁简分类可分为以下两种:

全式提单(long form B/L),是指详细列有承运人和托运人之间的权利、义务等条款的提单。由于条款繁多,所以又称繁式海运提单。在国际贸易中,目前使用的海运提单都是这种提单。

简式提单(short form B/L),是指海运提单上印明"简式"(short form B/L)字样,仅有正面海运提单内容,而背面是空白的海运提单。

(6) 按提单的使用效力分类可分为以下两种:

正本提单(original B/L),是指提单上有承运人、船长或其代理人签名盖章并注明签发日期的提单。这种提单在法律上是有效的单据。正本提单上必须标明"正本"(origin)字样。

副本提单(copy B/L),是指提单上没有承运人、船长或其代理人签字盖章,而仅供工作上参考之用的提单。在副本提单上一般都标明"copy"字样,以示与正本提单有别。

(7) 其他提单种类如下:

舱面提单(on deck B/L),对装在甲板上货物签发的加"on deck"的提单。

过期提单(stale B/L),卖方超过信用证规定交单日的提单或信用证未规定交单期限时在装运日 21 天后提交的提单,无论如何,不得超过信用证的有效期。晚于货物到达目的港的提单也属于过期提单。

集装箱提单(container B/L),负责集装箱运输的经营人或其代理,在收货后签发的提单。包括集装箱联运提单(combined transport B/L,CT B/L)和多式联运单据(multimodal transport document,MTD)。

预借提单(advanced B/L),当信用证规定的有效期或交单期即将到达,而要托运的货物尚未装船或者尚未装船完毕,为了在信用证有效期或交单期内取得装船提单以便结汇,托运人向承运人预先借用提单,并出具保证函向承运人声明,如承运人因出具提单所引起的一切责任由托运人负责,而由承运人先行签发的提货凭证。预借提单是一种违法的提单。

倒签提单(anti-dated B/L),当装船或提单签发日的日期迟于信用证规定的装运日,为使签发日符合信用证规定,承运人应托运人要求而签发的使二者日期一致,以方便信用证受益人结汇的提货凭证。买方等利益人通过查航海日志(sales log)可查出实际装运情况。

(二)海上货运单

海上货运单(sea waybill or ocean waybill),是证明海上货物运输合同和货物由承运人接管或装船,以及承运人保证据以将货物交付给单证所载明的收货人的一种不可流通的单证,因此又称为"不可转让海运单"(non-negotiable sea waybill)。海运单不是货物的物权凭证,故不得转让。收货人不凭海运单提货,承运人亦不凭海运单交货,而是凭海运单所载明的收货人或收货凭条交付货物,只要该凭条能证明提货人为运单上所指明的收货人即可。

第三节 海上货物运输保险的保障范围

保险是指投保人根据合同约定,向保险人支付保险费,保险人对于合同约定的可能发生的事故,因其发生所造成的财产损失承担赔偿保险金责任;或者当被保险人死亡、伤残、疾病或者达到合同约定的年龄、期限时承担给予保险金责任的商业保险行为。

海上货物运输保险同其他保险一样,被保险人必须对保险标的具有保险利益,而在国际货运中,这一保险利益体现在对保险标的所有权和所承担的风险责任上。其承保的范围包括海上风险、海上损失与费用以及外来原因所引起的风险和损失。

一、海上风险和损失

(一)海上风险

海上风险是指包括海上发生的自然灾害和意外事故所带来的风险,但它并不包括海上的一切风险。

1. 自然灾害(natural calamity)

自然灾害是指不以人的意志为转移的自然界力量所引起的灾害。但在海运保险业务中,它并不是泛指一切由于自然力量造成的灾害,而是仅指恶劣气候、雷电、地震、海啸或火山爆发等人力不可抗拒的自然力量造成的灾害。

2. 意外事故(fortuitous accidents)

意外事故是指由于偶然、非意料的原因所造成的事故，并不是泛指海上所有的意外事故，而仅指运输工具搁浅、触礁、沉没，船舶与流冰或其他物体碰撞以及失踪、失火、爆炸等。

(二)全部损失和部分损失

海上损失是指被保险货物在海洋运输中由于发生海上风险所造成的损坏或灭失，又称为海损(average)。海损可分为全部损失与部分损失。

1. 全部损失(total loss)

全部损失是指货物全部灭失、或全部变质、或不可能归还被保险人。它分为实际全损和推定全损。

(1) 实际全损(actual total loss)是指货物全部灭失或全部变质而不再有任何商业价值。分四种情况：被保险货物在保险事故发生后，已完全灭失或损坏；被保险货物遭受严重损害，已丧失形体、用途和价值；被保险人对其货物所有权已无可挽回地被完全剥夺；载货船舶失踪达到一定时期仍无音信。

(2) 推定全损(constructive total loss)归纳有两种情况：被保险货物受损后，整理、修理或施救的费用估计要超过复修后货物的价值；被保险货物受损后，被保险人失去对货物的所有权，而要夺回这一所有权所花的费用将超过收回后该批货物价值。

委付(abandonment)是指保险标的造成推定全损时，被保险人将该标的一切权利转移给保险人，而请求保险人赔偿全部保险金额的法律行为。委付的成立条件：发生推定全损；被保险人提出委付申请；对货物处置权交给保险公司。

2. 部分损失(partial loss)

部分损失是指保险标的的损失没有达到全损程度的一种损失，是被保险货物的一部分损毁或灭失。根据部分损失造成的原因不同，部分损失可分为共同海损和单独海损。

(1) 共同海损(general average)。在海运途中，船舶、货物或其他财产遭遇共同危险，为了解除共同危险，有意采取合理的救难措施，所直接造成的特殊牺牲和支付的特殊费用。

构成共同海损的条件：其危险是共同的，采取的措施是合理的；其危险必须是真实存在的而不是臆测的，或者是不可避免地发生的；其牺牲必须是自动的和有意采取的行为，其费用必须是额外的；必须是属于非常情况下的损失。

共同海损应由船主、货主和承运各方按获救的价值，以一定的比例分摊，这种分摊叫共同海损的分摊。

(2) 单独海损(particular average)。单独海损是指保险标的物在海上遭受承保范围内的风险所造成部分灭失或损害，即指除共同海损以外的部分损失。单独海损的特点是：它不是人为有意造成的部分损失；它是保险标的物本身的损失；单独海损由受损失的被保险人单独承担，但其可根据损失情况从保险人那里获得赔偿。

共同海损和单独海损的费用承担：共同海损费用由获救后各方利益大小按比例分摊；单独海损的费用由受损方自己(或保险公司)承担。

共同海损与单独海损的区别：造成海损的原因不同；承担损失的责任不同。

第四篇　货物进出口业务

第十六章　国际货物运输与保险

分析案例 16-1

分清海上损失的种类

2000 年金刚轮号从伊朗阿巴丹港开出驶向中国,船上装有轮胎、钢铁、棉花、木材。当船航至上海海面时突然着火,经救助造成以下损失:抛弃全部轮胎 USD 9 000,其中 20% 已着火;扔掉未着火的木材及其他易燃物质价值 USD 3 000;烧掉棉花 USD 5 000;船甲板被烧 100 平方厘米,修理费用 USD 100;检查费用 USD 100。

求:共同海损与单独海损各为多少?

解:

GA=9000×80%+3000+100=10 300(美元)

PA=9000×20%+5000+100=6 900(美元)

(三) 费用

费用包括施救费用和救助费用。

施救费用(sue and labor charges)是指当被保险货物遇到保险责任范围内的灾害事故时,被保险人、或其代理人、或保险单上受让人等为防止损失的进一步扩大,而采取措施所付出的费用。

救助费用(salvage charges)是指当被保险货物遇到保险责任范围内的灾害事故时,由无契约关系的第三者采取的救助行动,获得成功,而向其支付的报酬。

二、外来风险和损失

外来风险指海上风险以外的由于其他各种外来的原因所造成的风险和损失,有以下两种:

(1) 一般外来风险:由一般的外来原因所造成的风险和损失。这类风险损失,通常是指偷窃、短量、破碎、雨淋、受潮、受热、发霉、串味、玷污、渗漏、钩损和锈损等。

(2) 特殊外来风险:由特殊的外来原因造成的风险和损失,主要指由于军事、政治、国家政策法令和行政措施等原因所致的风险损失。

第四节　中国海运货物保险条款

中国人民保险公司为适应我国对外经济贸易发展的需要,根据我国保险业务实际情况,参照国际保险市场做法,制定了《中国保险条款》(China insurance clauses,CIC)。

一、承保责任范围

保险人承保责任范围大小,取决于不同保险险别。

(一) 基本险别

基本险别可以单独投保，被保险人投保时，必须选择一种基本投保。主要包括平安险、水渍险和一切险。被保险货物遭受损失时，本保险按照保险单上订明承保险别的条款规定，负赔偿责任。

1. 平安险(free from particular average, FPA)

承保责任范围包括：被保险货物在运途中遭受自然灾害造成的全部损失；运输工具遭意外事故造成货物的全部或部分损失；运输工具遭意外事故情况下，货物在此前后又遭自然灾害造成的部分损失；在装卸或转船时，一件或数件整件货物落海造成的全损或部分损失；被保险人对遭风险的货物采取抢救、以防止或减少损失所支付的合理费用，但以不超过保险金额为限；运输工具遭海难后，在避难港产生的特别费用；(卸、存、运)共同海损的牺牲、分摊和救助费用；"船舶互撞条款"中规定由货方偿还船方的损失。

分析案例 16-2

平安险责任范围的判定

(1) 货物运输途中遭遇恶劣天气，海水涌进船舱，将孙商人的 6 000 公吨货物，浸泡 3 000 公吨之后又触礁，海水涌进船舱，货物又被浸泡 1 000 公吨。

(2) 货物在运输途中遭遇恶劣天气，海水涌进船舱，将张商人 6 000 公吨货物浸泡 3 000 公吨。

(3) 货物运输途中遭遇恶劣天气，海水涌进船舱，将王商人 6 000 公吨货物全部浸泡。

(4) 运输货物的船舶在运输途中触礁，海水涌进船舱，将李商人的 5 000 公吨货物浸泡 2 000 公吨。

(5) 货物运输途中，自来水管破裂，将赵商人的 8 000 公吨货物浸泡 3 000 公吨。

请分析(1)~(5)的情况，若投保平安险，各题是否赔偿？

答：(1) 赔偿 4 000 公吨；(2) 不予赔偿；(3) 赔偿；(4) 赔偿 2 000 公吨；(5) 不予赔偿。

2. 水渍险(with particular average, W.A 或 W.P.A)

除包括上列平安险的各项责任外，水渍险还负责被保险货物由于恶劣气候、雷电、海啸、地震、洪水自然灾害所造成的部分损失。承保责任范围包括：平安险和自然灾害下的部分损失。

3. 一切险(all risks, A.R)

承保责任范围包括：水渍险和一般附加险的内容。

(二) 附加险别

1. 一般附加险(general additional risks)

一般附加险包括偷窃提货不着险、淡水雨淋险、渗漏险、短量险、钩损险、污染险、破碎险、碰损险、生锈险、串味险和受潮受热险等 11 种。

2. 特殊附加险(special additional risks)

特殊附加险包括战争险和罢工险;其他特殊附加险(交货不到险、舱面险、拒收险、黄曲霉素险等)。

二、保险责任的起讫

在海运保险中保险责任的起讫主要采用仓至仓条款(warehouse to warehouse clauses,W/W),即保险责任自被保险货物运离保险单所载明的起运地仓库或处所开始(包括海、陆、河运)直至该货物抵达保险单所载明的目的地收货人最后仓库或储存地或其他储存地为止。如果未抵达上述目的地,则在货物于最后卸港全部卸离海轮后 60 天为止。战争险的保险责任起讫:只限水面风险(若货物不卸,保 15 天为限)。

第五节 伦敦保险业协会货物保险条款

英国是一个具有悠久历史的发达国家。在国际海运保险业务中,英国所制定的保险规章制度,特别是保险单和保险条款对世界各国影响很大。目前世界上大多数国家在海上保险业务中直接采用英国伦敦保险协会所制定的"协会货物条款"(institute cargo clause,简称 ICC)。

"协会货物条款"最早制订于 1912 年,后来经过多次修改,最新条款于 2009 年 1 月 1 日起生效。伦敦保险协会新修订的保险条款一共有 6 种:

协会货物条款(A)[institute cargo clause A,简称 ICC(A)];协会货物条款(B)[institute cargo clause B,简称 ICC(B)];协会货物条款(C)[institute cargo clause C,简称 ICC(C)];协会战争险条款(货物)(institute war clause-cargo);协会罢工险条款(货物)(institute strikes clause-cargo);恶意损坏条款(malicious damage clause)。

以上 6 种保险条款中,前 3 种即协会货物条款(A)(B)(C)是主险或基本险,后 3 种则为附加险。

一、ICC(A)险的责任范围和除外责任

(一) ICC(A)险的责任范围

根据伦敦保险协会的规定,ICC(A)采用"一切风险减除外责任"的办法,即除了"除外责任"项下所列风险保险人不予负责外,其他风险均予负责。

(二) ICC(A)险的除外责任

1. 一般除外责任

如归因于被保险人故意的不法行为造成的损失或费用;自然渗漏、自然损耗、自然磨损、包装不足或不当所造成的损失或费用;保险标的内在缺陷或特性所造成的损失或费用;直接

由于延迟所引起的损失或费用;由于船舶所有人、租船人经营破产或不履行债务所造成的损失或费用;由于使用任何原子或核武器所造成的损失或费用。

2. 不适航、不适货除外责任

指保险标的在装船时,被保险人或其受雇人已经知道船舶不适航,以及船舶、装运工具、集装箱等不适货。

3. 战争除外责任

如由于战争、内战、敌对行为等造成的损失或费用;由于捕获、拘留、扣留等(海盗除外)所造成的损失或费用;由于漂流水雷、鱼雷等造成的损失或费用。

4. 罢工除外责任

罢工者、被迫停工工人造成的损失或费用,以及由于罢工、被迫停工所造成的损失或费用等。

二、ICC(B)险的责任范围和除外责任

(一) ICC(B)险的责任范围

根据伦敦保险协会对 ICC(B)险和 ICC(C)险的规定,其承保风险的做法是采用"列明风险"的方法,即在条款的首部开宗明义地把保险人所承保的风险一一列出。

ICC(B)险承保的风险是:保险标的物的灭失或损坏可合理地归因于下列任何之一者,保险人予以赔偿:火灾或爆炸;船舶或驳船搁浅、触礁、沉没或倾覆;陆上运输工具的倾覆或出轨;船舶、驳船或运输工具同水以外的外界物体碰撞;在避难港卸货;地震、火山爆发、雷电;共同海损牺牲;抛货;浪击落海;海水、湖水或河水进入船舶、驳船、运输工具、集装箱、大型海运箱或储存处所;货物在装卸时落海或摔落造成整件的全损。

(二) ICC(B)险的除外责任

ICC(B)险与 ICC(A)险的除外责任基本相同,但有下列两项区别:

第一,ICC(A)险除对被保险人的故意不法行为所造成的损失、费用不负赔偿责任外,对被保险人之外任何个人或数人故意损害和破坏标的物或其他任何部分的损害,要负赔偿责任;但 ICC(B)险对此均不负赔偿责任。

第二,ICC(A)险把海盗行为列入风险范围,而 ICC(B)险对海盗行为不负保险责任。

三、ICC(C)险的责任范围和除外责任

(一) ICC(C)险的责任范围

ICC(C)险承保的风险比 ICC(A)险、ICC(B)险要小得多,它只承保"重大意外事故",而不承保"自然灾害及非重大意外事故"。其具体承保的风险有:火灾、爆炸;船舶或驳船触礁、搁浅、沉没或倾覆;陆上运输工具倾覆或出轨;在避难港卸货;共同海损牺牲;抛货。

(二) ICC(C)险的除外责任

ICC(C)险的除外责任与ICC(B)险完全相同。

在"协会货物条款"中,除以上所述的ICC(A)、ICC(B)、ICC(C)三种险外,还有战争险、罢工险和恶意损害险三种。应注意的是,其"战争险"和"罢工险"不同于中国保险条款的规定(一定要在投保了三种基本险别的基础上才能加保),而是可以作为独立险别投保的。恶意损害险所承担的是被保险人以外的其他人(如船长、船员等)的故意破坏行为所致被保险货物的灭失和损害。它属于ICC(A)险的责任范围,但在ICC(B)、ICC(C)险中,则被列为"除外责任"。

保险期限(period of insurance)亦称保险有效期,是指保险人承担保险责任的起止期限。英国伦敦保险协会海运货物条款ICC(A)、ICC(B)、ICC(C)与前文所述我国海运货物保险期限的规定大体相同,也是"仓至仓",但比我国条款规定更为详细。战争险的保障期限仍采用"水上危险"原则。同时,罢工险的保险期限与ICC(A)、ICC(B)、ICC(C)的保险期限完全相同,即也采用"仓至仓"原则。在我国进出口业务中,特别是以CIF条件出口时,有些国外商人如要求我出口公司按伦敦保险协会货物条款投保,我出口企业和中国人民保险公司也可通融接受。

第六节 买卖合同中的保险条款和货物保险基本做法

采用不同的贸易术语,办理投保的人就不同。凡采用FOB或CFR条件成交时,在买卖合同中,应订明由买方投保。凡以CIF条件成交的出口合同,均须向中国人民保险公司按保险金额、险别和适用的条款投保,并订明由卖方负责办理保险。例如:

(1) 以FOB、CFR或FCA、CPT术语成交。

例:"保险由买方办理"。Insurance is to be covered by the Buyer。

(2) 以CIF或CIP术语成交。条款内容要明确由卖方办理保险,保险险别是什么,保险金额是多少,受何种保险条款的约束以及保险条款的生效日期等等。

例:"由卖方按发票金额的110%投保一切险和战争险,按1981年1月1日中国人民保险公司《海洋货物运输保险条款》负责"。Insurance is to be covered by the Sellers for 110% of the Invoice Value against All Risks and War Risk as per Ocean Marine Cargo Clauses of the People's Insurance Company of China dated Jan. 1,1981.

一、保险金额

保险金额是指保险人承担赔偿或者给付保险金责任的最高限额,也是保险人计算保险金的基础,一般根据保险价值确定。保险价值一般包括货价、运费、保险费以及预期利润等。在国际贸易中,保险金额通常还需在发票金额的基础上增加一定的百分率,即保险加成。

保险金额的计算公式：

$$保险金额 = CIF 价 \times (1 + 保险加成率)$$

$$CIF 价 = \frac{CFR}{1 - [(1 + 保险加成率) \times 保险费率]}$$

二、保险费

办理投保时，应填写投保单，并交付保险费。保险费的计算公式：

$$保险费 = 保险金额 \times 保险费率$$

如按 CIF 投保，计算公式为：

$$保险费 = CIF 价 \times (1 + 保险加成率) \times 保险费率$$

三、保险单据

进出口货物发生属于保险责任范围内的损失后，保险人凭保险单据履行索赔手续。

(1) 保险单。保险单(insurance policy)也称大保单，是一种最规范、在国际贸易中使用最广泛的一种保险单据(背面载明保险人与被保险人之间的权利义务)。

(2) 保险凭证。保险凭证(insurance certificate)也称小保单，是一种简化的保险单据。背面不载明保险人与被保险人之间的权利义务。

(3) 预约保险单。预约保险单(open policy)又称预约保险合同，是被保险人(一般为进口人)与保险人之间订立的总合同。在实际业务中，预约保单适用于我国自国外进口的货物。凡属预约保单规定范围内的进口货物，一经起运，我国保险公司即自动按预约保单所订立的条件承保。

四、保险索赔

保险索赔(insurance claim)指当被保险人的货物遭受承保责任范围内的风险损失时，被保险人向保险人提出的索赔要求。在国际贸易中，如由卖方办理投保，卖方在交货后即将保险单背书转让给买方或其收货代理人，当货物抵达目的港(地)，发现残损时，买方或其收货代理人作为保险单的合法受让人，应就地向保险人或其代理人要求赔偿。

保险索赔的主要程序如下：

(1) 损失通知。被保险人得知货损后，应立即通知保险公司或保险单位上指明的代理人。后者接到损失通知后，应立即采取相应的措施，如检验损失、提出施救意见、确定保险责任和签发检验报告等。

(2) 向承运人等有关方面提出索赔。被保险人除向保险公司报损外，还应向承运人及相关责任方(如海关、理货公司等)索取货损货差证明，如系属承运人等方面的责任，则应及时以书面方式提出索赔。

(3) 采取合理的施救、整理措施。被保险人应采取必要的措施以防止损失的扩大，保险公司对此提出处理意见的，应按保险公司的要求办理。

(4) 备好索赔单证，提出索赔要求。索赔单证除正式的索赔函以外，还应包括保险单证、运输单据、发票、检验报告、货损货差证明等。

保险索赔的时效一般为 2 年。

◆**内容提要**

海洋运输是国际货物运输中最重要运输方式,其营运方式主要有班轮运输与租船运输。班轮运输使用更广泛,其运费主要包括基本运费和附加费用两部分。海运提单是海运下最重要运输单据,所以在签订贸易合同时需确定好提单种类和装运条款。海运风险非常大,故投保保险格外重要。中国海运保险条款在参考伦敦保险业协会货物保险条款的基础上制定 CIC 条款,其中有基本险和附加险;基本险有平安险、水渍险和一切险,而附加险是不能单独投保;各种险别的保障范围、保险条款制定需注意的问题和保险费的计算需在合同中明确。

◆**关键词**

海洋运输 班轮运输 海运提单 海运保险

◆**复习思考题**

1. 海运提单的性质和作用有哪些?
2. 构成共同海损的条件有哪些?
3. 什么是班轮运输?班轮运输有哪些特点?
4. 一批货物由上海出口至英国伦敦 CIF 总金额为 30 000 美元,投保一切险(保险费率为 0.6%)及战争险(保险费率为 0.03%),保险金额按 CIF 金额加 10%。求保险费是多少?
5. 我国某公司以 CIF 鹿特丹出口食品 1 000 箱,即期 L/C 付款。货装运后,凭已装船清洁提单和已投保一切险及战争险的保险单向银行收款。货到目的港后,经进口人复检,发现以下情况:(1)货物共 10 个批号抽查 20 箱,发现 2 个批号涉及 200 箱内含沙门氏细菌超过进口国标准;(2)收货人只收到 998 箱货物;(3)有 15 箱外表良好,但箱内短少 60 公斤。分析:进口人应分别向谁索赔?
6. 中国某公司出口到澳大利亚悉尼港某商品,共 100 箱,每箱毛重 35 公斤,体积为 45cm×40cm×25cm,计收标准为 W/M,经查得知直运悉尼港基本运费为 120 美元,其中燃油附加费率 20%,港口拥挤费率 10%。请计算应付运费是多少?

思考案例

分批装运的运用

某公司向国外出口大豆 1 000 公吨,国外来证规定:不允许分批装运;装运期不晚于 10 月 30 日。10 月 15 日、10 月 17 日,卖方分别在大连、青岛各装 500 公吨于同一航次的同一船只上,提单上也注明了不同的装货港和不同的装船日期。

请问卖方是否违反了信用证的规定?

应用训练

CIF 术语出口贸易货物运输保险的险别

我国按 CIF 术语出口对外发盘,若按下列险别作为保险条款进行投保:(1)一切险、偷窃提货不着险、战争险、罢工险；(2)平安险、一切险、受潮受热险、战争险、罢工险；(3)水渍险、碰损破碎险；(4)偷窃提货不着险、钩损险、战争险、罢工险；(5)一切险、淡水雨淋险。

请回答：

(1)～(5)的保险险别是否正确？若错误，请纠正。

第十七章 国际货款的收付

本章结构图

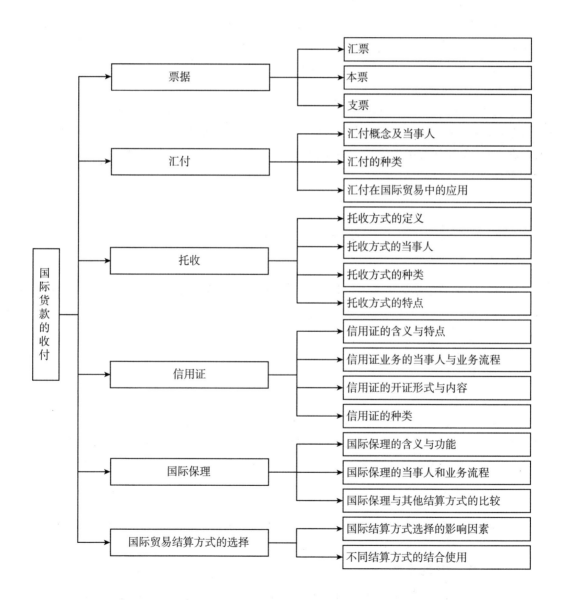

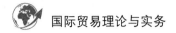

学习目标

掌握国际结算工具和方式,了解票据法、国际结算方式的最新发展;理解汇票、本票、支票的特征和三种票据之间的关系;掌握汇票的格式和内容、当事人的关系、汇票的票据行为;掌握汇付、托收、信用证的结算流程和特征,并能根据实际业务对支付方式进行选择搭配,灵活运用于国际贸易结算实践。

导入案例

信用证 OR 托收

我某出口公司收到国外开来的不可撤销信用证一份,由设在我国境内的某外资银行通知并加保。我公司在货物装运后,正拟将有关单据交银行议付时,忽接该外资银行通知,由于开证行已宣布破产,该行不承担对该信用证的议付或付款责任,但可接受我出口公司委托向买方直接收取货款的业务。对此,你认为我方应如何处理为好?简述理由。

我方应按规定交货并向该保兑外资银行交单,要求付款。因为根据《UCP600》,信用证一经保兑,保兑行和开证行同为第一付款人,对受益人就要承担保证付款的责任。未经受益人同意,该项保证不得撤销。对于外资银行的建议我方不能接受,信用证是银行承担第一性的付款责任,而托收是商业信用,买方承担第一性的付款责任,对于卖方而言其安全性要低于信用证。

第一节 票 据

国际结算中的票据是指能够代替货币现金起流通和支付作用,从而抵消和清偿国际债权债务或者完成资金转移的国际结算工具,主要有汇票、本票、支票等。

一、汇票

(一)汇票的定义

英国《票据法》的汇票定义为世界各国所普遍引用和参照,其关于汇票的定义是:一人向另一人签发的,要求他在即期或定期或可以确定的将来时间,向某人或某指定人或持票来人无条件支付一定金额的书面命令。

(二)汇票的绝对必要项目

汇票是一种要式凭证,注重在形式上应具备绝对必要项目。只要这些项目齐全,符合票据法的规定,就具有票据的效力。我国《票据法》规定汇票有 7 个必要项目。

1. "汇票"字样的注明

汇票上必须标明"汇票"(bill of exchange,exchange 或 draft)字样,这样可使人易于识别它的性质，方便实务上处理。

2. **无条件支付命令**

（1）汇票是一项支付命令，而不是付款请求，必须用祈使句，不能用表示请求的虚拟句。

例如：Pay to A Company or order the sum of five thousand pounds only. ——有效汇票。

I should be pleased if you pay to the order of B Company the sum of five thousand pounds only. ——无效汇票。

（2）汇票的支付命令是无条件的，即出票人要求受票人的付款必须是无条件的，付款人的支付不能以收款人履行某项行为或事件为前提条件，否则，该汇票无效。

例如：Pay to ABC Company or order the sum of five thousand pounds only providing the goods supplied in compliance with contract…——无效汇票。

注明汇票起源交易、汇票付款后如何取得偿付等不能作为有条件支付的记载，汇票也是有效的。

3. **一定金额的货币**

（1）以确定的货币表示。汇票的支付标的必须是金钱，其金额必须是可以确定的。任何选择的或者浮动的记载或未定的记载，如使用类似"or，about，between…and…"等都使汇票无效。

（2）大写和小写。我国《票据法》规定，票据金额大小写金额必须一致，大小写金额不符，票据无效，银行以退票处理。

（3）利息条款。汇票上允许注明按一定的利率或某一日市场利率加付利息，但利息条款须注明利率、起算日和终止日。

（4）其他。分期付款的条款必须具体、可操作；支付等值其他货币，要按一定的或可以确定的汇率折算后付款。

4. **出票的日期**

（1）决定汇票的有效期。汇票的流通有其时效性，即有效期，其起算日为出票日期。

（2）决定汇票的到期日。对于出票后若干天（月）（At×××days after date）付款的汇票，付款到期日的确定就取决于出票日。

（3）决定出票人的行为能力。如出票时法人已宣告破产清理，已表明他丧失相应的行为能力，则票据不能成立。

5. **收款人名称**

收款人（payee）也称抬头人，是汇票出票时记载的债权人。可以表示为：

（1）空白抬头，也称为来人抬头，该汇票不需背书，持票人凭交付即可转让汇票的权利。

例如：pay to bearer / holder。这种汇票是认票不认人，因此在商业法规不完善、治安不好的地方要少用。

（2）限制性抬头，这类抬头的汇票不得转让他人，只有票面上的收款人才有权取得票款。

例如：① pay to John Smith only；② pay to John Smith not transferable；③ "Not Transferable"字样出现在汇票上。

(3) 指示性抬头，这类抬头的汇票可通过背书或交付的方式转让。这种抬头在实务中较多见。

例如：pay to the order of A Co. /pay to A Co. or order。

6. 付款人名称

付款人(payer)是接受命令的人，也叫受票人(drawee)。受票人只有对汇票作出承兑或付款，才成为承兑人或付款人。受票人在汇票上通常表述为"To (drawee)"。

7. 出票人签名

汇票上要有出票人签名，以确认出票人对汇票的债务责任。我国《票据法》规定票据上的签字为签名或盖章或签名加盖章。英国《票据法》规定必须手签。目前按照国际惯例，涉外票据应采用手签方式。

(三) 汇票的相对必要记载项目

1. 出票的地点

依照国际惯例，票据成立与否采用行为地法律的原则，汇票是否完善有效以出票地的法律为依据。出票地点应与出票人的地址相同。据《日内瓦统一法》规定，若汇票上未载明地点，则以出票人姓名旁边的地点为出票地点。

2. 付款期限(time of payment 或 tenor)

汇票的付款期限可以分为两大类，即期付款和远期付款。

(1) 即期(at sight, on demand, on presentation)付款。即期付款也叫见票即付，提示汇票的当天为付款日，无需承兑。若汇票上无标明付款期限的，也为即期。

(2) 远期(at a determinable future time，time/ usance / term bill)付款。在远期付款方式下，持票人向受票人初次提示汇票时，受票人只对汇票进行承兑(承诺付款)，付款行为发生在将来可以确定的时间。

3. 付款地点

汇票的付款地点是指持票人提示票据要求付款的地点。如果汇票上未注明付款地点，跟在付款人后面的地址就作为付款地。

(四) 汇票的任意记载项目

1. "付一不付二"与"付二不付一"

出口商通过银行向进口商收款时开出的是一式二份的成套汇票(a set of bill)。两张汇票内容完全相同，且具有同等的法律效力。两张汇票分不同航班邮寄，先到的那张起作用，后到的就自动失效，此谓"付一不付二"与"付二不付一"。

2. 需要时的受托处理人

托收是出口商先出运商品后收款的结算方式。为了防止在货到后进口商的拒绝承兑或拒绝付款,造成出口商的被动,出口商有必要在进口商所在地委托一家公司作为需要时的受托处理人。当汇票遭拒付时,持票人可向需要时的受托代理人联系,求助于他。若他愿意,即可参加承兑,到期日参加付款,又称预备付款人。

另外,汇票的任意记载项目还包括担保付款行、利息与利率、用其他货币付款、提示期限等项目。

（五）汇票的当事人及其责任

1. **基本当事人**

出票人、受票人和收款人是汇票的必要当事人,也是汇票尚未进入流通领域之前的基本当事人。

（1）出票人(drawer)。出票人是开出并交付汇票的人。汇票一经签发,出票人就负有担保承兑和担保付款的责任,直到汇票完成它的历史使命。在汇票被承兑前,出票人是汇票的主债务人;在汇票被承兑后,承兑人成为主债务人,出票人是汇票的从债务人。

（2）受票人(drawee)。受票人是按汇票上记载接受别人的汇票且要对汇票付款的人,在他实际支付了汇票规定的款项后也称为付款人(payer)。他是接受付款命令的人(addressee)。受票人未在汇票签名之前,可承兑,也可拒付,他不是必然的汇票债务人,并不必然承担付款责任。受票人承兑了汇票,就要对汇票承担到期付款的法律责任,而成为汇票的主债务人。

（3）收款人(payee)。收款人是收取票款之人,即汇票的受益人,也是第一持票人(holder),是汇票的主债权人。收款人可以要求付款人承兑或付款;遭拒付时他有权向出票人追索票款;由于汇票是一项债权凭证,他也可将汇票背书转让他人。

2. **其他当事人**

（1）背书人(endorser)。背书人是收款人或持票人在汇票背面签字,并将汇票交付给另一人,表明将汇票上的权利转让的人。收款人或持票人可以通过背书成为背书人,并可以连续地进行背书转让汇票的权利。

（2）被背书人(endorsee)。即接受背书的人。当他再转让汇票时,就成为另一背书人。若不转让,则将持有汇票,就成为第二持票人。因此,他是汇票的债权人,最后被背书人必须是持票人(holder)。他拥有向付款人和前手背书人直至出票人要求付款的权利。

（3）承兑人(acceptor)。受票人同意接受出票人的命令并在汇票正面签字,就成为承兑人。票据一经承兑,出票人退居从债务人的地位,而由承兑人成为主债务人。

（4）参加承兑人(acceptor for honour)。参加承兑人是非汇票债务人对被拒绝承兑或无法获得承兑的汇票进行承兑的人。参加承兑人也是汇票的债务人。

（5）保证人(guarantor)。保证人是一个第三者对于出票人、背书人、承兑人或参加承兑人做保证行为的人,做"保证"签字的人就是保证人。保证人与被保证人负担相同责任。

（6）持票人(holder)。指收款人或被背书人或来人,是现在正在持有汇票的人。他是票据权利的主体,享有付款请求权、追索权和票据转让权。

（7）正当持票人(holder in due course)。正当持票人指经过转让而持有汇票的人。根据英国《票据法》规定,持票人应符合以下条件的,才能成为正当持票人:① 持有的汇票票面完整正常,前手背书真实,且未过期;② 持票人对于持有的汇票是否曾被退票不知情;③ 持票人善意地付过对价而取得汇票;④ 接受转让时,未发现前手对汇票的权利有任何的缺陷。

正当持票人的权利优于其前手,不受前手权利缺陷的影响,且不受汇票当事人之间债务纠葛的影响,能够获得十足的票据金额。

(六)汇票的种类

1. 按照出票人分类

银行汇票(banker's bill)指出票人是银行的汇票。它一般为光票。

商业汇票(commercial bill)指出票人是公司或个人的汇票。它可能是光票,也可能是跟单汇票。

2. 按照承兑人分类

银行承兑汇票(banker's acceptance bill)指由银行承兑的远期汇票,它建立在银行信用基础之上。

商业承兑汇票(trader's acceptance bill)指由个人商号承兑的远期汇票,它建立在商业信用基础之上。由于银行信用高于商业信用,因此,银行承兑汇票在市场上更易于贴现,流通性强。

3. 按照付款时间分类

即期汇票(sight bill or demand draft)即见票即付的汇票,它包括票面上记载"at sight/on demand"字样的汇票,提示汇票即是"见票"。

远期汇票(time bill/usance bill)即规定付款到期日在将来某一天或某一可以确定日期的汇票。它可分为出票后定期付款汇票、见票后定期付款汇票、在其他事件发生后定期付款汇票、定日付款汇票和延期付款汇票5种情况。

4. 按照是否附有货运单据分类

光票(clean bill)即不附带货运单据的汇票。在国际贸易结算中一般用于贸易从属费用、货款尾数、佣金等的收取或支付。

跟单汇票(documentary bill)即附带货运单据的汇票。与光票相比较,跟单汇票除了票面上当事人的信用以外,还有相应的物资做保障,因此该类汇票流通转让性能较好。

(七)票据行为

狭义的票据行为是以负担票据上的债务为目的所做的必要形式的法律行为,包括出票、背书、承兑、参加承兑、保证。其中出票是主票据行为,其他行为都是以出票为基础而衍生的附属票据行为。

广义的票据行为除上述行为外,还包括票据处理中有专门规定的行为,如提示、付款、参加付款、退票、行使追索权等行为。票据行为与票据形式和内容一样具有要式性,必须符合票据法的规定。

1. 出票

出票(issue)是指出票人签发汇票并将其交付给收款人的票据行为。出票是主票据行为,离开它就不可能有汇票的其他行为。一个有效的出票行为包括两个动作:制成汇票并签字(to draw a draft and to sign it);将制成的汇票交付给收款人(to deliver the draft to payee)。这两个动作缺一不可。

汇票的出票行为一旦完成,就确立了汇票承兑前出票人是主债务人的地位和收款人的债权人地位,出票人要担保所开立的汇票会由付款人承兑和付款。

2. 背书

背书(endorsement)是指持票人在票据背面签字,以表明转让票据权利的意图,并交付给被背书人的行为。它是指示性抬头的票据交付转让前必须完成的行为。

背书包括两个动作:在票据背面或粘单上记载有关事项并签名。根据我国《票据法》规定,背书必须记载签章、背书日期、被背书人名称等事项,交付给被背书人或后手。

背书的种类有:

(1) 特别背书(special endorsement),又称为记名背书或正式背书,即持票人在背书转让时注明了被背书人的名称。背书内容完整、全面。

(2) 空白背书(blank endorsement),又称不记名背书,即背书人仅在背面签名,而不注明被背书人。做此背书后,被背书人要再转让,只需凭交付即可。

(3) 限制性背书(restrictive endorsement),指背书人在票据背面签字、限定某人为被背书人或记载有"不得转让"字样的背书。经过限制性背书后,指示性抬头的汇票成为了限制性抬头的汇票,就不能继续背书转让其权利,同时,也只有限制性背书的被背书人才能要求付款人付款。

3. 提示

提示(presentation)是指持票人将汇票提交给付款人,要求付款人按汇票指示履行承兑或付款义务的行为。有了提示行为才能实现收款人的收款权利。提示的形式有提示承兑和提示付款两种类型。

4. 承兑

承兑(acceptance)是指远期汇票的受票人在票面上签字以表示同意按出票人的指示到期付款的行为。承兑行为的完成包括两个动作:写成和交付。

例如,付款人在票面上作承兑:

Accepted ("承兑"字样)

John Smith (付款人签名)

Mar. 28, 2014 (承兑日期)

承兑构成承兑人在到期日无条件的付款承诺,在汇票承兑后,承兑人是该票据的主债务人,他要对所承兑的票据的文义负责,到期履行付款责任。

5. 付款

付款(payment)是指即期票据或到期的远期票据的持票人向付款人提示票据时,付款人支付票款以消除票据关系的行为。付款人按正常程序付款后,付款人及票面上所有的票据债务人的债务责任都得以解除,汇票流通过程得以终结,汇票上所列明的债权债务最终得到清偿。

6. 退票

持票人提示汇票要求承兑时,遭到拒绝承兑或持票人提示汇票要求付款时,遭到拒绝付款,均称为退票(dishonor),也称拒付。某些有条件承兑、拒绝付款、拒绝承兑、付款人死亡、破产、失去支付能力、避而不见等都叫退票。持票人在遭遇退票时,可以把被付款人拒付的情况通知前手,做成退票通知;还可以通过公证机构做成拒绝证书。

7. 追索

追索(recourse)指汇票遭拒付时,持票人要求其前手背书人或出票人或其他票据债务人偿还汇票金额及费用的行为。持票人所拥有的这种权利就是追索权(right of recourse)。

8. 保证

保证(guarantee/aval)是非票据的债务人对于出票、背书、承兑、参加承兑等行为所发生的债务予以保证的附属票据行为。汇票的出票人、背书人、承兑人、参加承兑人都可以作为被保证人。

二、本票

(一) 本票的法律定义

英国《票据法》对本票所下的定义是:本票是一人(债务人)向另一人(债权人)签发的,保证即期或定期或在可以确定的将来时间,向某人或其指示人或持票人无条件支付一定金额的书面承诺。

(二) 本票的必要项目

根据《日内瓦统一票据法》的规定,本票必须具备以下项目:写明其为"本票"(promissory note)字样;无条件付款承诺;一定金额货币;收款人或其指定人;出票日期;出票人签字。

从以上可以看出,本票比汇票少了一个绝对必要项目——付款人,而是由出票人承担付款责任。即由"我"签发,"我"保证在指定日期支付一定金额给"你"的承诺书,可以看成是"我欠你"的借据。

(三) 商业本票和银行本票

按签发人身份的不同,本票分为商业本票和银行本票。

商业本票(trader's note)是以商号或工商企业作为制票人,用以清偿制票人自身债务的本票。它建立在商业信用基础上,所以其使用范围渐渐缩小。商业本票按期限可分为远期本票和即期本票。

银行本票(banker's note)是由商业银行签发即期付给记名收款人或者付给来人的本票,它可以作为现金交给提取存款的客户。银行本票建立在银行信用基础上。银行本票也可以分为即期和远期两种,但远期使用得较少。

我国《票据法》所称本票仅限于银行本票,且为了正常的经济秩序,有利于国家实行有效的金融管理和宏观调控,还特别规定,银行本票的"出票人资格必须由中国人民银行审定"。

三、支票

（一）支票的法律定义

英国《票据法》对支票所下的定义是:支票是银行存款户对银行签发的授权银行对某人或其指示人或持票来人即期无条件支付一定金额的书面命令。简而言之,支票是以银行为付款人的即期汇票。

与汇票的定义相比:支票的付款人一定是银行,期限一定是即期的。此外与汇票无本质的不同。所以凡适用于即期汇票的规定也适用于支票。

（二）支票的必要项目

根据《日内瓦统一票据法》的规定,支票必须具备以下项目:写明其为"支票"(cheque)字样;无条件支付命令;确定金额货币;出票人名称和签字;出票日期;付款银行名称。

（三）支票的种类

1. 来人支票和记名支票

来人支票(cheque payable to bearer)又称不记名支票,其收款人是来人,凭单纯性交付即可转让。银行对持票人获得支票是否合法不负责任。

记名支票(cheque payable to order)其收款人是记名当事人,经有关当事人背书后便可进行流通与转让。

2. 非划线支票和划线支票

非划线支票(open cheques)又称敞口支票,即一般没有划线的支票。它既可取现又可转账划拨。

划线支票(crossed cheques)又称平行线支票,即票面上有两条平行划线的支票。它只能通过银行转账划拨。非划线支票可通过划线或加注行名成为普通划线支票或特别划线支票。出票人、背书人或持票人均可在支票上划线,其目的在于防止支票丢失和被盗时被人冒领。

3. 银行支票和私人支票

银行支票(banker's cheque)即出票人是银行,表明出票银行作为客户在另一家银行开立账户而开出的支票。

私人支票(personal cheque)即出票人是私人的支票。

4. 保付支票和不保付支票

保付支票(certified cheque)即由付款行在支票上加盖"保付(CERTIFIED)"戳记并签字

的支票。这时付款行就成为保付行,持票人可以不受付款提示期的限制,保付行承担绝对的付款责任,其他债务人可以一概免责。保付支票相当于得到付款行的付款确认,具有更好的信誉,更便于流通。不保付支票即普通的未经银行保付的支票。

第二节 汇　　付

一、汇付的概念及当事人

(一) 汇付方式的概念

汇付方式(methods of remittance),是汇出行(remitting bank)应汇款人(remitter)的要求,以一定的方式,把一定的金额,通过其国外联行或代理行作为汇入行(paying bank),付给收款人(payee)的一种结算方式。汇付方式是一种商业信用。

(二) 汇付方式的当事人

1. 汇款人

汇款人(remitter)即付款人,指向银行交付款项并委托银行将该款项交付给收款人的人;在国际贸易中,汇款人即进口商。其责任是填写汇款申请书、提供汇出的款项并承担相关费用。

2. 收款人或受益人

收款人或受益人(payee/beneficiary)指被汇款人委托银行交付汇款的对象;在国际贸易中,收款人即出口商。其权利是凭证取款。

3. 汇出行

汇出行(remitting bank)是受汇款人的委托,汇出汇款的银行。通常是汇款人所在地的银行或进口方银行。其职责是按汇款人的要求通过一定的途径将款项汇交收款人。

4. 汇入行

汇入行(paying bank)是受汇出行的委托办理汇款业务的银行。而将款项解付给受益人的银行是解付行。汇入行或解付行是收款人所在地的银行或出口方银行,其职责是证实汇出行的委托付款指示的真实性,通知收款人取款并付款;同时也有权在收妥头寸后再解付款项。

二、汇付的种类

根据汇出行通知汇入行付款的方式,或支付委托书、汇款委托书的传递方式不同,汇付可以分为电汇、信汇和票汇三种方式。

(一) 电汇

电汇(telegraphic transfer, T/T)是汇出行应汇款人的申请,用加押电报(cable)、电传(telex)或通过 SWIFT 方式给在另一个国家的分行或代理行(即汇入行)指示解付一定金额给收款人的一种汇款方式,使用电传和 SWIFT 的居多。该方式最大优点是资金调拨速度快、安全,目前使用最普遍。

(二) 信汇

信汇(mail transfer, M/T)是汇出行应汇款人的要求,以航邮方式将信汇委托书(M/T advice)或支付委托书(payment order)寄给汇入行,授权其解付一定金额给收款人的一种汇款方式。其速度慢、费用低,目前实务中少用。

(三) 票汇

票汇(remittance by banker's demand draft, D/D)是汇出行应汇款人的申请,代汇款人开立以其分行或代理行为解付行的银行即期汇票(banker's demand draft),支付一定金额给收款人的一种汇款方式。其特点是方便、灵活。票汇流程图如图 17.1 所示。

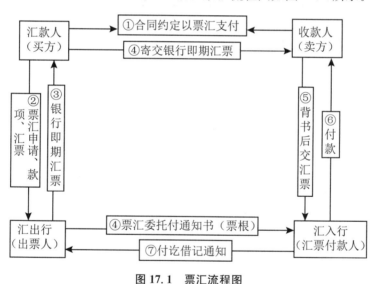

图 17.1 票汇流程图

三、汇付在国际贸易中的应用

在国际贸易中,使用汇款方式结清买卖双方债权债务,主要有预付货款、货到付款等方式。

(一) 预付货款

预付货款(payment in advance)是指买方先将货款通过银行汇交卖方,卖方收到货款后,根据买卖合同规定,在一定时间内或立即将货物发运至进口商的一种汇款结算方式。预付货款是对进口方而言的,对出口方来说,就是预收货款,又称"先结后出"。

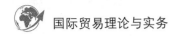

（二）货到付款

货到付款（payment after arrival of the goods）是出口商先发货，进口商收到货物后，立即或在一定期限内将货款汇交出口商的一种汇款结算方式。它实际上是属于赊账交易（open account transaction），具有延期付款（deferred payment）性质。货到付款在国际贸易中有售定和寄售两种方式。

第三节　托　收

一、托收方式的定义

托收（collection）是由债权人（出口商）提交凭以收款的金融票据或商业单据，委托银行（出口国的银行）通过其在国外的分行或代理行，向债务人（进口商）收回款项的一种国际结算方式。所以托收方式与汇付方式一样，都基于商业信用。

二、托收方式的当事人

（一）委托人

委托人（principal）是将单据委托银行向国外付款人收款的人，即委托银行办理托收业务的当事人。他可能是出口商（exporter）、卖方（seller）、出票人（drawer）、托运人（consignor），也可以是托收汇票上的收款人（payee）。

（二）托收行

托收行（remitting bank）又称为寄单行，是指受委托人的委托而办理托收的银行。它是出口方银行（exporter's bank）。托收行一方面受委托人委托，受理托收业务；另一方面，通过寄单委托其国外联行或代理行，向付款人收款。它可以作为托收汇票的收款人，也可以作为托收汇票的被背书人。

（三）代收行

代收行（collecting bank）是指受托收行的委托，参与办理托收业务的银行，也是受委托向付款人收取款项的银行。代收行通常是进口方银行（importer's bank）。它可以是托收汇票的收款人，也可以是托收汇票的被背书人。

（四）付款人

付款人（drawee）是指代收行接受托收行的委托向其收取款项的人，也是委托人开立汇票的受票人。在他未兑付托收业务中的汇票票款之前，也就是汇票的受票人。在国际贸易中，他还是进口商（importer）、买方（buyer）。

（五）提示行

提示行（presenting bank）是指向付款人提示汇票和单据的银行。一般是进口方银行。若代收行与付款人有直接的账户往来，则提示行与代收行是同一家银行。这种情况在实务中常见。否则，代收行使用它选择的一家银行作为提示行，这时提示行与代收行分别是两家银行。

（六）需要时的代理人

需要时的代理人（customer's representative in case of need）是指委托人指定的在付款地的代理人。托收结算方式对于出口商来说意味着先发货后收款，一旦发生受票人对代收行提示的汇票拒付，货物到达目的港后就可能会因无人照料而受损（如延长了在进口国海关仓库存放时间而增加了仓储费用等）。为避免这一情况的发生，出口商可以在付款地事先指定一代理人，由代理人在发生拒付事件后代为料理货物存仓、投保、运回或转售等事宜。委托人在向托收行提交托收申请书时必须注明此代理人的权限。一般出口商直接请代收行作为需要时的代理人。

三、托收方式的种类

托收结算方式分为光票托收和跟单托收。

（一）光票托收

光票托收（clean collection）是指金融单据的托收，即卖方仅开立汇票而不附带任何货运单据，委托银行收取款项的一种托收结算方式。它不涉及货权的转移或货物的处理，处理比较简单。一般只用于贸易从属费用和非贸易款项的收取。

（二）跟单托收

跟单托收（documentary bill for collection）是指伴随货运单据的托收，可能使用汇票，也可能因进口商为避免印花税的负担而不使用汇票。跟单托收最实质的要件是代表物权的货运单据。国际贸易中货款的托收大多采用跟单托收。

根据银行交单条件的不同，跟单托收可分为付款交单和承兑交单两种。

1. 付款交单

付款交单（documents against payment，简称 D/P）是指被委托的代收行必须在进口商付清票款以后，才能将货运单据交给进口商的一种托收方式。付款交单的特点是先付款后交单，付款人付款之前，出口商仍然掌握着对货物的支配权，因此其风险较小。

根据托收汇票付款期限的不同，付款交单又有即期和远期之分。

（1）即期付款交单。即期付款交单（D/P at sight）指委托人开立即期汇票（向欧洲大陆国家的托收免开汇票，以发票替代），在代收行向付款人提示汇票后，付款人只有立即付清货款才能获得货运单据。其业务流程如图 17.2 所示。

（2）远期付款交单。以即期付款方式结算，可能造成进口商资金被占压。于是，进口商为了避免资金被占压,就自然要求推迟付款时间,即实行远期付款交单。远期付款交单(D/P at ×× days after sight)是指委托人开立远期汇票,代收行在向进口商提示汇票时,进口商立即承兑汇票,代收行收回汇票并掌握货运单据,直至到期日,代收行再提示,进口商付款后,代收行才交出货运单据。其业务流程如图17.3所示。

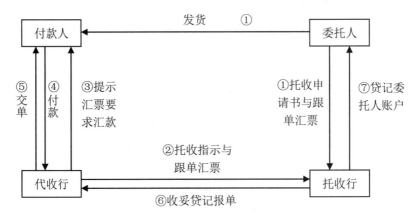

图17.2　即期付款交单操作程序

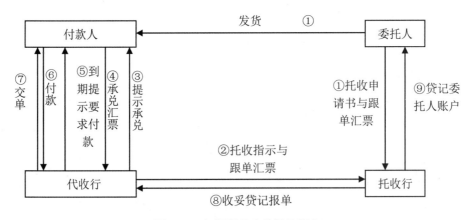

图17.3　远期付款交单操作程序

有些国家或地区在法律中规定,将进口远期付款交单以承兑交单方式处理,从而增加了出口商的风险。因此,对使用远期付款交单应十分谨慎,可在托收指示中特别注明:"付款后才能交单。"(deliver documents only after payment was effected)。

2. 承兑交单

承兑交单(documents against acceptance,D/A)是指被委托的代收行根据托收指示,于付款人承兑汇票后,将货运单据交给付款人,付款人在汇票到期时履行付款责任的一种托收方式。它适用于远期汇票的托收。这种方式因为出口商在进口商承兑汇票后就不能控制单据而风险较大,承兑的期限越长,风险越大。在实际出口业务中,应避免或者严格控制采用承兑交单方式,在不得不使用承兑交单方式时(如推销滞销产品或产品竞争力较差等情况),也应尽可能缩短承兑的期限。其业务流程如图17.4所示。

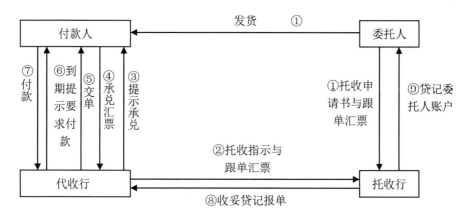

图 17.4 承兑交单操作程序

四、托收方式的特点

(一) 商业信用

托收方式与汇款方式一样,都属于商业信用,即进出口商双方能否取得合同规定的货物或按期收到合同规定的货款分别取决于对方的资信,没有第三者的保证。托收项下的银行只是接受委托办理收款业务,与当事人之间的关系是委托代理关系,他们对于托收过程中遇到的一切风险、费用和意外事故等不承担责任。

(二) 较汇款方式安全

托收方式比汇款方式安全。首先,对于出口商来说,进口商必须在付款之后,或进口商向银行书面表示负责付款,即承兑后,才能掌握货权,所以托收方式使得出口商在控制货权、安全收回货款方面比货到付款更有保证,比货到付款或赊销安全。其次,对于进口商来说,出口商按合同装运货物,进口商被提示单据时,说明了货物确实已经装运,才能付款或承兑。而且在承兑交单方式下,对进口商更为有利,因为承兑后即可赎单提货。

(三) 资金负担仍不平衡

托收项下,进出口商的资金负担仍不平衡。表现在:在进口商支付货款之前,货物占用的资金全部由出口商承担,所以出口商的资金负担较重,而进口商基本不负担资金。

(四) 手续较杂、费用较高

从托收和汇款方式的流程来看,托收的业务流程要比汇款更复杂,手续稍多些,费用自然要高些。

第四节 信　用　证

一、信用证的含义与特点

（一）信用证的含义

信用证(letter of credit，L/C)是开证银行应申请人要求，向受益人开立的有条件的付款承诺。国际商会在《跟单信用证业务指南》解释了这一定义："信用证是银行有条件的付款承诺"。这里的"银行"指开立信用证的银行，"条件"是指受益人交来的单据与开证行开出的信用证中所要求的内容相一致，即"相符交单"，"付款承诺"就是开证行自己或授权另一家银行对受益人进行付款、承兑、保证、议付。

（二）信用证的基本特点

1. 信用证是一项独立文件

信用证是一自足的文件，它不依附于贸易合同。《UCP600》第 4 条规定："就性质而言，信用证与可能作为其开立基础的销售合同或其他合同是相互独立的交易，即使信用证中含有对此类合同的任何援引，银行也与该合同无关，且不受其约束。因此，银行关于承付、议付或履行信用证项下其他义务的承诺，不受申请人基于其与开证行或与受益人之间的关系而产生的任何请求或抗辩的影响。""受益人在任何情况下，不得利用银行之间或申请人与开证行之间的合同关系。""开证行应劝阻申请人试图将基础合同、形式发票等文件作为信用证组成部分的做法。"

简言之，在信用证业务中，当事人只受信用证条款的约束，不受贸易合同条款或开证申请书的约束。

2. 开证行负第一付款责任

开证行负第一性付款责任是指出口商交来的单据要符合信用证条款，开证行不管进口商是否能够付款，在相符交单的条件下都必须付款给受益人或被指定银行。开证行承担了第一性的、首要的付款责任，而不能以开证申请人的情况为由，拒绝付款；而且，开证行对受益人的付款是终局性的，没有追索权，从而体现了信用证的银行信用。《UCP600》第 7 条(b)款规定："开证行自开立信用证之时起，即不可撤销地承担承付责任。"

3. 信用证业务以信用证规定的单据为对象

《UCP600》第 5 条规定："银行处理的是单据，而不是单据可能涉及的货物、服务或履约行为。"只要受益人交来单据符合信用证条款，指定的银行就必须付款。因此，信用证交易把合同的货物交易转变成只管单据是否相符的单据交易。在保兑信用证业务中，保兑银行向受益人的付款依据,也能是信用证和信用证项下的单据,不能是开证行或开证申请人或其他任何的情况。

二、信用证业务的当事人与业务流程

(一)信用证业务的当事人

1. 开证银行

开证银行(issuing bank)是指接受开证申请人的申请和要求或根据其自身的需要,开立信用证的银行。开证行一般是进口商所在地银行。

2. 受益人

受益人(beneficiary)是指信用证上所指定的有权使用该证的人,即出口人或实际供货人。

3. 开证申请人

开证申请人(applicant)或简称为申请人。开证申请人是指向银行申请开立信用证的人,即进口人或实际买方。

4. 通知银行

通知银行(advising bank)是指受开证行的委托将信用证通知受益人的银行。通知行是受益人所在地的银行。

5. 保兑银行

《UCP600》第 2 条规定:"保兑行(confirming bank)指根据开证行的授权或要求对信用证加具保兑的银行。""保兑指保兑行在开证行承诺之外做出的承付或议付相符交单的确定承诺。"未接受开证行对其开立的信用证加具保兑请求的银行,不能称为保兑行。

6. 议付银行

议付银行(negotiating bank)是指根据开证行的授权买入或贴现受益人提交的符合信用证规定的汇票及/或单据的银行。

7. 付款银行

付款银行(paying bank)是开证行授权进行信用证项下付款或承兑并支付受益人出具的汇票的银行。通常,付款银行就是开证行,也可以是开证行指定的另一家银行。如果开证行资信不佳,付款行有权拒绝代为付款。但是,付款行一旦付款,即不得向受益人追索,而只能向开证行索偿。

8. 偿付行

偿付行(reimbursing bank)是开证行指定的对议付行或付款行、承兑行进行偿付的代理人。偿付行不接受和审查单据,因此如事后开证行发现单证不符,只能向索偿行追索而不能向偿付行追索。

9. 承兑行

远期信用证如要求受益人出具远期汇票的,会指定一家银行作为受票行,由它对远期汇票做出承兑,这就是承兑行(accepting bank)。如果承兑行不是开证行,承兑后又最后不能履行付款,开证行应负最后付款的责任。承兑行付款后向开证行要求偿付。

(二)信用证业务中的三组契约关系

跟单信用证业务的起因是进出口双方签订贸易合同,随着信用证的开立,形成了三组契约关系,并且信用证一经开立,这三组关系就各自独立。

(1) 开证申请人与受益人之间受买卖合同约束,申请人有义务按合同要求按时向受益人开出信用证。

(2) 开证行与开证申请人之间受开证申请书约束,根据《跟单信用证统一惯例》第18条规定,开证行开立信用证和委托其他银行协助完成此项业务,都是为了执行开证申请人的指示,是代申请人办理的,申请人应支付所有的银行费用,并承担银行为他提供服务时所承担的风险。

(3) 开证行与受益人之间受信用证的约束,开证行在受益人交来的单据与信用证要求一致时,承担付款责任,而受益人必须严格按信用证的要求来交单。

分析案例 17-1

信用证与买卖合同的关系

国外一家贸易公司与我国某进出口公司订立合同,购买小麦 500 吨。合同规定,2002年1月20日前开出信用证,2月5日前装船。1月28日买方开来信用证,有效期至2月10日。由于卖方按期装船发生困难,故电请买方将装船期延至2月17日,并将信用证有效期延长至2月20日,买方回电表示同意,但未通知开证银行。2月17日货物装船后,卖方到银行议付时,遭到拒绝。

问题:(1)银行是否有权拒付货款?为什么?

(2)作为卖方,应当如何处理此事?

分析:银行有权拒绝议付。信用证虽是根据买卖合同开出的,但一经开出就成为独立于买卖合同的法律关系。银行只受原信用证条款约束,而不受买卖双方之间合同的约束。合同条款改变,信用证条款未改变,银行就只按原信用证条款办事。买卖双方达成修改信用证的协议并未通知银行并得到银行同意,银行可以拒付。作为卖方,当银行拒付时,可依修改后的合同条款,直接要求买方履行付款义务。

(三)信用证流程

以即期付款跟单议付信用证为例说明信用证的业务流程,且信用证所使用的货币是开证行所在国货币,出口商所在地有银行在开证行开有该货币的账户。如图17.5所示。

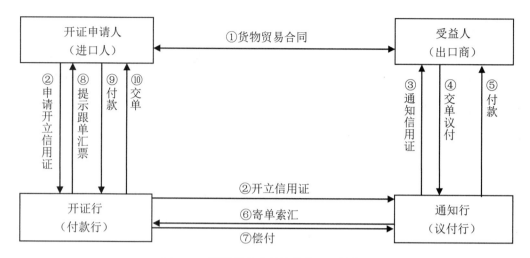

图 17.5　即期付款交单议付信用证操作程

三、信用证的开证形式与内容

(一) 信用证的开证形式

根据信用证开立方式不同,可将信用证分为信开信用证和电开信用证。

1. 信开信用证

信开信用证是开证行缮制成信函格式、并通过邮寄方式送达通知行的信用证。

2. 电开信用证

电开信用证是用电信方式开立和通知的信用证,电开信用证所用电信方法一般可以是电报、电传或 SWIFT 方式。电开信用证可分为简电开本和全电开本。

(1) 简电开立信用证(brief cable),即将信用证金额、有效期等主要内容用电文预先通知出口商,目的是使出口商早日备货。

(2) 全电开立信用证(full cable),是开证行以电文形式开出的内容完整的信用证。开证行一般会在电文中注明"This is an operative instrument no airmail confirmation to follow",后面不注有"随寄证实书"字样。这样的信用证有效,可以凭以交单议付。由于电信技术的发展,特别是各国从事国际结算的中等以上的商业银行基本上都参加了 SWIFT,全电开证已经成为普遍使用的方式。

(二) 信用证的内容

信用证上记载的事项必须明确、完整,否则会导致当事人之间的纠纷。信用证内容主要有以下方面。

对信用证自身的说明:信用证的种类、性质、编号、金额、开证日期、有效期及到期地点、当事人的名称和地址、使用本信用证的权利可否转让等;汇票的出票人、付款人、期限以及出票条款等;货物的名称、品质、规格、数量、包装、运输标志、单价等。

对运输的要求：装运期限、装运港、目的港、运输方式、运费应否预付，可否分批装运和中途转运等。

对单据的要求：单据的种类、名称、内容和份数等；特殊条款：根据进口国政治经济贸易情况的变化或每一笔具体业务的需要，可作出不同的规定；开证行对受益人和汇票持有人保证付款的责任文句。

四、信用证的种类

信用证种类很多，从不同的角度可划分不同的种类。一份信用证可以具有多种信用证的特征。如一份信用证可以同时具备即期的、不可撤销的、加具保兑的、可转让的、可循环的特征。每一种信用证都是与进出口业务的实际需要紧密联系在一起的，在实际应用中注意选择使用。

（一）光票信用证和跟单信用证

按用途及是否随附物权单据，信用证可分为：

1. 光票信用证

光票信用证（cash/clean credit）是指不随附单据的信用证，其主要用于非贸易项下，随着国际结算方式的不断演变和发展，其功能已被旅行支票和信用卡取代，现在已经很少见到。

2. 跟单信用证

国际贸易结算中使用的信用证绝大多数是跟单信用证（documentary letter of credit）。跟单信用证的核心是单据，银行通过掌握物权单据来掌握货权，通过转移物权单据转移物权，根据单据提供贸易信贷，保证付款，促进国际贸易的发展。

（二）不可撤销信用证

不可撤销信用证（irrevocable L/C）是指信用证一经开出，即使开证申请人提出修改或撤销的要求，如果未征得开证行、保兑行（如有）以及受益人同意，信用证既不得修改也不能撤销。对不可撤销的信用证而言，只要受益人提供与信用条款相符的单据，开证行必须履行其付款责任。因此，不可撤销信用证较好地体现跟单信用证作为一项合同，其当事双方（开证行与受益人）的平等地位，对受益人收取货款较有保障。

分析案例 17-2

不可撤销信用证的应用

我某外贸公司与外商于 2004 年 7 月 10 日以 CIF 方式签订了一份向对方出口价值 150 000 美元的商品销售合同，用不可撤销信用证付款。合同中规定我方应在 8 月份运出货物。7 月 28 日中国银行通知我外贸公司，收到外商通过国外银行开来的信用证。经审核信用证条款与合同条款相符。但在我方装船前又收到外商通过银行转递的信用证修改通知，要求我方在 8 月 15 日之前装运货物。由于我外贸公司已预订了 8 月 25 日开航的班轮，若临时变更手续较为繁琐，因此对该修改通知未予理睬。之后按原信用证的规定发货并交单议付,议付行随后又将全套单据递交开证行。但是开证行却以装运与信用证修改通知书不符为由拒付货款。

请分析开证行是否有理由拒付货款?

分析:开证行没有理由。本案例为不可撤销信用证,对于不可撤销信用证未经有关当事人同意,开证行不得单方面修改或者撤销。由于修改通知是在我方预订了班轮以后到达,达到不及时,我方也未同意对信用证的修改,因此开证行没有理由拒付货款。

(三)保兑信用证和不保兑信用证

按信用证是否有另一银行加以保证兑付可以分为:

1. 保兑信用证

保兑信用证(confirmed L/C)是指开证行开出的信用证,由另一家银行保证对符合信用证条款规定的单据履行付款义务。换句话说,一份信用证上除了有开证银行确定的付款保证外,还有另一家银行确定的付款保证。

保兑信用证的产生主要是由于受益人对开证行的资信不够了解或不信任,或对进口国家的政治或经济形势有所顾虑,所以提出保兑要求。如果被授权对信用证加具保兑的银行不保兑该信用证,则必须将自己的决定及时告知开证行。

2. 不保兑信用证

不保兑信用证(unconfirmed L/C)是指没有另外一家银行加以保证兑付的信用证,即仅有开证行承担付款责任。在国际上使用的信用证中绝大多数是不保兑信用证,因为只要开证行信誉好,付款是有保证的。

(四)即期付款信用证、延期付款信用证、承兑信用证和议付信用证

1. 即期付款信用证

即期付款信用证(sight payment credit)是议付行或开证行凭受益人提交的单证相符的单据立即付款的信用证。这种信用证一般有"L/C is available by payment at sight"等类似词句,或者开证行在信用证上表明支付方式的栏目"by payment at sight"前的框格中打上"×"号。

2. 延期付款信用证

延期付款信用证(deferred payment credit)是指开证行在信用证上规定货物装运后若干天付款或交单后若干天付款的信用证。这种信用证一般有"L/C is available by deferred payment at ×× days after date of or sight……"等类似词句,或者开证行在信用证上表明支付方式的栏目"by deferred payment at……"前的框格内打上"×"号。

使用这种信用证是基于买卖双方签订的远期合同。延期付款信用证不要求受益人开立汇票。因此,受益人就不可能利用远期票据贴现市场的资金,如需资金只能自行垫款或向银行借款。

3. 承兑信用证

承兑信用证(acceptance credit)是指规定出具远期汇票,受益人将远期跟单汇票提交给

汇票付款行,经审单相符,该行在汇票上履行承兑行为,并在确定的到期日付款的信用证。开证行在信用证上表明支付方式的栏目"by acceptance of draft at……"前的框格内打上"×"号,就表明该信用证为承兑信用证。承兑信用证项下,受益人必须签发汇票,信用证应在随后条款中明确汇票的受票人和付款时间等内容,而受票人不能是开证申请人。

4. 议付信用证

开证行在信用证上表明支付方式的栏目"by negotiation"前的框格内打上"×"号,即表明该信用证为议付信用证(negotiable credit)。

议付信用证是指受益人在发运货物后可将跟单汇票或不带汇票的全套单据交给银行,请求其垫付票款的信用证。出口地银行经审单确认受益人已满足相符交单的要求,即可根据受益人的申请购买汇票、单据,垫款扣除从议付日到预计收款日的利息、议付费、单据邮寄及电信等费用后将净款付给受益人,并背批信用证,然后按信用证规定寄单给开证行,向开证行或偿付行索偿。

议付信用证的种类:① 限制议付信用证(restricted negotiable L/C),是指只能由开证行在信用证中指定的银行进行议的信用证。② 自由议付信用证(freely negotiable L/C),是指可以在任何银行议付的信用证,也被称为公开议付信用证(open negotiable L/C)。信用证中通常有如下文句:"This credit is available with any bank by negotiation"。根据自由议付信用证,受益人可持其相关单据那里就近向任何办理国际结算的商业银行提交,委托其办理结算。

(五) 假远期信用证

假远期信用证(usance credit payable at sight),是指在买卖双方商定以即期信用证付款的交易中,开证申请人出于某种需要,要求受益人开具远期汇票,但受益人可以即期收到足额款项,由开证申请人承担贴现利息和有关费用的信用证。因此,假远期信用证也被称为买方远期信用证(buyer's usance L/C)。

(六) 可转让信用证和不可转让信用证

根据受益人对信用证的权利是否可转让,信用证可分为:

1. 可转让信用证

可转让信用证(transferable L/C)是指信用证的受益人(第一受益人)可以要求授权付款、承担延期付款责任、承兑或议付的银行(统称"转让行"),或当信用证是自由议付时,可以要求信用证中特别授权的转让行,将该信用证全部或部分转让给一个或数个受益人(第二受益人)使用的信用证。

在国际贸易实务中,可转让信用证的第一受益人通常是中间商,他们利用其国际交往关系向国外进口商出售商品,自己并非实际供货人。中间商与国外进口商成交后,将信用证转让给实际供货人办理装运交货,以便从中赚取差价利润。中间商要求国外进口商开立可转让信用证,是为了转让给实际供货人。

2. 不可转让信用证

不可转让信用证(non-transferable L/C)是指信用证项下的权利只能是受益人本人享

有,不能以转让形式给他人使用。若受益人不能执行信用证条件,信用证只能作废。凡未注明"可转让(transferable)"字样的信用证都是不可转让信用证。

(七) 背对背信用证

背对背信用证(back to back L/C),又称为对应信用证(counter L/C),是指中间商收到进口方开来的、以其为受益人的原始信用证(original L/C;又称为主要信用证 master L/C)后,要求原通知行或其他银行以原始信用证为基础,另外开立一张内容相似的、以其为开证申请人、开给另一受益人的新的信用证。在国际贸易中,主要是在信用证不允许转让的情况下,或者实际供货人不接受买方国家银行信用证作为收款保障时,出口中间商凭以他为受益人的、国外开立的信用证作为抵押品,要求他的往来银行开立以实际供货人为受益人的信用证。

(八) 对开信用证

对开信用证(reciprocal L/C)是指两张信用证的开证申请人互以对方为受益人而开立的信用证。开立这种信用证是为了达到贸易平衡,以防止对方只出不进或只进不出。第一张信用证的受益人就是第二张信用证(也称回头证)的开证申请人;同时,第一张信用证的开证申请人就是回头证的受益人。其信用证的通知行也往往就是回头证的开证行。

这种信用证一般用于来料加工、补偿贸易和易货交易。当对开信用证用于易货贸易时,两张信用证的金额相等或大体相等,而且两证的种类一样,两份信用证的有效期、最迟装运期和最迟交单期一样或相近,以督促双方同时或在相近时间内出运货物和向银行交单,通过相互对抵,完成结算。若对开信用证用于加工贸易,则两证金额必然有一定的差距,这差距就是受委托加工方的加工费的毛收入。对开信用证两证可同时互开,也可先后开立。两张信用证可以同时生效,也可以分别生效。

(九) 循环信用证

循环信用证(revolving L/C)是指信用证的全部或部分金额使用后,仍可恢复原金额继续多次使用的信用证。国际贸易中买卖双方订立长期合同,分批交货,进口商为节省开证费用和减少手续,常利用循环信用证方式结算。它对出口商来说,也可以减少逐笔催证和审证手续,保证收回全部货款。循环信用证有按时间循环和按金额循环两种。

(十) 预支信用证

预支信用证(anticipatory credit)允许出口商在装货交单前可以支取部分或全部货款。由于预支款是出口商收购及包装货物所用,预支信用证又叫打包放款信用证(packing L/C)。申请开立预支信用证的进口商往往需要开证行在信用证中加列预支条款,允许受益人预支信用证部分金额。提供预支款项的方式可以是以货款垫付或以议付方式预先购买受益人的单据。待受益人向垫款的银行提交信用证规定的单据时,垫款的银行可从正式议付金额中扣回原先垫款及垫款期间的利息,将所余的净额付给受益人。

第五节 国际保理

一、国际保理的含义与功能

（一）国际保理的含义

国际保理（international factoring）是指在国际贸易中出口商以赊销（O/A）、承兑交单（D/A）等信用方式向进口商销售非资本性货物时，由出口保理商和进口保理商共同提供的一项集出口贸易融资、销售账务处理、收取应收账款、买方信用调查与担保等内容为一体的综合性金融服务。在我国也把这一业务称为保付代理、托收保理、承购应收账款等。

（二）国际保理的功能

1. 信用控制（credit control）

在国际贸易中，掌握客户的资信状况是为了避免和减少潜在的收汇风险。不仅需要掌握新客户资信情况，对于长期的和经常性的老客户也要密切关注其资信变化。跟踪调查客户资信，根据变化情况制定切合实际的信用销售定额和采取必要的防范措施，对公司来说极为重要。而这些对绝大多数出口商来说都是力所难及的。保理商具有一般出口商所没有的优势，能够随时了解出口商每个客户的资信现状和清偿能力，使出口商在给予进口商商业信用时有所依据，确保对该客户的赊销能够得到顺利支付。

2. 出口贸易融资（trade financing）

保理业务最大的优点就是可以为出口商提供无追索权的贸易融资，且手续方便、简单易行，既不像信用放款那样需要办理复杂的审批手续，也不像抵押放款那样需要办理抵押品的移交和过户手续。一般保理商在票据到期日前预付给出口商80%~90%的货款（扣除融资利息），这样就基本解决了在途和信用销售的资金占用问题。若出口商将单据卖断给保理公司，就意味着一旦进口商拒付货款或不按期付款，保理公司只能自己承担全部风险，而不能向出口商行使追索权，因此，出口商可以将这种预付款按正常的销售收入对待，而不必像对待银行贷款那样作为自己的负债。

3. 收取应收账款（collection from debtor）

放账销售或提供买方信用已成为国际市场竞争的必要手段，但随之而来的就是应收账款的回收和追讨。面对海外的应收账款，由于在地区、语言、法律、贸易习惯等等方面的差异，出口商往往心有余而力不足。帮助企业进行国际商务账款的信用管理，是国际保理的一个重要服务项目。企业与保理商签订长期的委托合同，开展国际信用管理的长期合作，是目前国际上的一种发展趋势。

4. 销售账务处理（maintenance of the sales ledger）

出口商将应收账款转让给保理商后，有关的账目管理工作也移交给了保理商。由于保理商一般是商业银行的附属机构,或是与商业银行关系密切的机构。商业银行作为公共会计历史悠久,拥有最完善的财务管理制度、先进技术、丰富经验和良好装备,能够提供高效率的社会化服务。保理商同样具备商业银行的上述各种有利条件,完全有能力向客户提供优良的账务管理服务。出口商将售后账务管理交给保理商代理后,可以减少财务管理人员及相应的开支和费用,集中精力进行生产经营和销售。

5. **买方信用担保**(full protection against bad debts)

保理商根据对出口商的每个客户资信调查的结果,逐一规定出口商对客户赊销的信用额度(credit limit),或称信用限额。出口商在保理商核准的信用额度范围内的销售,叫做已核准应收账款(approved receivables),超过额度部分的销售,叫做未核准应收账款(unapproved receivables)。保理商对已核准应收账款提供100%的坏账担保。如进口商因财务上无偿付能力或企业倒闭、破产等原因而导致不能履行合同规定的付款义务,保理商承担偿付责任。已经预付的款项不能要求出口商退款,尚未结清的余额也必须按约定照常支付,其损失只能用保理商承担。因此,只要出口商将对客户的销售控制在已核准额度以内就能有效地消除由买方信用造成的坏账风险。

二、国际保理的当事人和业务流程

(一)国际保理业务的当事人

国际保理业务的当事人有4个:

1. **销售商**

销售商(seller)即国际贸易中的出口商,对所提供货物和服务出具发票,将以商业发票表示的应收账款转让给保理商叙做保理业务。

2. **债务人**

债务人(debtor)即国际贸易中的进口商,对由提供货物或服务所产生的应收账款负有付款责任。

3. **出口保理商**

出口保理商(export factor)是根据保理协议对供应商的应收账款叙做保理业务的一方。

4. **进口保理商**(import factor)

根据与出口保理商的协议,为出口保理商就近调查进口商的资信,并依调查情况提出进口商的信用额度,在该额度内代收已由出口保理商转让过来的应收账款,并有义务支付该项账款的一方。

出口商以商业信用形式出卖商品,在货物装船后即将应收账款无追索权地转卖给保理商,从而使出口商的部分或全部应收款立即转换成现金,实际上是将出口应收款贴现,或者说是将出口应收账款卖断给出口保理商。因此,保理业务从保理商角度,也被称为承购应收账款。

（二）国际保理的业务流程

国际保理有两种做法，即国际单保理（仅涉及一方保理商）和国际双保理（涉及买卖双方保理商），前者有3个当事人，后者则有4个当事人。

1. 国际单保理的业务流程

国际单保理业务的具体做法：

（1）买卖双方经过谈判，决定采用保付代理结算方式。

（2）卖方向进口国的保理商申请资信调查，签订保付代理协议。

（3）进口保理商对进口商进行资信调查，确定有关信用额度。

（4）出口商在信用额度内发货，将有关发票和货运单据直接寄交进口商，并将发票副本送交进口保理商。如果卖方有融资需求，进口保理商也可于收到发票副本后以预付款方式提供不超过发票金额80%的无追索权的短期贸易融资，剩余的20%的发票金额则在收到进口商（买方）付款之时，扣除有关费用及贴息后转入出口商的银行账户。

（5）进口保理商负责应收账款的管理和催收，并提供100%的买方信用风险担保。

（6）进口商于应收账款到期日对进口保理商付款，进口保理商按保付代理协议规定的日期将全部款项扣除费用后，转入出口商银行账户。

2. 双保理的业务流程

在国际保理业务运作机制中，双保理模式是最重要、运用最广泛的组织安排形式。

（1）出口商申请与询价。

（2）出口保理商选择进口保理商。

（3）进口保理商调查并核定进口商的信用额度及报价。

（4）出口保理商报价并与出口商签订保理协议。

（5）出口保理商与进口保理商签订该项保理业务协议。

（6）出口商与进口商签订贸易合同。

（7）出口商发货。

（8）出口商向出口保理商转让应收账款，并按协议从出口保理商获得货款的一定比例的无追索权的融资。

（9）出口保理商向进口保理商再转让应收账款。

（10）进口保理商向进口商催收账款，并在进口商付清货款后，向进口商交单。

（11）进口保理商扣减应得手续费后，向出口保理商划付款项。

（12）出口保理商向出口商支付扣减各项手续费后的货款余额。

三、国际保理与其他结算方式的比较

国际保理与其他支付方式的比较见表17.1。

表 17.1　国际保理与其他支付方式的比较

比较指标	国际保理	汇付(汇款)	托收	信用证
债权信用风险保障	有	无	无	有
进口商费用	无	有	一般有	有
出口商费用	有	有	有	有
进口商银行抵押	无	无	无	有
提供进口商财务灵活性	较高	较高	一般	较低
出口商竞争力	较高	较高(指发货后汇付)	一般	较低

保理业务的收费似乎比信用证或托收的费用高一些,从而会增加出口商的成本,但其实不然。出口商如改用信用证方式,虽然可以免去自身的保理开支,降低产品价格,但却在同时增加了进口商的负担,因为进口商必须承担开立信用证的费用。更主要的原因是进口商为开证被迫存入保证金,或占用了自身的银行信用额度,从而造成进口商的资金紧张。同时,由于银行适用严格相符原则,即受益人提交的单据都必须同信用证条款规定完全一致,因此,信用证变得缺乏活力,任何矛盾都可能造成严重延误,有时频繁地改证,会带来大量的费用和风险。这些都使许多进口商不愿以信用证方式办理进口结算,从而影响了出口商的竞争力。出口商若采用 D/A 方式,往往由于资金紧张而需要押汇,为此必须支付押汇的利息,同时进口商还要支付托收的费用,对双方都造成负担,而且出口商还失去了信用风险保障。因此,采用国际保理业务,出口商虽然可能增加一定的费用,但因此而获得的信用风险担保、资金融通以及管理费用的降低等带来的收益足以抵消保理费用的开支,而进口商也可以免除开信用证或托收的费用,减少资金的占压,这样对双方都是有利的。

第六节　国际贸易结算方式的选择

在国际贸易中,一般使用汇付、托收、信用证结算方式,也可以使用银行保函和备用信用证,而需要融资时,可以选择保理、包买票据等。在国际贸易中,一笔交易常常只使用一种结算方式,有时也有多种。

一、国际结算方式选择的影响因素

（一）交易对手信用状况

若对方是自己长期可靠的贸易伙伴或信用很好和偿付能力较强的老客户,选择对双方都有利的手续简单、费用少的支付方式,对于巩固老客户有很好的作用。在建立新的业务联系时,对对方的信用情况不了解或认为对方信用不好时,则要选择相对较保守的结算方式。

（二）货物的销路情况

交易的货物属于紧俏商品，商品供不应求，货物属于卖方市场状况，则卖方可选择有利自己的结算方式，特别是在资金占用方面对自己有利的支付方式，而进口方则不得不在这方面做出让步。卖方可要求采用预付货款、信用证、银行保函等结算方式。

而当合同货物属于滞销商品，则出口企业为扩大产品销路，增强市场竞争力，一般会接受买方提出的付款条件，例如货到付款或承兑交单等方式。

（三）贸易条件的种类

例如当合同选择 CIF 和 CFR 等象征性交货术语时，则可选择托收和信用证方式。而对于 FOB 和 FCA 等术语，由买方安排运输事宜，卖方很难控制货物，所以在一般情况下不会选择托收方式。

（四）融资条件

资金缺乏的企业便会选择信用证结算方式，利用信用证就可以向银行打包贷款，而且手续简便，费率低下。若企业资金充足，且收汇风险较小，其一般愿意采用汇付或托收等结算费用较小的结算方式。

（五）运输单据的性质

对于海运提单、联合运输单据等代表物权凭证的单据，控制提单就等于控制货物所有权，交单等于交货，在实务中则有利于单据交易，所以对于卖方则可选择信用证方式甚至 D/P 托收方式收取款。但在空运、公路/铁路运输、邮寄等运输单据项下，以及以记名抬头的海运单这些非物权凭证的运输单据下，则不利于单据交易，特别是 D/P 托收方式下，由于没有银行信用作付款保证，更有钱货两空的极大风险。

此外，在选择结算方式时，还应考虑销售国家或地区的商业习惯、商品竞争情况、交易数额大小、卖方在销售地点是否设有代理机构等因素。

二、不同结算方式的结合使用

在国际贸易中，结算方式的选择是非常重要的，它不仅关系到交易各方的利益，也关系到交易的成功与否。一般情况下，多采用信用证结算方式。但由于贸易支付方式已难以适应需要，于是将多种结算方式及融资方式结合使用的综合结算方式应运而生。

如何综合地使用结算方式要根据实际业务的情况，这样才能使各种结算方式充分地发挥其功能，也才能对各当事人真正有益。

（一）汇付与托收结合使用

在出口贸易中，此种组合结算方式运用较多，出口方为减少收汇风险，往往要求进口方先支付一定的押金或预付款（一般为合同总金额的20%～30%），等货物装船出运后，出口方再从货款中扣除预付款，其余部分通过银行办理托收。

这种组合方式一方面可以保证出口方及时按合同履行发货的义务，又在一定程度上减少了货款收不回来的风险,同时也能约束进口方及时付款,节省了银行费用的开支。

(二)汇付与保函结合使用

汇付与银行保函/备用证结合使用。无论是买方的预付汇款,还是卖方的货到后汇款,均可要求对方出具银行保函/备用证作为汇款支付方式的补充手段来减轻对方的违约风险。

例如我国出口产品多以纺织品、农产品及其他低附加值的初级原材料为主,此类商品主要目前以买方市场为主。针对我国外贸出口企业因处于贸易劣势而被迫接受外国进口商要求的以汇付做结算方式的现状,我国出口商应尽量争取要求进口商提供银行保函,保证进口商在提货后规定的期限内按合同付款;如果进口商拒付,将由担保行承担付款责任,以此来维护自己的合法权益。

(三)汇付与信用证结合使用

这种组合方式常用于成套设备、大型机械和大型交通运输工具等货款的结算。这类产品,交易金额大,生产周期长,往往要求买方以汇付方式预付部分货款或定金,其余大部分货款则由买方按信用证规定或开加保函分期付款或迟期付款。

(四)承兑交单(D/A)或赊销(O/A)与保理的结合运用

在出口商刚一进入某一市场,而这一市场又有众多客户时,为使自己的商品能很快有销路,出口商可以选择 D/A 或 O/A 支付方式,给进口商以支付方式上的好处,而同时接受保理服务,可以起到扩大业务、提高经济效益的效果。

(五)托收与保理结合使用

在贸易合同约定采用承兑交单托收方式进行结算时,出口方为减少收汇风险,可向保理商出售其拥有的出口债权,由保付代理商代理对进口商的资信调查及赊销信用控制,代理出口商的账务管理,提供坏账担保和短期融资便利。

(六)光票托收与跟单信用证结合使用

外贸实务中,买方为减少采用信用证结算方式带来的开证费用和押金,常会要求合同主要金额用信用证支付,而其余部分以光票托收方式结算。此时卖方应就信用证项下的金额和托收项下的金额分别出具汇票,前者以银行为付款人,后者以进口商为付款人,并将全套单据连同光票一并交由信用证指定的代理银行向开证行寄单索偿。

(七)托收与保函结合使用

为使出口商收取货款有保障,可以由进口商申请开出保证托收付款的银行保函,如果进口商在收到单据后,没有在规定的时间内付款,出口商有权向开立保函的银行索取出口货款。

(八)托收与福费廷结合使用

如果交易的货物属于大宗商品,合同履行的时间长,金额大,出口企业为获得中长期融资,同时降低交易风险,合同约定采用托收方式结算的情况下,出口方可向福费廷商打包其持有的债权凭证,来获得坏账担保及贸易融资,且交易手续简便,资金周转快。

(九) 信用证与汇付结合

这是指一笔交易的货款,部分用信用证方式支付,余额用汇付方式结算。

这种结算方式常用于允许其交货数量有一定机动幅度的某些初级产品的交易,使用这种结合形式,必须首先订明采用的是何种信用证和何种汇付方式以及按信用证支付金额的比例。

另外,出口企业对贸易结算中的运费、保险费、佣金、租赁费、折旧及赔款等金额较低的从属费用,常采用汇付方式,而对于主要货款的收取则采用信用证结算方式。这样既保证了主要货款的收回,又因为汇付结算贸易从属费用而降低了结算成本。

综上所述,在业务实践中,一笔贸易究竟采用哪一种结算方式,往往取决于贸易双方在自身收益衡量与风险偏好基础上的谈判。此外,贸易双方应从交易货物的销售情况,客户的资信状况,合同金额大小及交易条件,有无融资条件,运输单据的性质等各方面进行综合考虑,合理运用各种结算方式,实现风险最小,结算费用最低,力争达到双赢的结果。

◆ **内容提要**

国际结算中的票据是指能够代替货币现金起流通和支付作用,从而抵消和清偿国际债权债务或者完成资金转移的支付工具,主要有汇票、本票、支票三种。

汇付方式是汇出行应汇款人的要求,以一定的方式,把一定的金额,通过其国外联行或代理行作为汇入行,付给收款人的一种结算方式;分为电汇、信汇和票汇三种方式。托收是由债权人(出口商)提交凭以收款的金融票据或商业单据,委托银行(出口国的银行)通过其在国外的分行或代理行,向债务人(进口商)收回款项的一种国际结算方式;分为光票托收和跟单托收。信用证是开证银行应申请人要求,向受益人开立的有条件的付款承诺;分为信开信用证和电开信用证。国际保理是指在国际贸易中出口商以赊销(O/A)、承兑交单(D/A)等信用方式向进口商销售非资本性货物时,由出口保理商和进口保理商共同提供的一项集出口贸易融资、销售账务处理、收取应收账款、买方信用调查与担保等内容为一体的综合性金融服务。汇款、托收、信用证等结算方式具有不同的业务流程和特征,应根据实际业务的情况综合地使用不同结算方式,以使各种结算方式充分地发挥其功能。

◆ **关键词**

汇票　汇付　托收　信用证　国际保理

◆ **复习思考题**

1. 汇票的法定必要项目有哪些?
2. 远期汇票的付款期限有哪几种?
3. 试比较本票与汇票的不同点。
4. 试比较分析电汇、信汇和票汇三种汇款方式的优缺点。
5. 比较分析 D/P 与 D/A 的特点。
6. 试比较可转让信用证与背对背信用证的异同点。
7. 国际保理业务的服务项目是什么?

思考案例

信用证的付款条件

我某进出口公司与欧洲某客户达成一笔圣诞节应季礼品的出口交易。合同中规定,以 CIF 为交货条件,交货期为 2014 年 12 月 1 日以前,但合同中未对买方的开证时间予以规定。卖方于 2014 年 11 月中旬开始向买方催开信用证,经多次催证,买方于 11 月 25 日将信用证开抵我方,由于收到 L/C 的时间较晚,使我方于 12 月 5 日才将货物装运完毕,当我方向银行提交单据时,遭到银行以单证不符为由拒付。

问:

(1) 银行的拒付是否有理?为什么?

(2) 此案例中,我方有哪些失误?

应用训练

汇票的制作

根据下面相关资料指出汇票中错误的地方,并改正。

相关资料如下:

卖方:La GUYENNOISE GROUP

3 RUE DES ANCIENS COMBATTANTS 33460 SOUSSANS FRANCE

授权签字人:MAITY

买方:TIANJIN LINBEICHEN COMMERCE AND TRADE CO., LTD.

NO. 81 JINGSAN ROAD, TIANJIN, CHINA

授权签字人:林晓婉

货物描述:12 000PCS OF BOTTLED WINE

包装:2 000 WOODEN CASES

W.G: 21 000 KGS

N.W: 15 000 KGS

MEAS.:31 CBM

开证行:BANK OF CHINA, TIANJIN BRANCH

信用证号:LC14231679

开证日期:May. 15,2014

汇票金额:EUR 83 340.00

付款期限:即期

出票日期:MAY 1, 2014

议付行:BANQUE NATIONALE PARIS

合同号:LBC14005

发票号:LBC2014015

贸易术语:FOB

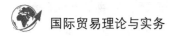

装运港：FOS
目的港：TIANJIN
需检查的汇票：

BLL OF EXCHANGE

Drawn under: <u>BANQUENATIONALE PARIS L/C</u>　　NO.<u>LC14231670</u>　　Dated: <u>May. 15.2013</u>
NO.<u>TBC2013015</u>　Exchange for <mark>€83,430.00</mark>　Paris　　　　　　　　Date:<u>MAAYI,2013</u>
At <u>30days after sight</u> of this FIRST of Exchane(Second of Exchange being upaid)
pay to the ored of　　BANK OF CHINA, TIANIN BRANCH
the sum of <mark>SAY EURO EIGTY THREE THOUSAND FOUR HUNDRED AND THIRTY ONLY.</mark>
To:<u>BANQUE NATIONALE PARIS</u>
　　　　　　TIANJIN LINBEICHEN COMMERCE AND TRADE CO., LID.
　　　　　　　　　　　　　　　　　　　　　　laura

第十八章　商品的检验、索赔、不可抗力和仲裁

本章结构图

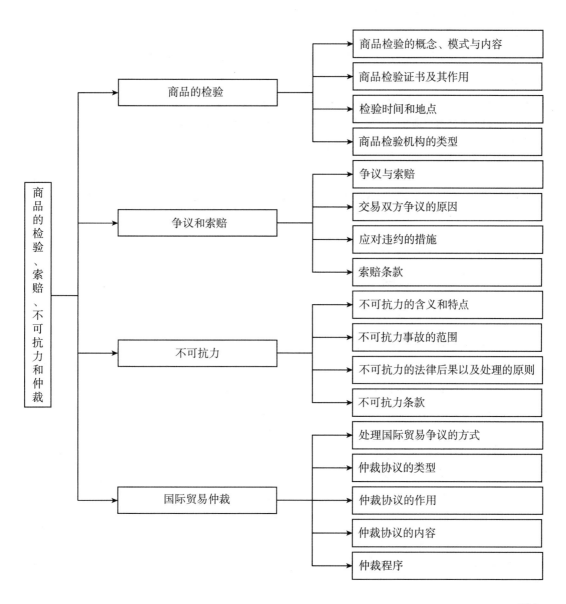

学习目标

认识国际贸易商品检验和索赔工作的重要性,了解商品检验的内容和商品检验证书的作用,掌握商品检验的时间和地点如何确定。了解国际货物买卖中引起争议和发生索赔案件的原因,熟悉争议发生后,权益受损害一方可以采取的措施。掌握不可抗力的法律后果和对外贸易仲裁在商务争议中所起的作用,熟悉仲裁实施程序,了解如何在进出口合同中规定相应的条款。

导入案例

检验地点引发的贸易纠纷

中国某一服装出口公司以 CIF 对德国出口一批服装,采用信用证支付方式结算,合同规定到达目的港后 30 天内检验,买方有权凭检验结果索赔。如出现争议采用仲裁方式解决争议。某服装出口公司按期交货后,凭一系列单据到银行议付货款成功。但货物在运输途中,因遭受飓风,有部分货物遭到水浸,货物到达目的港后,德国客户请检验机构检验后,以我方交付的货物与合同不符为由,对我方提出索赔全部货款的要求,而我方认为飓风属于不可抗力,应当向保险公司索赔。此案中,我方在 CIF 合同中规定的检验地点在目的地,是导致被动的根本原因。

第一节 商品的检验

一、商品检验的概念、模式与内容

(一) 商品检验的概念

国际货物买卖中的商品检验(commodity inspection)是指商品检验机构,包括国家设立的检验机构或向政府注册的独立机构,对进出口合同项下的商品的品质、数量或重量、包装、安全性能、卫生标准、残损情况、装运技术条件等进行检验和鉴定,从而确定货物的品质、数量或重量及包装等是否与合同规定一致,是否符合交易双方国家的有关法律和法规的规定。

商品检验是国际货物买卖合同履行过程中不可缺少的重要环节。在国际贸易中买卖双方身处两国,商品在出口国装船之前进口商很难检验货物,因此容易产生纠纷。此时就需要有一个第三方即商品检验机构,对货物进行检验出具检验证书,这样既可以保障买方利益,也可保持出口国的良好信誉,从而促进国际贸易的发展。另外,从国家的角度来看,通过对某些重要的进出口商品进行强制检验还可防止有害物品进入本国,从而保障进口国人民的健康和动植物的生长。

（二）商品检验的模式

1. 法定检验

法定检验是指一国对重要的进出口商品和检验项目实施的强制性检验。法定检验是海关放行的前提。即使买卖双方在合同中没有规定某些检验项目，但只要进出口商品属于国家规定的法定检验范围，进出口方就必须向有资格实施法定检验的机构进行报验，检验通过才能进出口。我国的法定检验范围包括："商检机构实施检验的进出口商品种类表"规定的商品；《中华人民共和国食品卫生法》和《中华人民共和国进出境动植物检疫法》规定的商品；对出口危险货物包装容器的性能鉴定和使用鉴定；对装运出口易腐烂变质食品，冷冻品的船舱，集装箱等运载工具的适载检验；对有关国际条约规定须经商检机构检验的进出口商品的检验；对其他法律、行政法规规定须经商检机构检验的进出口商品的检验。

2. 委托检验

委托检验指在进出口业务中卖方或买方根据进出口双方在进出口货物合同中订立的检验条款要求，或为了办理索赔和理赔的需要，委托商检机构对某些事项进行检验。商检机构检验合格后，签发检验证书。这个检验证书常常是卖方议付货款的依据，也是买方进行索赔的依据。

（三）商品检验的内容

根据对商品检验的侧重点不同，国际贸易商品检验的主要内容包括以下几种：

1. 品质检验

品质检验也称质量检验，是指在进出口贸易中商品检验机构采用多种检验手段对合同项下商品的外观品质和内在品质进行检验。外观品质主要是对商品的外形、式样、色泽、气味、触感、疵点、表面加工质量、表面缺陷等的检验；内在质量检验一般是对商品的有效成分、有害物质的限量、商品的化学成分、物理性能、机械性能、工艺质量、使用效果等的检验。

2. 包装检验

包装检验主要是对商品的外包装和内包装以及包装标志进行检验。通过检验看商品外包装上的商品包装的标志（标记、号码等）是否与进出口贸易合同相符；商品内外包装是否牢固和完整，包装材料、包装方式和衬垫物等是否符合合同规定要求；包装是否符合商品的性质和特点，是否符合货物流转过程中装卸、搬运的需要。

3. 残损检验

残损检验指商检机构对货物的包装或外表发生破损、污损、水渍、锈蚀、异常变化等现象进行检验，说明进出口商品的残损情况，判断残损原因、估定残损价值，并出具残损证书，作为进口方向索赔对象进行索赔的依据。

4. 商品数量和重量检验

商检机构运用合同规定的计重和计量方式，对报验商品的重量和数量进行检验，看交货数量和重量是否符合合同的规定，同时也是国家在征收关税时审核申报单的重要依据。

5. 卫生检验

卫生检验主要是对进出口贸易中与人类生命密切相关的肉、蛋、奶制品以及水果等食品进行的检验,看是否符合人类食用卫生条件,以保障人民健康和维护国家信誉,对发现细菌和寄生虫的产品一律禁止出口与进口。

6. 船舱检验

商检机构根据进出口方的申请对准备装货的船舱的现状和设备条件进行检验,如冷藏室检验、干货舱检验等,看船舱环境是否符合运载契约和商检局规定的技术要求。

检验机构对以上内容进行检验合格后,会相应地颁发与检验内容符合的商检证书,检验证书的有效期一般为两个月。由于特殊原因,在获得检验证后没有按时装船时,可以向检验部门申请展期。

二、商品检验证书及其作用

(一)商品检验证书的定义

检验证书是检验机构对进出口货物进行检验、鉴定后签发的书面证明文件。根据检验的内容不同,商品检验证书的种类包括:品质检验证书、重量或数量检验证书、残损检验证书、包装检验证书、船舱检验证书、卫生检验证书等。检验证书是国际货物买卖中的重要单据之一,有着重大的作用。

(二)商品检验证书的作用

(1)证明卖方所交货物的品质、数量、包装等符合合同的依据。如果检验证书的结果与合同不符,银行有权拒绝付款。

(2)海关放行的依据。凡是法律规定必须检验的进出口商品,必须报检获得法定商检机构出具的合格的商品检验证书,海关才会放行。

(3)卖方办理货款结算的依据。为了保障进口方的利益,在进出口结算中,特别是在信用证支付方式下,一般进出口合同的结算条款都会规定卖方在向银行办理货款结算时,必须提交合格的商品检验证书。

(4)办理索赔和理赔的依据。当买卖双方约定的商检机构在对进出口商品进行检验后,发现商品与合同规定不符时,买方可凭借商检机构出具的检验证书在规定的索赔有效期内对卖方或责任方进行索赔。

分析案例 18-1

商品检验证书的作用

某一进口方委托银行开出的信用证上规定:卖方须提交"商品净重检验证书"和"商品质量检验证书"。出口商收到买方开来的信用证后,便积极安排报检和装船手续,在报检的时候出口商只要求检验机构对商品质量进行检验并出具了质量检验证书,出口商自己清点了商品重量后自己签发了一份重量单,然后凭着一系列单据包括质量商检证书和重量单,出口

第四篇 货物进出口业务
第十八章 商品的检验、索赔、不可抗力和仲裁

商到议付行进行议付,而议付行则以出口商提供的商检证书与信用证不符不予议付,

请问:议付行的行为合理吗？这里商检证书的作用是什么？

分析:议付行的拒付是合理的。因为商品净重检验证书是由商检机构签发的关于货物重量的证明文件,而重量单为发货人所出具的货物重量说明文件,二者是不同的。商检证书是卖方办理货款结算的依据。

三、检验时间和地点

检验的时间和地点是指检验机构实施检验的时间和地点。检验的时间和地点直接关系到买卖双方在货物交接过程中的权利和义务,所以在合同中确定合适的检验时间和地点对买卖双方都很重要。在国际货物买卖合同中,关于检验的时间和地点的基本做法有以下几种:

(一) 出口国检验

1. 产地检验

产地检验是指在货物离开生产地点之前,由卖方或其委托的检验机构人员或买方的验收人员或买方委托的检验机构人员对货物进行检验或验收,并由买卖合同中规定的检验机构出具检验证书。产地检验的优点是可以避免不合格商品运往口岸造成损失。

2. 装运港检验

装运港检验是指货物在装运港或装运地装运前或装运时由买卖双方约定的检验机构对货物的质量、重量和数量进行检验,并由检验机构出具检验证书作为决定交货质量和重量或数量的最后依据。卖方对交货后货物发生的变化不承担责任。

采用产地检验或装运港检验,实际上否定了买方的复检权,对买方不利。

(二) 进口国检验

1. 目的港检验

目的港检验是指货物运抵目的港或目的地卸货后的一定时间内,由买卖双方约定的目的港或目的地的检验机构,对商品进行检验并出具检验证书,作为决定交付货物的质量、重量和数量的依据。

2. 买方营业处所或最终用户所在地检验

此种检验是指货物运抵买方营业处所或最终用户的所在地后在一定时间内进行的检验,并以双方约定的该地的检验机构所出具的检验证书作为决定交货质量和数量的依据。一般适用于精密的设备仪器,或需要在特定环境下才能拆包的商品的检验。这种检验方法对卖方不利。

(三) 出口国检验,进口国复验

这种做法是指商品检验分两部分,即先后在出口国和进口国分别检验。即装运港或装运地的检验证书作为收付货款的依据,货物运到目的港或目的地后买方以双方约定的检验

机构对商品进行复检,如果复验发现商品的品质和数量与合同规定不符,并且责任属于卖方时,买方可凭商检证书向卖方索赔。这种方式兼顾了买卖双方的利益,比较公平,在国际贸易业务中经常使用。

(四)装运港检验重量,目的港检验品质

即是在出口国检验商品重量,在进口国检验商品品质。在现实中,还要根据不同的贸易术语来确定检验的时间和地点,例如在 E 组和 D 组术语下,卖方要将货物实际交给买方,所以商品的检验应该在卖方对买方交货的地点、买卖双方交接货物时进行。而在 F 组和 C 组贸易术语下,卖方是象征性交货,货物风险转移了,但买方还未收到货物,这时采用"出口国检验,进口国复检"就比较合理。

四、商品检验机构的类型

进出口商品检验一般都是由专业的商检机构来实施,有时也会由卖方或买方自己来实施,但对于法定必须检验的商品必须由专业的第三方检验机构进行检验。国际上的商品检验机构名称各异,有的称公正行(authentic surveyor)、宣誓衡量人(sworn measurer),有的称实验室(laboratory)等。根据检验机构的发起人的性质不同,检验机构可分为:

(一)官方检验机构

官方检验机构指由国家和地方政府投资,按照国家有关法律法令对进出入境的商品实施强制性检验、检疫和监督管理的机构。例如美国的食品药品监督管理局(FDA),美国动植物检疫署;法国的国家实验室检测中心;日本的通商省检验所,农林水产省检验所,厚生省检验所等;中华人民共和国海关总署。

(二)半官方检验机构

半官方检验机构指有一定权威的、由国家政府授权、代表政府行使某项商品检验或某一方面检验管理工作的民间机构。例如美国担保人试验室(Underwriter's Laboratory,简称UL),是半官方的检验机构,但对官方检验机构是有益的补充,对国际贸易检验贡献巨大。美国担保人试验室是世界上最大的从事安全试验和鉴定的民间机构之一,已经有一百多年的发展历史,拥有一套严密的组织管理体制、标准开发和产品认证程序,UL 业务范围覆盖了七十多个国家和地区,UL 安全认证成为很多商品在美国上市的必要条件。

(三)非官方检验机构

非官方检验机构指由私人创办的具有专业检验、鉴定技术能力的公证行或检验公司,如英国劳埃氏公证行(Lloyd's Surveyor)、瑞士日内瓦通用鉴定公司(Societe Gerneral DeSurveillance)等。我国在 20 世纪 80 年代,经国务院批准成立了中国进出口商品检验总公司,以非官方的身份接受进出口业务中的当事人和外国检验机构的委托,办理进出口商品的检验鉴定业务,签发检验、鉴定证书并提供咨询服务。

第二节 争议和索赔

一、争议与索赔

国际商品买卖履行程序复杂，履约时间长，涉及许多国际国内的法律、法规、协议和惯例，牵涉运输部门、保险公司、海关及其报关代理机构、银行、码头、商品检验机构等许多组织机构；还要面临货币差异、空间差异、贸易惯例的冲突等问题的考验，所以国际贸易产生争议和索赔是司空见惯的。为了约束双方能够按照合同履行义务和方便争议产生时受损害一方向违约方进行索赔，进出口双方在签订合同前，需要在合同中签订合适的争议和索赔条款。

所谓争议是指交易的一方认为另一方未能履行合同规定的责任而引起的纠纷。而索赔则是指当交易的一方由于交易另一方违约使得交易一方的权利遭受损害后，向交易另一方主张法律权利提出赔偿的要求。

二、交易双方争议的原因

（一）卖方违约

由于卖方不履行或不完全履行合同规定的义务，例如不履行交货义务或者虽然交货了但货物的品质、数量、包装或交货时间与合同规定不完全符合。

（二）买方违约

由于买方不履行或不完全履行合同规定的义务，例如不能按照合同规定派船接货、支付货款、或开出信用证、付款赎单、无理拒收货物等。

（三）买卖双方均有违约责任

买方与卖方在履行合同时，都有违约的情况。

以上无论是哪种原因引起的争议，权利被侵害的一方均可向对方要求负担责任。

三、应对违约的措施

（一）卖方违约，买方可以采取的措施

在进出口合同履行过程中，卖方违约的情况通常有以下几种情形：卖方不交货；延迟交货；交付的货物与合同不符。当卖方违约时，买方可采用的救济方法有：

1. 要求卖方实际履行

即当卖方不按合同履行义务时，买方要求卖方按照合同规定实际履行义务。对于实际履行这一补救措施，不同法系的观点有所不同。英美法系认为，对违反合同的主要救济方法

是损害赔偿,而不是实际履行,只有当金钱赔偿不足以补偿受害方利益时,衡平法才考虑实际履行。而大陆法系国家特别是德国法认为,实际履行是对卖方不履行合同的主要救济方法。《联合国国际销售公约》(以下简称《公约》)第 45 条规定:"买方可以要求卖方履行义务。"实际履行这种救济措施能够维持合同的稳定性,保障合同的履行。但当买方要求卖方实际履行时,就不能再要求与实际履行相抵触的其他救济措施。

2. 要求卖方交付替代物

《公约》第 46 条第(1)款规定,当卖方所交付的货物与合同规定不符,而且已经构成根本违约时,买方有权要求卖方另外再交一批符合合同要求的货物,以替代原来那批不合格的货物。根本违约是指一方当事人因违反合同产生的结果,使另一方当事人蒙受损害,以致实际上剥夺了他根据合同规定有权期待得到的东西,即为根本违反合同。除非违反合同一方并不预知,而且一个同等资格、通情达理的人处于相同的情况下也没有理由会预知会发生这种结果。以根本违约作为买方要求卖方交付替代物救济措施的前提,主要是考虑到如果卖方交付替代物时,需要将先前交付的货物进行处理,或运回本国,或交给第三方处理,同时也要把替代物再运送到买方,这样产生的费用很高,这种损失在卖方没有造成根本违约的情况下很有可能超过买方所遭受的损失,所以规定只有在根本违约的情况下,才可以采用此救济措施。

3. 要求卖方对货物不符合合同之处进行修补

如卖方所交货物与合同规定不符,买方可以要求卖方对不符合合同之处做出修补。这项规定适用于货物不符合合同的情况并不严重,尚未构成根本违反合同,只需卖方加以修理,即可使之符合合同要求的情形。当卖方通过修理就可以使所交付的商品符合合同要求时,采用这种救济措施是比较经济和方便的措施。对不符合合同的商品进行修理,既可以由卖方派技术人员去买方修理,也可以由买方委托第三方进行修理,修理费用由卖方承担。

4. 给卖方一段合理的时间让其履行合同

《公约》第 47 条第(1)款规定,如卖方不按照合同规定时间交货,买方可以规定一段合理的额外时间让卖方履行义务。这个合理的额外时间叫额外履约期限。这一措施适合卖方延迟履约的情况。如果卖方在额外履约期限内履行了义务,买方只能要求损害赔偿,而不能要求解除合同;但如果卖方在额外的时间内仍不交货或声明他将不再交货,买方既有权要求撤销合同,也有权请求损害赔偿。但是如果卖方不按照合同规定的时间交货的本身已经构成根本违约,买方即可宣告撤销合同。

5. 卖方对不履行义务做出补救

按照《公约》第 48 条规定,除买方撤销合同外,卖方即使在交货日期之后,仍可自付费用,对任何不履行义务做出补救,但这种补救不得造成不合理的迟延,也不得给买方造成不合理的不便。

6. 撤销合同

撤销合同也称解除合同,是指在合同履行过程中,一方当事人的违约行为构成根本违约,另一方当事人为了弥补或减少损失而提出终止合同效力,从而使合同的权利和义务归于消灭的一种法律救济措施。《公约》第 49 条规定,当卖方违反合同时,买方在以下情况下可以宣告撤销合同:第一,卖方违约已经构成根本违反合同;第二,如果发生不交货的情形,在买方给予卖方合理的额外时间后,卖方仍不交货或声明不交货时。合同被解除后,卖方交付货物的责任和买方付款的义务被解除,但卖方的违约责任和买方要求损害赔偿的权利并没有解除,合同中的争议解决条款的效力没有被解除。

7. 要求减价

按照《公约》,如果卖方所交的货物与合同不符,不论买方是否已经支付货款,买方都可以要求降低价格。当卖方交付的商品不符合同要求时,但买方仍然愿意接受此批货物,或者由于某种原因买方不能退回此批货物,买方可以要求降低商品价格。例如鲜活产品,如果到了买方后,买方检验发现与合同不符,但如果直接退回给卖方就会导致整批产品全部变质,而买方也愿意接受此批货物,就可以要求卖方减价。

8. 请求损害赔偿

所谓损害赔偿是指一方当事人因违约给另一方当事人造成了损失时,违约方应当给予受损方金钱上的补偿。损害赔偿救济措施可以单独行使,也可以与其他救济措施配合使用。例如《公约》第 45 条规定,如果卖方违反合同,买方可以要求损害赔偿,而且买方要求损害赔偿的权利,不因其已经采取其他补救方法而丧失。就是说,即使买方已经采取了撤销合同、拒收货物、要求交付替代物等救济方法,但是他仍然有权要求卖方赔偿因违反合同所造成的损失。

(二)买方违约,卖方可以采取的措施

在进出口合同履行过程中,买方违反合同的情形包括:不付款、延迟付款、不收取货物、延迟收货物。根据《公约》规定,当买方违约卖方可以采取的措施有:

1. **要求买方实际履行合同**

《公约》第 62 条规定:"卖方可以要求买方支付货款、收取货物或履行其他义务。"但卖方要求买方实际履行时,风险较大。一般买方不按时或不付款或不收取货物大多是因为买方的财务状况不佳,或者根本就没有支付货款的能力,这时如果卖方交付的货物是保质期较短的产品或一些专用件,卖方就面临着货物灭失和得不到付款的双重风险。所以卖方遇到违约情形时,在要求买方实际履行的同时,一定要做好货物转售处理的准备,避免钱货两空。

2. **卖方可以规定一段合理的额外时间,让买方履行其义务**

当买方不付款,延迟付款或不接货,而且由于买方的违约并没有造成根本违约时,给予买方额外的履行期限是比较合理、也比较常见的救济措施。但由于买方支付货款和接货的义务比较好履行,所以这个额外履行期限通常较短。

3. **卖方宣告撤销合同**

当买方的违约已经构成根本违反合同,或在买方延迟履行情况下,卖方给予买方一段合理的额外履行期限让买方履行义务,但买方仍然不在这段时间内履行义务,则卖方可以宣告撤销合同。

4. 请求损害赔偿

当买方违反合同义务时,卖方有权请求赔偿,并且这种权利不因买方已经采取上述措施而丧失。例如如果由于买方的延迟履行给卖方带来损失的,卖方在给予买方合理的履行期限的同时,可以要求买方支付一定的利息或赔偿由于延迟履行带来的损失。

四、索赔条款

由于索赔事件的经常发生,贸易双方为了便于处理这类问题,应该在合同中订立索赔条款。异议与索赔条款的内容包括:

(一)索赔依据

即指受损方在提出索赔时必须提供的、证明对方违约事实真相的书面材料,主要是指由双方约定的出证机关出具的各种检验证书。

(二)索赔对象

在国际贸易合同履行过程中,牵涉的机构较多,例如把货物从卖方转移到买方的承运人;为了规避风险,买卖双方对合同项下的商品进行投保的保险公司等。如果货物的损失是由于承运人的责任造成的,应当向承运人索赔。如果发生了保险承保范围内的损失,应当由保险公司负责赔偿。因此,遭受损害一方需要根据损失的原因和责任不同,来确定索赔对象。

(三)索赔期限

索赔期限就是指受损害方有权向违约方提出索赔的有效期。按照法律和国际惯例,受损害方只能在一定的索赔期限内提出索赔,否则就丧失索赔权利。关于索赔期限的规定,包括法定索赔期限和约定索赔期限。约定索赔是指买卖双方在合同中约定索赔期限。法定索赔期限是指按照国家法律和国际公约规定,受损害方可向违约方索赔的期限。例如《联合国国际货物销售合同公约》规定索赔期限为自买方实际收到货物之日起两年之内。《中华人民共和国合同法》规定,买方自标的物收到之日起两年内,但如果标的物有质量保证期的,适用质量保证期。一般约定的索赔期限高于按法定的索赔期限。

分析案例 18-2

索 赔 期 限

中国 A 公司(买方)与外国 B 公司(卖方)达成协议,以 C&F 上海价格向 B 公司购买某种工业精密仪器,买方以不可撤销的即期信用证分两次付款,应在交货前的一个月委托上海中国银行开立以卖方为受益人的信用证。合同第 10 条规定,品质保证期限为货到目的口岸 12 个月内,在保证期限内,因制造厂商在设计制造过程中的缺陷造成货物损害,应由卖方负责赔偿。合同第 11 条规定,货物到达目的口岸后,买方可委托中国商品检验局对货物进行复检。如果发现货物有损坏、残缺或规格及数量与合同规定不符,买方得于货到目的口岸的 30 天内凭中国商品检验局出具的检验证书向卖方要求索赔。1999 年 3 月 24 日货物到达目的港，买方 A 公司申请中国商品检验局对该批货物进行商检后，发现货物存在品质问题，A公司于 1999 年 4 月 25 日书面通知 B 公司，要求索赔。B 公司以 A 公司已超过了合同规定的 30 天索赔期为由拒绝赔偿。A 公司遂提起仲裁。

请问买方 A 公司还有权向 B 公司索赔吗？

分析：仲裁庭认为，买方 A 公司虽然是过了 30 天的合同索赔期，但根据合同另一质量保护期 12 个月的条款，A 公司仍有权因货物质量不良向卖方 B 公司索赔。

（四）违约金条款

为了督促交易双方按时履行合同，交易双方在签订进出口合同时一般都会签订违约金条款。违约金也称罚金，是指当交易一方在履行合同时发生违约行为给对方造成损失的，受损害的一方可以根据合同要求其支付确定的金额。罚金的多少及计算罚金的方式由双方在合同中事先约定。违约金条款一般适用于卖方迟延交货或买方迟延接货、拖延开信用证、拖欠货款等情况。

（五）定金罚则

定金是指合同一方当事人根据合同的约定，预先付给另一方当事人一定数额的金额，以保证合同的履行，是作为债权担保而存在的。在买卖合同中，只要定了定金条款，无论合同当事人哪方违约，都要承担与定金数额相等的损失，这种以定金方式确保合同履行的方法称为定金罚则。根据有关合同法的规定，定金具有双向担保的作用，根本目的并不在于惩罚违约行为，而在于担保或督促当事人依照诚实信用原则履行合同义务。定金数额由买卖双方在合同中约定，一般不超过合同金额的 20%。定金与违约金不同，定金为合同的履行提供了预先保障，有预防违约的性质，而违约金则是对违约方违约后的惩罚。如果在合同中同时签订了定金和违约金条款，依据我国合同法的有关规定，违约金责任不能与定金责任并用。不能并用是指不能要求违约方既承担违约金责任，又承担定金罚则。不过，受损害方有权选择适用二者之一，要求对方承担。至于选择哪一种责任，要求违约方承担，一般依据的是有利于非违约方的原则。

第三节　不 可 抗 力

一、不可抗力的含义和特点

（一）不可抗力的含义

不可抗力是指买卖合同签订后，不是由于合同当事人的过失或疏忽，而是由于发生了合同当事人无法预见和预防、无法避免和克服的事件，以致不能履行或不能如期履行合同，遭受意外事件的一方可以免除履行合同的责任或推迟履行合同。

（二）不可抗力的特点

1. 当事人无法预见

法律要求构成不可抗力的事件必须是有关当事人在订立合同时或在履行合同时不可能预见事件，如果能够预见但没采取相应的措施，则不能归为不可抗力。例如在卖方在装船当天，天气预报消息称当天有灾害性暴风雪，对于一个理智的人来说应当与买方协商推迟装船，可卖方则不顾这个消息执意装船，则装船后由暴风雪造成的损失则不能归为不可抗力。

2. 当事人不能避免和克服

如合同签订生效后，当事人对可能出现的意外情况尽管采取了及时合理的措施，但客观上并不能阻止这一意外情况的发生，这就是不可避免性。如果一个事件的发生完全可以通过当事人及时合理的作为而避免，则该事件就不能认为是不可抗力。

3. 不是由于当事人的过失和疏忽造成的

如果事件的发生是由于当事人的过失和疏忽造成的，则不能算作不可抗力。例如某一出口商品在运输途中，由于出口方的驾驶员酒驾违规操作导致车祸的发生，使得卖方不能按期交货，卖方不能以不可抗力为由不交货，应当对延迟交货给买方造成的损失给予赔偿。但如果车祸的发生是由第三方责任造成的，则可以算作不可抗力，经与买方协商可以延迟履行合同。

4. 事件使得合同不能履行或不能如期履行

由于意外事故给当事人造成的损害程度很大，使得合同不能履行或不能如期履行才能构成不可抗力。如果事件的发生对当事人的影响较小，当事人仍然有能力履行合同或可延期履行合同，当事人不得以不可抗力为由要求免除履行合同的责任。

二、不可抗力事故的范围

造成不可抗力的原因有很多种，事故范围较广，比较复杂。根据不可抗力的起因不同，可以大致分为以下几种情况：

（一）由于自然力量引起的

例如水灾、火灾、冰灾、地震、暴风雪、海啸等人类无法预见或即使可以预见也无法克服的自然灾害。

（二）由于社会力量引起的

如战争、罢工、政府禁运等，进出口方无法控制、无法克服的社会事件。

三、不可抗力的法律后果以及处理的原则

不可抗力的法律后果是指当不可抗力发生时，合同是否即告解除，或可以解除合同，也可以只是推迟履行合同。对这一法律后果的规定，各国各不相同。如英美法系国家认为，一旦合同落空，合同即告终结；有些国家不这样认为，认为应该根据不可抗力的原因、性质、规

模、对履约的实际影响区别对待。我国对不可抗力规定了三种可能的法律后果：

（一）解除合同

如果发生的不可抗力事件导致当事人无法全部履行合同义务，当事人可以解除合同，并免除全部责任。

（二）免除部分责任

如果发生的不可抗力事件导致当事人无法履行合同的部分义务，当事人可以免除不能履行部分的责任。

（三）延迟履行合同

如果发生的不可抗力事件导致当事人无法按时履行合同，当事人可以要求延迟履行合同，并免除延迟履行的责任。

四、不可抗力条款

（一）合同中对不可抗力的限定

为了更好保障进出口贸易双方的权利，双方应当在合同中尽量详细地确定不可抗力的条款。一般包括不可抗力的事故范围、不可抗力的后果、不可抗力事故后通知对方的期限和方式、证明文件及出具证明的机构等内容。对这些内容进行详细的确定，可以避免不必要的合同纠纷。

（二）规定不可抗力范围的方式

对不可抗力的范围进行界定的方式一般有三种：

1. 列举式

即在合同中尽量地把不可抗力的种类按照一定的类别一一列举。此种方式比较具体，但由于不可抗力的种类较多，可能无法事先全部预测到，容易造成遗漏。若发生了规定范围以外的事故，就无法援引或援引困难。

2. 概括式

即在合同中对不可抗力事故范围按照不可抗力的概念只做笼统规定，由进出口双方根据抽象的概念进行理解确定。由于双方可能会出现理解角度的差异，产生解释上的差异而产生纠纷。

3. 综合式

即在合同中一一列明不可抗力事件种类的同时，再加上概括性的文句。这种方式比较具体，又比较灵活，一般都采用这种方式。

（三）不可抗力和商业风险

所谓商业风险是指由于交易双方中的某一方自身的原因，包括产品款式过时、价格过高、资金周转不灵、质量投诉、商业机密泄露或与之相关联第三方例如其供应商出现经营上的事故,导致其不能按时交货、不能交货或不能支付货款的情形。商业风险是除政治风险和不可抗力以外的风险的总和。商业风险不是不可抗力,不得以不可抗力为由要求免除交易方的责任。

分析案例 18-3

不可抗力和商业风险

2014年2月13日,中国某制药公司和泰国的某一原材料公司(A公司)签订了某一化学原料药的采购贸易合同。但后来在合同的履行过程中,国际市场的化学原料价格上涨,A公司因为国际市场发生重大变化,原料价格上涨,数量短缺,无法按时交货,A公司来电以不可抗力为由,要求终止履行合同。

请问 A 公司可以终止履行合同吗?为什么?

分析:不可抗力是指买卖合同签订后,不是由于合同当事人的过失或疏忽,而是由于发生了合同当事人无法预见和预防、无法避免和克服的事件,以致不能履行或不能如期履行合同。它与商业风险是有区别的,商业风险是指由于交易双方中的某一方自身的原因包括产品款式过时、价格过高、资金周转不灵、质量投诉、商业机密泄露或与之相关联第三方,例如其供应商出现经营上的事故导致其不能按时交货、不能交货或不能支付货款的情形。这里化学原料价格上涨是商业风险,商业风险不是不可抗力,A 公司不得以不可抗力为由要求免除责任。

(四)不可抗力的通知和证明

我国《合同法》第118条规定,当当事人一方因不可抗力不能履行合同的,应当及时通知对方,以减轻可能给对方造成的损失,并应当在合理期限内提供证明。如未履行这一通知义务,给对方造成了不必要的损失,则对于此类损失不能以不可抗力为由进行免责。同时,在发生不可抗力事件后,不能履行合同的一方应当积极采取措施避免不可抗力事件导致的损失扩大,尽量降低不可抗力对交易对方的危害,否则因为其不作为而导致的损失部分则不能免责。

(五)不可抗力要以"标的物特定化"为前提

在进出口业务中,商品经过包装后刷上唛头或已经办理运输获得运输单据等行为是把货物确定为某项合同的标的物,此时商品被称为"特定标的物"。"特定标的物"如果由于意外事故而灭失,卖方可以确认为不可抗力事故,如果货物未被特定化,则容易出现免责依据不足的情况。为避免纠纷,买卖双方在签订不可抗力条款时可以对"货物是否特定化"进行确定。

第四节　国际贸易仲裁

一、处理国际贸易争议的方式

在进出口合同履行过程中,由于各种不同的原因,可能会导致买卖双方不完全按照合同履约,或完全不履行合同,从而使买卖双方产生争议。针对这些争议,根据处理争议的程序不同,买卖双方处理的方式主要包括以下几种:

(一) 协商

协商是指买卖双方不把争议诉诸第三方而是通过双方彼此进行沟通交流,自行解决合同纠纷。这种处理争议的方式,一般适用于不严重的合同纠纷。运用这种方式,可以加强买卖双方的交流,有利于双方在磋商的过程中建立良好的合作机制。而且由于不需要经历严肃负责的法律程序,可以加速纠纷的解决,节省诉讼费用。一般当买卖双方遇到纠纷时,应当首先采用协商方式,协商不成时,再考虑其他解决争议的途径。

(二) 调解

调解是指由买卖双方以外的第三方包括人民法院、调解委员会或行业组织等,以国家法律、法规和政策以及社会公德为依据,针对合同的争议,对双方进行疏导协调,促使双方顺利协商,自愿达成协议,解决纠纷的活动。调解从程序上说实质就是协商,但从参与的主体看,比协商多了个第三方主体。第三方调解主体的参与,可以促进协商的顺利进行,增强争议解决的公正和公平性。

(三) 诉讼

诉讼指买卖双方将争议诉诸司法部门按照法律程序来解决双方争议的方式。诉讼程序是由一套科学的程序规则组成的,具有规范性、严肃性和确定性的特点。所以诉讼程序相对比较复杂,尤其是在国际贸易纠纷解决过程中,由于买卖双方国家法律的差异性,就更加复杂。而且诉讼费用也比较高,解决问题的速度较慢,导致双方的关系紧张,所以一般比较严重的纠纷,通过协商等其他手段不能解决的纠纷,比较适合采用诉讼。由于诉讼结果执行的强制性,通过诉讼解决纠纷有利于保障遭受损失一方的合法权益。

(四) 仲裁

仲裁是指当事人双方达成协议,自愿将有关争议交给双方都同意的仲裁机构进行裁决的一种争议解决方式。仲裁相对于诉讼来说,气氛比较友好,程序也比较简单,所需时间短,费用低,因此对于买卖双方都比较有利。仲裁方式既兼顾了协调的自愿性和灵活性,同时由于仲裁结果的强制性,又具备了诉讼方式的保障性。

二、仲裁协议的类型

仲裁协议是买卖双方当事人在自愿、平等、协商的基础上签订的同意将双方发生的争议诉诸仲裁方式解决的书面文件,而且仲裁协议必须是书面的,它是双方申请仲裁的必备材料。根据协议签订的时间不同,仲裁协议分为两种形式:一是在争议发生前,双方在买卖合同中订立的仲裁条款,表示同意在双方发生争议时以仲裁方式解决;另一种是在争议发生后,双方当事人通过签订单独的同意"提交仲裁"的协议,此种协议既可以是双方以正式书面文件形式订立的,也可以是通过来往函电、电报或电传达成协议。如果双方事先已经在合同中签订了仲裁条款,则无需再签订提交仲裁的协议了。

三、仲裁协议的作用

仲裁方式相对于诉讼方式比较灵活,仲裁协议对争议的解决具有很大的作用,主要包括:

(一)约束双方当事人只能以仲裁方式解决问题

买卖双方当事人只要签订了仲裁协议,就只能以仲裁方式解决争议,不得向法院起诉。

(二)可排除法院对于争议案件的管辖权

如果买卖双方签订了仲裁协议,当发生争议时,如果一方违背仲裁协议,向法院起诉,另一方可以仲裁协议进行抗辩,要求法院予以撤案,法院则会根据仲裁协议把争议退回仲裁机构处理。

(三)使仲裁机构取得对争议案件的管辖权

仲裁协议的签订使仲裁机构取得了争议案件的管辖权。仲裁机构在实施仲裁裁决程序过程中,签订仲裁协议的双方当事人有义务按照仲裁程序需要执行,如果出现某一方当事人在规定的时限内不应诉或不配合等情形,仲裁机构有权按照仲裁法进行缺席审理或作出缺席裁决。

分析案例 18-4

仲裁协议的作用

中国某一钢铁制造 A 公司与英国某一建筑 B 公司方签订了钢材买卖合同。买卖双方在合同的争议条款中约定,如双方发生争议,采用仲裁方式解决。合同生效后,买方 B 公司如约开立信用证,卖方 A 公司交付货物并通过议付信用证收到货款。但当货物到达买方目的港后,买方发现钢材的质量有问题,买方向卖方 A 公司提出索赔。A 公司认为,钢材在装船前已经由双方共同约定的商检机构进行了商品质量检验并出具了检验合格证书,买方提出的钢材质量有问题证据不足。后双方协商不成产生争议。

请问本案中买卖双方的争议可否采用诉讼方式解决?为什么?

分析:本案的争议只能采用仲裁方式解决,因为买卖双方在合同中明确约定了如双方发生争议,采用仲裁方式解决,约束双方当事人只能以仲裁方式解决问题。

四、仲裁协议的内容

买卖双方当事人在进出口合同中签订仲裁条款时或在争议发生后签订仲裁协议时,一般需要关注以下有关仲裁的内容:

(一)仲裁的地点

由于仲裁地点的不同,适用的法律也不同,对买卖双方的权利和义务影响很大,所以确定仲裁地点直接牵涉到双方权利的保护。在签订仲裁协议时,仲裁地点的选择是买卖双方关注的焦点。在国际贸易中,仲裁地点的选择通常有三种方式:一是规定在出口国仲裁;二是规定在进口国家仲裁;三是规定在买卖双方同意的第三国仲裁。为了更好地维护本国企业的权利,买卖双方应该首先争取在本国仲裁,其次才考虑在对方所在国进行仲裁,如果选用第三国仲裁,一定要争取选用与本国外交关系友好国进行。

(二)仲裁的规则

不同国家的仲裁机构制定有不同的仲裁规则。在买卖合同的仲裁条款中,应当充分了解某国的仲裁机构的仲裁规则后,再确定采用哪个国家和哪个仲裁机构的仲裁规则进行仲裁。但应当注意的是要采取的仲裁规则与仲裁地点并非完全一致,也可以根据双方当事人的约定采用仲裁地以外的其他国家的仲裁规则进行仲裁。

(三)仲裁机构

根据仲裁机构组建的稳定性,仲裁机构可以分为常设仲裁机构和临时组织的仲裁机构。仲裁程序可以由双方在合同中约定的常设仲裁机构进行,也可以由当事人双方共同指定仲裁员组成临时仲裁庭进行仲裁。常设的仲裁机构具有固定的组织机构,明确的办公地点,专业的仲裁人员,确定的仲裁程序,已经形成稳定的运作机制,为仲裁双方当事人提供一个稳定方便的仲裁环境。我国常设的仲裁机构是中国国际经济贸易仲裁委员会和海事仲裁委员会。国际上,常设的仲裁机构有巴黎的国际商会仲裁院、日本的国际商事仲裁协会、英国伦敦仲裁院、美国仲裁协会等。而临时组建的仲裁机构是由仲裁双方当事人指定仲裁员临时组成的仲裁机构,当争议案处理后,临时仲裁机构则自动解散。从仲裁环境的稳定性来说,应当首选常设的仲裁机构进行仲裁,但需要明确的是临时仲裁机构和常设仲裁机构的仲裁结果具有同等法律效力。

(四)仲裁裁决的效力

各国一般都规定仲裁的裁决是终局性的,对当事人都有约束力,必须执行,任何一方不得向法院起诉要求变更。如果一方上诉,法院也只是对仲裁的程序的完备性进行审查,并不审查裁决本身是否正确。但如果法院发现仲裁程序有问题,法院有权撤销仲裁裁决,宣布仲裁裁决无效。

五、仲裁程序

仲裁程序是指仲裁双方当事人根据仲裁协议将发生的争议提交仲裁机构进行仲裁时经历的过程环节。

（一）提出仲裁申请

这是仲裁程序开始的首要前提。仲裁申诉人向仲裁委员会提交仲裁申请书时,应该写明仲裁申诉人和被诉人的名称和住所,附具本人要求仲裁所依据的事实证明文件,指定一名仲裁员说明案情和争议要点及仲裁申诉人的请求等。如果委托代理人办理仲裁事项或参与仲裁的,应提交书面委托书。仲裁机构对申请书进行审查,看仲裁手续是否符合要求,仲裁有没有超过时效,仲裁的争议有没有被处理过,争议是否属于仲裁范围内。经审查仲裁机构认为申请手续完备后,向被诉人发出仲裁通知,并将仲裁申诉人的仲裁申请书连同仲裁规则、仲裁员名册和仲裁费用表等一并发给被诉人,同时也把除仲裁申请书以外的资料发送给仲裁申诉人。

（二）指定仲裁员组成仲裁庭

按我国仲裁规则规定,仲裁申诉人与被诉人在收到仲裁通知后20天内各自在仲裁委员会仲裁员名册中指定一名仲裁员,并由仲裁委员会指定一名仲裁员为首席仲裁员,共同组成仲裁庭审理案件;也可以在仲裁员名册中共同指定或委托仲裁委员会主席指定一名仲裁员为独立仲裁员,成立仲裁庭,单独审理案件。

（三）审理案件

仲裁审理的方式有两种,一是开庭审理,二是不开庭审理。所谓开庭审理是指在确定的日期确定的地点在仲裁申诉人与被诉人或其他相关参与人的参加下,依照法定的程序和形式,在仲裁庭上对案件进行实体审理的仲裁活动。按照仲裁审理是否向社会公开来分,开庭审理又分为公开开庭仲裁和不公开开庭仲裁。在不公开仲裁情况下,仲裁庭、仲裁双方当事人和仲裁相关专家、鉴定机构不得向外界透露与仲裁相关事宜。在开庭审理方式下,必须确定开庭审理的日期和地点。开庭日期由仲裁庭会同仲裁委员会秘书处决定,并在开庭前30天通知双方当事人。当事人如有正当理由,可以申请延期,但必须在开庭前12天以书面形式向仲裁委员会秘书处提出。开庭地点应是在仲裁委员会所在地,但经仲裁委员会主席批准,也可以在其他地方开庭。

不开庭审理,是指仲裁庭只依据仲裁双方当事人的书面文件对案件进行审理,并作出裁决。当双方当事人自愿认可,而且仲裁庭也认为不必要开庭审理的情况下,可以采用不开庭审理。开庭审理和不开庭审理具有同等的裁决效力。

（四）做出裁决

裁决是仲裁程序的最后环节,裁决做出后,审理案件的程序即告终结,因而这种裁决又被称为最终裁决。仲裁裁决必须于案件审理终结之日起45天内以书面形式做出。仲裁庭在做出仲裁裁决时,应当提供裁决书。在裁决书中,应写明仲裁请求、争议事实、裁决依据的

第十八章　商品的检验、索赔、不可抗力和仲裁

理由、裁决的结果、裁决费用的负担、裁决的地点和日期、裁决的效力等，并注明仲裁员的署名。

◆ **内容提要**

商品检验是国际货物买卖合同履行过程中不可缺少的重要环节，其内容包括商品的质量、重量、数量、包装和卫生等。检验证书是卖方交付的产品是否符合合同和国家法律的证明，也是买方在货物遭受损失要求赔偿的依据，因此在合同中确定合理的商品检验时间和地点有利于保障双方的权利。

争议在国际贸易中经常发生。引起争议的原因可能是卖方违约、买方违约或者是买卖双方都负有责任。遭受损失的一方可以按照索赔条款向违约方索赔。但如果由于不可抗力致使合同不能履行或无法履行合同，违约方可以免除责任。

买卖双方解决争议的方式包括协商、调解、诉讼和仲裁4种。其中仲裁方式具有和谐性、灵活性和费用低的优点，仲裁结果具有强制性和终局性的法律特性，是比较常用的方式。

◆ **关键词**

商品检验　贸易争议　索赔　违约　不可抗力　仲裁

◆ **复习思考题**

1. 商品检验证书的作用有哪些？国际贸易中有关商品检验的时间和地点有哪几种规定？
2. 在国际贸易中一方违约另一方可以采取的措施有哪些？
3. 构成不可抗力的条件是什么？在合同中如何确定不可抗力条款？不可抗力的法律后果有哪几种？
4. 相对于其他解决争议的方式仲裁方式有什么特点？
5. 仲裁协议有哪些形式？仲裁协议的作用是什么？
6. 仲裁程序是什么？仲裁裁决的法律效力如何？

思考案例

进口货物质量纠纷案例

2018年1月，中国上海某食品进出口公司与美国的大豆供应商，签订了进口大豆货物买卖合同。双方在合同中约定：由中国某食品进出口公司从美国的大豆供应商处采购大豆500吨，合同采用的贸易术语为FOB芝加哥。双方还约定这批货物应当于2018年4月20日前交付给中国某食品进出口公司指定的承运人以便运输，并且在合同中约定如出现纠纷，采用仲裁方式解决。

2018年4月20日，美国的大豆供应商将包装好的500吨大豆，交付给中国某食品进出口公司指定的承运人——香港某远洋运输公司的"迅风"轮进行运输。船长在对这批货物进行了初步的检查以后，向美国的大豆供应商签发了清洁提单。美国的大豆供应商收到清洁提单后到银行议付了货款。

当这批大豆到达上海港时，中国某食品进出口公司立即对这批货物进行了检查。结果

发现这批货物有发霉现象。于是，中国某食品进出口公司立即请一家商品检验机构对这批货物进行了检验。这家商品检验机构随即出具了有关这批货物霉变的证明。

鉴于此时美国的大豆供应商已经从银行议付了货款，中国某食品进出口公司根据双方在买卖合同中签订的仲裁条款，向中国某国际经济贸易仲裁机构提交了仲裁申请。美国大豆供应商在收到仲裁通知以后，立即进行了答辩。美国大豆供应商认为：第一，这批货物的承运人向该公司签发了清洁提单，说明这批货物在交付承运人的时候是完好的，不存在质量问题。第二，买卖双方在签订合同时约定的贸易术语是FOB，根据该术语，货物由卖方交付承运人后，当货物跨过承运人的船舷时，货物灭失的风险就转移给了买方，作为卖方就不应为此承当任何责任，而作为买方应当追究承运人——香港某远洋运输公司或有关的保险公司的责任。第三，中国某食品进出口公司是在货物到达上海港口后才对这批货物进行了检验，美国大豆供应商认为在该公司并未知晓的情况下中国某食品进出口公司就单方面对这批货物进行了检验，这对美国大豆供应商来说是不公平的，检测的结果也是不能被接受的。

在美国大豆供应商提出抗辩理由后，中国某食品进出口公司认为对方的抗辩有一定的理由，就转而向这批货物的承运人——香港某远洋运输公司发去了一封电报，要求该公司承担这批大豆在运输途中霉变所造成的损失。香港某远洋运输公司在收到电报后立即进行了答复。该公司声称自己在运输货物的过程中不存在任何过失，另一方面向中国某食品进出口公司出示了一张"保函"。原来在美国大豆供应商准备交付货物的时候，交货的最终期限已经临近，美国大豆供应商为了及时交货，特别是为了让承运人立即签发提单以便该公司能够马上到银行议付货款，因此美国大豆供应商就在承运人并未对全部货物进行检查的情况下，要求香港某远洋运输公司出具清洁提单，并且保证如果因货物质量或短缺而导致的一切损失，都由美国大豆供应商承担，而非香港某远洋运输公司承担。中国某食品进出口公司为此再次向美国大豆供应商提出要求该公司承担大豆霉变导致的全部损失。

问题：

(1) 此案例中买卖双方发生纠纷为什么可以采用仲裁方式解决？

(2) 本案中此批货物在出口时有没有进行商检？如果合同中约定以商检证书作为卖方议付货款的前提，对买方是否更有利？商检证书有哪些作用？

(3) 在国际贸易争议发生后，受损害一方可以进行索赔的对象有哪些？

(4) 你认为本案中美国大豆供应商需要承担责任吗？

应用训练

进口方如何进行索赔

美国某大豆出口企业（A公司）与中国某食品生产企业（B公司）于2014年12月签订了一份大豆交易合同。合同内容：优质大豆2 000吨，每吨3200CIF上海，交货时间为2015年3月。商品检验时间和地点：出口国检验重量，进口国检验质量。采用信用证支付方式。合同的争议条款中规定采用仲裁方式解决争议。2015年3月，A公司按期对出口大豆进行重量检验，办理保险，装船获得由商检机构出具的净重合格检验证书，保险公司提供的保险单，船公司签发的提单，A公司获得了这一系列单据后，向银行进行成功议付货款。船公司在海

第十八章 商品的检验、索赔、不可抗力和仲裁

洋运输途中,突遭强对流天气,导致有 1/3 的大豆受潮,还有 2/3 的大豆完好。当 2015 年 3 月底货物到达目的港后,B 公司委托的检验机构对大豆的品质进行检验,发现除了那 1/3 的大豆受潮之外,卖方所交付的大豆并不是优质大豆,而是普通的大豆,于是 B 公司以卖方没有交付符合合同要求的商品要求卖方实际履行合同。但卖方却说,大豆在出口国已经检验合格,而且由于运输途中出现不可抗力,所以买方应当向保险公司索赔。双方发生争议,按照合同要求买方向中国国际经济贸易仲裁委员会申请仲裁。

实训过程指导:

(1) 要求学生熟悉背景材料,掌握解决问题必备的知识点:商品的检验时间和地点;商检证书的作用;仲裁协议的作用;国际贸易术语 CIF 术语;索赔对象的确定;不可抗力的界定;仲裁的程序。

(2) 要求学生根据国际贸易实务流程,设计索赔方案,并画出流程图。

(3) 根据索赔方案,准备检验申请资料,索赔资料,仲裁申请所需资料,仲裁裁决书等。

(4) 按照流程规划,各角色模拟运行。

第十九章　国际货物买卖合同的履行

本章结构图

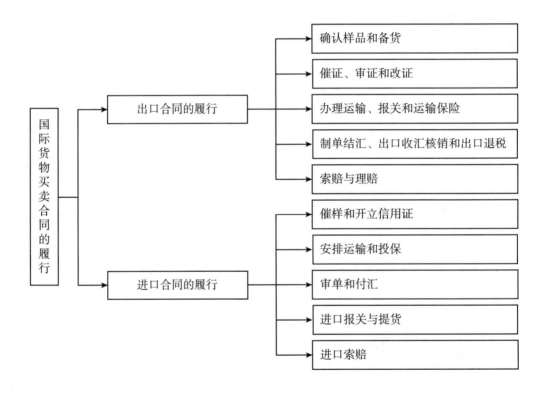

学习目标

了解贸易术语选用和付款方式选择对国际货物买卖合同履行的影响；熟悉进出口业务中买卖双方履行合同的一般过程；掌握卖方备货、催证、报检、租船订舱、投保、制单结汇等环节的具体要求；掌握买方开证、审单付款、验货、索赔等环节的基本要求和做法。

导入案例

"一带一路"的对外贸易贡献

2014年,我国进出口总值为26.43万亿元人民币。"一带一路"倡议构想成为我国外贸增长的新契机。据初步测算,2014年我国与"一带一路"国家或地区进出口双边贸易值接近7万亿元,增长7%左右,占同期我国进出口总值的1/4。其中,对"一带一路"沿线国家的出口增长超过了10%,进口增长约为1.5%。

第一节 出口合同的履行

对于出口商而言,选择不同的贸易术语和付款方式,会导致出口商在履行进出口合同的进程中承担不同的职责。在贸易术语选用上(以海运为例),国内货物出口一般以FOB和CIF报价居多。在付款方式选择上,尽管贸易实践越来越倾向于汇款,信用证和托收的使用呈现减少趋势,但对刚刚进入国际市场的企业而言,信用证付款方式仍是较为普遍的选择。本节以CIF报价、信用证付款方式为例,具体介绍出口合同履行的一般过程。

一、确认样品和备货

(一) 确认样品

虽然国际货物买卖的方式多种多样,但"凭样品买卖"依然是我国出口商开拓国际市场的重要方式。买卖合同签署或销售意向确定后,确认样品成了卖方最为重要的工作。样品的确认是一件看起来简单但实际上非常复杂的事情。制作样品(称为"打样")会涉及卖方的诸多部门,工作的系统性很强,卖方要准确地领会买方的要求,否则多次打样还会给客户留下不良印象,错失订单更是现实的利益损失。所有的成交样品最好能够编号存档,妥善保管,以备未来之需。

(二) 备货

备货工作是指卖方根据出口合同的规定,按时、按质、按量地准备好应交的货物,并做好报检和相关的领证工作。样品一经确认后,卖方就可以着手备货了。在备货过程中,应注意的主要问题有:货物的品质、规格应保证与样品(或合同规定)相一致;货物的数量应满足合同和信用证的要求并适当留有余地;货物的包装、运输标志应满足保护商品和适应运输的要求。此外,备货时间也应合理安排,以有利于船货衔接。

出口货物备齐后,根据国家商检法、买卖合同和信用证的有关规定,要向商检局申请检验。出口商品在报检时,一般应提供外贸合同、信用证原件的复印件或副本(必要时提供原件)。检验合格或完成后,商检局会出具通关单和相关检验证书。

分析案例19-1

如何做一个成功的外贸跟单员

外贸跟单员是以客户订单为依据,跟踪产品(服务)运作流向并督促订单落实的专业人员,是外贸业务的基础性人才之一。作为一名外贸跟单员,你就像是公司与客户之间的桥梁,做好客户和工厂之间协调管理工作,把信息及时地在两者之间进行反馈是最基本的职责。一名合格的外贸跟单员需要掌握外销、物流管理、生产管理、单证与报关等综合知识。

注重细节,踏实工作,是外贸跟单员的基本要求。今天的工作是明天的结果,前几个月的工作会带来现在的订单。公司收到的每一封客户询价都是公司大量广告宣传投资的结果,不认真地跟进客户是对公司资源的浪费。全面熟悉公司的产品、报价、制样、订单审批、生产、质检、验货和出货流程等,是为客户提供专业服务的基础。

服务至上,对客户真诚。客户提出的所有问题都是公司的问题,也是自己的问题。跟单员要热心于解决客户所遇到的问题或者与客户一起解决。不要把问题搁置在一边,更不能把问题化成埋怨。实践反复证明,最麻烦的客户往往是最忠诚的客户。对客户的承诺必须全力实现。当出现不确定因素时,向直属上级征求建议后再跟客户确认,以保证每一个承诺的实现。

跟单员必须了解基本的商务礼仪,在沟通、跟进过程中做到尊重客户。让客户随时可以找到你,但没有客户的要求或非紧急情况下,不要打客户手机;客户的快递账号的每一次使用都必须经过客户的允许;对产品、订单等任何方面的更改都需要征求客户的意见,及时让客户了解相关情况等。

二、催证、审证和改证

(一) 催证

在生意场上,适当的提示和催促是很有必要的。在正式签署买卖合同、样品得到最终确认后,卖方应该及时地开展下一步的工作。如果是汇付,应催促买方尽快办理汇款;如果是信用证付款,应立即催促客户开出信用证。

根据买卖合同,买方应严格按照合同的规定按时开立信用证,这是卖方履约的前提。但在实际业务中,有时国外进口商在遇到市场发生变化或资金发生短缺的情况下,往往会拖延开证。对此,卖方应及时催促对方办理开证手续。必要时,也可请相关驻外机构或银行代为催证。

(二) 审证

卖方收到买方银行开立的信用证以后,一定要及时对照相关买卖合同条款,认真、反复阅读并逐条审查信用证条款。从理论上说,信用证是依据合同开立的,信用证内容应该是与合同条款一致的。但在实践中,由于种种因素,如工作的疏忽、电文传递的错误、贸易习惯的不同,甚至买方有意为之等原因,常常会出现开立的信用证条款与合同规定不符的情形。为确保收汇安全,卖方需依据买卖合同进行认真的核对和审查。

在实际业务中,审证通常是由银行和贸易企业共同承担的,但各自工作的侧重点略有不同。其中,银行着重审核开证行的政治背景、资信能力、付款责任和索汇路线等方面的内容,贸易企业则着重审核信用证内容与买卖合同是否一致。

在卖方审证时,若发现信用证条款与合同条款不一致,卖方应该将其视为买方单方面更改了合同条款。如果卖方不接受这些变更后的条款,卖方有权通知买方修改信用证;如果卖方同意或默认了这些变更后的条款,则应无条件地按照信用证的要求行事,否则银行有拒付的权利。

(三) 改证

虽然信用证隶属于买卖合同,但信用证一旦开立,就成为了一份独立发挥效力的法律文书。从这个意义上说,信用证条款可以看成是买方单方面确定的最新"版本"的合同条款。一旦卖方在审证时发现信用证条款与买卖合同不符,若不考虑交易最终的结果如何,单从法律角度来看,卖方都有权向买方提出修改要求。在实践中,应区分问题的性质,作出妥善的处理。

一般来说,如发现卖方不能接受的条款,应及时通知买方修改;在同一信用证上如有多处需要修改的,应当一次提出;对信用证中可改可不改的,或经过适当努力可以满足且不会造成较大损失的,则可酌情接受;对通知行转来的修改通知书内容,凡有不能接受的内容,应及时表示拒绝[①]。

分析案例 19-2

信用证被开证行单方修改后的效力认定

2007年7月28日,原告乐恩商务有限公司与韩国买家G.T.C公司签订了货物销售合同,由原告向G.T.C公司出售货物,买方以信用证方式付款。同年7月24日,被告友利银行应G.T.C公司的申请,开出了受益人为原告的不可撤销即期信用证。信用证47A中的其他附加条件第二款为"货物由JOOSING SEA AND AIR CO.,LTD运输"。该信用证受国际商会第600号出版物《跟单信用证统一惯例和实务》(即UCP600)的约束。

2007年7月30日,被告向荷兰银行上海分行(通知行)发送传真对信用证第一次修改,内容为"DEL SHIPMENT BY JOOSUNG SEA AND AIR CO., LTD"。同年8月28日,被告向通知行发出传真对信用证第二次修改,内容为"ADD SHIPMENT BY SUNGIL TRANSPORTATION CO.,LTD"。8月29日,通知行向被告发出传真:受益人不接受信用证第二次修改,并要求被告澄清第一次修改中"DEL"是否为英文"DELETE"缩写。8月31日,被告传真给通知行:摒弃其7月30日、8月28日对信用证的第一次和第二次修改。

2007年9月1日,原告通过上海仁仁国际货运代理有限公司发出了信用证项下货物,并收到该货运公司的提单。同年9月5日,原告将信用证单据交给通知行,后者于9月7日发送给被告。9月14日,被告向通知行传真称:不符点为船运公司不一致,退回单据。同日,通知行回复被告:不同意被告引述的不符点,受益人不接受第二份修订,第一份修订已删除"由JOOSUNG SEA AND AIR CO., LTD装运";因此,由其他船运公司装运不是有效的不符点。

[①] 根据《UCP600》第10条e款的规定:"不允许部分接受修改,部分接受修改将被视为拒绝接受修改的通知。"也就是说,如一份信用证修改通知书中包括多项内容,受益人只能全部接受或全部拒绝,不能只接受其中一部分,而拒绝另一部分。

2008年6月3日,原告向上海市浦东新区人民法院提起诉讼,要求法院判令被告支付信用证款项,并按同期银行美元贷款利率计算至支付日的利息。

法院裁判:上海市浦东新区人民法院经审理后认为,本案是一个涉外的信用证修改和付款纠纷。本案的信用证明确指出受国际商会第600号出版物《跟单信用证统一惯例和实务》(即UCP600)的约束,故应从其约定。本案的争议焦点在于被告以船运公司不符为由拒付信用证是否成立。这涉及了本案信用证的二次修改。UCP600第10条规定,未经开证行及受益人的同意,信用证即不得修改,也不得撤销。开证行自发出修改之日起,即不可撤销地受其约束。在受益人告知通知修改的银行其接受该修改之前,原信用证(或含有先前被接受的修改的信用证)条款对受益人仍然有效。受益人应提供接受或拒绝修改的通知。如果受益人未能给予通知,当交单与信用证以及尚未表示接受的修改的要求一致时,即视为受益人已作出接受修改的通知,并且从此时起,该信用证被修改。本案中,被告发出的第一次信用证修改,被告受该修改约束且不可撤销。被告发出的第二次信用证修改,原告通过通知行拒绝被告的第二次修改。被告仍受第一次修改的约束。被告后在传真中称撤销两次修改的通知应为无效。原告以自己交单表明接受第一次修改的内容,此时双方达成信用证修改合意,即信用证没有关于由谁来运输的条件,可由任何公司负责运输。关于信用证第一次修改中"DEL"系"DELETE"(删除)的缩写已广泛认同,从第二次修改中"ADD"(增加)一词也可反证,除非被告能对"DEL"作出更为合理的解释,而被告自始至终对该词没有作出解释。被告拒付信用证的理由均不能成立。法院判决:被告友利银行向原告乐恩商务有限公司支付信用证项下美金90 981.60元;并且支付以美金90 981.60元为本金、从2007年9月15日起至实际支付日的利息,利率按本判决生效日的6个月美元LIBOR的收盘价上浮3%计。

被告不服一审判决提起上诉。上海市第一中级人民法院判决:驳回上诉,维持原判。

分析:信用证是开证行向受益人作出的单方承诺,开证行单方修改信用证会直接影响受益人的权利义务。因此,开证行对信用证的修改并不当然发生效力,其效力取决于受益人是否同意其修改。

三、办理运输、报关和运输保险

(一)办理运输和报关

对于FOB出口合同,卖方不需要办理运输事宜,只需要将货物交给买方指定的某个承运人即可。但对CIF出口合同而言,办理运输是卖方的职责所在。卖方要联系一个资信较好的运输公司或货代公司,约定好运费和货物交接事宜,托运人支付运费、转交相关单据,承运人签发提单(还应返还出口货物报关单和出口收汇核销单等)。为减少商业风险,卖方在交付货物之前,还应与承运人签署一份具有法律效力的运输契约,用以约束和规范双方的权利和义务。

出口货物在出运之前,需向海关办理报关手续(为了提高通关效率,国内大多数海关已经实现了无纸化报关)。出口货物办理报关时,必须填写出口货物报关单,必要时还需要提供出口合同副本、发票、装箱单、重量单、商品检验证书,以及其他有关证件。海关查验有关单据后,即在装货单上盖章放行,凭此装船出口。

(二)办理货运保险

如果根据进出口合同,卖方需要办理投保手续的,卖方在装船前,须及时向保险公司办理投保手续,填制投保单。出口商品的常见投保方式有两种:预约保险和逐笔投保。若是逐笔投保,投保人在投保时,应将货物名称、保额、运输路线、运输工具、开航日期、投保险别等逐一列明。保险公司接受投保后,即签发保险单或保险凭证。

四、制单结汇、出口收汇核销和出口退税

(一)制单结汇

制单结汇是指出口货物出运后,卖方根据合同或信用证的规定,正确缮制各种单据,持单向当地银行结汇,收取货款。通过银行收取货款,一般都是凭单据结算。因此,单据制作不仅是进出口业务的一项工作,也是收取货款必不可少的一个环节。卖方应该按照信用证的条款逐字、逐句、逐标点符号地对照审查各种单据(主要有发票、提单、保险单、装箱单、检验证书、产地证等)的内容,最好是一个人制单,另一个人审单,审核两遍以上为宜。在没有任何疑问的情况下,尽早递交给银行。同时,及时向买方发出已装船通知。

需要特别指出的是,单证质量对保证安全、迅速收汇有着十分重要的意义。在信用证付款条件下,贸易依据的是单据与货款对流原则,单证不相符,单单不一致,银行和进口商就有可能拒收单据和拒付货款。因此,缮制结汇单据时,一般要求做到以下几点:

(1)正确。单据内容必须正确,既要符合信用证的要求,又要能真实反映货物的实际情况,且各单据的内容不能相互矛盾。

(2)完整。单据份数应符合信用证的规定,不能短少。单据本身的内容,应当完备,不能出现项目信息缺失等情况。

(3)及时。制单应及时,以免错过最迟交单日期或信用证有效期。

(4)简明。单据内容应按信用证要求和国际惯例填写,力求简明,切勿加列不必要的内容。

(5)整洁。单据的布局要美观大方,书写或打印的字迹要清楚、醒目,不宜轻易更改,尤其对金额、件数和重量等,更不宜改动。

(二)出口收汇核销和出口退税

根据我国现行的对外贸易政策,我国出口企业在办理货物出运及制单结汇后,应及时办理出口收汇核销和出口退税手续。

出口收汇核销是以出口货物的价值为标准,核对是否有相应的外汇收回国内的一种事后管理措施。办理出口收汇核销的外贸企业应先凭相关材料到外汇管理局办理登记,领取核销单,经报关后,凭核销单、银行出具的"出口收汇核销专用联"到外汇管理局办理出口收

汇核销。由于实施企业分类管理,不同类别企业核销方法略有差异。核销时,外贸企业应提交的单据也因各地外汇管理局要求不同而不尽相同,但一般均需提交商业发票、银行的结汇水单、报关单核销联等。

外贸企业办理出口收汇核销后,即可向税务机关申请出口退税。出口退税是对出口产品退还其按本国税法规定已缴纳的税金(增值税、消费税)。出口产品退税制度是一个国家税收的重要组成部分,它主要是通过退还出口产品的国内已纳税款使本国产品以不含税成本进入国际市场,与国外产品在同等条件下进行竞争,从而增强竞争能力,扩大出口创汇。外贸企业申请退税应提供如下资料:外贸企业出口退税汇总申报表、外贸企业出口退税进货明细申报表、外贸企业出口退税出口明细申报表、出口货物退(免)税正式申报电子数据以及相关原始凭证等。

五、索赔与理赔

索赔是指合同的一方违反合同规定,直接或间接地给另一方造成了损害,受损方向违约方提出损害赔偿的要求。索赔的基本原则是:弄清事实,分清责任,有理有据。卖方索赔应提供相应的损失证明。在实践中,买方索赔较为常见。但买方索赔也应提供充分的证据,如索赔函件、损失证明、检验证书等。同时,索赔也需要在一定的期限内提出。根据《联合国国际货物销售合同公约》第 39 条和我国《合同法》的相关规定,自买方收到货物起两年之内有权向卖方提出索赔。但这个期限的规定在实际工作中显得过长,原因是时间久了,索赔证据难以保全,索赔难度会加大,同时,货物可能会超过有效期,索赔的合理性会受到质疑。所以,对买方而言,尽早索赔是一个明智的选择。

一方索赔,另一方就要理赔。对双方争议内容作出处理决定之前,首先要认定违约及其法律后果。从卖方的角度来看,理赔要秉持"操作方便、买方接受"的原则;若买方要价过高,卖方也应据理力争,做到有理、有据、有节。能协商解决的就不要仲裁,能仲裁解决的就尽量不要诉讼,以免事态扩大,贻误商机。常见的补偿方法有直接赔款、抵扣货款、降价等。违约企业可酌情选用。

分析案例 19-3

外贸企业遭遇国外进口商索赔怎么办

在实践中,因出口产品质量问题导致出口商被进口商或国外消费者索赔在所难免。由于虑及长远贸易关系,质量纠纷发生后,出口商一般均采取协商方式解决,很少通过诉讼或仲裁。由于是协商解决,出口商在理赔过程中往往忽视对产品检验报告、赔偿依据等证据的收集和整理,极易造成被动和损失。一些出口商疏于检验、甚至不履行检验义务,直接指令将货物交到港口仓库或将货物直接装入集装箱。这就给日后的货物质量争议埋下了隐患。在国内,出口商一定要依合同约定行使检验和验收的权利,充分把握检验的机会和时间,切忌漏检、不检,发现质量问题立刻与生产厂家联系,并提出异议。一旦外商向出口商发出索赔,应当及时以书面形式向国内生产商书面通报外商索赔情况并声明保留追偿权,并书面通知生产商参与处理索赔事宜。同时,在处理索赔过程中,一定要求外商在作为索赔依据的检验报告中详细列明与货物有关的船名、提单号码、集装箱号码、铅封号码、外包装状况、唛头、检验地点、样品提取程序、现场照片等一切相关信息及必要文件,并及时收集、保留扣款、赔款的证明。证据形式上一定要依法经公证机关公证、使领馆认证等程序,充分认识证据形式合法的重要性。

第二节　进口合同的履行

贸易术语的选用和付款方式的选择也会影响到进口商在进口合同履行过程中的具体职责。在我国的进口业务中,一般按 FOB 价格术语成交的情况较多;在付款方式选择上,一般采用即期信用证或汇付方式成交。本节以 FOB 报价、信用证付款方式为例,具体介绍进口合同履行的一般过程。

一、催样和开立信用证

(一) 催样

在国际贸易实务中,有很多生意都是凭样品买卖的。如果买方所进口的商品也需要凭样品成交,在买卖合同签订以后,买方所要做的第一件事情就是敦促卖方根据买方对样品的修改要求重新制作样品,并尽快寄给买方确认。催样的同时,买方应该将制作样品所需的材料,样品的具体规格、颜色、包装及注意事项等,用文字、图案或表格等形式一一列明。买方收到样品后,要及时、认真地对其进行检测,若检验合格,便可向卖方确认。

(二) 开立信用证

在样品得到确认后,卖方便可开始备货。在卖方备货的同时,买方应根据合同约定按时开立信用证。在向银行申请开证之前,买方应仔细查阅相关的买卖合同、订单或形式发票的内容,在此基础上,填写开证申请书,做到重要事项无遗漏,否则会给进口业务带来潜在风险。由于信用证付款方式对买方的潜在风险较大,对于总金额较大的进口合同,买方宜采用分批装运的方式交货;如果能使用远期信用证,便可以更好地保护买方的利益。

二、安排运输和投保

(一) 安排运输

履行 FOB 交货条件下的进口合同,应由买方负责派船到对方口岸接运货物。卖方在交货前一定时间内,应将预计装运日期通知买方。买方在接到上述通知后,应及时向运输公司办理租船订舱手续。在办妥租船订舱手续后,应按规定的期限将船公司、船名、航次、装运时间、地点、联系人的名称及联系方式、买方要求的装运事宜等信息及时电告卖方,以便对方备货装船。同时,为了防止船货脱节或出现"船等货",买方应及时催促卖方按时装运。对数量大或重要物资的进口,如有必要,亦可委托驻外机构就地了解、督促卖方履约,或直接派人员前往出运地点检验、监督。

(二)投保

如根据进出口合同,例如在 EXW、FOB、FCA、CFR 等术语条件下,保险由买方办理,买方在租船订舱之后,货物正式装运之前,就应该尽快与保险公司订立保险合同,以防万一货物在装运过程中出现意外情况。买方在向保险公司办理进口运输货物保险时,通常有两种做法,一种是逐笔投保方式,另一种是预约保险方式。

逐笔投保是指进口商在接到国外出口商发来的装船通知后,直接向保险公司提出投保申请,保险公司承保后,进口商缴付保险费,保险公司出具保险单,保险随即生效。逐笔投保的险别可根据进口货物的实际情况,货物经过地区的政治、军事、自然等特殊因素而灵活掌握,力求合理和安全。

预约保险是进口商同保险公司签订一个总的预约保险合同,按照预约保险合同的规定,所有预约保险合同项下的进口货物,都由该保险公司承保。预约保险合同对各种货物应保险的险别作出具体规定,故投保手续比较简单。每批进口货物,在收到国外装船通知后,即直接将装船通知寄到保险公司或填制国际运输预约保险启运通知书,将船名、提单号、开船日期、商品名称、数量、装运港、目的港等项内容通知保险公司,即作为已办妥保险手续,保险公司则对该批货物负自动承保责任,一旦发生承保范围内的损失,由保险公司负责赔偿。

三、审单和付汇

国外卖方在货物装运后,将汇票与全套货运单据经国外银行寄交至我国内开证银行。开证银行收到国外寄来的汇票和单据后,根据"单证一致"和"单单一致"的原则,对照信用证的条款,核对单据的种类、份数和内容。如相符,即由开证银行向国外付款,并通知进口商按当日外汇牌价付款赎单。若审核发现"单证不符"或"单单不符"的情形,则需根据不同情况采取必要的处理办法。

买方在收到开证银行"付款赎单"通知后,在其付汇之前,还需要审核卖方凭以议付的全套单据(包括发票、提单、装箱单、原产地证书等),主要是看其内容、种类、数量、金额等是否完整、准确,会不会给自己随后的进口通关及纳税造成障碍或麻烦。若单据无误,进口商即可购买外汇,付汇赎单;若单证不符,可根据具体情况,如进口商品的行市、不符点的违约程度、不符点对通关和纳税的影响程度等,决定是付款还是拒付。

四、进口报关与提货

(一)进口报关

进口货物到货后,由进口公司或委托货运代理公司或报关行根据进口单据填写"进口货物报关单"向海关申报,并随附发票、提单、装箱单、保险单、进口许可证及审批文件、进口合同、产地证和所需的其他证件。如属法定检验的进口商品，还须随附商品检验证书。货、证经海关查验无误后，方可放行。

为了规范进口报关秩序，海关对进口报关时限有着严格的规定。我国《海关法》对进口货物的申报时限作了如下规定：进口货物的收货人应当自运输工具申报进境之日起14日内向海关申报。进口货物的收货人超过14日期限未向海关申报的，由海关征收滞报金。对于超过3个月还没有向海关申报进口的，其进口货物由海关依法提取变卖处理。如果属于不宜长期保存的货物，海关可以根据实际情况提前处理。变卖后所得价款作扣除运输、装卸、储存等费用和税款后，尚有余款的，自货物变卖之日起一年内，经收货人申请，予以发还；逾期无人申请的，上缴国库。

海关可依据进口货物报关单、进口许可证等，对进口货物进行实际核对和检查，一方面是为了确保货物合法进口，另一方面，通过确定货物的性质、规格、用途等，以便进行海关统计，准确计征进口关税。海关查验货物时，进口货物的收货人或其代理人应当在场，并负责搬移货物，开拆和重封货物的包装。海关认为必要时，可以自行开验、复验或者提取货样。

进口货物报关时，海关依据《中华人民共和国海关进出口税则》相关规定，对进口货物计征进口关税。货物在进口环节由海关征收（包括代征）的税费有：进口货物关税、增值税、消费税、进口调节税、海关监管手续费等。

进口货物在办理完向海关申报、接受查验、缴纳税款等手续后，由海关在货运单据上签印放行。收货人或其代理人必须凭海关签印放行的货运单据才能提取进口货物。货物的放行是海关对一般进出口货物监管的最后一个环节，放行就是结关。但对于担保放行货物、保税货物、暂时进口货物和海关给予减免税进口的货物来说，放行不等于办结海关手续，还要在办理核销、结案或者补办进口和纳税手续后，才能结关。

（二）提货

海关对进口货物验关放行后，买方才能向承运人办理进口提货手续。提货时，要对货物进行认真核对，如发现短缺，应及时填制"短卸报告"，交由船方签认，并根据短缺情况向船方提出保留索赔权的书面声明。如发现货物残损，货物应存放于海关指定仓库，待保险公司会同商检局检验后作出处理。一旦发生索赔，有关的单证（如国外发票、装箱单、重量明细单、品质证明书、使用说明书、产品图纸等技术资料、理货残损单、溢短单、商务记录等）都可以作为重要的参考依据。

买方在向船公司（或代理）付清约定的运杂费用以后，凭提单提取货物。在买方是外贸公司的情况下，如订货或用货单位在卸货港所在地，则就近转交货物；对订货或用货单位不在卸货地区，则委托货运代理将货物转运内地并转交给订货或用货单位。关于进口关税和运往内地的费用，一般由货运代理向外贸公司结算后，外贸公司再向订货单位结算。

五、进口索赔

如果买方在接管货物时发现货物的质量、数量、包装等方面有问题，应有海关、商检、承运人或代理、保险公司等见证人当场查看,并请他们分别出具检验或目击证明。随后,买方须及时查清货损的原因,并根据实际情况找准责任人,在索赔的有效期限之内,有理有据地向相关责任人索赔。

根据造成损失原因的不同,进口索赔的对象主要有三种情形:

(1) 向卖方索赔。凡属下列情况者,均可向卖方索赔。例如,原装数量不足;货物的品质、规格与合同规定不符;包装不良致使货物受损;未按期交货或拒不交货等。

(2) 向轮船公司索赔。凡属下列情况者,均可向轮船公司索赔。例如,货物数量少于提单所载数量;提单是清洁提单,而货物有残缺情况,且属于船方过失所致;货物所受的损失,根据租约有关条款应由船方负责等。

(3) 向保险公司索赔。凡属下列情况者,均可向保险公司索赔。例如,由于自然灾害、意外事故或运输中其他事故的发生致使货物受损,并且属于承保险别范围以内的;凡轮船公司不予赔偿或赔偿金额不足抵补损失的部分,且属于承保险别范围以内的。

在进口业务中,办理对外索赔时,一般应注意以下事项:

(1) 索赔证据。涉外索赔更需要提供证据。首先,应制备索赔清单,随附商检局签发的检验证书、发票、装箱单、提单副本。其次,对不同的索赔对象还要另附有关证据。向卖方索赔时,应在索赔证件中提出确切的根据和理由,如系 FOB 或 CFR 合同,尚须随附保险单一份;向轮船公司索赔时,须另附由船长及港务局理货员签证的理货报告及船长签证的短卸或残损证明;向保险公司索赔时,须另附保险公司与买方的联合检验报告等。

(2) 索赔金额。在确定索赔金额时,除受损商品的价格外,有关的费用也可以提出。如商品检验费、装卸费、银行手续费、仓租、利息等,都可以包括在索赔金额内。至于包括哪些项目,应根据具体情况确定。

(3) 索赔期限。对外索赔必须在合同规定的索赔有效期限内提出,过期无效。如果商检工作可能需要更长的时间,可向对方要求延长索赔期限。

(4) 关于卖方的理赔责任。进口货物发生了损失,除属于轮船公司及保险公司的赔偿责任外,如属卖方必须直接承担的责任,应直接向卖方要求赔偿,防止卖方制造借口来推卸理赔责任。目前,我国的进口索赔工作,属于船方和保险公司责任的一般由外贸运输公司(或货运代理)代办;属于卖方责任的则由进口商直接办理。为了做好索赔工作,要求进口商、外贸运输公司、订货企业、商检局等各有关单位密切协作,要做到结果正确,证据确凿,理由充分,赔偿责任明确,并要及时向有关责任方提出,以挽回经济损失。

进出口合同履行流程图如图 19.1 所示。

第四篇 货物进出口业务

第十九章 国际货物买卖合同的履行

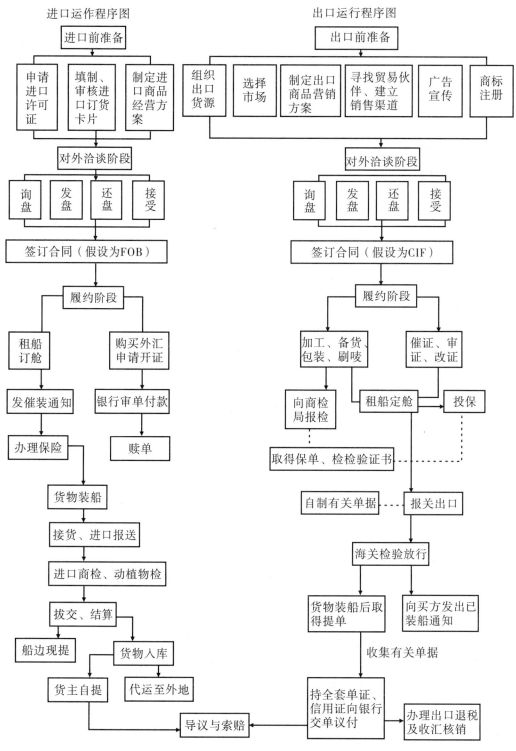

图 19.1 进出口合同履行流程图

325

◆ 内容提要

国际进出口合同的履行是买卖双方使某份买卖合同从无到有、从订立到实施所必须经历的过程。以海洋运输、信用证付款方式为例,买卖双方要协调做好"货""证""船""款"等4个环节的工作。在合同履行阶段,应注意商业惯例、法律法规和具体业务流程等技术层面要求。出口合同履行和进口合同履行从本质上是没有差别的,从买卖双方各自的角度看,双方的职责有所,出口方需注意备货、催证、报检、租船订舱、投保、制单结汇等环节的具体要求;进口需注意开证、审单付款、验货、索赔等环节的基本要求和做法。对于既定的一份买卖合同而言,所有的履行责任"总量"是既定的,只是在不同的贸易方式下,买卖双方的责任划分有所差异。

◆ 关键词

备货　信用证　装运　议付　理赔

◆ 复习思考题

1. 在信用证付款方式下,备货与催证两个操作环节孰先孰后?
2. 在卖方审核信用证时,哪些条款应该重点关注?
3. 在信用证付款方式下,卖方在制单结汇时应注意哪些时间节点?
4. 进口商在开立信用证时如何最大限度地保护自身的利益?
5. 在进口时,若遭遇货物与合同不符情形,应如何处理?

思考案例

信用证的贸易纠纷

2014年某公司A在广交会上与科威特某一老客户B签订合同,客人欲购买A公司的玻璃餐具(名:GLASS WARES),公司A报价FOB WENZHOU,温州出运到科威特,海运费到付,合同金额达USD25064.24,共1×40'高柜,支付条件为全额信用证,客人回国后开信用证到A公司,要求6月份出运货物。

A公司按照合同与信用证的规定在6月份按期出了货,并向银行交单议付,但在审核过程发现两个不符点:(1)发票上:GLASS WARES错写成GLASSWARES,即没有空格;(2)提单上:提货人一栏,TO THE ORDER OF BURGAN BANK,KUWAIT错写成了TO THE ORDER OF BURGAN BANK,即漏写KUWAIT。A公司认为这是两个极小的不符点,根本不影响提货,就担保出单。但A公司很快就接到由议付行转来的拒付通知,银行就以上述两个不符点作为拒付理由拒绝付款。A公司立即与客户取得联系,原因是客户认为到付的运费(USD 2 275.00)太贵拒绝到付运费,因此货物滞留在码头,A公司也无法收到货款。原来A公司报给客户的是5月份的海运费,到付价大约为USD 1 950.00,但6月份海运费价格上涨,而客户并不知情。后来A公司人员进行多方面的协调后,与船公司联系要求降低海运费,船公司将运费降到USD 2 100.00,客户才勉强接受,到银行付款赎单,A公司被扣了不符点费用。整个纠纷过程使得A公司推迟收汇约20天。

请问此案例给你带来了什么启示?

第十九章 国际货物买卖合同的履行

应用训练

审证与改证

根据下述合同内容审核信用证，指出不符之处，并提出修改意见。

销售合同：

SHANGHAI ANDYS TRADING CO., LTD.
SALES CONTRACT

THE SELLER: SHANGHAI ANDYS TRADING CO., LTD. NO. 126 Wenhua Road, Shanghai, China	NO. AD13007 DATE: MAR. 16, 2013 SIGNED AT: SHANGHAI, CHINA
THE BUYER: HAZZE AB HOLDING BOX 1237, S-111 21 HUDDINGE, SWEDEN	

This contract is made by and between the Seller and Buyer, where by the Seller agree to sell and the Buyer agree to buy the under-mentioned commodity according to the terms and conditions stipulated below:

Commodity & specification	Quan.	Unit price	Amount
Gas Detectors ART NO. BX616 ART NO. BX319	50pcs 50pcs	FOB SHANGHAI USD380.00/pc USD170.00/pc	USD19 000.00 USD 8 500.00
Total	100pcs		USD27 500.00

Total Amount: SAY U.S. DOLLARS TWENTY SEVEN THOUSAND AND FIVE HUNDRED ONLY

PACKING: In Carton TIME OF SHIPMENT: During July, 2013. PLACE OF LOADING AND DESTINATION: From Shanghai, China to Stockholm, Sweden Partial shipment and transshipment are allowed. INSURANCE: To be effected by the Buyer.	SHIPPING MARKS: HAZZE AD2013007 STOCKHOLM, SWEDEN NOS. 1—UP

TERMS OF PAYMENT: By irrevocable L/C at sight which should be issued before May 31, 2013, valid for negotiation in China for further 15 days after time of shipment.
INSPECTION: In the factory.
This contract is made in two original copies and become valid after signature, one copy to be held by each party.

Signed by: THE SELLER SHANGHAI ANDYS TRADING CO., LTD.	THE BUYER HAZZE AB HOLDING

信用证：

MT 700	ISSUE OF A DOCUMENTARY CREDIT SENDER SWEDBANK
RECEIVER	BANK OF CHINA, SHANGHAI, CHINA
SEQUENCE OF TOTAL	27：1/1
FORM OF DOC. CREDIT	40A：IRREVOCABLE
DOC. CREDIT NUMBER	20：BCN1008675
DATE OF ISSUE	31C：130612
APPLICABLE RULES	40E：UCP LATEST VERSION
DATE AND PLACE OF EXPIRY	31D：DATE 130630 PLACE IN SWEDEN
APPLICANT	50：HAZZE ABC HOLDING BOX 1237, S-111 21 HUDDINGE, SWEDEN
BENEFICIARY	59：SHANGHAI ANDY TRADING CO., LTD. NO. 126 WENHUAROAD, SHANGHAI, CHINA.
AMOUNT	32B：CURRENCY EUR AMOUNT 27 000.00
AVAILABLE WITH/BY	41D：ANY BANK IN CHINA, BY NEGOTIATION
DRAFTS AT	42C：30 DAYS AFTER SIGHT
DRAWEE	42A：HAZZE AB HOLDING
PARTIAL SHIPMTS	44P：NOT ALLOWED
TRANSSHIPMENT	44T：NOT ALLOWED
PORT OF LOADING	44E：TIANJIN, CHINA
PORT OF DISCHARGE	44F：STOCKHOLM, SWEDEN
LATEST SHIPMENT	44C：130615
DESCRIPTION OF GOODS	45A：1000 PCS OF GAS DETECTORS AS PER S/C NO. AD13007 CIF STOCKHOLM PACKED IN CARTONS
DOCUMENTS REQUIRED	46A： +COMMERCIAL INVOICE SIGNED MANUALLY IN TRIPLICATE. +PACKING LIST IN TRIPLICATE. +CERTIFICATE OF CHINESE ORIGIN CERTIFIED BY CHAMBER OF COMMERCE. +INSURANCE POLICY/CERTIFICATE IN DUPLICATE ENDORSED IN BLANK FOR 110% INVOICE VALUE, COVERING ALL RISKS AND WAR RISK OF CIC OF PICC (1/1/1981). +FULL SET OF CLEAN 'ON BOARD' OCEAN BILLS OF LADING MADE OUT TO ORDER MARKED FREIGHT PREPAID AND NOTIFY APPLICANT.
ADDITIONAL CONDITION	47A：+ALL PRESENTATIONS CONTAINING DISCREPANCIES WILL ATTRACT A DISCREPANCY FEE OF USD50.00. THIS CHARGE WILL BE DEDUCTED FROM THE BILL AMOUNT WHETHER OR NOT WE ELECT TO CONSULT THE APPLICANT FOR A WAIVER.
CHARGES	71B：ALL CHARGES AND COMMISSIONS ARE FOR ACCOUNT OF BENEFICIARY.
CONFIRMATION INSTRUCTION	49：WITHOUT

参 考 文 献

[1] 冯德连,徐松.国际贸易教程[M].北京:高等教育出版社,2009.
[2] 冯德连.对外贸易理论与实务[M].北京:中国商业出版社,1995.
[3] 冯德连.国际经济学[M].北京:中国人民大学出版社,2011.
[4] 冯德连.国际贸易理论与实务[M].北京:中国物资出版社,2004.
[5] 冯德连.中小企业外向国际化理论与实践研究[M].北京:经济科学出版社,2010.
[6] 蔡文芳.进出口业务操作[M].北京:清华大学出版社,2014.
[7] 陈宪,殷凤.国际服务贸易[M].北京:机械工业出版社,2013.
[8] 陈岩.国际贸易理论与实务[M].北京:清华大学出版社,2014.
[9] 杜奇华.国际技术贸易[M].上海:复旦大学出版社,2008.
[10] 冯晓玲,李贺.国际贸易实务:案例·技能·实训[M].上海:上海财经大学出版社,2014.
[11] 高成兴,黄卫平,韩玉军.国际贸易教程[M].北京:中国人民大学出版社,2015.
[12] 海闻,P.林德特.国际贸易[M].上海:格致出版社,2012.
[13] 贾建华,阚宏.国际贸易理论与实务[M].北京:首都经济贸易大学出版社,2012.
[14] 凯伯.国际贸易[M].北京:中国人民大学出版社,2012.
[15] 冷柏军,张玮.国际贸易理论与实务[M].北京:中国人民大学出版社,2012.
[16] 冷柏军.国际贸易实务[M].北京:中国人民大学出版社,2012.
[17] 黎孝先,等.国际贸易实务[M].北京:对外经贸大学出版社,2012.
[18] 李宏.国际贸易理论与实务[M].北京:电子工业出版社,2010.
[19] 李虹.国际技术贸易[M].大连:东北财经大学出版社,2013.
[20] 林康,林在志.跨国公司经营与管理[M].北京:对外经济贸易大学出版社,2014.
[21] 林俐,陈婷.国际贸易理论与实务[M].杭州:浙江大学出版社,2012.
[22] 卢进勇,刘恩专.跨国公司经营与管理[M].北京:机械工业出版社,2013.
[23] 庞红.国际贸易结算[M].北京:中国人民大学出版社,2011.
[24] 石玉川,周婷.国际贸易术语惯例与案例分析[M].北京:对外经济贸易大学出版社,2007.
[25] 田运银.国际贸易实务精讲[M].北京:中国海关出版社,2012.
[26] 吴百福,徐小薇,聂清.进出口贸易实务教程[M].上海:格致出版社,2015.
[27] 夏合群.国际贸易实务模拟操作教程[M].北京:对外经贸大学出版社,2011.
[28] 薛求知.当代跨国公司新理论[M].上海:复旦大学出版社,2007.

[29] 薛荣久.国际贸易[M].北京:对外经济贸易大学出版社,2008.
[30] 杨圣明.马克思主义国际贸易理论新探[M].北京:经济管理出版社,2002.
[31] 袁建新.国际贸易实务[M].上海:复旦大学出版社,2011.
[32] 袁永友.国际贸易理论与实务[M].武汉:武汉理工大学出版社,2010.
[33] 张纪康.跨国公司与直接投资[M].上海:复旦大学出版社,2011.
[34] 张立玉,沈晓华.国际贸易进出口实务[M].武汉:武汉大学出版社,2010.
[35] 张锡嘏,唐宜红.国际贸易[M].北京:对外经济贸易大学出版社,2008.
[36] 赵亚平.国际贸易:理论、案例与分析[M].北京:北京交通大学出版社,2010.
[37] 朱玉赢.进出口业务综合实训[M].北京:机械工业出版社,2015.
[38] 祝卫,等.国际贸易操作能力实用教程[M].上海:上海人民出版社,2006.
[39] 全国国际商务单证专业培训与考试中心.http://www.icd.net.cn/.
[40] 中华人民共和国商务部.http://www.mofcom.gov.cn/.

中国科学技术大学出版社

教学资源索取单

尊敬的老师:

您好!

感谢您使用由冯德连、查道中教授主编的《国际贸易理论与实务》(第2版)一书。为了便于教学,本书配有相关的教学课件。如贵校已使用了本教材,您只要把下表中的相关信息以电子邮件或邮寄方式发至我社,经我社确认后,即可免费获取我们提供的教学资源。

我们的联系方式如下:

联系编辑:杨振宁　　　　　　　　电子邮件:yangzhn@ustc.edu.cn
办公电话:(0551)63607216　　　　qq:2565683988
办公地址:合肥市金寨路70号　　　邮政编码:230022

姓　　名		性　　别		职　　务		职　　称	
学　　校				院/系		教 研 室	
研究领域				办公电话		手　　机	
E-mail						qq	
学校地址						邮　　编	
使用情况	用于＿＿＿＿＿＿＿＿专业教学,每学年使用＿＿＿＿册。						

您对本书的使用有什么意见和建议?

您还希望从我社获得哪些服务?

□教师培训　　　　　　　　□教学研讨活动
□寄送样书　　　　　　　　□获得相关图书出版信息
□其他＿＿＿＿＿＿＿＿＿＿＿＿＿＿＿＿＿＿＿＿＿＿＿